BIBLIOTHÈQUE DE LITTÉRATURE DU XXe SIÈCLE
sous la direction de Didier Alexandre
32

Romain Rolland

Œuvres complètes

Tome VI

Romain Rolland

Œuvres complètes

sous la direction de Roland Roudil

Tome VI

Biographies musicales :
Vie de Beethoven – Hændel

Édition critique par Alain Corbellari, Marie Gaboriaud
et Gilles Saint-Arroman

PARIS
CLASSIQUES GARNIER
2021

Alain Corbellari est médiéviste et musicologue. Auteur de nombreux ouvrages sur la littérature du Moyen Âge et sa réception moderne, il a reçu le prix Meylan de musicologie suisse pour *Les Mots sous les notes. Musicologie littéraire et poétique musicale dans l'œuvre de Romain Rolland* et a également édité un volume de la revue *Études de Lettres* sur *Romain Rolland et la Suisse*.

Marie Gaboriaud est agrégée de lettres modernes et docteure en littérature. Spécialiste des liens entre musique et littérature, elle a publié *Une vie de gloire et de souffrance. Le mythe de Beethoven sous la Troisième République*, finaliste du prix France Musique des Muses en 2018, et de nombreux articles consacrés aux écrivains musicographes, notamment Romain Rolland.

Gilles Saint-Arroman est pianiste et chercheur associé à l'Institut de recherche en musicologie (IReMus, UMR 8223). Auteur d'un ouvrage sur le pianiste Édouard Risler, il a coédité avec Juliana Pimentel le volume *Piano & musique de danse dans la France du XIXe siècle* et a entrepris la publication des *Écrits* de Vincent d'Indy.

ISBN 978-2-406-10663-0 (livre broché)
ISBN 978-2-406-10664-7 (livre relié)
ISSN 2103-4796

CHRONOLOGIE

	Éléments généraux	Activités et publications en lien avec la musique
1866	29 janvier : naissance à Clamecy (Nièvre) de Romain Rolland, fils d'Émile Rolland, notaire, et d'Antoinette Marie Courot.	
1872	Naissance de Madeleine, sœur de Romain.	
1873-1880	Études au collège de Clamecy – Vente de l'étude paternelle, installation à Paris.	
1881-1882	Études au lycée Saint-Louis (rhétorique et philosophie).	
1882	Commence son *Journal* qu'il tiendra jusqu'à sa mort.	Prend des leçons de musique avec Joséphine Martin : Mozart, Meyerbeer, Gounod.
1882-1886	Études au lycée Louis-le-Grand : préparation au concours d'entrée à l'École normale supérieure – Lecture de Spinoza, *Hamlet*, Victor Hugo, des Présocratiques.	Avec son condisciple Claudel, il suit les concerts et s'enthousiasme, chez Colonne, pour Wagner – « Révélation beethovénienne » à l'écoute de la *Septième Symphonie* et par Anton Rubinstein du 5e *Concerto* pour piano (« L'Empereur »).
1884		Février : défend Wagner et la « Chevauchée des Walkyries » – assiste à la première audition à Paris de la scène religieuse de *Parsifal* (fin de l'acte 1) – Mai : *Hymne à Victor Hugo de Saint-Saëns*, au Trocadéro.

1885	Assiste aux funérailles de Victor Hugo.	Mars : découvre le 2e acte de *Tristan*, mais préfère Berlioz et Beethoven.
1886	Découvre Tolstoï – Juillet : reçu à l'École normale supérieure – Visite à Renan.	
1886-1889	Élève à l'École normale supérieure. Se lie d'amitié avec André Suarès et Georges Mille. – Prépare une licence de lettres, puis l'agrégation d'histoire.	Fréquente les concerts avec Claudel et Suarès.
1887	Élabore son *Credo quia verum*. Échange de lettres avec Tolstoï.	Écrit à Saint-Saëns pour dénoncer la proscription de la musique de Wagner.
1889	Août : reçu à l'agrégation d'histoire – Novembre : Pensionnaire au Palais Farnèse à Rome où il travaille aux Archives du Vatican.	
1890	Amitié avec Malwida von Meysenbug – Mars : « Illumination du Janicule » et projet d'un « roman musical », première conception de *Jean-Christophe* – Durant ses vacances à Paris, il travaille à ses premières pièces de théâtre (*Empédocle*, *Orsino*, pièces inédites).	
1891	Écrit *Les Baglioni* (pièce inédite) – Travaille à *Niobé* et *Caligula* (pièces inédites).	Juillet : voyage à Bayreuth avec Malwida von Meysenbug. Représentation de *Parsifal*, *Tristan*, *Tannhäuser*. Rencontre Richard Strauss chez Cosima Wagner.
1892	11 avril : rencontre Clotilde Bréal, qu'il épouse le 31 octobre	

	– Novembre : en mission à Rome pour quelques mois, il rassemble de la documentation pour ses thèses de doctorat – Publie *Le Dernier Procès de Louis Berquin* (dans *Mélanges d'archéologie et d'histoire de l'École française*).	
1893-1895	Rédige ses thèses, tout en assurant un service restreint d'enseignement au lycée Henri-IV (1893-1894), au lycée Louis-le-Grand (1894-1895) Écrit *Le Siège de Mantoue* (pièce inédite).	Donne un cours sur Beethoven au lycée Henri-IV.
1895	Voyage en Belgique et en Hollande – 19 juin : reçu docteur ès lettres – Octobre : chargé de cours d'histoire de l'art à l'École normale supérieure.	Publication de ses deux thèses chez E. Thorin : *Les Origines du théâtre lyrique moderne. Histoire de l'Opéra avant Lully et Scarlatti*, et *Cur ars picturae apud Italos XVI saeculi deciderit.*
1896	Juillet-Septembre : voyage en Allemagne – Travaille à un *Savonarole* (seuls des fragments en seront publiés), puis à *Jeanne de Piennes* (pièce inédite).	
1897	Avril-juin : voyage en Italie – Écrit une pièce *Les Vaincus* (inachevée) – *Saint Louis* est publié dans la *Revue de Paris.*	
1898	3 mai : *Aert* est joué au théâtre de l'Œuvre et publié dans la *Revue d'art dramatique* – 18 mai : *Les Loups* sont joués, sous le titre *Morituri*, au théâtre de l'Œuvre (publiés, sous le pseudonyme de SAINT-JUST, aux éditions Georges Bellais).	Commence sa collaboration à la *Revue de Paris* et surtout à la *Revue d'art dramatique* où il donne des comptes rendus de critique musicale et théâtrale.

1899	Juin : *Le Triomphe de la raison* est joué au théâtre de l'Œuvre et publié dans la *Revue d'art dramatique* – Travaille à diverses pièces dans le style de l'époque : *L'Ambitieuse, Les Trois Amoureuses.*	Mars : découvre les oratorios de don Lorenzo Perosi sur lequel il écrit 2 articles élogieux – Avril-mai : voyage en Allemagne ; correspondant de la *Revue de Paris* au festival de Düsseldorf – Juin : article sur Richard Strauss dans la *Revue de Paris* – Novembre : article sur *Tristan* dans la *Revue d'Art dramatique*
1900	Commence à travailler au « Cycle de la Révolution » – Décembre : *Danton*, publié par les éditions de la Revue d'Art dramatique, est joué au cercle des Escholiers.	Janvier : entre au comité de direction de la *Revue d'Art dramatique* aux côtés de Lucien Besnars, Gabriel Trarieux, Robert Brussel. –Avril-mai : Voyage en Italie où il rencontre Perosi – Article pour *Le Temps* : « Musiques d'Italie » – Juillet : 1er congrès d'histoire de la musique à Paris, dont Romain Rolland est l'organisateur avec Jules Combarieu. Intervention publiée dans la *Revue d'histoire et de critique musicales* (reprise dans *Musiciens d'autrefois*)
1901	Février : divorce.	Janvier : fonde, avec Jules Combarieu, Louis Laloy, Pierre Aubry, Maurice Emmanuel, la *Revue d'histoire et de critique musicales* (future *Revue musicale*) à laquelle il collabore – 14-21 avril : Louis Ganderax, directeur de la *Revue de Paris*, l'envoie aux fêtes de Beethoven à Mayence, festival dirigé par Félix Weingartner, acte de naissance de *Vie de Beethoven* et de *Jean-Christophe*

		– 15 mai : publie « Les Fêtes de Beethoven à Mayence » dans la *Revue de Paris* – mi-novembre : rédige un article sur *Siegfried* où il fait le point sur Wagner, désormais supplanté par Beethoven.
1902	21 mars-13 avril : *Le Quatorze-Juillet*, publié dans les *Cahiers de la quinzaine* (février) est joué au théâtre de la Renaissance – Publication à Londres, chez Duckworth, de *François Millet* (en anglais) – Mai-juin : voyage en Italie – Août-septembre : séjour en Suisse.	2 mai : inauguration à l'École des Hautes études sociales, d'une École de Musique où il donne des cours et organise des concerts-conférences jusqu'en 1911.
1903	Passe la majeure partie de ses vacances (juillet-septembre) en Suisse, où il écrit ses livres – Publie aux Cahiers de la quinzaine : *Le temps viendra* (mars) et *Le Théâtre du peuple* (novembre), rédigé à partir d'articles publiés à la *Revue d'Art dramatique.*	Janvier-février : article sur Mozart dans la *Revue d'Art dramatique* – 24 janvier : Publie aux Cahiers de la quinzaine : *Vie de Beethoven.* – Novembre : passe de l'École normale supérieure à la Sorbonne, où il enseigne l'histoire de la musique jusqu'en 1912.
1904-1912		*Jean-Christophe*, cycle romanesque consacré à un musicien imaginaire de génie, est publié aux *Cahiers de la quinzaine* (en 17 livraisons) puis chez Ollendorff (en 10 volumes)
1904	*La Montespan* (édition de la Revue dramatique).	« Paris als Musikstadt » (*Die Musik*) – « Berlioz » (*Revue de Paris*, 1er et 15 mars 1904).
1905	1er décembre : Romain Rolland reçoit le prix de la *Vie heureuse* – *Michel-Ange* (Librairie de l'Art ancien et moderne) ; *Les Trois Amoureuses* (*Revue d'Art dramatique*).	Articles pour la *Revue de Paris*, la *Revue musicale* et la *Revue d'art dramatique et musical* – Mai : festival d'Alsace-Lorraine à Strasbourg (« Une fête musicale

		en Alsace-Lorraine », *Revue de Paris*, 1er juillet 1905) – Proteste contre le refus du Prix de Rome à Ravel.
1906	Voyages en Allemagne (août) et en Angleterre (septembre) – Début d'une très longue amitié avec Alphonse de Châteaubriant. Juillet et octobre : *La Vie de Michel-Ange*, I et II (*Cahiers de la quinzaine*)	
1907	Voyage en Italie (janvier-février), en Espagne (mars-avril), en Alsace (août-septembre)	Réédition de la *Vie de Beethoven* chez Hachette.
1908		Publication, chez Hachette, de *Musiciens d'aujourd'hui* et de *Musiciens d'autrefois*, recueil de ses articles de critique musicale ; succès immédiat – 15 décembre : parution dans le *Bulletin de la SIM* d'un article sur Paul Dupin.
1909	Publication, chez Hachette, de *Quatorze-Juillet, Danton, Les Loups* sous le titre *Théâtre de la Révolution*.	
1910	Premier contact avec Stefan Zweig – 27 octobre : renversé par une voiture ; graves fractures ; alité pendant 3 mois.	Fin mars : *Hændel* (Collection « Les Maîtres de la musique », Librairie Alcan).
1911	Février-mai : convalescence en Italie – *Vie de Tolstoy* (*Revue de Paris*, puis Hachette).	Mi-juillet : assiste au théâtre du Jorat à Mézières à une représentation de l'*Orphée* de Gluck – Écrit un article pour *La Semaine littéraire* de Genève (5 août).

1912	Avril-juin : voyage en Italie. Démissionne de la Sorbonne – Tient des « Chroniques de Paris » dans la revue suisse *Bibliothèque universelle* d'Edmond Rossier.	
1913	Juin : obtient le grand prix littéraire de l'Académie française pour *La Nouvelle Journée* (*Jean-Christophe*).	
1914	Août : Romain Rolland est en Suisse quand la guerre est déclarée – Octobre : s'installe à Genève ; non mobilisable, il se met au service de l'Agence internationale des prisonniers de guerre (jusqu'au 3 juillet 1913) – Publication d'une série d'articles dans le *Journal de Genève* dont « Au-dessus de la mêlée ».	
1915	Novembre : *Au-dessus de la mêlée*, recueil d'articles.	
1916	Collabore à la revue *Demain* de Henri Guilbeaux jusqu'en octobre 1918 – 13 novembre : reçoit le prix Nobel de littérature pour 1915.	
1918	*Empédocle d'Agrigente et l'âge de la haine* (Cahiers du Carmel).	
1919	26 juin : publication, dans *L'Humanité*, de la « Déclaration de l'Indépendance de l'Esprit », signé par de nombreux intellectuels du monde entier – *Colas Breugnon* (Ollendorff) ; *Liluli* (éditions du Sablier) ; *Les Précurseurs* (éditions de l'Humanité).	Publication d'un recueil d'articles : *Voyage musical au pays du passé* (Édouard-Joseph Éditeur puis chez Hachette, l'année suivante).

1920	*Pierre et Luce* (éd. du Sablier), *Clerambault, histoire d'une conscience libre pendant la guerre* (Ollendorff).	
1921	*La Révolte des machines* (éditions du Sablier) – Début de son amitié avec Panaït Istrati. – Avril : rencontre Rabindranath Tagore, de passage à Paris.	
1922	Publication de *L'Âme enchantée : Annette et Sylvie* (Ollendorff) – *Les Vaincus* (Éditions Lumière, Anvers) – Avril : s'installe à Villeneuve, à la villa Olga – S'intéresse à l'Inde et à la non-violence.	
1923	Fondation de la revue *Europe*, avec le patronage de Romain Rolland.	Août : chez Zweig. À Salzbourg, assiste au *Musikfest* international de musique contemporaine.
1924	*Mahatma Gandhi* (Stock) ; *L'Âme enchantée : L'Été* (Ollendorff) – Dénonce l'assassinat de Matteotti et le fascisme de Mussolini.	Mai : voyage en Autriche ; fêtes musicales Richard Strauss à Vienne.
1925	*Le Jeu de l'amour et de la mort* (éditions du Sablier).	
1926	Janvier : soixantième anniversaire ; Hommage international de la revue *Europe* et du *Liber amicorum* – *Pâques fleuries* (éditions du Sablier).	Voyage en Allemagne : festivals de musique (Hændel, à Leipzig ; Mozart et Beethoven à Cologne).
1927	Adhère à l'Appel antifasciste de Barbusse – *L'Âme enchantée : Mère et fils* (Albin Michel).	Avril : voyage à Vienne à l'occasion de festivals musicaux – Prend la parole aux fêtes du centenaire de la mort de Beethoven, et fait paraître plusieurs articles d'hommage dans la presse.

1928	Janvier : *Le Jeu de l'amour et de la mort*, joué à l'Odéon – *Les Léonides* (éditions du Sablier).	Publication de *De l'Héroïque à l'Appassionata* (éditions du Sablier).
1929	*Essai sur la mystique de l'action et de l'Inde vivante. La Vie de Ramakrishna* (Stock).	*Mélusine*, scénario de film sur la musique et son développement à travers les âges ; projet sans suite.
1930	S'engage de plus en plus pour la défense de la Russie soviétique – *La Vie de Vivekananda et l'Évangile universel* (Stock) – 28 août : dernière rencontre avec Tagore, à Genève.	Publication de *Gœthe et Beethoven* (Éditions du Sablier).
1931	Février : « Europe, élargis-toi ou meurs ! » (*Nouvelle Revue mondiale*) – Juin : « Adieu au passé » (*Europe*) – 11 décembre : visite de Gandhi à Villeneuve.	
1932	Avec Barbusse, Romain Rolland est l'initiateur officiel du congrès mondial contre la guerre impérialiste, qui se tient du 27 au 29 août à Amsterdam – Élu membre d'honneur de l'Académie des sciences de l'U.R.S.S.	
1933	Dénonce le fascisme hitlérien – Avril : refuse la Médaille Gœthe décernée par l'Allemagne – Juin : président d'honneur du Comité antifasciste international – Membre, avec Aragon, du comité directeur de *Commune* (juillet 1933-mai 1939) – *L'Âme enchantée : L'Annonciatrice* (Albin Michel).	
1934	28 avril : épouse Maria Koudacheva.	

1935	Juin-juillet : voyage à Moscou ; séjour chez Gorki et entrevue avec Staline – Publication de deux recueils d'articles : *Quinze ans de combat* (Rieder) et *Par la Révolution, la Paix* (Éditions sociales internationales).	
1936	31 janvier : cérémonie à la Mutualité en l'honneur de ses soixante-dix ans – *Compagnons de route, essais littéraires* (Éditions du Sablier) – Juillet : prend parti pour les républicains dans la guerre d'Espagne.	
1937		Publication du *Chant de la Résurrection* (Éditions du Sablier).
1938	Juin : s'installe à Vézelay – Octobre : proteste contre les accords de Munich – *Valmy* (Éditions sociales interna-tionales) ; *Pages immortelles de Rousseau* (éditions Corrêa).	
1939	Dénonce l'invasion de la Tchécoslovaquie par les Allemands – Août : à la suite du pacte germano-soviétique, démission de l'Association des amis de l'Union soviétique – 5 juillet : *Le Jeu de l'amour et de la mort* est joué à la Comédie-Française – *Robespierre* (Albin Michel).	
1940	Achève la rédaction de ses *Mémoires* – Mars : renoue avec Claudel.	
1942	*Le Voyage intérieur* (Albin Michel).	

1943	Novembre : termine *Péguy*.	*La Cathédrale interrompue* : I : *La Neuvième Symphonie* ; II : *Les Derniers Quatuors* (Éditions du Sablier).
1944	30 décembre : mort de Romain Rolland.	
1945	2 janvier : funérailles religieuses à Clamecy – Publication de *Péguy* (Albin Michel).	*La Cathédrale interrompue* : III : *Finita Comoedia* (Éditions du Sablier).

PRÉFACE

Au début du XXe siècle, l'engouement du public pour les biographies de grands hommes se fait de plus en plus marqué. Précédés par les Anglais (songeons à Boswell et à sa *Vie de Samuel Johnson* dès 1796, à Carlyle, ou encore à Ruskin), et par l'anglophile Stendhal (dont la *Vie de Rossini* date de 1823), les écrivains français développeront particulièrement l'art du portrait littéraire à partir de la fin du XIXe siècle : Paul Bourget brosse de 1883 à 1885, dans ses *Essais de Psychologie contemporaine*, les figures des auteurs qui ont marqué la « génération de 1880 », celle même de Romain Rolland. Marcel Schwob, dans ses *Vies imaginaires* (1896) mêle habilement histoire et fiction. Un nouveau marché s'ouvre à cette époque, lié à l'émergence d'un nouveau lectorat, mais aussi à l'essor de la recherche universitaire, pour promouvoir de nouvelles formes éditoriales privilégiant les biographies de vulgarisation et les collections biographiques[1].

De 1899 à 1911, Romain Rolland dresse une série de portraits de musiciens, principalement dans la presse, qui seront repris dans les recueils *Musiciens d'autrefois* et *Musiciens d'aujourd'hui*, tous deux parus en 1908, mais à l'exception peut-être de celui de Hugo Wolf, ce sont là moins des biographies que des évocations rapides et synthétiques. La tentation biographique s'exprimera plus précisément chez Rolland à travers un vaste projet de « Vies des hommes illustres » qu'il dévoilera à la fin du 10e Cahier de la IVe série des *Cahiers de la quinzaine* (1903) : on y trouve annoncées les vies de Hoche, Thomas Paine, Michel-Ange, Schiller, Garibaldi, Mazzini et François Millet[2] ; seuls, cependant,

1 Voir Isabelle Olivero, *L'Invention de la collection*, Paris, Éditions de l'IMEC et Éditions de la Maison des sciences de l'homme, coll. « In octavo », 1999 ; Roger Chartier et Henri-Jean Martin (éd.), *Histoire de l'édition française*, Paris, Promodis, t. III, 1985 ; David Martens et Mathilde Labbé (dir.), *Une fabrique collective du patrimoine littéraire (XIXe-XXIe siècles). Les collections de monographies illustrées*, Revue *Mémoires du livre*, Vol. 7, n° 1, automne 2015.

2 Voir *Une Amitié française. Correspondance entre Charles Péguy et Romain Rolland*, présentée par Alfred Saffrey, *Cahiers Romain Rolland*, n° 7, Paris, Albin Michel, 1955, p. 63.

après *Beethoven* (1903), seront publiés *Vie de Michel-Ange* dans les *Cahiers* (1906) et *Vie de Tolstoy* chez Hachette (1911). Le *Michel-Ange* fait suite à une première monographie publiée par Rolland sur le peintre en 1905, et le *Tolstoy*, non prévu dans le plan initial des « Hommes illustres », s'impose à Rolland par la mort, en 1910, de l'écrivain, auquel il souhaite rendre hommage. Le *Millet* paraîtra en Angleterre (et en anglais) en 1904, et les autres ne seront jamais écrits. Quoique contemporain de ce projet, le *Hændel*, paru en 1910, n'en a jamais fait partie, mais dérive directement de l'enseignement musicologique que Rolland donne alors à la Sorbonne. Dès 1911 Rolland confie à son *Journal* qu'il abandonne la *Vie de Mazzini* en raison du caractère trop dépressif du personnage[3]. En 1920, il explique à Stefan Zweig (qui sera en quelque sorte son successeur dans le genre biographique) qu'il a renoncé à poursuivre les « Vies des hommes illustres » parce qu'il a « découvert, peu à peu, les mensonges de l'histoire, les mensonges de l'enseignement officiel, "la grande illusion[4]" [...]. » Rolland se déprend alors de ce type d'écriture, qui l'aura accompagné dans un moment-charnière de sa vie, marqué par son divorce, mais aussi par le succès fulgurant de *Jean-Christophe*, où l'« immense compagnie[5] » des grands hommes prendra une dimension thérapeutique. Il y reviendra cependant après-guerre, mais dans un tout autre état d'esprit, avec l'hagiographique *Mahatma Gandhi* (1924), et surtout *La Vie de Ramakrishna* et *La Vie de Vivekananda et l'Évangile universel* (1929 et 1930), auxquelles il faut encore ajouter le *Péguy* (1944-1945) : ce sont toujours des vies d'hommes illustres, mais, aux artistes et hommes politiques du premier projet succéderont dès lors (même dans le dernier cas !) des hommes de paix et de spiritualité. La tentation biographique aura ainsi accompagné Rolland durant toute son existence ; d'ailleurs, les romans-fleuves de *Jean-Christophe* et de *L'Âme enchantée* n'ont-ils pas, par essence, une vocation biographique ?

Certes, la diversité des textes que l'on peut classer chez Rolland parmi les biographies peut poser problème. Ainsi André Maurois, autre grand écrivain biographe, montrait-il des réticences à parler des « biographies »

---

3 « Je ne puis vivre dans cette atmosphère de tristesse perpétuelle », cité in *Une Amitié française*, *op. cit.*, p. 64.

4 Lettre à Stefan Zweig du 10 juin 1920, Romain Rolland – Stefan Zweig, *Correspondance* II, *1920-1927*, Paris, Albin Michel, 2015, p. 104.

5 Romain Rolland, *Le Voyage intérieur (Songe d'une vie)*, Paris, Albin Michel, 1959, p. 252.

de Beethoven et de Tolstoï écrites par Rolland : « Des biographies ? écrivait-il, ce n'est pas ce qu'il a voulu faire, mais des rencontres d'un grand esprit avec les modèles qu'il se propose – et qu'il nous propose[6] ». Au demeurant, François Dosse ne disait-il pas que « plus que toute autre forme d'expression, [le genre biographique] suscite le mélange, l'hybridité et manifeste ainsi les tensions ainsi que les connivences à l'œuvre entre littérature et sciences humaines[7] » ? La mouvance de la forme biographique chez Rolland, qui finit par rejoindre celle du roman, illustre particulièrement bien cette pluralité de références.

Que les seules biographies musicales de Romain Rolland publiées sous forme de monographies soient consacrées aux deux musiciens avec lesquels il se sent le plus d'affinités n'a rien pour surprendre. On observera qu'il ne cesse, dans son *Hændel*, de les rapprocher, affirmant que le musicien est « une sorte de Beethoven enchaîné » et que, seul, « Beethoven a marché dans ses larges traces, et poursuivi la route qu'il avait ouverte. » Mais au-delà de la logique qui nous pousse à les réunir ici, il convient de souligner que les deux textes ont des profils et des ambitions extrêmement différents, voire opposés : si le *Beethoven*, très allusif, et exempt de toute considération technique, est clairement destiné au grand public, le *Hændel*, avec ses nombreux exemples musicaux et ses notes érudites, est pensé dans une perspective, disons modérément universitaire, quand bien même son écriture sans jargon, sa relative brièveté et son intention de dresser le portrait d'un homme qui a toujours passionnément souhaité le contact avec son public en font également un livre de large diffusion. Par rapport aux sommes de la musicologie allemande et même anglaise de la même époque, *Hændel* apparaît léger, mais il reste la seule biographie rollandienne que l'on puisse, jusqu'à un certain point, qualifier de « scientifique » ; il a d'ailleurs sans doute plus fait pour la connaissance de l'auteur du *Messie* que bien des travaux plus lourds de science : son information est puisée aux meilleures sources dont Rolland pouvait disposer et, quoique relativement rapides, ses considérations sur l'art haendelien ont été prises au sérieux par les meilleurs musicologues. On n'en dira certes pas autant de *Beethoven*, pour la simple raison que les analyses musicales y sont tout simplement

---

6 André Maurois, « Romain Rolland biographe », *Europe*, n° 439-440, novembre-décembre 1965, p. 7.

7 François Dosse, *Le Pari biographique. Écrire une vie*, Paris, La Découverte, 2005, p. 15.

inexistantes, même s'il constituera un texte de référence incontournable pour ses successeurs, au moins jusqu'à la guerre. Sur le plan musicologique, Rolland se rattrapera un quart de siècle plus tard avec la somme des *Grandes Époques créatrices*. Ces sept gros volumes restent pourtant loin derrière le *Beethoven* de 1903 quant à l'influence exercée sur la connaissance et plus encore l'amour que l'on a pu vouer, au XXe siècle, à l'auteur de l'*Appassionata*. Le frêle livre paru aux *Cahiers de la quinzaine* a alimenté à l'égard du compositeur sourd une ferveur dont les échos se sont fait sentir jusqu'à l'autre bout du monde : pour un Chinois ou un Japonais, Beethoven, c'est d'abord l'homme chanté par Romain Rolland. Jouissant d'un succès qui a peut-être dépassé celui de *Jean-Christophe*, c'est un des livres les plus traduits et les plus lus de son auteur, et sans doute celui qui illustre le mieux la pratique rollandienne de la biographie à cette époque, à laquelle pourrait, finalement, assez bien convenir les mots que Beethoven lui-même avait mis en épigraphe de sa *Symphonie pastorale* : « plus expression des sentiments que peinture ».

Mais la biographie selon Rolland ne doit pas seulement être empathique ; il faut aussi, et dans le même mouvement, qu'elle soit héroïque. Ici se manifeste à l'évidence l'influence de Carlyle, chantre des *Héros*, et, plus généralement, celle d'un romantisme et d'un « idéalisme » auquel Rolland, bien qu'il en ait dénoncé, dans un fameux article de jeunesse, le « poison », reste viscéralement attaché. Pas de biographie, pour lui, sans le récit d'une lutte, dont le protagoniste sort soit brisé, soit vainqueur, voire, comme dans le cas de Beethoven, les deux à la fois. Rien d'étonnant à ce qu'un caractère comme celui de Mazzini ait vite déçu son biographe potentiel : ce personnage si pessimiste lui a finalement semblé incapable d'héroïsme et, par là-même, inapte à susciter sa ferveur. Car, pour Rolland, l'admiration ne mène pas à un respect lointain mais à une communication accrue et, pour ainsi dire, fusionnelle, avec son héros. Romain Rolland n'a jamais écrit la biographie que d'hommes dont il aurait pu être, ou, dans le meilleur des cas (Péguy, Gandhi, voire Tolstoï), dont il a réellement été l'ami.

Le présent volume propose donc de mettre en regard, peut-être plus que deux « biographies », deux « rencontres » musicales (pour reprendre le terme si juste de Maurois), qui restent parmi les plus populaires, aujourd'hui encore, des œuvres de Rolland et qui expriment exemplairement, à travers la diversité de leurs approches, le singulier don d'empathie que savait manifester leur auteur à l'égard des grands hommes en général, et des musiciens en particulier.

Nous tenons à remercier chaleureusement, pour leur aide précieuse dans les différentes étapes de ce travail, Beate Angelika Kraus, de la Beethoven-Haus de Bonn, Sylvie Bourel, conservatrice à la BnF, ainsi que Hervé Audéon, Catherine Massip, Danièle Pistone, Roland Roudil, Yasushi Ueda, Moonjung Park et Olivier Bessard-Banquy.

Alain CORBELLARI
Marie GABORIAUD
Gilles SAINT-ARROMAN

VIE DE BEETHOVEN

Édition établie
par Marie Gaboriaud et Gilles Saint-Arroman

INTRODUCTION
À LA *VIE DE BEETHOVEN*

Beethoven constitue dans l'œuvre et la vie de Romain Rolland une figure obsédante, sur laquelle il ne cessa de revenir. La *Vie de Beethoven*, publiée pour la première fois en 1903 aux *Cahiers de la quinzaine*, n'est que l'un des nombreux textes qu'il lui consacra, mais elle occupe une place à part dans sa carrière et aux yeux de ses lecteurs. Profondément ancré dans une époque qu'il traduit et défie tout à la fois, ce livre au statut ambigu, à la fois biographie, manifeste, conte, confession et ouvrage musicographique, marquera pour plusieurs décennies la littérature beethovénienne et la vie de Romain Rolland, rencontrant partout dans le monde un succès jamais démenti. Ce livre est aussi le contemporain et le pendant d'un autre grand texte rollandien, *Jean-Christophe*.

BEETHOVEN COMME FIGURE TUTÉLAIRE

Romain Rolland fait remonter le début de sa passion pour Beethoven au 26 novembre 1882, et au choc que constitua pour ce jeune homme de vingt ans, ce jour-là, l'audition de la *Septième Symphonie* en *la*. Dans les années qui suivent, alors qu'il accepte à regret la carrière scientifique imposée par sa famille, et tente de conjuguer ses ambitions artistiques avec sa formation d'historien de la musique, Beethoven devient non seulement un sujet d'étude mais aussi un compagnon de route et une matière à créer. Ainsi, dès 1888, on trouve des ébauches de roman sur un musicien génial et incompris, muré dans sa solitude, qui se voit ensuite associé directement à la figure de Beethoven à partir de 1890. De fait, avant de recevoir son titre définitif, *Jean-Christophe* sera pendant longtemps mentionné par Romain Rolland comme son « Beethoven ». Lorsqu'il revient sur cette double genèse de *Jean-Christophe* et de la *Vie de Beethoven*, dans ses mémoires, il les assimile tous deux à un retour à une écriture de l'intime, après ses premières tentatives théâtrales :

> [C]onvaincu que j'avais une mission à accomplir, je dus [...] me détourner, après 1900, du théâtre, chasse réservée, et chercher à fouir, comme la taupe, une autre voie souterraine, pour m'évader du camp de concentration et pour percer à la lumière. Ce fut Christophe qui creusa la galerie ; et, le premier, lui frayant le chemin, Beethoven émergea de la tombe, sa crinière et son mufle, sa rude tête de vieux lion... Comme les saints défricheurs des terres arides et des âmes, il ouvrit mon champ, avec son soc. Je l'ai suivi[1].

Difficile d'exprimer plus clairement le rôle de figure tutélaire et le magistère moral exercés par Beethoven sur l'écrivain. Pourtant, il abordera d'abord directement l'histoire du compositeur à travers des voies d'écriture non pas intimes, mais pédagogiques et journalistiques.

Avant la *Vie de Beethoven*, ses débuts dans la carrière d'enseignant lui donnent l'opportunité d'écrire sur Beethoven, à l'occasion de leçons qu'il donne, d'abord aux élèves du Lycée Henri IV en avril 1894[2] puis, plus longuement, à ceux de l'École normale supérieure en 1898[3]. Pour la première et brève leçon de 1894, sa source principale est le *Beethoven* de Victor Wilder paru dix ans plus tôt[4]. Il cite également plusieurs lettres de Beethoven ou des écrits de contemporains, dans la traduction proposée par Wilder, qu'il jugera pourtant en 1898 « assez inexact[e] » et dans laquelle il relèvera « parfois des contresens grossiers[5] ». En dehors du livre de Wilder, explicitement cité par lui, la seule autre source dont Rolland semble s'être servi en 1894 est le livre de Mariam Tenger, paru en 1890, rapportant les amours supposés de Beethoven et de Thérèse de Brunsvik[6]. Rolland ne se contente pas de recopier ses prédécesseurs, il propose de nombreuses considérations personnelles, et déjà cette idée

1 Romain Rolland, *Mémoires et fragments du journal* [1945], Paris, Albin Michel, 1956, p. 315.

2 BnF, département des Manuscrits, Fonds Romain Rolland, NAF 28 400.

3 *Ibid.*

4 Victor Wilder, *Beethoven : sa vie et son œuvre*, Paris, Charpentier, 1883 (d'abord publié en feuilleton dans *Le Ménestrel*).

5 Leçon de 1898, f. 3.

6 Mariam Tenger, *Beethoven's unsterbliche Geliebte, nach persönlichen Erinnerungen*, Bonn, Peter Neußer, 1890.

fondamentale que « [l]a grandeur exceptionnelle [de Beethoven] tient moins à sa puissance artistique (si singulier que cela semble) qu'à sa valeur morale, à sa personnalité même[7] » – idée qui contient en germe celle de la *Vie de Beethoven*. Déjà, il parle de Beethoven comme d'un « Héros véritable ». Cette leçon annonce ce que sera la *Vie de Beethoven* dix ans plus tard. Quelques passages y seront même repris à l'identique, mais un certain nombre de considérations ne se retrouvent pas dans la *Vie de Beethoven* : comparaisons avec Mozart, Bach, Wagner, Shakespeare, propos sur les derniers quatuors, jugements sur *Fidelio*[8], mais aussi, curieusement, une opinion mitigée sur l'esthétique beethovénienne et ses conséquences. Les considérations politiques et historiques, très présentes dans la *Vie de Beethoven*, sont en revanche, encore presque absentes, si ce n'est au sujet de la *Symphonie héroïque.*

Rolland reprend cette leçon de 1894 quatre ans plus tard, en ouverture d'un cours en sept leçons consacré à Beethoven. Ce cours est donné à l'École normale supérieure, où Rolland dispense un cours d'histoire de l'art devenu à partir de janvier 1897 « le premier cours d'histoire de la musique donné en France dans une grande École[9] ». La première leçon, datée du lundi 7 février 1898, est à la fois une biographie et un essai sur Beethoven ; les six suivantes sont consacrées à l'œuvre, et principalement à l'analyse des neuf symphonies. Ces six dernières leçons constituent une véritable étude musicologique, comportant une réflexion sur les formes musicales illustrées par Beethoven, et sur ses prédécesseurs. Le public n'est clairement plus le même qu'en 1894 : le propos est plus technique, étayé par de nombreux exemples musicaux, la réflexion esthétique et historique est plus approfondie. Ces 250 feuillets représentent en réalité le travail le plus important et le plus musicologique de Rolland sur Beethoven avant *Les Grandes Époques créatrices.* La première leçon annonce de manière évidente la *Vie de Beethoven*, mais elle n'est rien d'autre qu'une amplification de la leçon de 1894 – Rolland a d'ailleurs noté au crayon sur le manuscrit : « Cours déjà fait en 1894 ! ». L'élément nouveau par rapport à la leçon de 1894 est le surgissement de la politique, à

7 Leçon de 1894.

8 En février 1894, *Fidelio* était donné à Paris en version de concert par Eugène d'Harcourt (*cf. Le Ménestrel*, 18 février 1894).

9 Alain Corbellari, *Les Mots sous les Notes. Musicologie littéraire et poétique musicale dans l'œuvre de Romain Rolland*, Genève, Librairie Droz, 2010, p. 30.

travers des considérations plus personnelles sur Beethoven « âme de la Révolution » et sur le caractère révolutionnaire de son œuvre. Rolland entreprend à la même époque son *Théâtre de la Révolution* et cet épisode historique devient un thème majeur de son œuvre littéraire. Beethoven n'est d'ailleurs pas absent de la pensée du dramaturge, puisque Rolland aurait voulu que la fin de la musique d'*Egmont* accompagnât le final de son *Quatorze Juillet*[10]. Les idées politiques de Beethoven revêtent une telle importance pour Rolland qu'elles sont encore commentées dans la quatrième leçon, en prélude à l'analyse de la *Symphonie héroïque*. Cette première leçon de 1898 se distingue en outre de la précédente par l'abondance des références bibliographiques. Rolland y renvoie toujours au *Beethoven* de Wilder mais aussi à de nombreuses autres publications, principalement germaniques. L'ouvrage le plus abondamment cité est le *Beethoven* de Wagner, d'après la traduction d'extraits qu'en avait donnée la *Revue wagnérienne* en 1885. La *Vie de Beethoven*, qui porte de façon évidente l'influence de Wagner par l'image donnée de Beethoven, ne le citera pourtant qu'à une seule reprise.

Si ces textes manifestent l'intérêt de Rolland pour la figure beethovénienne ainsi que sa volonté d'approfondir ses recherches dans une direction plus musicologique, ce n'est qu'en 1901 qu'il publie son premier texte sur le musicien, lorsque le directeur de la *Revue de Paris* l'envoie à Mayence pour couvrir le festival Beethoven (l'audition intégrale des neuf symphonies sous la direction de Felix Weingartner). Son compte rendu paraîtra sous le titre « Les Fêtes de Beethoven à Mayence[11] » dans le numéro du 15 mai, sur un exemplaire duquel Rolland a explicitement indiqué : « De cet article, ma *Vie de Beethoven* est sortie[12] ». En effet, une partie de l'introduction avec sa description du Rhin trouvera place dans l'ouvrage à venir, mais surtout la quasi-intégralité de la troisième partie (un essai sur Beethoven au miroir de ses symphonies), qu'il reprend par morceaux entre lesquels il insère transitions, citations, et dont il modifie l'ordonnancement. Un autre élément crucial de l'article sera repris et amplifié en 1903 : les notes de bas de page. Déjà présentes dans le cours de 1898 sous la forme de renvois bibliographiques ou de citations ou

10 *Cf.* Marion Denizot, *Le* Théâtre de la Révolution *de Romain Rolland. Théâtre populaire et récit national*, Paris, Champion, 2013, p. 162.

11 *La Revue de Paris*, 8e année, n° 10, t. 3, 15 mai 1901, p. 431-448.

12 BnF, département Littérature et Art, exemplaire 8° Z R. Rolland 161.

commentaires au verso des feuillets, ce sont elles qui donnent à la *Vie de Beethoven* son allure « scientifique ». Peu d'éléments de l'article sont en revanche empruntés à ses leçons antérieures. Un seul passage notable est hérité du cours de 1898 : le « portrait de Beethoven » qui débute la troisième partie et par lequel commencera aussi la *Vie de Beethoven* : « Il était petit et trapu, de forte encolure, de charpente athlétique [...] ».

Le voyage qu'il fait alors à Mayence, plus encore que le texte qu'il en tirera, constitue pour Romain Rolland un tournant dans sa vie personnelle et littéraire. Il part en effet à Mayence au moment où son divorce avec Clotilde Bréal devient inéluctable ; traversant une profonde crise morale, il trouve un réconfort non seulement dans la musique de Beethoven, mais aussi dans les lectures abondantes qu'il fait alors sur le musicien[13] : les parutions nouvelles ne manquent pas, surtout en Allemagne. En effet, si le directeur de la *Revue de Paris* commande au jeune Rolland un article sur les fêtes de Beethoven à Mayence, ce n'est pas uniquement pour satisfaire les goûts de l'auteur : Paris et l'Europe sont alors « beethovéniens » jusqu'à la moelle. Non seulement la musique de Beethoven occupe une place quasi hégémonique dans les concerts publics qui fleurissent depuis la fin des années 1860, mais le musicien est aussi devenu un personnage littéraire à part entière, tant sont nombreux les feuilletons, les biographies et les œuvres de fiction qui lui sont consacrés. Autour de 1900, alors que la musicologie française se structure d'un point de vue institutionnel, les travaux de musicologues allemands sur Beethoven, notamment les rééditions de textes anciens, trouvent un premier écho en France[14] ; le *Beethoven* de Wagner, qui nourrira celui de Rolland de façon significative, est de nouveau traduit et publié dans la *Revue blanche*[15], tandis que les écrits des wagnériens français (Victor Wilder, Teodor de Wyzewa, Édouard Schuré) sur le musicien figurent en bonne place dans la presse et dans les librairies. La figure de Beethoven est enfin *visible* dans l'espace public : les livres

13 Voir notamment la lettre à Malwida von Meysenbug du 18 avril 1901, reproduite dans *Une amitié européenne. Romain Rolland et Malwida von Meysenbug – Correspondance 1890-1903*, édition établie par Wolfgang Kalinowsky, Mayence, chez l'auteur, 2016, p. 1782-1783.

14 Voir Marie Gaboriaud et Gilles Saint-Arroman, « Le Beethoven de 1903, entre littérature et musicologie », dans Hervé Audéon (dir.), *Romain Rolland musicologue*, Dijon, Éditions universitaires de Dijon, 2017, p. 63-77.

15 Richard Wagner, « Beethoven », traduction d'Henri Lasvignes, *Revue blanche*, 15 août, 1er et 15 septembre 1901, p. 561-578, 37-54 et 115-124.

s'enrichissent de reproductions des différents portraits et masques que l'on connaît du compositeur ; l'exposition de la Sécession de Vienne en 1901, dont la presse française se fait l'écho, lui est entièrement consacrée ; le sculpteur Antoine Bourdelle, élève de Rodin, et qui sera fait chevalier de la Légion d'honneur en 1910, fait du visage de Beethoven le sujet de nombreux bustes à partir de 1901[16].

LA PUBLICATION AUX *CAHIERS DE LA QUINZAINE*

La collaboration de Romain Rolland avec Charles Péguy commence en 1902, lorsque ce dernier accepte de publier dès le début de l'année suivante son drame sur le Transvaal, *Le Temps viendra*, et une série de « vies des hommes illustres » qui commencera par Beethoven. Les *Cahiers de la quinzaine*, que dirige Péguy, sont alors un jeune périodique bimensuel, fondé en 1900, défendant des idéaux humanistes et une certaine idée de la littérature indépendante. C'est une petite revue, de qualité, et qui jouit d'une bonne réputation, mais d'un nombre d'abonnés assez restreint rendant l'affaire peu rentable.

Le *Beethoven* se promet d'être le premier opus d'une collection de biographies de format court, dont le projet, éthique et politique, est de donner comme exemples à la société moderne les héros du passé qui se caractérisent par leur antimatérialisme. Rolland décrit ainsi son projet à Malwida von Meysenbug en octobre 1902 : « les vies des héros des temps modernes, en mettant en valeur leur caractère moral. Je commence par Beethoven[17]. » Par le choix du format court, Rolland s'inscrit dans la veine d'autres biographies grand public qui voient alors le jour. Pour Péguy, publier une série de portraits constitue une opportunité commerciale, car c'est un genre à la mode et qui se vend bien. Toutes les revues importantes en publient : *La Grande Revue*, *La Revue des deux mondes*, le *Mercure de France*, les *Cahiers de la quinzaine* puis la *Nouvelle*

16 Sur le *Beethoven* de Bourdelle, voir Michel Dufet, *Le Drame de Beethoven vécu par Bourdelle*, Paris, Arted, 1966, ainsi que sa préface au catalogue de l'exposition *Beethoven et Bourdelle* au musée Bourdelle, 29 mai-15 septembre 1970, Paris, Musée Bourdelle, 1970.

17 Romain Rolland, lettre à Malwida von Meysenbug du 3 octobre 1902, *Une amitié européenne*, *op. cit.*, p. 1898.

Revue française[18]. Ceux-ci sont souvent ensuite l'objet d'une publication en volume, et c'est dans les premières années du XXe siècle que naissent de nombreuses collections biographiques (« Les Maîtres de la musique » chez Félix Alcan par exemple). Cette tendance a été initiée notamment par Marcel Schwob, l'auteur des *Vies imaginaires* en 1896, qui impose alors un certain style : des textes courts, où la frontière entre réalité et fiction se brouille, marqués par l'esthétique du conte, par de nombreuses marques de subjectivité du narrateur, et où prévaut la représentation de l'individualité et de l'originalité. C'est dans ce cadre esthétique que s'inscrira aussi la *Vie de Beethoven*, qui se caractérise par l'usage répété du récit, un registre pathétique marqué et l'affirmation constante de la singularité absolue du compositeur.

La production biographique beethovénienne ne reste pas étrangère à cette vogue des portraits : elle y trouve même un moyen de renouvellement, par une forme plus souple. En Allemagne et en Autriche, en effet, des musicologues de la génération née autour de 1850 publient dès la fin du siècle, et dans la décennie 1900-1910, un nombre considérable de travaux. Mais on voit aussi apparaître des ouvrages au format plus léger, comme celui de Theodor von Frimmel, publié dans une collection de vulgarisation historique, et qui se veut « une description d'ensemble, sous une forme resserrée, du matériau biographique considéré d'un point de vue critique[19] ». La concision du propos est également de mise en France, où, dans un contexte éditorial difficile pour le livre[20], on redécouvre, on l'a dit plus haut, le *Beethoven* de Wagner de 1870, publié dans la *Revue wagnérienne* en 1885 – c'est l'un des premiers contacts de Rolland avec la figure beethovénienne – puis dans la *Revue blanche* en 1901.

La concurrence entre le format de la revue, déjà ancien, et celui, nouveau et florissant, de la collection éditoriale, provoque l'apparition, dans les années 1890-1900 de formats médiatiques au statut intermédiaire, entre revue et collection, comme la publication *Les Contemporains*

---

18 Dominique Viart, « Naissance moderne et renaissance contemporaine des fictions biographiques », dans Anne-Marie Montluçon et Agathe Salha (dir.), *Fictions biographiques XIXe-XXIe siècles*, Toulouse, Presses universitaires du Mirail, 2007, [p. 35-54], p. 38-39.

19 Theodor von Frimmel, *Ludwig van Beethoven*, Berlin, Harmonie, 1901, p. 5 : « *[Keine Biographie hat] in neuerer Zeit in knapper Zusammenfassung auf Grundlage kritisch gesichteten Materials eine übersichtliche Darstellung geboten* [...] ». Notre traduction.

20 Voir Élisabeth Parinet, « L'édition littéraire, 1890-1914 », dans Roger Chartier et Henri-Jean Martin (dir.), *Histoire de l'édition française*, t. 4 : *Le livre concurrencé 1900-1950*, Paris, Fayard, 1991.

(1892) qui fait paraître également une courte biographie de Beethoven en 1901. C'est également dans ce créneau que s'inscrivent les *Cahiers de la quinzaine*, qui jouent sur l'ambiguïté de format et tentent de se rapprocher de celui de la collection éditoriale. En effet, si ce périodique se caractérise par une identité idéologique et politique forte, Péguy insiste sur l'autonomie de chaque volume : « nos cahiers forment un grand peuple libre » écrira-t-il en 1904, « [ils] ne se suivent point à la file comme les numéros assujettis des anciennes revues bourgeoises », « ne forment point des séries linéaires, serviles et apeurées[21] ». Chaque cahier se veut donc indépendant, malgré les échos et les parentés que l'on retrouve de l'un à l'autre.

Romain Rolland inscrit aussi son *Beethoven* dans la ligne idéologique des *Cahiers*, en faisant du musicien de Bonn une figure de proue pour les générations présentes, et en multipliant les allusions à l'actualité, notamment dans l'introduction. Ainsi, l'évocation de la guerre des Boers, fait non seulement écho à sa propre pièce *Le Temps viendra*, également publiée dans les *Cahiers* en 1903, mais aussi à d'autres publications des *Cahiers*. Ceux-ci se préoccupent beaucoup de la guerre du Transvaal : l'année précédente, en 1902, Péguy a publié le fameux roman de Jérôme et Jean Tharaud, *Dingley, l'illustre écrivain*, violent plaidoyer contre la politique coloniale anglaise qui recevra le prix Goncourt en 1906. Quant à l'Affaire Dreyfus, elle occupe non seulement les *Cahiers* mais aussi Rolland, qui a publié *Les Loups* en 1898 : la préface du *Beethoven* y fait donc naturellement allusion à travers la figure exemplaire du colonel Picquart.

Romain Rolland apporte le manuscrit du *Beethoven* à Péguy le 29 juillet 1902. Les conditions sont peu favorables : il s'agit d'un petit tirage pour abonnés, l'auteur n'est pas payé, et les perspectives de popularité sont quasi nulles, la presse classique s'intéressant peu aux *Cahiers*. Le *Beethoven* constituera le dixième cahier de la 4e série ; c'est un format in-12, long de 96 pages, vendu deux francs dans le commerce, et agrémenté d'une photo sur fond noir du masque de Beethoven par Franz Klein de 1812. Le premier bon à tirer est de 2000 exemplaires.

21 Charles Péguy, « Raoul Allier, L'Enseignement primaire des indigènes à Madagascar », *Cahiers de la quinzaine*, 4e cahier de la 6e série, 8 novembre 1904, reproduit dans *Œuvres en prose complètes* I, Paris, Gallimard, coll. « Bibliothèque de la Pléiade », 1987, p. 1451.

UN « PROJET DE ROMAN RÉEL »

La forme de la *Vie de Beethoven* s'explique donc à la fois par le contexte de publication et par le rapport intime de Romain Rolland à Beethoven, tant dans sa vie personnelle que dans son projet littéraire. Comme on l'a dit plus haut, sa genèse est profondément liée à celle du roman *Jean-Christophe* : le texte, de fait, s'apparente autant au genre biographique qu'à la fiction psychologique. Dans une lettre à Stefan Zweig de 1918, revenant sur sa formation d'historien, Rolland affirme qu'alors, « les passions et les caractères [l]'attiraient[22] » surtout, et qu'il avait formé dès ses jeunes années le projet « d'écrire une histoire psychologique, une histoire des pensées et des passions cachées de Catherine de Médicis et de son temps. C'était, en somme, un projet de roman réel, la divination imaginaire d'une société passée[23]. »

Avant son *Beethoven*, Romain Rolland a déjà publié plusieurs portraits de musiciens : Richard Strauss, Rossini ou encore Vincent d'Indy[24]. Après sa monographie sur Beethoven, il continue de compléter cette production avec des portraits de Mozart, Berlioz, Gluck[25], Lully, Debussy, Grétry, et d'autres, tous publiés en revue avant d'être regroupés en recueils[26]. Tous s'intéressent de façon prioritaire à la personnalité du musicien. Le texte sur d'Indy, également de 1903, prend le prétexte d'une critique sur *L'Étranger* pour dresser « une sorte de portrait d'une des figures les plus nobles de l'art français contemporain[27] ». Rolland y affirme dès les premières pages ne pas vouloir parler de musique, mais de la personnalité de d'Indy, qui se caractérise selon lui par ses « qualités de chef d'armée[28] ». Rolland est donc

---

22 Lettre à Stefan Zweig du 28 décembre 1918, *Romain Rolland – Stefan Zweig. Correspondance* I, Paris, Albin Michel, 2014, p. 529-530.

23 *Ibid.*, p. 529-530.

24 Romain Rolland, « Richard Strauss », *Revue de Paris*, 15 juin 1899, p. 769-789 ; « Rossini », *Revue musicale*, août 1902, p. 374-381 ; « Vincent d'Indy », *Revue de Paris*, 15 janvier 1903, p. 401-420.

25 *Id.*, « Mozart », *Revue d'art dramatique*, janvier et février 1903, p. 15-26 et 49-57 ; « Berlioz », *Revue de Paris*, 1er et 15 mars 1904, p. 65-88 et 331-352 ; « Gluck. Une Révolution dramatique », *Revue de Paris*, 15 juin 1904, p. 736-772.

26 *Id.*, *Musiciens d'aujourd'hui* et *Musiciens d'autrefois*, Paris, Hachette, 1908.

27 *Id.*, « Vincent d'Indy », art. cité, p. 401.

28 *Ibid.*, p. 411.

un musicographe tourné vers la psychologie, et un portraitiste intéressé, comme beaucoup à son époque, par la personnalité de l'artiste, sur laquelle il projette souvent la sienne ; la *Vie de Beethoven* ne fera pas exception, bien au contraire. Il opère pourtant une distinction entre ses articles de « critique musicale », et ses portraits psychologiques dont la forme idéale semble bien être non l'article, mais la monographie. À Péguy qui lui demande une monographie sur Berlioz, après l'article qu'il a publié dans la *Revue de Paris*, il refuse avec cet argument : « L'homme ne m'intéresse pas[29] ». Il n'est pas le seul à vouloir aborder Beethoven en historien de l'âme ; Teodor de Wyzewa, faisant la recension du *Beethoven* de Wasielewski[30] en 1889, exprimait sa frustration devant le manque d'humanité de l'ouvrage :

> Entre tous, pourtant, Beethoven a été le mieux traité : sans parler des statues qui lui ont été élevées et des solennités qu'ont occasionnées les fréquentes translations de ses cendres, il a eu, pour rendre hommage à son génie, toute une bibliothèque d'ouvrages excellents. [...] Mais nous ne voyons toujours pas les liens qui ont rattaché ces œuvres à cette vie[31].

En conséquence, il appelait de ses vœux une biographie qui réussisse à créer du sens dans cette œuvre :

> Il y aurait donc intérêt à tenter, à l'aide de tous les faits connus, une biographie plus complète, et pour ainsi dire plus *psychologique* de Beethoven, expliquant les relations mutuelles de son œuvre et de sa vie. Malgré la part d'hypothèse qu'elle contiendrait toujours, une telle étude serait peut-être la plus instructive et la meilleure des critiques[32].

Les wagnériens que sont Wyzewa et Rolland s'accordent donc sur la nécessité d'une biographie plus « psychologique », sur le modèle de celle de Wagner, qui considérait la personnalité de Beethoven comme « le foyer du monde lumineux qui part de lui[33] » et s'éloignait de l'essai pour

29 Lettre à André Bourgeois du 25 mars 1904, reproduite dans *Pour l'honneur de l'esprit. Correspondance entre Charles Péguy et Romain Rolland (1898-1914)*, éd. Auguste Martin, « Cahiers Romain Rolland », nº 22, 1973, Paris, Albin Michel, p. 109.

30 Wilhelm Joseph von Wasielewski, *Ludwig van Beethoven*, 2 vol., Berlin, Brachvogel & Ranft, 1888.

31 Teodor de Wyzewa, « La Jeunesse de Beethoven », *Revue des deux mondes*, septembre-octobre 1889, p. 418-419.

32 *Ibid.*, p. 419.

33 Richard Wagner, « Beethoven », traduction d'Henri Lasvignes, *Revue blanche*, 15 août 1901, p. 578.

proposer une évocation poétique et mystique du compositeur. De fait, au moment-même où Wyzewa appelle de ses vœux une « biographie [...] plus psychologique » de Beethoven, Rolland élabore son projet de « *roman* ou *poème musical* » dont la matière doit être le « Sentiment » et non les « faits » :

> Il ne doit pas faire [des sentiments] ce qu'on nomme aujourd'hui « l'analyse psychologique » [...], mais les faire revivre sous le revêtement [...] de tel ou tel personnage, qui n'est là vraiment que pour porter ce sentiment, pour l'incarner en lui, le vivre, en être le maître, ou la victime [...]. Il faut avoir l'âme poétique, pour voir et vivre pour son compte Ce qui *devrait* être, – et Ce qui est, d'ailleurs, plus réellement que la « réalité[34] ».

La *Vie de Beethoven* est justement construite autour de grandes thématiques et surtout autour de grandes catégories d'émotions que le personnage incarne et illustre tour à tour : espoir, découragement, volonté de combattre, amour filial, résignation, etc.

UN TEXTE DE COMBAT

De la même façon que Wagner, en 1870, propulsait la figure beethovénienne dans le monde moderne et dans ses propres préoccupations, faisant du musicien un argument de la supériorité de l'art allemand, Rolland propulse Beethoven dans la France de 1900 et en fait un combattant dans la lutte contre la médiocrité morale et le matérialisme. Cette actualisation, sensible dès l'introduction par le parallèle entre Beethoven, les Boers et le colonel Picquart, n'a pas seulement une fonction polémique. Rolland a le sentiment de vivre *avec*, de vivre *en* Beethoven : « j'étais un peu – très humblement – de [la famille] de Beethoven ; et c'est cela qui m'a aidé, souvent, à vivre, et dont je lui ai une filiale reconnaissance[35] ». Au rapport proprement individuel qu'il entretient avec Beethoven – le soutien que lui apporte sa musique et son exemple dans les moments difficiles de sa vie – s'ajoute une

34 Lettre à Malwida von Meysenbug du 10 août 1890, *Une amitié européenne. Romain Rolland et Malwida von Meysenbug*, *op. cit.*, p. 81-82.

35 Lettre à Georges Duhamel du 29 mars 1938, *Romain Rolland et Georges Duhamel, Correspondance (1912-1942)*, édition établie par Bernard Duchatelet, Paris, Classiques Garnier, 2014, p. 294.

dimension générationnelle : Rolland est persuadé que Beethoven a quelque chose à dire à sa génération, et en fait partie intégrante. L'actualisation du musicien s'assimile donc, métaphoriquement, à une transsubstantiation. Il écrit à Georges Duhamel dans l'entre-deux-guerres : « le Vieux Sourd est aussi un des grands blessés de la guerre. Elle a englouti la génération, qui était sa chair spirituelle. En le célébrant, je la commémore[36]. »

Mais avant la commémoration de la génération perdue de 1914, c'est sous le signe de la *consolation* que Rolland propose la figure de Beethoven au lecteur de 1903. Cette notion, centrale dans le texte, et affirmée avec force dès l'introduction (« reposons un instant notre tête sur leurs genoux. Ils nous consoleront. »), est à la fois un baume sur les souffrances et une invitation à l'action : cette vie, sous la plume de Rolland, sera relatée comme un long combat, et un martyre dont le héros parvient à triompher. Cette approche est avant tout personnelle, tant la musique de Beethoven, puis l'écriture de sa vie, rempliront pour Rolland une fonction thérapeutique ; mais elle connaîtra aussi une longue postérité : nombreuses seront les lettres que Rolland recevra pendant la guerre, témoignant du pouvoir consolateur de Beethoven et de la *Vie de Beethoven*. Son ami Duhamel en fera le titre d'un livre paru en 1944, *La Musique consolatrice*, et le critique suisse Emmanuel Buenzod écrira encore de Beethoven en 1936, dans une perspective toute rollandienne :

> Confident et tribun, compagnon de la souffrance et maître des énergies en marche vers l'action, un reflet de son âme secrètement palpite à maintes heures décisives de la vie individuelle et sociale – un reflet qui prodigue consolation, encouragement, instigation, parfois[37].

Ce texte de combat que Rolland donne à Péguy, ancré dans l'action, a été rédigé de façon contemporaine à celle du *Théâtre de la Révolution*, qui occupe une grande partie de leur correspondance pendant toute l'année 1902 (à propos de *Quatorze juillet*). La *Vie de Beethoven* a donc une portée politique, sociale et morale, et non strictement historique ou musicale. Rolland écrira d'ailleurs à Péguy en 1907 qu'il a « entrepris *les Vies des Hommes illustres* expressément dans une pensée d'action populaire, et pour un public populaire[38] ».

36 Lettre à Georges Duhamel du 23 octobre 1928, *ibid.*, p. 204.

37 Emmanuel Buenzod, *Pouvoirs de Beethoven*, Paris, Corrêa, 1936, p. 215-216.

38 Romain Rolland, lettre à Charles Péguy du 30 juin 1907, *Pour l'honneur de l'esprit*, *op. cit.*, p. 224.

Il s'éloigne donc naturellement d'un style universitaire ou scientifique : « Je voulais peindre à fresque[39] », dira-t-il en 1926. L'écrivain pioche en effet dans la mythologie beethovénienne certains motifs ou épisodes autour desquels va se structurer ce qui peut parfois s'apparenter à un conte, par sa structure narrative et métaphorique binaire, qui oppose par exemple les personnages adjuvants et opposants, ou la région du Rhin à Vienne, « grande ville frivole ». Il reprend de la biographie beethovénienne les éléments les plus efficaces pour son projet de « poème musical » : l'imaginaire pastoral du Rhin, (« nulle part plus beau, plus puissant et plus doux qu'en la délicieuse Bonn, dont il baigne les pentes ombragées et fleuries, avec une violence caressante »), qui est aussi un souvenir du voyage initiatique qu'il fit à Mayence en 1901 ; la figure repoussoir de Giulietta Guicciardi (« Giulietta était coquette, enfantine, égoïste »), également une manifestation de la tendance misogyne de sa prose depuis ses problèmes conjugaux ; la suggestion de la virginité du compositeur (« Ces amours semblent avoir toujours été d'une grande pureté »), lorsqu'il déforme la phrase de Wegeler sur les amours de Beethoven. S'il n'indique pas toujours ses sources, l'identification de celles-ci confirme qu'il a puisé dans la plupart des ouvrages cités dans sa « Bibliographie », constamment remise à jour, notamment dans les grandes publications allemandes, traduisant et reproduisant même intégralement plusieurs lettres de et à Beethoven en fin de volume. Toutefois, s'il s'est beaucoup documenté, la vérité historique n'est pas sa priorité. Il affirme ainsi dans l'introduction de 1903 que le magistère moral des « héros » est effectif « sans même qu'il soit besoin de connaître leurs vies ». Il regrettera d'ailleurs, bien des années après, d'avoir « alourdi » son texte avec l'appareil critique que constituent les notes et la bibliographie :

> Quand j'écrivais mon Beethoven de 1902-3 à Mayence, j'étais allé voir Deiters et Wegeler à Coblence, j'avais examiné leurs collections et aussi, celles de Schott à Mayence. – Mais je ne voulais pas graver une estampe minutieuse. Je voulais peindre à fresque et le tort principal que je reconnais aujourd'hui, c'est d'avoir alourdi mon portrait héroïque, qui était d'un seul jet, – avec des notes historiques. Elles n'étaient point dans l'œuvre originale (l'article de la Revue de Paris). Je les ai ajoutées pour l'instruction de mes lecteurs français. C'était contraire au style de l'œuvre[40].

39 Lettre à Stefan Zweig du 9 décembre 1926, *Romain Rolland – Stefan Zweig. Correspondance* II, Paris, Albin Michel, 2015, p. 626.

40 *Ibid.*

Le livre de Romain Rolland est en effet une « évocation » à caractère psychologique construite à partir de certains motifs du mythe beethovénien, choisis parmi ceux qui correspondent à sa sensibilité pour construire un récit signifiant. On retrouve ainsi dans la *Vie de Beethoven* un grand nombre de motifs récurrents de l'écriture rollandienne : le fleuve, comme on l'a évoqué plus haut, symbole de l'énergie et de la détermination, lié à un imaginaire nietzschéen de la santé, mais aussi l'orage, qui détermine les étapes de la vie de Beethoven (« toute sa vie est pareille à une journée d'orage ») comme celle de Jean-Christophe, dont le passage à l'âge adulte, à la fin du premier volume, se manifeste à travers la vision d'un orage, symbole d'une transition brutale dans la vie intérieure, provoquée par l'audition de l'*Ouverture de Coriolan*.

RÉCEPTION DU TEXTE

Le texte connaît un succès immédiat dès sa parution en janvier 1903. Le premier tirage, de 2000 exemplaires, est épuisé dès juillet, et Péguy effectue un nouveau tirage de 3000 exemplaires en septembre (avec les premières corrections de Rolland), qui sera lui aussi épuisé : le lectorat du *Beethoven* est donc bien plus large que le cercle des abonnés de Péguy. Ainsi que celui-ci le rappellera plus tard, ce livre n'est pas seulement « le commencement de la fortune littéraire de Romain Rolland [...], mais infiniment plus [...], une révélation morale, soudaine, [...] la soudaine communication d'une grande fortune morale[41] ». La raison du succès du livre de Rolland tient en partie à la concordance entre son discours et les attentes du lectorat de Péguy, un lectorat lettré et souvent de sensibilité socialiste, friand de portraits et d'héroïsme idéaliste. Le « sentimentalisme » supposé des lecteurs de la *Vie de Beethoven* sera d'ailleurs interrogé par Daniel Halévy, dans les années 1940 :

> Que valait ce succès ? n'était-ce qu'une vague d'émotion soulevée dans le public par l'émotion d'un solitaire ? n'était-ce que sentimentalité ? Une acheteuse

41 Charles Péguy, « Notre Jeunesse » (17 juillet 1910), *Œuvres en prose complètes*, III, Paris, Gallimard, coll. « Bibliothèque de la Pléiade », 1992, p. 82.

> inconnue étant entrée dans la boutique, et sortie, l'instant d'après, avec son *Beethoven* sous le bras, Benda, l'observant, opina sèchement : « Ces acheteuses de Rolland, ce sont des femmes qui n'ont pas le courage de prendre un amant[42] ».

Quoi qu'il en soit, le succès du livre apporte une aide bienvenue à la trésorerie des *Cahiers de la quinzaine*. Romain Rolland aimera souvent à rappeler que le *Beethoven*, non seulement a constitué un jalon dans l'histoire qui le lie aux *Cahiers*, où il a alors « pris pied définitivement », mais a aussi « sauv[é] les *Cahiers*, fort compromis[43] ». En réalité, son livre n'est pas le seul grand succès de la revue dans ces années-là : il partage ce mérite avec *Jean Coste* de Lavergne (1901) et *L'Affaire Crainquebille* d'Anatole France (1902).

Fort de ce succès, le livre suscite la convoitise des éditeurs. La librairie Hachette, alors en position de force sur le marché éditorial après le renouvellement des concessions de vente dans les gares vers 1900[44], rachète les droits à Péguy et fait paraître en 1907 une *Vie de Beethoven*[45] au format in-16 et au prix de deux francs, premier volume d'une collection « Vies des hommes illustres » qui comprendra aussi la *Vie de Michel-Ange* (1907), déjà publiée en 1906 aux *Cahiers de la quinzaine*, et la *Vie de Tolstoy* (1911). Hachette conservera les droits du livre, dont le succès de se démentira pas pendant des décennies, occasionnant une trentaine de rééditions jusque dans les années 1960, et plus de 150 000 tirages. Ce n'est qu'en 1969, à l'occasion de la création de la collection des « Classiques Hachette de la musique » qu'un nouveau *Beethoven*, par André Gauthier, viendra remplacer celui de Rolland au catalogue de Hachette. En marge de ses éditions « populaires », Hachette publiera aussi, à l'occasion du centenaire de 1927, une édition de plus grand format, illustrée de gravures de Baudier. Les éditions d'art Pelletan, en 1909, rééditent également la *Vie de Beethoven* des *Cahiers de la quinzaine* dans un grand format in-8 décoré de douze gravures de Perrichon. À l'étranger, l'ouvrage a été traduit dans pas moins de trente-quatre langues et a fait l'objet de plusieurs dizaines d'éditions à travers le monde.

---

42 Daniel Halévy, *Péguy et les* Cahiers de la quinzaine, Paris, Grasset, 1941, p. 114-115.

43 Romain Rolland, *Péguy*, Paris, Éd. La Découverte, 2015, p. 134.

44 Voir Jean-Yves Mollier, *Hachette, le géant aux ailes brisées*, Paris, Les Éditions de l'atelier, 2015, p. 55.

45 Le titre *Vie de Beethoven* n'apparaît que dans l'édition Hachette de 1907. Dans les *Cahiers de la quinzaine*, l'intitulé se présente ainsi : « *Vies des hommes illustres* / *Beethoven* ».

Le livre est donc indéniablement un succès éditorial, mais aussi, comme le disait Péguy, le début de la « fortune morale » de Rolland. Dans sa mythologie personnelle, la *Vie de Beethoven* constitue un tournant, voire une renaissance[46]. Il a en tout cas, dans la décennie qui le sépare de la guerre, une influence considérable, dans la mesure où il crée un engouement très large pour l'image de Beethoven, et suscite des vocations littéraires chez toutes sortes de musicographes, des plus savants aux plus dilettantes. Les travaux de vulgarisation, portés par un domaine éditorial en expansion grâce aux débuts de l'instruction publique, se multiplient à cette époque. Parmi les textes sur Beethoven qui fleurissent après 1903 et se réclament de Rolland, dont ils reprennent la méthode et certains motifs qui deviennent des poncifs (virilité, santé morale, souffrance créatrice de joie), on peut citer ceux de Georges Pioch[47], d'André de Hevesy[48], d'Henri Duvernois[49] ; un volume anonyme de la collection « Les grands Hommes » chez Lafitte[50] ; une nouvelle fantastique de Marc Lomon[51] ; ou, enfin, la pièce que René Fauchois fait représenter à l'Odéon[52], qui sera un grand succès en France mais aussi en Europe.

Si Romain Rolland devient une référence incontournable dans la littérature beethovénienne, le « petit livre » est parfois traité avec un certain mépris par la critique universitaire, comme en témoigne Jacques-Gabriel Prod'homme, qui rend un hommage ambigu dans l'introduction de ses *Symphonies de Beethoven*, à une « admirable brochure » qui, « dans l'attente d'une étude de longue haleine digne de Beethoven et de son œuvre, peu[t] faire patienter le lecteur français[53] ».

Plus largement, pour les lecteurs de Rolland, à partir de 1904, la figure de Beethoven et celle de Jean-Christophe se fondent dans la figure

46 Voir la lettre à Stefan Zweig du 25 novembre 1926, *Romain Rolland – Stefan Zweig. Correspondance* II, *op. cit.*, p. 621-622.

47 Georges Pioch, « Beethoven », *Portraits d'hier. Études sur la vie, les œuvres et l'influence des grands morts de notre temps*, 1re année, n° 3, 15 avril 1909. Initialement paru, dans une forme plus courte, sous le titre « Vie et mort de Beethoven », *Musica*, n° 32, mai 1905, p. 67-69.

48 André de Hevesy, *Petites amies de Beethoven*, Paris, Champion, 1910.

49 Henri Duvernois, « Beethoven, une vie de gloire et de souffrance », *Je Sais tout*, 15 octobre 1908, p. 311-321.

50 *Beethoven*, Paris, Pierre Lafitte et Cie, coll. « Les grands Hommes », 1914.

51 Marc Lomon, « Le Masque de Beethoven », *La Nouvelle Revue*, 1er et 15 août, 1er septembre 1913, p. 325-335, 501-512 et 21-37.

52 René Fauchois, *Beethoven*, créé à l'Odéon le 9 mars 1909. Publié à Paris, impr. de « L'Illustration », 1909.

53 Jacques-Gabriel Prod'homme, *Les Symphonies de Beethoven*, Paris, Delagrave, 1906, p. IX-X.

du héros contemporain par excellence, qui nourrit les désirs idéalistes. Dans le sixième volume de sa *Chronique des Pasquier*, Duhamel place dans la mémoire de son personnage les souvenirs de sa propre génération, lectrice de la *Vie de Beethoven* : « j'avais un grand appétit d'héroïsme, je voulais "respirer le souffle des héros", comme dit Romain Rolland », explique Justin au début du deuxième chapitre des *Maîtres* en 1937. C'est en effet d'un engouement générationnel qu'il s'agit, et celui-ci dépasse les frontières françaises, comme le confirme le poète belge René Lyr dans un numéro spécial de la revue *Flamberge* consacré à Rolland en 1913 :

> Jean-Christophe nourrit une bonne partie de notre génération. La jeunesse en a fait, je le répète, une sorte de Bible. Elle y trouve une haute leçon, panthéiste à la fois et mystique, pour la conquête de la vie, avec aux poings un Idéal, l'idéal de Beauté qui les résume tous, celui que fit Beethoven[54] !

Le succès du livre, joint à celui de *Jean-Christophe*, apporte à Romain Rolland des amitiés « beethovéniennes » tout autour de l'Europe, notamment celles de Hermann Hesse, auteur d'un pamphlet pacifiste en 1914 dont le titre reprend le début de l'*Ode à la joie*[55], de Stefan Zweig, grand collectionneur des reliques de Beethoven, ou de Maxime Gorki, qui projetait en 1913 une collection de « vies des grands hommes » pour les enfants, pour laquelle Rolland devait écrire un *Beethoven*[56]. Les valeurs communes à ces intellectuels se donnent à lire à travers leur passion partagée pour le compositeur.

VERS LE SECOND BEETHOVEN

Romain Rolland modifie son texte de nombreuses fois entre 1903 et les années 1930, au gré des multiples rééditions, contrairement à ce qu'il suggère dans la « Préface » ajoutée en tête de la 15e édition de 1928 : il met à jour la bibliographie, complète ou corrige les notes, opère aussi

54 René Lyr, réponse à l'enquête de la revue *Flamberge*, n° 11, mars 1913, p. 527.
55 « O Freunde, nicht diese Töne », *Neue Zürcher Zeitung*, 3 novembre 1914.
56 Voir la lettre de fin décembre 1916, publiée dans *Les Précurseurs*, Paris, Éditions de l'Humanité, 1919, p. 47-48.

des modifications purement stylistiques qui suggèrent une relecture attentive et un intérêt profond porté à ce texte, même longtemps après sa publication. Cela montre aussi qu'il ne cesse de lire et de se documenter sur Beethoven. Peu après la publication du *Beethoven* de Vincent d'Indy en 1911, qui déclenche une polémique sur les opinions politiques et religieuses de Beethoven, Rolland demande à Stefan Zweig de lui fournir de nouvelles ressources pour l'aider à se faire une opinion :

> Permettez-moi de vous demander un service. On s'est beaucoup occupé de la vie de Beethoven, dans ces derniers temps ; et, la passion politique s'emparant de tout, les uns veulent faire de lui un libre penseur, les autres un clérical. Les deux opinions me semblent aussi ridicules l'une que l'autre. Je pense que Beethoven était à la fois pénétré de stoïcisme héroïque à la Plutarque, de déisme du XVIIIe siècle, et de sentiments catholiques traditionnels. Mais j'ai lu, quelque part, que sa liberté de parole avait attiré sur lui l'attention de la police viennoise, et qu'en 1819 il avait failli être poursuivi, pour certains mots audacieux, au sujet du Christ. Je voudrais savoir si ce fait est vrai. Connaissez-vous quelqu'un qui soit assez familier avec la pensée de Beethoven[57] ?

Déjà, en 1905, une polémique similaire, à propos de l'*Ode à la joie*, l'avait opposé à Gaston Moch dans *Pages libres*[58] : il refusait alors de faire de Beethoven un républicain libéral, affirmant que le concept de « liberté » avait chez lui une dimension non pas politique mais universelle. Le texte est donc progressivement enrichi au fil des lectures critiques de Rolland, qui doit parfois, semble-t-il, compenser les ajouts en coupant d'autres passages. Le cahier des charges éditorial, comme dans le *Hændel*, était probablement assez contraignant quant au nombre de signes lors des rééditions.

Le rapport de Rolland à son texte évolue également au fil des ans. Contrairement à ce qu'il avait initialement projeté, il ne poursuivra pas la série des « vies des hommes illustres », dont la liste prévisionnelle publiée en 1903 comptait des figures aussi diverses que Hoche, Garibaldi, Thomas Paine, Mazzini, Michel-Ange, François Millet et Schiller. Il se limitera à une *Vie de Michel-Ange*, et s'en explique en 1920 :

---

57 Lettre à Stefan Zweig du 23 février 1912, *Romain Rolland – Stefan Zweig. Correspondance* I, *op. cit.*, p. 41.

58 Voir « À propos de l'"Ode à la joie" de Schiller », *Pages libres*, n° 236, 8 juillet 1905, p. 41-44.

> Pourquoi les Vies des hommes illustres ont été abandonnées en cours de route : Parce que j'ai découvert, peu à peu, les mensonges de l'enseignement officiel [...]. Toute l'histoire qu'on nous apprend est conventionnelle. J'ai mis longtemps à m'en apercevoir ; et la guerre a achevé de déchirer les derniers voiles. Mais du jour où j'ai commencé à voir la réalité véritable du « grand homme », de « l'homme illustre », j'ai senti l'impossibilité de l'offrir comme un soutien aux milliers d'hommes de bonne volonté. Même Beethoven. (Il a bénéficié de ce que j'ai écrit, dans un élan d'amour, et non avec le scrupule de l'exacte vérité.) – Ajoutez que certains de ces grands hommes – entre autres Mazzini, que j'ai étudié pendant des années [...] m'ont paru des fanatiques dangereux. Admirables, comme œuvre d'art, comme personnages de drames ou d'épopées. Mais terribles comme « maîtres de vie[59] ».

L'histoire confirmera ce sentiment de désillusion. À Duhamel, qui, en 1937, mettait en scène le personnage d'un lecteur de la *Vie de Beethoven* aspiré par le désir d'héroïsme (voir *supra*), Rolland répondait de façon amère :

> Si vous retrouvez la 1re édition des « Cahiers de la Quinzaine » où paraissait la « Vie de Beethoven », vous y verriez, annoncées sur la couverture, toute une série de grandes vies [...]. Pas une n'a été écrite. Je me suis arrêté, suffoqué, au milieu de celle de Mazzini... Irrespirable... Je me rendais compte [...] que si la somme d'erreurs et de douleurs n'est pas moindre, chez les « héros » que chez les autres hommes, elle est plus accablante encore, mais ils ont les ressources pour y résister, dont le bénéfice ne peut être transmis qu'à ceux qui sont un peu de leur famille[60].

Mais c'est surtout la période des célébrations du centenaire de la mort de Beethoven, en 1927, qui poussera Rolland à revenir véritablement à son texte. Les préparatifs des cérémonies viennoises par Guido Adler, en 1926, provoquent chez lui un profond dégoût ; il refuse de s'associer à un événement qu'il considère comme trop institutionnel et trop conventionnel : « je ne m'associerai pas à cette commémoration dérisoire du plus libre des hommes [...] par les politiciens et par les professeurs[61] ! » Il se rend malgré tout à Vienne, sans faire partie de la délégation officielle française,

59 Lettre à Stefan Zweig du 10 juin 1920, *Romain Rolland – Stefan Zweig. Correspondance* II, *op. cit.*, p. 104.

60 Lettre à Georges Duhamel du 29 mars 1938, *Romain Rolland et Georges Duhamel, Correspondance (1912-1942)*, *op. cit.*, p. 294.

61 Lettre à Stefan Zweig du 25 novembre 1926, *Romain Rolland – Stefan Zweig. Correspondance* II, *op. cit.*, p. 620.

et y tient un discours qui sera ensuite publié dans *La Revue musicale*[62]. Parallèlement, il se voit attaqué en 1926 par un musicologue allemand pour les « licences poétiques[63] » de sa *Vie de Beethoven*. Il éprouve alors le désir d'expliquer que ce livre « jamais [...] n'a eu la prétention d'être un livre d'histoire. Il ne songeait même pas à être un livre. Il était un cri de douleur et d'amour, à l'une des heures les plus tragiques de [s]a vie », ajoutant qu'il n'a jamais non plus « considéré cet opuscule [...] comme un livre de musicologie[64] ». Ce regard rétrospectif s'exprime d'abord dans la correspondance, puis dans l'article qu'il donne à la revue *Europe* pour le centenaire de 1927[65] : ce texte constituera la matrice de la préface qu'il ajoutera à la *Vie de Beethoven* dans sa réédition de 1928, et à l'introduction de son « nouveau » Beethoven : *Les Grandes Époques créatrices*.

Alors que Romain Rolland affirmait encore en 1920, rejetant une demande d'article à l'occasion du 150e anniversaire de la naissance de Beethoven : « je ne voudrais pas redire, moins intimement, ce que j'ai déjà dit ; à quoi bon se répéter plus faiblement[66] ? », il semble que les cérémonies de 1927 et la polémique avec Deutsch l'aient poussé à se replonger dans la bibliographie beethovénienne et fait renaître le désir d'écrire sur le musicien. En juillet 1927, déjà, il annonce être pris dans la rédaction de « quatre grandes œuvres à mener de front : un Beethoven, une œuvre sur un demi-dieu indien [...], un drame, et la fin de *L'Âme enchantée*. Toutes quatre, œuvres religieuses au fond[67]. » C'est dans une somme musicologique de plusieurs milliers de pages que se lance alors Romain Rolland, qui occupera toute la fin de sa vie et demeurera inachevée : le premier tome des *Grandes Époques créatrices* est publié en 1928, le dernier de façon posthume en 1945. C'est seulement à cette époque qu'il cesse de retoucher sa *Vie de Beethoven*, pris dans son autre grand

---

62 Romain Rolland, « Actions de grâce à Beethoven », *La Revue musicale*, avril 1927, p. 3-14.

63 O. E. Deutsch, « Dichterische Freiheiten in Romain Rollands Beethoven », *Neue Zeitschrift für Musik*, XCIII, 1926, p. 489-492.

64 Lettre à Stefan Zweig du 25 novembre 1926, *Romain Rolland – Stefan Zweig. Correspondance* II, *op. cit.*, p. 621.

65 Romain Rolland, « Beethoven. Pour le centenaire de sa mort (26 mars 1927) », *Europe*, XIII, n° 51, 15 mars 1927, p. 289-315 ; « Les fêtes du centenaire de Beethoven à Vienne (26 mars-2 avril 1927) », *Europe*, XIV, n° 53, 15 mai 1927, p. 115-118.

66 Lettre à Stefan Zweig du 17 octobre 1920, *Romain Rolland – Stefan Zweig. Correspondance* II, *op. cit.*, p. 144.

67 Lettre à Alphonse de Châteaubriant du 18 juillet 1927, *L'Un et l'autre* II, Paris, Albin Michel, 1996, p. 319.

projet beethovénien, non sans avoir, dans les éditions de 1927 et 1928, accentué la dimension dramatique et prophétique du texte par l'ajout des points d'exclamation dans l'introduction, mais aussi un allègement de la syntaxe dans de nombreux passages, comme pour accentuer l'identité de son « opuscule » de jeunesse, en regard du monument de sa vieillesse. La dernière édition revue et corrigée date de 1931.

NOTE SUR L'ÉTABLISSEMENT DU TEXTE

Le texte reproduit ici est celui de la dernière édition publiée du vivant de Romain Rolland, à savoir la 20e édition Hachette, de 1942. À partir de la 16e édition (1931), la dernière retouchée par l'auteur, Hachette a simplement ajouté un numéro d'édition par tranche de 5 000 tirages, mais les volumes n'ont pas été datés par l'imprimeur. Il a cependant été possible d'établir la date de la 20e édition grâce à la correspondance entre Romain Rolland et Hachette conservée dans le Fonds Romain Rolland de la BnF (département des Manuscrits, cote NAF 28 400). Le manuscrit original du texte, quant à lui, est conservé à la Bibliothèque Sainte-Geneviève (cote Ms 4086), accompagné des lettres de Rolland à Péguy de juillet 1902 concernant l'envoi du texte.

Le volume de Rolland publié en 1942 comprend les deux introductions (1903 et 1928), le texte lui-même de la « Vie de Beethoven », les annexes (textes et pensées de Beethoven), et une bibliographie, qui sont tous reproduits ici.

Les notes d'éditeur sont placées en bas de page et précédées de la mention [NdÉ], à l'exception des notes concernant les variantes, des rectifications plus complexes et des références de citations non précisées par Rolland, qui sont, quant à elles, signalées par un appel de note alphabétique et placées dans des notes à la fin du texte. Les notes de bas de page sans mention [NdÉ] sont celles de l'auteur, qui les a étoffées au fil des rééditions. Leur date d'apparition est systématiquement indiquée entre crochets en début de note (date de l'édition) ; les variantes de ces mêmes notes sont données en notes de fin.

Dans la section « Bibliographie » de la *Vie de Beethoven*, en revanche, la date d'apparition de la référence est indiquée entre crochets à la fin de la référence.

Romain Rolland cite abondamment la correspondance de Beethoven, à partir des éditions qu'il avait pu consulter. Nous avons parfois rétabli les dates en nous appuyant sur deux éditions récentes de la correspondance de Beethoven citées en bibliographie (Henle, 1996 et Actes Sud, 2010). En cas de désaccord entre ces éditions sur la datation, la référence de la lettre dans chacune d'elles est indiquée entre parenthèses dans la note.

Bien que Rolland mentionne ses sources dans sa bibliographie, il nous a semblé pertinent de les mentionner également en notes de fin, avec appels de notes dans le corps du texte, afin d'éclairer plus précisément la construction de l'ouvrage, sa genèse et ses révisions successives. En effet, si certaines citations et anecdotes se retrouvent chez la plupart des biographes, d'autres sont plus rares et confirment la connaissance approfondie que Rolland possédait de la bibliographie beethovénienne, qu'il manie avec une grande souplesse.

Comme nous l'avons dit, l'auteur a de nombreuses fois retouché son texte entre la première édition aux *Cahiers de la quinzaine* en 1903 et la 16e édition Hachette de 1931. Seules les variantes significatives du point de vue du sens ou du style ont été indiquées. La plupart des corrections de Rolland concernant des coquilles ou des dysphonies n'ont pas été reportées en notes.

L'orthographe de Romain Rolland a été conservée, notamment celle des noms propres, y compris dans le cas où deux orthographes cohabitent sous sa plume (« Coblentz » / « Coblenz » par exemple).

Marie GABORIAUD
et Gilles SAINT-ARROMAN

TABLE DES ABRÉVIATIONS

Les dates entre crochets en début de note d'auteur, ou en fin de référence pour la section « Bibliographie », sont celles de l'édition dans laquelle telle note ou telle référence est apparue.

Des abréviations ont aussi été utilisées dans les notes de fin, pour indiquer l'ouvrage dans lequel Romain Rolland avait probablement trouvé ses citations ou ses informations :

Frimmel (1888)	Theodor von Frimmel, *Neue Beethoveniana*, Wien, C. Gerold's Sohn, 1888.
Grove	George Grove, *Beethoven and his Nine Symphonies*, London, Novello, [1896].
Marx I-II	Adolf Bernhard Marx, *Ludwig van Beethoven Leben und Schaffen*, 5e éd. rév. Gustav Behncke, Berlin, Janke, 1901, 2 vol.
Nohl, *BL* I-III	Ludwig Nohl, *Beethoven's Leben*, Leipzig, Günther, 1867-1877, 3 vol.
Schindler	Anton Schindler, *Biographie von Ludwig van Beethoven*, Münster, Aschendorff, 1840.
Thayer I-III	Alexander Wheelock Thayer, *Ludwig van Beethoven's Leben*, vol. 1 (rév. Hermann Deiters), Berlin, Weber, 1901 ; vol. 2-3, Berlin, Weber, 1872-1879. Romain Rolland consulte très probablement la version révisée par Deiters pour le volume 1, et l'édition originale de Thayer pour les deux autres volumes.
Wilder	Victor Wilder, *Beethoven : sa vie et son œuvre*, Paris, Charpentier, 1883.

VIE DES HOMMES ILLUSTRES
VIE DE BEETHOVEN

PRÉFACE[1]

Au temps où j'écrivais, – il y a un quart de siècle, – ma petite Vie de Beethoven, *je ne songeais pas à faire œuvre de musicologie. C'était en 1902. Je traversais une période tourmentée, riche en orages qui détruisent et qui renouvellent. J'avais fui Paris. J'étais venu chercher asile, pour dix jours, auprès du compagnon de mon enfance, celui qui m'avait déjà soutenu plus d'une fois dans la bataille de la vie : Beethoven. Je vins chez lui, à Bonn. J'y retrouvai son ombre et ses vieux amis : les Wegeler, que je visitai à Coblenz, en la personne de leur petit-fils*[2]. *À Mayence j'entendis un* Musikfest *de ses symphonies, que dirigeait Weingartner. Et seul avec lui, me confessant, aux bords du Rhin embrumés, en ces jours gris d'avril mouillé, tout pénétré de sa douleur, de sa vaillance, de son* Leiden, *de sa* Freude[3], *agenouillé, relevé par sa forte main, qui baptisa mon petit nouveau-né, l'enfant Jean-Christophe, sous le signe de sa bénédiction, je repris le chemin de Paris, réconforté, ayant signé un nouveau bail avec la vie, et chantant un* Dankgesang[4] *du convalescent à la Divinité*[5]. *– Ce* Dankgesang, *ce furent les pages que voici. Publiées d'abord par la* Revue de

1 [NdÉ] Préface ajoutée à partir de la 15ᵉ édition Hachette (1928).

2 [NdÉ] Rolland est chargé par la *Revue de Paris* de faire le compte rendu du festival Beethoven de Mayence, du 14 au 21 avril 1901. Il en profite pour se rendre à Bonn et Coblence.

3 [NdÉ] Référence au « *Durch Leiden Freude* » (La Joie par la Souffrance) tiré d'une lettre de Beethoven à la comtesse Erdödy, 19 octobre 1815, que Rolland cite à la fin de son ouvrage avant les « textes », et au texte de l'*Ode à la joie* (*Freude*).

4 [1928] Une action de grâces.

5 [NdÉ] Allusion au troisième mouvement du *Quinzième Quatuor* op. 132, intitulé « *Heiliger Dankgesang eines Genesenen an die Gottheit, in der lydischen Tonart* » (« Chant sacré de reconnaissance d'un convalescent à la divinité, dans le mode lydien »).

Paris, *Péguy les reprit. Je ne pensais pas que leur voix sortît d'un cercle étroit d'amis. Mais* « habent sua fata… ».

Je demande pardon de ces détails. Je dois répondre aux exigences de ceux qui viennent aujourd'hui chercher dans cet hymne un docte ouvrage exécuté selon les strictes méthodes de l'histoire. Je suis historien, mais à mes heures. J'ai payé à la science musicologique un tribut rigoureux, dans quelques livres : dans mon Hændel, *dans mes études sur l'opéra*[6]*. Mais le* Beethoven *ne fut point écrit pour la science. Il fut un chant de l'âme blessée, de l'âme étouffée, qui reprend souffle, qui se relève et qui remercie son Sauveur. Je sais bien que ce Sauveur, je l'ai transfiguré. Mais il en est ainsi de tous les actes de foi et d'amour. Et mon* Beethoven *fut cet acte.*

Le monde s'en empara. Il lui fit une fortune que ce petit livre ne cherchait point. En ce temps-là, des millions d'êtres, en France, une génération d'idéalistes opprimés, attendaient anxieusement un mot libérateur. Ils le trouvèrent en la musique de Beethoven, et ils vinrent l'implorer. Qui, des survivants de ce temps, ne se souvient de ces concerts de quatuors[7]*, qui étaient comme des églises au moment de l'*Agnus, *– de ces visages douloureux qui suivaient le sacrifice, et qu'illuminait le reflet de sa révélation ! Les vivants d'aujourd'hui sont loin de ces vivants d'hier. (Mais seront-ils plus près des vivants de demain ?) De cette génération des premiers ans du siècle, les rangs ont été fauchés : la guerre fut un gouffre, où eux et les meilleurs de leurs fils disparurent. Ma petite* Vie de Beethoven *conserve leur image. Sans qu'elle s'en doutât, écrite par un solitaire, elle leur ressemblait. Et ils s'y reconnurent. En quelques jours, l'opuscule, sorti d'une boutique obscure, écrit par un inconnu, se transmit de main en main. Et il ne m'appartient plus.*

Je viens de relire ces pages ; et, malgré leur insuffisance, je n'y changerai rien[8]*. Car elles doivent conserver leur caractère initial et l'image sacrée d'une grande génération. À l'heure du Centenaire, j'associe sa mémoire à la célébration de*

6 [NdÉ] Allusion à sa thèse soutenue en 1895 : *Les Origines du théâtre lyrique moderne. Histoire de l'opéra en Europe, avant Lully et Scarlatti* (Paris, Thorin, 1895), à *Musiciens d'autrefois* (Paris, Hachette, 1908), à ses articles rédigés en 1912 pour l'*Encyclopédie de la musique et dictionnaire du Conservatoire* (première partie, Histoire de la musique, vol. 2 et 3, Paris, Delagrave, 1931). Pour *Hændel*, voir *infra*.

7 [NdÉ] Rolland fait allusion aux séries d'intégrales des quatuors de Beethoven données en France à la fin du XIXe et au début du XXe siècle par le Quatuor Parent et le Quatuor Capet. Voir Ivan Mahaim, *Beethoven, naissance et renaissance des derniers quatuors*, Paris, Desclée, 1964.

8 [1928] L'auteur se propose de consacrer à l'étude de l'art de Beethoven et de sa personnalité créatrice une autre œuvre d'un caractère historique et technique plus précis. [NdÉ – En réalité, depuis l'édition aux *Cahiers de la quinzaine*, le texte a été six fois complété et corrigé, principalement par l'ajout de notes et l'actualisation de la bibliographie (voir

son grand Compagnon, du Maître de droiture et de sincérité, de celui qui nous apprit à vivre et à mourir.

Mars 1927.

Romain Rolland.

« *Je veux prouver que quiconque agit bien et noblement, peut par cela même supporter le malheur.* »

Beethoven
À la municipalité de Vienne,
1er février 1819[a]

L'air est lourd autour de nous. La vieille Europe s'engourdit dans une atmosphère pesante et viciée. Un matérialisme sans grandeur pèse sur la pensée ; il entrave l'action des gouvernements et des individus. Le monde meurt d'asphyxie dans son égoïsme prudent et vil. Le monde étouffe. – Rouvrons les fenêtres ! Faisons rentrer l'air libre[b] *! Respirons le souffle des héros.*

La vie est dure. Elle est un combat de chaque jour pour ceux qui ne se résignent pas à la médiocrité de l'âme, un triste combat le plus souvent, sans grandeur, sans bonheur, livré dans la solitude et le silence. Oppressés par la pauvreté, par les âpres soucis domestiques, par les tâches écrasantes et stupides, où les forces se perdent inutilement, sans espoir, sans un rayon de joie, la plupart sont séparés les uns des autres, et n'ont même pas la consolation de pouvoir donner la main à leurs frères dans le malheur, qui les ignorent, et qu'ils ignorent. Ils ne doivent compter que sur eux-mêmes ; et il y a des moments où les plus forts fléchissent sous leur peine. Ils appellent un secours, un ami.

C'est pour leur venir en aide, que j'entreprends de grouper autour d'eux les Amis héroïques, les grandes âmes qui souffrirent pour le bien. Ces Vies des Hommes illustres *ne s'adressent pas à l'orgueil des ambitieux ; elles sont dédiées aux malheureux. Et qui ne l'est, au fond ? À ceux qui souffrent, offrons le baume de la souffrance sacrée*[c] *! Nous ne sommes pas seuls dans le combat. La nuit du monde est éclairée de lumières divines*[d]*. Même aujourd'hui, près de*

détails en introduction). L'« autre œuvre » dont il parle dans cette note est *Beethoven. Les Grandes Époques créatrices* qui commence à paraître en 1928 aux éditions du Sablier.]

nous, nous venons de voir briller deux des plus pures flammes, la flamme de la Justice et celle de la Liberté : le colonel Picquart, et le peuple des Boers[9]. *S'ils n'ont pas réussi à brûler les ténèbres épaisses, ils nous ont montré la route, dans un éclair. Marchons-y à leur suite, à la suite de tous ceux qui luttèrent comme eux, isolés, disséminés dans les pays et les siècles*[e]. *Supprimons les barrières du temps. Ressuscitons le peuple des héros.*

Je n'appelle pas héros ceux qui ont triomphé par la pensée ou par la force. J'appelle héros, seuls[f], *ceux qui furent grands par le cœur. Comme l'a dit un des plus grands d'entre eux, celui dont nous racontons la vie*[g] : « Je ne reconnais pas un autre signe de supériorité que la bonté[h]. » *Où le caractère n'est pas grand, il n'y a pas de grand homme, il n'y a même pas de grand artiste, ni de grand homme d'action ; il n'y a que des idoles creuses pour la vile multitude : le temps les détruit ensemble. Peu nous importe le succès. Il s'agit d'être grand, et non de le paraître.*

La vie de ceux dont nous essayons de faire ici l'histoire, presque toujours fut un long martyre[i]. *Soit qu'un tragique destin ait forgé*[j] *leur âme sur l'enclume de la douleur physique et morale*[k], *de la misère et de la maladie ; soit que leur vie ait été ravagée, et leur cœur déchiré par la vue des souffrances et des hontes sans nom dont leurs frères étaient torturés, ils ont mangé le pain quotidien de l'épreuve ; et s'ils furent grands par l'énergie, c'est qu'ils le furent aussi par le malheur. Qu'ils ne se plaignent donc pas trop, ceux qui sont malheureux*[l] *! les meilleurs de l'humanité sont avec eux. Nourrissons-nous de leur vaillance ; et, si nous sommes trop faibles*[m], *reposons un instant notre tête sur leurs genoux. Ils nous consoleront. Il ruisselle de ces âmes sacrées un torrent de force sereine et de bonté puissante. Sans même qu'il soit besoin d'interroger leurs œuvres et d'écouter leur voix, nous lirons dans leurs yeux, dans l'histoire de leur vie, que jamais la vie n'est plus grande, plus féconde, – et plus heureuse*[n], *– que dans la peine.*

* * *

En tête de cette légion héroïque, je donne la première place[o] *au fort et pur Beethoven. Lui-même souhaitait, au milieu de ses souffrances, que son exemple pût être un soutien pour les autres misérables,* « et que le malheureux se consolât en trouvant un malheureux comme lui, qui, malgré tous les obstacles

---

9 [NdÉ] Allusion à la deuxième guerre des Boers (1899-1902) et à l'Affaire Dreyfus : Marie-Georges Picquart (1854-1914) joua un grand rôle dans la réhabilitation d'Alfred Dreyfus. Rolland publie à la même période, aux *Cahiers de la quinzaine*, deux pièces traitant de ces thèmes, respectivement *Le Temps viendra* et *Les Loups*.

de la nature, avait fait tout ce qui était en son pouvoir, pour devenir un homme digne de ce nom[p]. » *Parvenu après des années de luttes*[q] *et d'efforts surhumains à vaincre sa peine et accomplir sa tâche, qui était, comme il disait, de souffler le courage*[r] *à la pauvre humanité, ce Prométhée vainqueur répondait à un ami qui invoquait Dieu*[s] *:* « Ô homme, aide-toi toi-même[t] ! »

Inspirons-nous de sa fière parole. Ranimons à son exemple la foi de l'homme dans la vie et dans l'homme[u] *!*

Romain Rolland.

Janvier 1903[v].

VIE DE BEETHOVEN

Woltuen, wo man kann,	*« Faire tout le bien qu'on peut,*
Freiheit über alles lieben,	*Aimer la Liberté par-dessus tout,*
Wahrheit nie, auch sogar am	*Et, quand ce serait pour un trône,*
Throne nicht verleugnen.	*Ne jamais trahir la vérité. »*

Beethoven.
(Feuille d'album, 1792[a].)

Il était petit et trapu, de forte encolure, de charpente athlétique. Une large figure, de couleur rouge brique, sauf vers la fin de sa vie, où le teint devint maladif et jaunâtre, surtout l'hiver, quand il restait enfermé, loin des champs. Un front puissant et bosselé. Des cheveux extrêmement noirs, extraordinairement épais, où il semblait que le peigne n'eût jamais passé, hérissés de toutes parts, « les serpents de Méduse[10]. » Les yeux brûlaient d'une force prodigieuse, qui saisit tous ceux qui le virent ; mais la plupart se trompèrent sur leur nuance. Comme ils flambaient d'un éclat sauvage dans une figure brune et tragique, on les vit généralement noirs ; ils ne l'étaient pas, mais bleu gris[11b]. Petits et très profondément enfoncés, ils s'ouvraient brusquement dans la passion ou la colère, et alors roulaient dans leurs orbites, reflétant toutes leurs pensées avec une vérité merveilleuse[12]. Souvent ils tournaient vers le ciel un regard mélancolique. Le nez était court et carré, large, un mufle de lion. Une bouche délicate, mais dont la lèvre inférieure tendait à avancer sur l'autre. Des mâchoires redoutables, qui auraient pu broyer des noix. Une fossette profonde au menton, du côté droit, donnait une étrange dissymétrie à la face. « Il avait un bon sourire, dit Moscheles, et dans la conversation, un air souvent aimable et encourageant. En revanche, le rire était désagréable, violent et grimaçant, du reste court, » – le rire

10 [1903] J. Russel (1822). – Charles Czerny, enfant, qui le vit en 1801, avec une barbe de plusieurs jours et une crinière sauvage, vêtu d'un veston et d'un pantalon en poil de chèvre, crut rencontrer Robinson Crusoé.

11 [1903] Note du peintre Kloeber, qui fit son portrait vers 1818.

12 [1903] « Ses beaux yeux parlants, dit le docteur W.-C. Müller, tantôt gracieux et tendres, tantôt égarés, menaçants et terribles » (1820).

d'un homme qui n'est pas accoutumé à la joie. Son expression habituelle était mélancolique, « une tristesse incurable. » Rellstab, en 1825, dit qu'il a besoin de toutes ses forces pour s'empêcher de pleurer, en voyant « ses doux yeux et leur douleur poignante. » Braun von Braunthal, un an plus tard, le rencontre à une brasserie ; il est assis dans un coin, il fume une longue pipe, et il a les yeux fermés, comme il fait de plus en plus, à mesure qu'il approche de la mort. Un ami lui adresse la parole. Il sourit tristement, tire de sa poche un petit carnet[c] de conversation ; et, de la voix aiguë que prennent souvent les sourds, il lui dit d'écrire ce qu'on veut lui demander. – Son visage se transfigurait, soit dans ses accès d'inspiration soudaine qui le prenaient à l'improviste, même dans la rue, et qui frappaient d'étonnement les passants, soit quand on le surprenait au piano. « Les muscles de sa face saillaient, ses veines gonflaient ; les yeux sauvages devenaient deux fois plus terribles ; la bouche tremblait ; il avait l'air d'un enchanteur vaincu par les démons qu'il a évoqués. » Telle une figure de Shakespeare[13]. Julius Benedict dit : « Le roi Lear[d]. »

* * *

Ludwig van Beethoven naquit le 16 décembre 1770 à Bonn, près de Cologne, dans une misérable soupente d'une pauvre maison. Il était d'origine flamande[14e]. Son père était un ténor inintelligent et ivrogne. Sa mère était domestique, fille d'un cuisinier, et veuve en premières noces d'un valet de chambre.

Une enfance sévère, à laquelle manqua la douceur familiale, dont Mozart, plus heureux, fut entouré. Dès le commencement, la vie se révéla à lui comme un combat triste et brutal. Son père voulut exploiter ses dispositions musicales et l'exhiber comme un petit prodige. À quatre ans, il le clouait pendant des heures devant son clavecin, ou l'enfermait avec un violon, et le tuait de travail[f]. Peu s'en fallut qu'il ne le dégoûtât à tout jamais de l'art. Il fallut user de violence pour que Beethoven apprît

13 [1903] Kloeber dit : « d'Ossian. » Tous ces détails sont empruntés aux notes d'amis de Beethoven, ou de voyageurs qui le virent, – tels Czerny, Moscheles, Kloeber, Daniel Amadeus Atterbohm, W.-C. Müller, J. Russel, Julius Benedict, Rochlitz, etc.

14 [1903] Le grand-père Ludwig, l'homme le plus remarquable de la famille, celui à qui Beethoven ressemblait le plus, était né à Malines, et ne s'établit qu'après sa vingtième année à Bonn, où il devint maître de chapelle du prince-électeur. – Il ne faut pas oublier ce fait, si l'on veut comprendre l'indépendance fougueuse de la nature de Beethoven, et tant de traits de son caractère qui ne sont pas proprement allemands.

la musique. Sa jeunesse fut attristée par les préoccupations matérielles, le souci de gagner son pain, les tâches trop précoces. À onze ans, il faisait partie de l'orchestre du théâtre ; à treize, il était organiste. En 1787, il perdit sa mère qu'il adorait. « Elle m'était si bonne, si digne d'amour, ma meilleure amie ! Oh ! qui était plus heureux que moi, quand je pouvais prononcer le doux nom de mère, et qu'elle pouvait l'entendre[15] ? » Elle était morte phtisique ; et Beethoven se croyait atteint de la même maladie ; il souffrait déjà constamment ; à son mal se joignait une mélancolie, plus cruelle que le mal[16g]. À dix-sept ans, il était chef de famille, chargé de l'éducation de ses deux frères ; il avait la honte de devoir solliciter la mise à la retraite de son père, ivrogne, incapable de diriger la maison[h] : c'est au fils qu'on remettait la pension du père, pour éviter que celui-ci la dissipât. Ces tristesses laissèrent en lui une empreinte profonde. Il trouva un affectueux appui dans une famille de Bonn, qui lui resta toujours chère, les Breuning. La gentille « Lorchen, » Éléonore de Breuning, avait deux ans de moins que lui. Il lui apprenait la musique et il[i] l'initia à la poésie. Elle fut sa compagne d'enfance ; et peut-être y eut-il entre eux un sentiment assez tendre. Éléonore épousa plus tard le docteur Wegeler, qui fut un des meilleurs amis de Beethoven ; et, jusqu'au dernier jour, ne cessa de régner entre eux une amitié paisible[j], qu'attestent les lettres dignes et cordiales[k] de Wegeler et d'Éléonore, et celles du vieux fidèle ami (*alter treuer Freund*) au bon cher Wegeler (*guter lieber Wegeler*). Affection plus touchante encore quand l'âge est venu pour tous trois, sans refroidir la jeunesse du cœur[17l].

Si triste qu'ait pu être l'enfance de Beethoven, il garda toujours pour elle, pour les lieux où elle s'écoula, un tendre et mélancolique souvenir. Forcé de quitter Bonn, et de passer presque toute sa vie à Vienne, dans la grande ville frivole et ses tristes faubourgs, jamais il n'oublia la vallée du Rhin, et le grand fleuve auguste et paternel, *unser Vater Rhein*, comme il l'appelle, « notre père le Rhin, » si vivant, en effet,

15 [1903] Lettre au docteur Schade, à Augsbourg, 15 septembre 1787 (Nohl, *Lettres de Beethoven*, II). [NdÉ – Cette deuxième lettre des *Briefe Beethovens* (éd. Ludwig Nohl) est adressée à Joseph Wilhelm von Schaden, avocat à Augsbourg. La mère de Beethoven était morte le 17 juillet précédent.]

16 [1903 II] Il disait plus tard (en 1816) : « C'est un pauvre homme, celui qui ne sait pas mourir ! Quand je n'avais que quinze ans, je le savais déjà. »

17 [1903] Nous citons aux *textes* quelques-unes de ces lettres. / [1907] Beethoven trouva aussi un ami et un guide en l'excellent Christian-Gottlob Neefe, son maître, dont la noblesse morale n'eut pas moins d'influence sur lui que la largeur de son intelligence artistique.

presque humain, pareil à une âme gigantesque où passent des pensées et des forces innombrables, nulle part plus beau, plus puissant et plus doux qu'en la délicieuse Bonn, dont il baigne les pentes ombragées et fleuries, avec une violence caressante. Là, Beethoven a vécu ses vingt premières années ; là, se sont formés les rêves de son cœur adolescent, – dans ces prairies qui flottent languissamment sur l'eau, avec leurs peupliers enveloppés de brouillards, les buissons et les saules, et les arbres fruitiers, qui trempent leurs racines dans le courant silencieux et rapide, – et, penchés sur le bord, mollement curieux, les villages, les églises, les cimetières mêmes, – tandis qu'à l'horizon, les Sept Montagnes bleuâtres dessinent sur le ciel leurs profils orageux, que surmontent les maigres et bizarres silhouettes des vieux châteaux ruinés[18]. À ce pays, son cœur resta éternellement fidèle ; jusqu'au dernier instant, il rêva de le revoir, sans jamais y parvenir. « Ma patrie, la belle contrée où j'ai vu la lumière du jour, toujours aussi belle, aussi claire devant mes yeux, que lorsque je la laissai[19m]. »

* * *

La Révolution avait éclaté ; elle commençait à submerger l'Europe ; et elle possédait le cœur de Beethoven. L'Université de Bonn était un foyer des idées nouvelles. Beethoven y fut inscrit comme étudiant, le 14 mai 1789 ; et il suivit les cours de littérature allemande, qu'y professait le fameux Euloge Schneider, – le futur accusateur public du département du Bas-Rhin. Quand on apprit à Bonn la prise de la Bastille, Schneider lut en chaire une poésie enflammée, qui souleva l'enthousiasme des élèves[20]. L'année suivante, il publia un recueil de poésies révolutionnaires[21].

---

18 [NdÉ] Rolland crée ici ce qui deviendra un *topos* des biographies beethovéniennes françaises : l'imaginaire pastoral rhénan, déjà présent après 1870 et la « perte » d'un territoire senti comme français, jadis gagné à la cause révolutionnaire par Bonaparte, mais qui s'accentuera dans l'après-guerre, lors de l'occupation de la Rhénanie par les troupes françaises.

19 [1903] À Wegeler, 29 juin 1801 (Nohl, XIV).

20 [1927] Elle débutait ainsi : « Les chaînes du despotisme sont brisées... Heureux peuple !... *Ein freier Mann ist der Franzos...* »

21 [1927] En voici un spécimen : « Mépriser le fanatisme, briser le sceptre de la stupidité, combattre pour les droits de l'humanité, ... ha ! cela, nul valet des Princes ne le peut. Il faut des âmes libres, qui aiment mieux la mort que la flatterie, la pauvreté que la servitude... Et sache que de telles âmes la mienne ne sera pas la dernière. »

Parmi les souscripteurs, on lit les noms de « Beethoven, Hofmusikus » et de la famille Breuning[22][n].

En novembre 1792, Beethoven quitta Bonn, juste au moment où la guerre y entrait. Il allait se fixer à Vienne, métropole musicale de l'Allemagne[23][o]. Sur sa route, il traversa les armées hessoises marchant contre la France[p]. Sans doute fut-il repris par le sentiment patriotique[q]. En 1796 et 1797, il mit en musique les poésies belliqueuses de Friedberg : un *Chant du Départ* et un chœur patriotique : *Nous sommes un grand peuple allemand* (*Ein grosses deutsches Volk sind wir*)[24]. Mais en vain il veut chanter les ennemis de la Révolution : la Révolution conquiert le monde, et Beethoven. Dès 1798, malgré la tension des rapports entre l'Autriche et la France, Beethoven entre en rapports intimes avec les Français, avec l'ambassade, avec le général Bernadotte[25] qui venait d'arriver à Vienne[26]. Dans ces entretiens s'affirmèrent les sentiments républicains[r], dont on voit le puissant développement par la suite de sa vie.

Un dessin que Stainhauser fit de lui à cette époque, donne assez bien l'image de ce qu'il était alors. C'est, aux portraits suivants de Beethoven, ce que le portrait de Buonaparte par Guérin, cette âpre figure rongée de fièvre ambitieuse, est aux autres effigies de Napoléon. Beethoven semble plus jeune que son âge, maigre, droit, raidi par sa haute cravate, le regard défiant et tendu. Il sait ce qu'il vaut ; il croit en sa force. En 1796, il note sur son carnet : « Courage ! Malgré toutes les défaillances du corps, mon génie triomphera… Vingt-cinq ans ! les voici venus ! je les ai… Il faut que cette année même, l'homme se révèle tout entier[27][s]. »

22 [1927] Voir Karl Nef : *Beethovens Beziehungen zur Politik* (Sonntagsblatt der Basler Nachrichten, nos 26, 27, 28 – 1, 8 et 15 juillet 1923).

23 [1903 II] Il y avait déjà fait un court voyage, au printemps de 1787. Il vit alors Mozart, qui semble lui avoir peu prêté attention. [1907] – Haydn, dont il avait fait connaissance à Bonn, en décembre 1790, lui donna quelques leçons. Beethoven prit aussi pour maîtres Albrechtsberger et Salieri.

24 [NdÉ] *Abschiedsgesang an Wiens Bürger* (« Keine Klage soll erschallen ») WoO 121 (1796) et *Kriegslied der Österreicher* (« Ein grosses deutsches Volk ») WoO 122 (1797) sur des poèmes de Josef Friedelberg.

25 [NdÉ] Jean-Baptiste-Jules Bernadotte (1763-1844), général français, futur roi de Suède et de Norvège sous le nom de Charles XIV, fut brièvement ambassadeur de France à Vienne en 1798.

26 [1927] Dans la suite de Bernadotte se trouvait le violoniste Rodolphe Kreutzer, à qui Beethoven dédia plus tard la célèbre sonate.

27 [1907] Il débutait à peine. Son premier concert à Vienne comme pianiste, eut lieu le 30 mars 1795. [NdÉ – Les premiers concerts publics au cours desquels Beethoven se produisit à Vienne eurent lieu les 29 et 30 mars 1795 au Burgtheater.]

Mme de Bernhard et Gelinck[t] disent qu'il est très fier, de manières rudes et maussades, et qu'il parle avec un fort accent provincial. Mais ses intimes, seuls, connaissent l'exquise bonté qu'il cache sous cette gaucherie orgueilleuse. Écrivant à Wegeler tous ses succès, la première pensée qui lui vient à l'esprit est celle-ci : « Par exemple, je vois un ami dans le besoin : si ma bourse ne me permet pas de lui venir aussitôt en aide, je n'ai qu'à me mettre à ma table de travail ; et, en peu de temps, je l'ai tiré d'affaire… Tu vois comme c'est charmant[28u]. » Et un peu plus loin[v], il dit : « Mon art doit se consacrer au bien des pauvres. » (*Dann soll meine Kunst sich nur zum Besten der Armen zeigen.*)

La douleur, déjà, avait frappé à sa porte ; elle s'était installée en lui, pour n'en plus sortir. Entre 1796 et 1800, la surdité commença ses ravages[29w]. Les oreilles lui bruissaient nuit et jour ; il était miné par des douleurs d'entrailles. Son ouïe s'affaiblissait progressivement. Pendant plusieurs années, il ne l'avoua à personne, même à ses plus chers amis ; il évitait le monde, pour que son infirmité ne fût pas remarquée ; il gardait pour lui seul ce terrible secret. Mais, en 1801, il ne peut plus le taire ; il le confie avec désespoir à deux de ses amis : le docteur Wegeler et le pasteur Amenda :

28 [1903] À Wegeler, 29 juin 1801 [1903 II] (Nohl, XIV). [1907] « Aucun de mes amis ne doit manquer de rien, tant que j'ai quelque chose, » écrit-il à Ries, vers 1801 (Nohl, XXIV).

29 [1903] Dans le *Testament* de 1802, Beethoven dit qu'il y a six ans que le mal a commencé, – soit, par conséquent, en 1796. – Remarquons en passant que, dans le catalogue de ses œuvres, l'op. 1 seul (trois trios) est antérieur à 1796. L'op. 2, les trois premières sonates pour piano, paraissent en mars 1796. On peut donc dire que l'œuvre entier de Beethoven est de Beethoven sourd. / [1907] La surdité augmenta, sans jamais devenir complète. Beethoven percevait les bruits profonds, mieux que les sons élevés. Dans ses dernières années, il se servait, dit-on, d'une baguette de bois, dont une extrémité était placée dans la boîte de son piano, et l'autre entre ses dents. Il usait de ce moyen pour entendre, quand il composait. [1903] On a conservé, au musée Beethoven de Bonn, les instruments acoustiques que fabriqua pour Beethoven, vers 1814, le mécanicien Maelzel. / Voir sur la surdité de Beethoven : C. G. Kunn : *Wiener medizinische Wochenschrift*, février-mars 1892 ; – Wilibald Nagel : *Die Musik*, mars 1902 ; – [1907] Dr Klotz-Forest : *Chronique médicale*, 15 mai 1905 ; – [1914] Theodor von Frimmel : *Der Merker*, juillet 1912. – [1927] Le docteur Leo Jacobsohn, médecin en chef de l'Hôpital municipal de Moabit-Berlin, a publié dans la *Deutsche Medizinische Wochenschrift* (1910, Sonderabdruck, n° 27) un remarquable article : *Ludwig v. Beethovens Gehörleiden*, où il veut prouver que le mal était d'origine syphilitique. / [1931] J'ai résumé toute la question, et j'en ai repris l'étude sur de nouvelles bases, avec le concours du docteur Marage. On y verra comment, à notre avis, la concentration exaltée et le surmenage cérébral de Beethoven ont provoqué la congestion de l'oreille interne et des centres auditifs. (*Beethoven : Les grandes époques créatrices*, 1928.)

« Mon cher, mon bon, mon affectueux Amenda,... combien souvent je te souhaite auprès de moi ! Ton Beethoven est profondément malheureux. Sache que la plus noble partie de moi-même, mon ouïe, a beaucoup baissé. Déjà, à l'époque où nous étions ensemble, j'éprouvais des symptômes du mal, et je le cachais ; mais cela a toujours empiré depuis... Guérirai-je ? Je l'espère naturellement, mais bien peu ; de telles maladies sont les plus incurables. Comme je dois vivre tristement, éviter tout ce que j'aime et tout ce qui m'est cher, et cela dans un monde si misérable, si égoïste !... Triste résignation où je dois me réfugier ! Sans doute je me suis proposé de me mettre au-dessus de tous ces maux ; mais comment cela me sera-t-il possible[30x] ?... »

Et à Wegeler : « ... Je mène une vie misérable. Depuis deux ans, j'évite toutes les sociétés, parce qu'il ne m'est pas possible de causer avec les gens : je suis sourd. Si j'avais quelque autre métier, cela serait encore possible ; mais dans le mien, c'est une situation terrible. Que diraient de cela mes ennemis, dont le nombre n'est pas petit !... Au théâtre, je dois me mettre tout près de l'orchestre, pour comprendre l'acteur. Je n'entends pas les sons élevés des instruments et des voix, si je me place un peu loin... Quand on parle doucement, j'entends à peine, et d'autre part, quand on crie, cela m'est intolérable... Bien souvent j'ai maudit mon existence... Plutarque m'a conduit à la résignation. Je veux, si toutefois cela est possible, je veux braver mon destin ; mais il y a des moments de ma vie où je suis la plus misérable créature de Dieu... Résignation ! quel triste refuge ! et pourtant c'est le seul qui me reste[31] ! »

Cette tristesse tragique s'exprime dans quelques œuvres de cette époque, dans la *Sonate pathétique*, op. 13 (1799), surtout dans le *largo* de la *troisième Sonate* pour piano, op. 10 (1798). Chose étrange qu'elle ne soit point partout empreinte, que tant d'œuvres encore : le riant *Septuor* (1800), la limpide *Première Symphonie* (*en ut majeur*, 1800), reflètent une insouciance juvénile. C'est sans doute qu'il faut du temps à l'âme pour s'accoutumer à la douleur. Elle a un tel besoin de la joie que, quand elle ne la possède pas[y], il faut qu'elle la crée. Quand le présent est trop cruel, elle vit sur le passé. Les jours heureux qui furent ne s'effacent pas d'un coup ; leur rayonnement persiste longtemps encore après qu'ils ne sont plus. Seul et malheureux à Vienne, Beethoven se réfugiait dans ses

30 [1903] Nohl, *Lettres de Beethoven*, XIII.
31 [1903] Nohl, *Lettres de Beethoven*, XIV. (Voir les *textes*.)

souvenirs du pays natal ; sa pensée d'alors en est tout imprégnée. Le thème de l'*andante* à variations du *Septuor* est un *Lied* rhénan. La *Symphonie en ut majeur* est aussi une œuvre du Rhin, un poème d'adolescent qui sourit à ses rêves. Elle est gaie, langoureuse ; on y sent le désir et l'espérance de plaire. Mais dans certains passages, dans l'introduction, dans le clair-obscur de quelques sombres basses, dans le *scherzo* fantasque, on aperçoit, avec quelle émotion ! dans la jeune figure le regard du génie à venir. Ce sont les yeux du *Bambino* de Botticelli dans ses *Saintes familles*, ces yeux de petit enfant où l'on croit lire déjà la tragédie prochaine.

À ses souffrances physiques venaient se joindre des troubles d'un autre ordre. Wegeler dit qu'il ne connut jamais Beethoven sans une passion portée au paroxysme. Ces amours semblent avoir toujours été d'une grande pureté. Il n'y a aucun rapport entre la passion et le plaisir. La confusion qu'on établit de notre temps entre l'une et l'autre ne prouve que l'ignorance où la plupart des hommes sont de la passion, et son extrême rareté. Beethoven avait quelque chose de puritain dans l'âme ; les conversations et les pensées licencieuses lui faisaient horreur ; il avait sur la sainteté de l'amour des idées intransigeantes. On dit qu'il ne pardonnait pas à Mozart d'avoir profané son génie à écrire un *Don Juan*[z]. Schindler, qui fut son ami intime, assure qu'« il traversa la vie avec une pudeur virginale, sans avoir jamais eu à se reprocher une faiblesse[32]. » Un tel homme était fait pour être dupe et victime de l'amour. Il le fut. Sans cesse il s'éprenait furieusement, sans cesse il rêvait de bonheurs, aussitôt déçus, et suivis de souffrances amères. C'est dans ces alternatives d'amour et de révolte orgueilleuse[aa], qu'il faut chercher la source la plus féconde des inspirations de Beethoven, jusqu'à l'âge où la fougue de sa nature s'apaise dans une résignation mélancolique.

En 1801, l'objet de sa passion était, à ce qu'il paraît, Giulietta Guicciardi, qu'il immortalisa par la dédicace de sa fameuse *Sonate* dite du *Clair de Lune*, op. 27 (1802). « Je vis d'une façon plus douce, écrit-il à Wegeler, et je me mêle davantage avec les hommes… Ce changement, le charme d'une chère fille l'a accompli ; elle m'aime, et je l'aime. Ce sont les premiers moments heureux que j'aie depuis deux ans[33]. » Il les

32 [NdÉ] Pour le motif de la « pureté » beethovénienne, et les interprétations successives de cette phrase de Schindler, voir Marie Gaboriaud, *Une Vie de gloire et de souffrance*, Paris, Classiques Garnier, 2017, p. 280-282.

33 [1903] À Wegeler, 16 novembre 1801 (Nohl, XVIII).

paya durement. D'abord, cet amour lui fit sentir davantage la misère de son infirmité, et les conditions précaires de sa vie, qui lui rendaient impossible d'épouser celle qu'il aimait. Puis, Giulietta était coquette, enfantine, égoïste ; elle fit souffrir[ab] Beethoven, et en novembre 1803 elle épousa le comte Gallenberg[34ac]. – De telles passions dévastent l'âme ; et quand l'âme est déjà affaiblie par la maladie, comme l'était celle de Beethoven, elles risquent de la ruiner. Ce fut le seul moment de sa vie, où il semble avoir été sur le point de succomber. Il traversa une crise désespérée, qu'une lettre nous fait connaître : *le Testament d'Heiligenstadt*, à ses frères, Carl et Johann, avec cette indication : « *Pour lire et exécuter après ma mort*[35]. » C'est un cri de révolte et de douleur déchirante. On ne peut l'entendre sans être pénétré de pitié. Il fut tout près[ad] de mettre fin à sa vie. Seul son inflexible sentiment moral l'arrêta[36]. Ses dernières espérances de guérison disparurent. « Même le haut courage qui me soutenait s'est évanoui. Ô Providence, fais-moi apparaître une fois un jour, un seul jour de vraie joie[ae] ! Il y a si longtemps que le son profond de la vraie joie m'est étranger ! Quand, oh ! quand, mon Dieu, pourrai-je la rencontrer encore ?… Jamais ? – Non, ce serait trop cruel[af] ! »

C'est[ag] une plainte d'agonie ; et pourtant, Beethoven vivra vingt-cinq ans encore. Sa puissante nature ne pouvait se résigner à succomber sous l'épreuve. « Ma force physique croît plus que jamais avec ma force intellectuelle… Ma jeunesse, oui, je le sens, ne fait que commencer. Chaque jour me rapproche du but que j'entrevois sans pouvoir le définir… Oh ! si j'étais délivré de ce mal, j'embrasserais le monde !… Point de repos ! Je n'en connais pas d'autre que le sommeil ; et je suis assez malheureux de devoir lui accorder plus de temps qu'autrefois. Que je sois seulement délivré à moitié de mon mal : et alors !… Non, je ne le supporterai pas.

34 [1903] Elle ne craignit pas, par la suite, d'exploiter l'ancien amour de Beethoven, en faveur de son mari. Beethoven secourut Gallenberg. « Il était mon ennemi : c'était justement la raison pour que je lui fisse tout le bien possible, » dit-il à Schindler, dans un de ses cahiers de conversation de 1821. Mais il l'en méprisa davantage. « Arrivée à Vienne, écrit-il en français, elle cherchait moi, pleurant, mais je la méprisais. »

35 [1903] 6 octobre 1802 (Nohl, XXVI). Voir aux *textes*.

36 [1903] « Recommandez à vos enfants la vertu ; elle seule peut rendre heureux, non l'argent. Je parle par expérience. C'est elle qui m'a soutenu dans ma misère ; c'est à elle que je dois, ainsi qu'à mon art, de n'avoir pas terminé ma vie par le suicide. » Et dans une autre lettre, du 2 mai 1810, à Wegeler : « Si je n'avais pas lu quelque part que l'homme ne doit pas se séparer volontairement de la vie, aussi longtemps qu'il peut encore accomplir une bonne action, depuis longtemps je ne serais plus – et sans doute par mon propre fait. »

Je veux saisir le destin à la gueule. Il ne réussira pas à me courber tout à fait… Oh ! cela est si beau, de vivre la vie mille fois[37ah] ! »

Cet amour, cette souffrance, cette volonté, ces alternatives d'accablement et d'orgueil, ces tragédies intérieures se retrouvent dans les grandes œuvres écrites en 1802 : la *Sonate avec marche funèbre*, op. 26, la *Sonate quasi una fantasia*, et la *Sonate* dite *du Clair de lune*, op. 27, la *Deuxième Sonate*, op. 31, avec ses récitatifs dramatiques, qui semblent un monologue grandiose et désolé ; la *Sonate en ut mineur* pour violon, op. 30, dédiée à l'empereur Alexandre ; la *Sonate à Kreutzer*, op. 47 ; les six héroïques et poignantes mélodies religieuses sur des paroles de Gellert, op. 48. La *Seconde Symphonie*, qui est de 1803, reflète davantage son juvénile amour : et l'on sent que sa volonté prend décidément le dessus. Une force irrésistible balaye les tristes pensées. Un bouillonnement de vie soulève le *finale*. Beethoven veut être heureux ; il ne veut pas consentir à croire son infortune irrémédiable : il veut la guérison, il veut l'amour ; il déborde d'espoir[38ai].

37 [1903] À Wegeler (Nohl, XVIII).

38 [1903] La miniature de Hornemann, qui est de 1802, montre Beethoven mis à la mode de l'époque, avec des favoris, les cheveux à la Titus, l'air fatal d'un héros byronien, mais cette tension de volonté napoléonienne, qui ne désarme jamais.

* * *

Dans plusieurs de ces œuvres, on est frappé par l'énergie et l'insistance des rythmes de marche et de combat. Cela est surtout sensible dans l'*allegro* et le *finale* de la *Seconde Symphonie*, et plus encore dans le premier morceau, superbement héroïque, de la *Sonate à l'empereur Alexandre*. Un caractère guerrier, spécial à cette musique, rappelle l'époque d'où elle est sortie. La Révolution arrivait à Vienne. Beethoven était emporté par elle. « Il se prononçait volontiers, dans l'intimité, dit le chevalier de Seyfried, sur les événements politiques, qu'il jugeait avec une rare intelligence, d'un coup d'œil clair et net. » Toutes ses sympathies l'entraînaient vers les idées révolutionnaires[39]. « Il aimait les principes républicains, » dit Schindler, l'ami qui le connut le mieux dans la dernière période de sa vie. « Il était partisan de la liberté illimitée et de l'indépendance nationale… Il voulait que tous concourussent au gouvernement de l'État[a]… Il voulait pour la France le suffrage universel, et il espérait que Bonaparte l'établirait, et jetterait ainsi les bases du bonheur du genre humain[b]. » Romain révolutionnaire, nourri de Plutarque, il rêvait d'une République héroïque, fondée par le dieu de la Victoire : le premier Consul ; et, coup sur coup, il forge la *Symphonie héroïque : Bonaparte* (1804)[40c], l'Iliade de

39 [NdÉ] La question d'un Beethoven républicain fit débat en France, notamment entre le critique Julien Tiersot (voir par exemple « Fidelio », *Le Ménestrel*, 18 février 1894) et Vincent d'Indy, dont la biographie de 1911 répond explicitement à l'article « Beethoven, musicien de la Révolution française » que Tiersot avait fait paraître dans la *Revue de Paris* le 15 février 1910. Rolland, accusé par ses adversaires de faire de Beethoven un libéral forcené, a pourtant une opinion contrastée sur la question : voir notamment la lettre à Stefan Zweig du 23 février 1912, *Romain Rolland – Stefan Zweig. Correspondance* I, *op. cit.*, p. 41.

40 [1903] On sait que la *Symphonie héroïque* fut écrite pour et sur Bonaparte, et que le premier manuscrit porte encore le titre : *Buonaparte*. Sur ces entrefaites, Beethoven apprit le couronnement de Napoléon. Il entra en fureur : « Ce n'est donc qu'un homme ordinaire ! » cria-t-il ; et dans son indignation, il déchira la dédicace, et écrivit ce titre vengeur et touchant à la fois : « *Symphonie héroïque… pour célébrer le souvenir d'un grand Homme.* » (*Sinfonica eroica… composta per festeggiare il sovvenire di un grand Uomo.*) Schindler raconte que, plus tard, il se départit de son mépris pour Napoléon ; il ne vit plus en lui qu'un malheureux digne de compassion, un Icare précipité du ciel. Quand il apprit la catastrophe de Sainte-Hélène, en 1821, il dit : « Il y a dix-sept ans que j'ai écrit la musique qui convient à ce triste événement. » Il se plaisait à reconnaître dans la *Marche funèbre* de sa symphonie un pressentiment de la fin tragique du conquérant. – Il est donc bien probable que la *Symphonie héroïque*, et surtout son premier morceau, était, dans la pensée de Beethoven, une sorte de portrait de Bonaparte, très différent du modèle, sans doute, mais tel qu'il l'imaginait, et tel qu'il l'eût voulu : le génie de la

l'Empire, et le finale de la *Symphonie en ut mineur* (1805-1808), l'épopée de la Gloire. Première musique vraiment révolutionnaire : l'âme du temps y revit avec l'intensité et la pureté qu'ont les grands événements dans les grandes âmes solitaires, dont les impressions ne sont pas amoindries par le contact de la réalité. La figure de Beethoven s'y montre colorée des reflets de ces guerres épiques. Partout elles s'expriment, peut-être à son insu, dans les œuvres de cette période : dans l'*Ouverture de Coriolan* (1807), où soufflent des tempêtes, dans le *Quatrième quatuor*, op. 18, dont le premier morceau a tant de parenté avec cette ouverture ; dans la *Sonate Appassionata*, op. 57 (1804), dont Bismarck disait : « Si je l'entendais souvent, je serais toujours très vaillant[41] » ; dans la partition d'*Egmont* ; et jusque dans ses concertos pour piano, dans ce *concerto en mi bémol*, op. 73 (1809), où la virtuosité même se fait héroïque, où passent des armées. – Comment s'en étonner ? Si Beethoven ignorait, en écrivant la *Marche funèbre sur la mort d'un héros* (de la sonate op. 26), que le héros le plus digne de ses chants, celui qui plus que Bonaparte s'approcha du modèle de la *Symphonie héroïque*, Hoche, venait de mourir près du Rhin, que domine encore son monument funèbre, du haut d'une petite colline entre Coblentz et Bonn[42], – à Vienne même, il avait vu deux fois la Révolution victorieuse. Ce sont les officiers français qui assistent, en novembre 1805, à la première de *Fidelio*. C'est le général Hulin, le vainqueur de la Bastille[43], qui s'installe chez Lobkowitz, l'ami et le

---

révolution. Beethoven reprend dans le finale de l'*Héroïque* une des phrases principales de la partition qu'il avait déjà écrite pour le héros révolutionnaire par excellence, le dieu de la Liberté : *Prométhée* (1801). [NdÉ – Beethoven a effectivement utilisé un thème de sa musique pour le ballet *Les Créatures de Prométhée* (1801) dans le quatrième mouvement de sa *Symphonie héroïque*.]

41 [1903] Robert de Keudell, ancien ambassadeur d'Allemagne à Rome : *Bismarck et sa famille*, 1901, traduction française de E.-B. Lang. / Robert de Keudell joua cette sonate à Bismarck, sur un mauvais piano, le 30 octobre 1870, à Versailles. Bismarck disait de la dernière phrase de l'œuvre : « Ce sont les luttes et les sanglots de toute une vie. » Il préférait Beethoven à tout autre musicien, et, plus d'une fois, affirma : « Beethoven convient le mieux à mes nerfs. »

42 [NdÉ] Lazare Hoche (1768-1797), général français, mort à Wetzlar (Hesse), l'un des personnages principaux de la pièce *Quatorze juillet* de Rolland (*Cahiers de la quinzaine*, 1902), quatrième volet du *Théâtre de la Révolution*. Rolland avait prévu de lui consacrer un volume dans sa série des *Vies des hommes illustres*. Un monument à sa mémoire avait été édifié peu après sa mort à Weissenthurm (Rhénanie-Palatinat).

43 [NdÉ] Le général Pierre-Auguste Hulin (1758-1841) avait participé à la prise de la Bastille. Servant dans la Grande Armée, il fut chargé du commandement de la place de Vienne en 1805.

protecteur de Beethoven, celui à qui sont dédiés l'*Héroïque* et l'*Ut mineur*. Et le 10 mai 1809, Napoléon couche à Schoenbrunn[44]. Bientôt Beethoven haïra les conquérants français. Mais il n'en a pas moins senti la fièvre de leur épopée ; et qui ne la sent pas comme lui, ne comprendra qu'à demi cette musique d'actions et de triomphes impériaux.

* * *

Beethoven interrompit brusquement la *Symphonie en ut mineur*, pour écrire d'un jet, sans ses esquisses habituelles, la *Quatrième Symphonie*. Le bonheur lui était apparu. En mai 1806, il se fiançait avec Thérèse de Brunswick[45d]. Elle l'aimait depuis longtemps, – depuis que, petite fille, elle prenait avec lui des leçons de piano, dans les premiers temps de son séjour à Vienne. Beethoven était ami de son frère, le comte François. En 1806, il fut leur hôte à Mártonvásár en Hongrie, et c'est là qu'ils s'aimèrent. Le souvenir de ses jours heureux s'est conservé dans quelques récits de Thérèse de Brunswick[46]. « Un soir de dimanche, dit-elle, après dîner, au clair de lune, Beethoven s'assit au piano. D'abord il promena sa main à plat sur le clavier. François et moi nous connaissions cela. C'était ainsi qu'il préludait toujours. Puis il frappa quelques accords

44 [1907] La maison de Beethoven était sise près des fortifications de Vienne, que Napoléon fit sauter après la prise de la ville. « Quelle vie sauvage, que de ruines autour de moi ! – écrit Beethoven, aux éditeurs Breitkopf et Haertel, le 26 juin [*sic* pour juillet] 1809 ; – rien que tambours, trompettes, misères de toute sorte ! » / Un portrait de Beethoven, à cette époque, nous a été laissé par un Français qui le vit à Vienne, en 1809 : le baron de Trémont, auditeur au Conseil d'État. Il fait une description pittoresque du désordre qui régnait dans l'appartement de Beethoven. Ils causèrent ensemble de philosophie, de religion, de politique, « et surtout de Shakespeare, son idole. » Beethoven était disposé à suivre Trémont à Paris, où il savait que le Conservatoire exécutait déjà ses symphonies, et où il avait des admirateurs enthousiastes. – (Voir, dans le *Mercure musical* du 1er mai 1906, *Une visite à Beethoven*, par le baron de Trémont ; publié par J. Chantavoine.)

45 [1910] Ou plus exactement, Thérèse Brunsvik. Beethoven avait fait la connaissance des Brunsvik à Vienne, en 1799. Giulietta Guicciardi était la cousine de Thérèse. Beethoven s'éprit aussi, pendant un temps, d'une sœur de Thérèse, Joséphine, qui épousa le comte Deym, puis en secondes noces le baron Stackelberg. – [1931] On trouvera dans mon nouveau livre : *Beethoven : Les grandes époques créatrices*, I (1928, édit. du Sablier), tous les détails sur cette intimité de Beethoven avec les Brunsvik. Dans un chapitre : « *Les sœurs Brunsvik et leur cousine du Clair de Lune* », j'ai tâché de faire revivre cette famille et, particulièrement, la noble personnalité de Thérèse, d'après ses *Mémoires* et son *Journal* intime, inédit. L'amie de Beethoven fut digne de lui. Sa longue vie (qui ne s'éteignit qu'en 1861), a été riche en épreuves et en œuvres.

46 [1903] Mariam Tenger : *Beethoven's unsterbliche Geliebte*, Bonn, 1890.

sur les notes basses ; et, lentement, avec une solennité mystérieuse, il joua un chant de Sébastien Bach[47] : « *Si tu veux me donner ton cœur, que ce soit d'abord en secret ; et notre pensée commune, que nul ne la puisse deviner.* »

« Ma mère et le curé s'étaient endormis ; mon frère regardait devant lui, gravement ; et moi, que son chant et son regard pénétraient, je sentis la vie en sa plénitude. – Le lendemain matin, nous nous rencontrâmes dans le parc. Il me dit : "J'écris à présent un opéra. La principale figure est en moi, devant moi, partout où je vais, partout où je reste. Jamais je n'ai été à une telle hauteur. Tout est lumière, pureté, clarté. Jusqu'à présent, je ressemblais à cet enfant des contes de fée qui ramasse les cailloux, et ne voit pas la fleur splendide, fleurie sur son chemin..." C'est au mois de mai 1806, que je devins sa fiancée, avec le seul consentement de mon bien-aimé frère François[e]. »

La *Quatrième Symphonie*, écrite cette année, est une pure fleur, qui garde le parfum de ces jours plus calmes de sa vie[f]. On y a justement remarqué « la préoccupation de Beethoven, alors, de concilier autant que possible son génie avec ce qui était généralement connu et aimé dans les formes transmises par ses prédécesseurs[48g]. » Le même esprit conciliant, issu de l'amour, agissait sur ses manières et sur sa façon de vivre. Ignaz von Seyfried et Grillparzer disent qu'il est plein d'entrain, vif, joyeux, spirituel, courtois dans le monde, patient avec les importuns, vêtu de façon recherchée ; et il leur fait illusion, au point qu'ils ne s'aperçoivent pas de sa surdité ; ils disent qu'il est bien portant, à part la faiblesse de sa vue[49]. C'est aussi l'idée que donne de lui un portrait d'une élégance romantique et un peu apprêtée, que peignit alors Maehler. Beethoven veut plaire, et il sait qu'il plaît. Le lion est amoureux : il rentre ses griffes. Mais on sent sous ses jeux, sous les fantaisies et la tendresse même de la *Symphonie en si bémol*, la redoutable force, l'humeur capricieuse, les boutades colériques.

---

47 [1907] C'est l'air admirable qui figure dans l'Album de la femme de J.-S. Bach, Anna Magdalena (1725), sous le titre : *Aria di Giovannini*. On a discuté son attribution à J.-S. Bach.

48 [1903] Nohl, *Vie de Beethoven*.

49 [1903] Beethoven était myope. Ignaz von Seyfried dit que sa faiblesse de vue avait été causée par la petite vérole, et qu'elle l'obligeait, tout jeune, à porter des lunettes. La myopie dut contribuer au caractère égaré de ses yeux. [1907] Ses lettres de 1823-1824 contiennent des plaintes fréquentes au sujet de ses yeux, qui le font souffrir. – [1903] Voir les articles de Christian Kalischer : *Beethovens Augen und Augenleiden* (*Die Musik*, 15 mars-1er avril 1902).

Cette paix profonde ne devait pas durer ; mais l'influence bienfaisante de l'amour se prolongea jusqu'en 1810. Beethoven lui dut sans doute la maîtrise de soi, qui fit alors produire à son génie ses fruits les plus parfaits : cette tragédie classique, la *Symphonie en ut mineur*, – et ce divin rêve d'un jour d'été : la *Symphonie pastorale* (1808)[50]. – *L'Appassionata*, inspirée de la *Tempête* de Shakespeare[51], et qu'il regardait comme la plus puissante de ses sonates, paraît en 1807, et est dédiée au frère de Thérèse. À Thérèse elle-même il dédie la rêveuse et fantasque sonate, op. 78 (1809). Une lettre, sans date[52], et adressée *À l'immortelle Aimée*, exprime, non moins que *l'Appassionata*, l'intensité de son amour :

« Mon ange, mon tout, mon moi... j'ai le cœur gonflé du trop que j'ai à te dire... Ah ! où je suis, tu es aussi avec moi... Je pleure, quand je pense que tu ne recevras probablement pas avant dimanche les premières nouvelles de moi. – Je t'aime, comme tu m'aimes, mais bien plus fort... Ah ! Dieu ! – Quelle vie ainsi ! Sans toi ! – Si près, si loin. – ... Mes idées se pressent vers toi, mon immortelle aimée (*meine unsterbliche Geliebte*), parfois joyeuses, puis après tristes, interrogeant le destin, lui demandant s'il nous exaucera. – Je ne puis vivre qu'avec toi, ou je ne vis pas... Jamais une autre n'aura mon cœur. Jamais ! – Jamais ! – Ô Dieu ! pourquoi faut-il s'éloigner quand on s'aime ? Et pourtant ma vie, comme elle est à présent, est une vie de chagrins. Ton amour m'a fait à la fois le plus heureux et le plus malheureux des hommes. – ... Sois paisible..., sois paisible – aime-moi ! – Aujourd'hui, – hier, – quelle ardente aspiration, que de larmes vers toi ! – toi – toi – ma vie – mon tout ! – Adieu ! – oh ! continue de m'aimer, – ne méconnais jamais le cœur de ton aimé L. – Éternellement à toi – éternellement à moi – éternellement à nous[53]. »

Quelle raison mystérieuse empêcha le bonheur de ces deux êtres qui s'aimaient ? – Peut-être le manque de fortune, la différence de conditions. Peut-être Beethoven se révolta-t-il contre la longue attente qu'on lui imposait, et contre l'humiliation de tenir son amour secret.

---

50 [1907] La musique de scène pour l'*Egmont* de Gœthe fut commencée en 1809. – Beethoven eût voulu écrire aussi la musique de *Guillaume Tell* ; mais on lui préféra Gyrowetz.

51 [1903] Conversation avec Schindler.

52 [1910] Mais écrite, à ce qu'il semble, à Korompa, chez les Brunsvik. [NdÉ – Il est généralement admis aujourd'hui que cette lettre fut écrite à Teplitz les 6 et 7 juillet 1812.]

53 [1903] Nohl, *Lettres de Beethoven*, XV.

Peut-être, violent, malade et misanthrope, fit-il souffrir sans le vouloir celle qu'il aimait, et s'en désespérait-il. – L'union fut rompue ; et pourtant ni l'un ni l'autre ne semble avoir jamais oublié son amour[h]. Jusqu'à son dernier jour (elle ne mourut qu'en 1861), Thérèse de Brunswick aima Beethoven.

Et Beethoven disait, en 1816 : « En pensant à elle, mon cœur bat aussi fort que le jour où je la vis pour la première fois[i]. » De cette même année sont les six mélodies *à la bien-aimée lointaine* (*an die ferne Geliebte*), op. 98, d'un caractère si touchant et profond. Il écrit dans ses notes : « Mon cœur déborde à l'aspect de cette admirable nature, et pourtant Elle n'est pas là, près de moi[j] ! » – Thérèse avait donné son portrait à Beethoven, avec la dédicace : « Au rare génie, au grand artiste, à l'homme bon. T. B.[54]. » Dans la dernière année de sa vie, un ami surprit Beethoven, seul, embrassant ce portrait en pleurant, et parlant tout haut suivant son habitude : « Tu étais si belle, si grande, pareille aux anges ! » L'ami se retira, revint un peu plus tard, le trouva au piano, et lui dit : « Aujourd'hui, mon vieil ami, il n'y a rien de diabolique sur votre visage. » Beethoven répondit : « C'est que mon bon ange m'a visité[k]. » – La blessure fut profonde. « Pauvre Beethoven, dit-il lui-même, il n'est point de bonheur pour toi dans ce monde. Dans les régions de l'idéal seulement, tu trouveras des amis[55][l]. »

Il écrit dans ses notes : « Soumission, soumission profonde à ton destin : tu ne peux plus exister pour toi, mais seulement pour les autres ; pour toi il n'y a plus de bonheur qu'en ton art. Ô Dieu, donne-moi la force de me vaincre[m] ! »

---

54 [1903] Ce portrait se trouve encore aujourd'hui dans la maison de Beethoven, à Bonn. Il est reproduit dans la *Vie de Beethoven* par Frimmel, p. 29, et dans le *Musical Times* du 15 décembre 1892.

55 [1907] À Gleichenstein (Nohl, *Neue Briefe Beethovens*, XXXI). [NdÉ – Cette lettre date du printemps 1810.]

* * *

Il est donc abandonné par l'amour. En 1810, il se retrouve seul ; mais la gloire est venue, et le sentiment de sa puissance. Il est dans la force de l'âge. Il se livre à son humeur violente et sauvage, sans plus se soucier de rien, sans égards au monde, aux conventions, aux jugements des autres. Qu'a-t-il à craindre ou à ménager ? Plus d'amour et plus d'ambition. Sa force, voilà ce qui lui reste, la joie de sa force, et le besoin d'en user, presque d'en abuser. « La force, voilà la morale des hommes qui se distinguent du commun des hommes[a] ! » Il est retombé dans la négligence de sa mise ; et sa liberté de manières est devenue bien plus hardie qu'autrefois. Il sait qu'il a le droit de tout dire, même aux plus grands. « Je ne reconnais pas d'autres signes de supériorité que la bonté, » écrit-il le 17 juillet 1812[56]. Bettina Brentano, qui le vit alors, dit qu'« aucun empereur, aucun roi n'avait une telle conscience de sa force. » Elle fut fascinée par sa puissance : « Lorsque je le vis pour la première fois, écrit-elle à Gœthe, l'univers tout entier disparut pour moi, Beethoven me fit oublier le monde, et toi-même, ô Gœthe… Je ne crois pas me tromper, en assurant que cet homme est de bien loin en avance sur la civilisation moderne[b]. »

Gœthe chercha à connaître Beethoven. Ils se rencontrèrent aux bains de Bohême, à Tœplitz, en 1812, et s'entendirent assez mal. Beethoven admirait passionnément le génie de Gœthe[57c] ; mais son caractère était

56 [1907] « Le cœur est le levier de tout ce qu'il y a de grand. » (À Giannatasio del Rio. – Nohl, CLXXX.) [NdÉ – La lettre daterait de 1817 (lettre n° 872 dans *Lettres de Beethoven*, Arles, Actes Sud, 2010) ou d'avant mai 1816 (lettre n° 928 dans Ludwig van Beethoven, *Briefwechsel Gesamtausgabe* III, München, G. Henle, 1996).]

57 [1907] « Les poésies de Gœthe me rendent heureux, » écrit-il à Bettina Brentano, le 19 février 1811. / Et ailleurs : « Gœthe et Schiller sont mes poètes préférés, avec Ossian et Homère, que je ne puis malheureusement lire que dans des traductions. » (À Breitkopf et Haertel, 8 août 1809. – Nohl, *Neue Briefe*, LIII.) / [1903] Il est à remarquer combien, malgré son éducation négligée, le goût littéraire de Beethoven était sûr. En dehors de Gœthe, dont il a dit qu'il lui semblait « grand, majestueux, toujours en *ré majeur*, » et au-dessus de Gœthe, il aimait trois hommes : Homère, Plutarque et Shakespeare. D'Homère, il préférait l'*Odyssée*. Il lisait continuellement Shakespeare dans la traduction allemande, et l'on sait avec quelle grandeur tragique il a traduit en musique *Coriolan* et *la Tempête*. Quant à Plutarque, il s'en nourrissait, comme les hommes de la Révolution. Brutus était son héros, ainsi qu'il fut celui de Michel-Ange ; il avait dans sa chambre la statuette du tyrannicide. Il aimait Platon, et rêvait d'établir sa République dans le monde entier. « Socrate et Jésus ont été mes modèles, » a-t-il dit quelque part. (Conversations de 1819-20.)

trop libre et trop violent pour s'accommoder de celui de Gœthe, et pour ne pas le blesser. Il a raconté une promenade qu'ils firent ensemble, où l'orgueilleux républicain qu'il était donna une leçon de dignité au conseiller aulique du grand-duc de Weimar, qui ne le lui pardonna point.

« Les rois et les princes peuvent bien faire des professeurs et des conseillers secrets ; ils peuvent les combler de titres et de décorations ; mais ils ne peuvent pas faire des grands hommes, des esprits qui s'élèvent au-dessus de la fiente du monde ; … et quand deux hommes sont ensemble, tels que moi et Gœthe, ces messieurs doivent sentir notre grandeur[d]. – Hier, nous avons rencontré, sur le chemin, en rentrant, toute la famille impériale. Nous la vîmes de loin. Gœthe se détacha de mon bras, pour se ranger sur le côté de la route. J'eus beau lui dire tout ce que je voulus, je ne pus lui faire faire un pas de plus. J'enfonçai alors mon chapeau sur ma tête, je boutonnai ma redingote, et je fonçai, les bras derrière le dos[e], au milieu des groupes les plus épais. Princes et courtisans ont fait la haie ; le duc Rodolphe m'a ôté son chapeau ; madame l'impératrice m'a salué la première. – Les grands me connaissent. – Pour mon divertissement, je vis la procession défiler devant Gœthe. Il se tenait sur le bord de la route, profondément courbé, son chapeau à la main. Je lui ai lavé la tête après, je ne lui ai fait grâce de rien[58]… »

Gœthe n'oublia pas non plus[59f].

---

58 [1903] À Bettina von Arnim (Nohl, XCI). – [1914] L'authenticité des lettres de Beethoven à Bettina, mise en doute par Schindler, Marx et Deiters, a été défendue par Moritz Carriere, Nohl et Kalischer. Bettina a dû les « embellir » ; mais le fond paraît exact. [NdÉ – Cette lettre, qui aurait été écrite à Teplitz en août 1812 mais dont l'autographe n'a pas été retrouvé, est généralement considérée aujourd'hui comme apocryphe.]

59 [1903] « Beethoven, disait Gœthe à Zelter, est malheureusement une personnalité tout à fait indomptée ; il n'a sans doute pas tort de trouver le monde détestable ; mais ce n'est pas le moyen de le rendre agréable pour lui et pour les autres. Il faut l'excuser et le plaindre, car il est sourd. » – Il ne fit rien contre Beethoven, mais il ne fit rien pour lui : silence complet sur son œuvre, et jusque sur son nom. – Au fond, il admirait, mais redoutait sa musique : elle le troublait ; il craignait qu'elle ne lui fît perdre le calme de l'âme, qu'il avait conquis au prix de tant de peines. – Une lettre du jeune Félix Mendelssohn, qui passa par Weimar en 1830, fait pénétrer innocemment dans les profondeurs de cette âme trouble et passionnée (*leidenschaftlicher Sturm und Verworrenheit*, comme Gœthe disait lui-même), qu'une intelligence puissante maîtrisait. / « … D'abord, écrit Mendelssohn, il ne voulait pas entendre parler de Beethoven ; mais il lui fallut en passer par là, et écouter le premier morceau de la *Symphonie en ut mineur*, qui le remua étrangement. Il n'en voulut rien laisser paraître, et se contenta de me dire : "Cela ne touche point, cela ne fait qu'étonner." Au bout d'un certain temps, il reprit : "C'est grandiose, insensé ; on dirait que la maison va s'écrouler." Survint le dîner, pendant lequel il demeura tout pensif,

De cette date sont les *Septième* et *Huitième Symphonies*, écrites en quelques mois, à Tœplitz en 1812 : l'Orgie du Rythme, et la Symphonie humoristique, les œuvres où il s'est montré peut-être le plus au naturel, et, comme il disait, le plus « déboutonné » (*aufgeknoepft*), avec ces transports de gaieté et de fureur, ces contrastes imprévus, ces saillies déconcertantes et grandioses, ces explosions titaniques qui plongeaient Gœthe et Zelter dans l'effroi[60g], et faisaient dire de la *Symphonie en la*[61], dans l'Allemagne du Nord, qu'elle était l'œuvre d'un ivrogne. – D'un homme ivre, en effet, mais de force et de génie.

« Je suis, a-t-il dit lui-même, je suis le Bacchus qui broie le vin délicieux[h] pour l'humanité. C'est moi qui donne aux hommes la divine frénésie de l'esprit[i]. »

Je ne sais si, comme l'a écrit Wagner, il a voulu peindre dans le finale de sa Symphonie une fête dionysiaque[62]. Je reconnais surtout dans cette fougueuse kermesse la marque de son hérédité flamande, de même que je retrouve son origine dans son audacieuse liberté de langage et de manières, qui détonne superbement dans le pays de la discipline et de l'obéissance[63]. Nulle part plus de franche et libre puissance[j] que dans la *Symphonie en la*. C'est une dépense folle d'énergies surhumaines, sans but, pour le plaisir, un plaisir de fleuve qui déborde et submerge. Dans la *Huitième Symphonie*, la force est moins grandiose, mais plus étrange encore, et plus caractéristique de l'homme, mêlant la tragédie à la farce, et une vigueur herculéenne à des caprices d'enfant[64].

---

jusqu'au moment où, retombant de nouveau sur Beethoven, il se mit à m'interroger, à m'examiner. Je vis bien que l'effet était produit... » [1931] J'ai consacré un livre entier aux rapports de Gœthe avec Beethoven : (*Gœthe et Beethoven*, 1930, édit. du Sablier.)

60 [1903] Lettre de Gœthe à Zelter, 2 septembre 1812. – Zelter à Gœthe, 14 septembre 1812 : « *Auch ich bewundere ihn mit Schrecken.* » « Moi aussi, je l'admire avec effroi » – Zelter écrit en 1819 à Gœthe : « On dit qu'il est fou. »

61 [NdÉ] *Septième Symphonie* op. 92.

62 [1903] C'est, en tout cas, un sujet auquel Beethoven a pensé : car nous le trouvons dans ses notes, et, particulièrement, dans ses projets d'une *Dixième Symphonie.*

63 [NdÉ] L'insistance sur l'ascendance flamande de Beethoven, associée à une certaine liberté d'esprit, est caractéristique des biographes français, et marque l'influence de la méthode positiviste des années 1880. C'est parfois un argument pour « dégermaniser » Beethoven : voir la note n° 14 p. 57 de Romain Rolland sur le grand-père flamand. Avant Rolland, ce thème est sensible par exemple chez Teodor de Wyzewa (« La Jeunesse de Beethoven », *Revue des deux mondes*, 15 septembre 1889), et après lui, dans les périodes de tension franco-allemande, avant et pendant la Première Guerre mondiale.

64 [1903] Contemporaine, et peut-être inspiratrice, parfois, de ces œuvres est son intimité très tendre avec [1907] la jeune cantatrice berlinoise [1903] Amalie Sebald [1914], qu'il

1814 marque l'apogée de la fortune de Beethoven. Au Congrès de Vienne, il fut traité comme une gloire européenne. Il prit une part active aux fêtes. Les princes lui rendaient hommage ; et il se laissait fièrement faire la cour par eux, comme il s'en vantait à Schindler.

Il s'était enflammé pour la guerre d'indépendance[k]. En 1813, il écrivit une symphonie de *la Victoire de Wellington*, et, au commencement de 1814, un chœur guerrier : *Renaissance de l'Allemagne* (*Germanias Wiedergeburt*). Le 29 novembre 1814, il dirigea, devant un public de rois, une cantate patriotique : *le Glorieux moment* (*Der glorreiche Augenblick*), et il composa pour la prise de Paris, en 1815, un chœur : *Tout est consommé !* (*Es ist vollbracht !*) Ces œuvres de circonstance firent plus pour sa réputation que tout le reste de sa musique[65]. La gravure de Blasius Hœfel, d'après un dessin du Français Letronne, et le masque farouche, moulé sur son visage par Franz Klein en 1812, donnent l'image vivante de Beethoven, au temps du Congrès de Vienne[l]. Le trait dominant de cette face de lion, aux mâchoires serrées, aux plis colères et douloureux, est la volonté, – une volonté napoléonienne. On reconnaît l'homme, qui disait de Napoléon, après Iéna : « Quel malheur que je ne me connaisse pas à la guerre comme à la musique ! Je le battrais[m] ! »

Mais son royaume n'était pas de ce monde. « Mon empire est dans l'air, » comme il l'écrit à François de Brunswick. (*Mein Reich ist in der Luft*[66n].)

* * *

À cette heure de gloire succède la période la plus misérable[o].

Vienne n'avait jamais été sympathique à Beethoven. Un génie fier et libre, comme le sien, ne pouvait se plaire dans cette ville factice,

---

connut à Tœplitz, en 1811 et 1812. [1931] Il eut, en ces années, une autre passion qui le déchira et dont on n'a pu encore identifier l'objet. Ce furent les dernières flambées de douloureux amour, pour le vieux cœur malade, à qui l'espoir se fermait. On lira sur ces peines les confidences qu'a surprises sa jeune amie, Fanny del Rio, dans son *Journal* intime.

65 [NdÉ] *La Victoire de Wellington ou la Bataille de Vittoria* op. 91 ; *Germania*, WoO 94 pour basse, chœur et orchestre, final pour un singspiel de Treitschke ; *Der glorreiche Augenblick* op. 136, cantate pour soli, chœur et orchestre ; *Es ist vollbracht* WoO 97 pour basse et chœur, final pour un singspiel de Treitschke.

66 [1903] « Je ne vous dis rien de nos monarques et de leurs monarchies, » écrit-il à Kauka [*sic* pour Johann Nepomuk Kanka] pendant le Congrès de Vienne. « Pour moi, l'empire de l'esprit est le plus cher de tous : c'est le premier de tous les royaumes temporels et spirituels. » (*Mir ist das geistige Reich das Liebste, und der Oberste aller geistlichen und weltlichen Monarchien.*)

d'esprit mondain[p], que Wagner a si durement marquée de son mépris[67]. Il ne perdait aucune occasion de s'en éloigner ; et vers 1808, il avait songé sérieusement à quitter l'Autriche, pour venir à la cour de Jérôme Bonaparte, roi de Westphalie[68]. Mais Vienne était abondante en ressources musicales ; et il faut lui rendre cette justice qu'il s'y trouva toujours de nobles dilettantes pour sentir la grandeur de Beethoven et pour épargner à leur patrie la honte de le perdre. En 1809, trois des plus riches seigneurs de Vienne : l'archiduc Rodolphe, élève de Beethoven, le prince Lobkowitz, et le prince Kinsky, s'étaient engagés à lui servir annuellement une pension de 4 000 florins, sous la seule condition qu'il resterait en Autriche : « Comme il est démontré, disaient-ils, que l'homme ne peut entièrement se vouer à son art qu'à la condition d'être libre de tout souci matériel, et que ce n'est qu'alors qu'il peut produire ces œuvres sublimes qui sont la gloire de l'art, les soussignés ont formé la résolution de mettre Ludwig van Beethoven à l'abri du besoin, et d'écarter ainsi les obstacles misérables qui pourraient s'opposer à l'essor de son génie. »

Malheureusement l'effet ne répondit pas aux promesses. Cette pension fut[q] fort inexactement payée ; bientôt, elle cessa tout à fait de l'être. Vienne avait d'ailleurs changé de caractère après le Congrès de 1814. La société était distraite de l'art par la politique, le goût musical gâté par l'italianisme, et la mode, toute à Rossini, traitait Beethoven de pédant[69r].

---

67 [1903] « Vienne, n'est-ce point tout dire ? – Toute trace du protestantisme allemand effacée ; même l'accent national, perdu, italianisé. L'esprit allemand, les manières et les mœurs allemandes, expliquées par des manuels de provenance italienne et espagnole... Le pays d'une histoire falsifiée, d'une science falsifiée, d'une religion falsifiée... Un scepticisme frivole, qui devait ruiner et ensevelir l'amour de la vérité, et de l'honneur, et de l'indépendance !... » (Wagner, *Beethoven*, 1870.) [1907] Grillparzer a écrit que c'était un malheur d'être né Autrichien. Les grands compositeurs allemands de la fin du XIXe siècle, qui ont vécu à Vienne, ont cruellement souffert de l'esprit de cette ville livrée au culte pharisien de Brahms. La vie de Bruckner y fut un long martyre. Hugo Wolf, qui se débattit furieusement, avant de succomber, a exprimé sur Vienne des jugements implacables.

68 [1903] Le roi Jérôme avait offert à Beethoven un traitement de six cents ducats d'or, sa vie durant, et une indemnité de voyage de cent cinquante ducats d'argent, contre l'unique engagement de jouer quelquefois devant lui, et de diriger ses concerts de musique de chambre, qui ne devaient être ni longs, ni fréquents. (Nohl, XLIX.) Beethoven fut tout près de partir.

69 [1903] Le *Tancrède* de Rossini suffit à ébranler tout l'édifice de la musique allemande. Bauernfeld, cité par Ehrhard, note dans son *Journal* ce jugement qui circulait dans les salons de Vienne, en 1816 : « Mozart et Beethoven sont de vieux pédants ; la bêtise de

Les amis et les protecteurs de Beethoven se dispersèrent ou moururent : le prince Kinsky en 1812, Lichnowsky en 1814, Lobkowitz en 1816. Rasumowsky, pour qui il avait écrit ses admirables quatuors, op. 59, donna son dernier concert en février 1815. En 1815, Beethoven se brouille avec Stephan von Breuning, son ami d'enfance, le frère d'Éléonore[70]. Il est désormais seul[71] : « Je n'ai point d'amis et je suis seul au monde, » écrit-il dans ses notes de 1816[s].

La surdité était devenue complète[72t]. Depuis l'automne de 1815, il n'a plus de relations que par écrit avec le reste des hommes. Le plus ancien cahier de conversation est de 1816[73]. On connaît le douloureux récit de Schindler sur la représentation de *Fidelio* en 1822.

« Beethoven demanda à diriger la répétition générale... Dès le duetto du premier acte, il fut évident qu'il n'entendait rien de ce qui se passait sur la scène. Il retardait considérablement le mouvement ; et, tandis que l'orchestre suivait son bâton, les chanteurs pressaient pour leur compte. Il s'ensuivit une confusion générale. Le chef d'orchestre ordinaire, Umlauf, proposa un instant de repos, sans en donner la raison ; et, après quelques paroles échangées avec les chanteurs, on recommença. Le même désordre se produisit de nouveau. Il fallut faire une seconde pause. L'impossibilité de continuer sous la direction de Beethoven était

---

l'époque précédente les goûtait ; c'est seulement depuis Rossini qu'on sait ce que c'est que la mélodie. *Fidelio* est une ordure ; on ne comprend pas qu'on se donne la peine d'aller s'y ennuyer. » [1907] Beethoven donna son dernier concert, comme pianiste, en 1814.

70 [1907] La même année, Beethoven perdit son frère Carl : « Il tenait beaucoup à la vie, autant que je perdrais volontiers la mienne, » écrivait-il à Antonia Brentano. [NdÉ – Au début de novembre 1815.]

71 [1913] À part sa touchante amitié avec la comtesse Maria von Erdödy, toujours souffrante comme lui, atteinte d'un mal incurable, et qui perdit subitement en 1816 son fils unique. Beethoven lui dédia, en 1809, ses deux trios, op. 70, et, en 1815-1817, ses deux grandes sonates pour violoncelle, op. 102.

72 [1907] Sans parler de la surdité, sa santé empirait de jour en jour. Depuis octobre 1816, il était très malade d'un catarrhe inflammatoire. Pendant l'été de 1817, son médecin lui dit que c'était une maladie de poitrine. Dans l'hiver 1817-1818, il se tourmenta de cette soi-disant phtisie. Puis ce furent des rhumatismes aigus en 1820-1821, une jaunisse en 1821, une conjonctivite en 1823.

73 [1903] Remarquer que de cette année date, dans sa musique, un changement de style, inauguré par la sonate op. 101. [1907] Les cahiers de conversation de Beethoven, formant plus de 11 000 pages manuscrites, se trouvent réunis aujourd'hui à la Bibliothèque royale de Berlin. [1927] Walter Nohl a commencé de publier, en 1923, les cahiers de mars 1819 à mars 1820. (*Ludwig v. Beethovens Konversationshefte*, – Allgemeine Verlagsanstalt München.) – Malheureusement, la publication s'est arrêtée au premier volume.

évidente ; mais comment le lui faire comprendre ? Personne n'avait le cœur de lui dire : "Retire-toi, pauvre malheureux, tu ne peux pas diriger." Beethoven, inquiet, agité, se tournait à droite et à gauche, s'efforçait de lire dans l'expression des différentes physionomies, et de comprendre d'où venait l'obstacle : de tous côtés, le silence. Tout à coup, il m'appela d'une façon impérieuse. Quand je fus près de lui, il me présenta son carnet et me fit signe d'écrire. Je traçai ces mots : "Je vous supplie de ne pas continuer ; je vous expliquerai à la maison pourquoi." D'un bond, il sauta dans le parterre, me criant : "Sortons vite !" Il courut d'un trait jusqu'à sa maison ; il entra et se laissa tomber inerte sur un divan, se couvrant le visage avec les deux mains ; il resta ainsi jusqu'à l'heure du repas. À table, il ne fut pas possible d'en tirer une parole ; il conservait l'expression de l'abattement et de la douleur la plus profonde. Après dîner, quand je voulus le laisser, il me retint, m'exprimant le désir de ne pas rester seul. Au moment de nous séparer, il me pria de l'accompagner chez son médecin, qui avait une grande réputation pour les maladies de l'oreille... Dans toute la suite de mes rapports avec Beethoven, je ne trouve pas un jour qui puisse se comparer à ce jour fatal de novembre. Il avait été frappé au cœur, et, jusqu'au jour de sa mort, il vécut sous l'impression de cette terrible scène[74]. »

Deux ans plus tard, le 7 mai 1824, dirigeant la *Symphonie avec chœurs* (ou plutôt, comme dit le programme, « prenant part à la direction du concert »), il n'entendait rien du fracas de toute la salle qui l'acclamait ; il ne parvenait à s'en douter, que lorsqu'une des chanteuses, le prenant par la main, le tournait du côté du public, et qu'il voyait soudain les auditeurs debout, agitant leurs chapeaux, et battant des mains. – Un voyageur anglais, Russel, qui le vit au piano, vers 1825, dit que quand il voulait jouer doucement, les touches ne résonnaient pas, et que c'était saisissant de suivre dans ce silence l'émotion qui l'animait, sur sa figure et ses doigts crispés[u].

Muré en lui-même[75], séparé du reste des hommes, il n'avait de consolation qu'en la nature. « Elle était sa seule confidente[v], » dit Thérèse de Brunswick. Elle fut son refuge. Charles Neate, qui le connut en 1815,

74 [1907] Schindler, qui devient l'intime de Beethoven, depuis 1819, était entré en relations avec lui dès 1814 ; mais Beethoven avait eu la plus grande peine à lui accorder son amitié ; il le traitait d'abord avec une hauteur méprisante.

75 [1903] Voir les admirables pages de Wagner sur la surdité de Beethoven. (*Beethoven*, 1870.)

dit qu'il ne vit jamais personne qui aimât aussi parfaitement les fleurs, les nuages, la nature[76w] : il semblait en vivre. – « Personne sur terre ne peut aimer la campagne autant que moi, écrit Beethoven… J'aime un arbre plus qu'un homme[x]… » – Chaque jour, à Vienne, il faisait le tour des remparts. À la campagne, de l'aurore à la nuit, il se promenait seul, sans chapeau, sous le soleil, ou la pluie. « Tout-Puissant ! – Dans les bois je suis heureux, – heureux dans les bois – où chaque arbre parle par toi. – Dieu, quelle splendeur ! – Dans ces forêts, sur les collines, – c'est le calme, – le calme pour te servir[y]. »

Son inquiétude d'esprit y trouvait un répit[77z]. Il était harcelé par les soucis d'argent. Il écrit en 1818 : « Je suis presque réduit à la mendicité, et je suis forcé d'avoir l'air de ne pas manquer du nécessaire[aa]. » Et ailleurs : « La sonate op. 106 a été écrite dans des circonstances pressantes. C'est une dure chose de travailler pour se procurer du pain[ab]. » Spohr dit que souvent il ne pouvait sortir, à cause de ses souliers troués[ac]. Il avait de fortes dettes envers ses éditeurs, et ses œuvres ne lui rapportaient rien. La *Messe en ré*, mise en souscription, recueillit sept souscripteurs (dont pas un musicien)[78]. Il recevait à peine trente ou quarante ducats pour ses admirables sonates, dont chacune lui coûtait trois mois de travail. Le prince Galitzin lui faisait composer ses quatuors, op. 127, 130, 132, ses œuvres les plus profondes peut-être et qui semblent écrites avec son sang ; il ne les lui payait pas. Beethoven se consumait dans des difficultés domestiques, dans des procès sans fin, afin d'obtenir les pensions qu'on lui devait, ou de conserver la tutelle d'un neveu, le fils de son frère Charles, mort de la phtisie en 1815.

Il avait reporté sur cet enfant le besoin de dévouement dont son cœur débordait. Il se réservait là encore de cruelles souffrances. Il semble qu'une sorte de grâce d'état ait pris soin de renouveler sans cesse et d'accroître sa misère, pour que son génie ne manquât point d'aliments. – Il lui

---

76 [1907] Il aimait les bêtes et avait pitié d'elles. La mère de l'historien von Frimmel racontait qu'elle avait conservé longtemps une haine involontaire pour Beethoven, parce que, quand elle était petite fille, il chassait avec son mouchoir tous les papillons qu'elle voulait prendre.

77 [1907] Il se trouvait toujours mal logé. En trente-cinq ans, il changea trente fois d'appartement, à Vienne.

78 [1903] Beethoven s'était adressé personnellement à Cherubini, qui était « de ses contemporains celui qu'il estimait le plus. » (Nohl, *Lettres de Beethoven*, CCL.) Cherubini ne répondit pas.

fallut d'abord disputer le petit Charles à la mère indigne, qui voulait le lui enlever :

« Ô mon Dieu, écrit-il, mon rempart, ma défense, mon seul refuge ! tu lis dans les profondeurs de mon âme, et tu sais les douleurs que j'éprouve, lorsqu'il faut que je fasse souffrir ceux qui veulent me disputer mon Charles, mon trésor[79] ! Entends-moi, Être que je ne sais comment nommer, exauce l'ardente prière de la plus malheureuse de tes créatures[ad] ! »

« Ô Dieu ! À mon secours ! Tu me vois abandonné de l'humanité entière, parce que je ne veux pas pactiser avec l'injustice ! Exauce la prière que je te fais, au moins pour l'avenir, de vivre avec mon Charles !... Ô sort cruel, destin implacable ! Non, non, mon malheur ne finira jamais[ae] ! »

Puis, ce neveu, passionnément aimé, se montra indigne de la confiance[af] de son oncle. La correspondance de Beethoven avec lui est douloureuse et révoltée, comme celle de Michel-Ange avec ses frères, mais plus naïve et plus touchante :

« Dois-je encore une fois être payé par l'ingratitude la plus abominable ? Eh bien, si le lien doit être rompu entre nous, qu'il le soit ! tous les gens impartiaux qui le sauront te haïront... Si le pacte qui nous lie te pèse, au nom de Dieu, – qu'il en soit selon sa volonté ! – Je t'abandonne à la Providence ; j'ai fait tout ce que je pouvais ; je puis paraître devant le Juge Suprême[80]... »

« Gâté, comme tu l'es, cela ne te ferait pas de mal de tâcher enfin d'être simple et vrai ; mon cœur a trop souffert de ta conduite d'hypocrite[ag] à mon égard, et il m'est difficile d'oublier... Dieu m'est témoin, je ne rêve que d'être à mille lieues de toi, et de ce triste frère, et de cette abominable famille... Je ne peux plus avoir confiance en toi. » Et il signe : « Malheureusement, ton père, – ou mieux, pas ton père[81]. »

Mais le pardon vient aussitôt :

« Mon cher fils ! – Pas un mot de plus, – viens dans mes bras, tu n'entendras aucune dure parole... Je te recevrai avec le même amour. Ce qu'il y a à faire pour ton avenir nous en parlerons amicalement. – Ma

79 [1907] « Je ne me venge jamais, écrit-il ailleurs à Mme Streicher. Quand je suis obligé d'agir contre d'autres hommes, je ne fais que le strict nécessaire pour me défendre, ou pour les empêcher de faire le mal. » [NdÉ – Lettre à Nannette Streicher du 18 juin 1818.]

80 [1903] Nohl, CCCXLIII.

81 [1903] Nohl, CCCXLIV.

parole d'honneur, aucun reproche ! Ils ne serviraient plus à rien. Tu n'as plus à attendre de moi que la sollicitude et l'aide la plus aimante. – Viens – viens sur le cœur fidèle de ton père. – Beethoven. – Viens, aussitôt après le reçu de cette lettre, viens à la maison. » (Et sur l'adresse, en français : « *Si vous ne viendrez pas, vous me tuerez sûrement*[82]. »)

« Ne mens pas, supplie-t-il, reste toujours mon fils bien-aimé ! Quelle horrible dissonance, si tu me payais d'hypocrisie, comme on veut me le faire croire !... Adieu, celui qui ne t'a pas donné la vie, mais qui te l'a certainement conservée et qui a pris tous les soins possibles de ton développement moral, avec une affection plus que paternelle, te prie du fond du cœur, de suivre le seul vrai chemin du bien et du juste. Ton fidèle bon père[83ah]. »

Après avoir caressé toutes sortes de rêves pour l'avenir de ce neveu, qui ne manquait pas d'intelligence et qu'il voulait diriger vers la carrière universitaire, Beethoven dut consentir à en faire un négociant. Mais Charles fréquentait les tripots, il faisait des dettes.

Par un triste phénomène, plus fréquent qu'on ne croit, la grandeur morale de son oncle, au lieu de lui faire du bien, lui faisait du mal, l'exaspérait, le poussait à la révolte, comme il le dit, dans ce terrible mot, où se montre à vif cette âme misérable : « Je suis devenu plus mauvais, parce que mon oncle voulait que je fusse meilleur. » Il en arriva, dans l'été de 1826, à se tirer un coup de pistolet dans la tête. Il n'en mourut pas ; mais ce fut Beethoven qui faillit en mourir : il ne se remit jamais de cette émotion affreuse[84]. Charles guérit : il vécut jusqu'à la fin pour faire souffrir son oncle, à la mort de qui il ne fut pas tout à fait étranger ; et il ne fut pas auprès de lui à l'heure de la mort. – « Dieu ne m'a jamais abandonné, » écrivait Beethoven à son neveu, quelques années avant. « Il se trouvera quelqu'un pour me fermer les yeux[ai]. » – Ce ne devait pas être celui qu'il appelait « son fils[85]. »

82 [1903] Nohl, CCCLXX.

83 [1903] Nohl, CCCLXII-LXVII. Une lettre, que vient de retrouver à Berlin M. Kalischer, montre avec quelle passion Beethoven voulait faire de son neveu « un citoyen utile à l'État » (1er février 1819).

84 [1903] Schindler, qui le vit alors, dit qu'il devint, subitement, comme un vieillard de soixante-dix ans, brisé, sans force, sans volonté. Il serait mort, si Charles était mort. – Il mourut peu de mois après.

85 [1907] Le dilettantisme de notre temps n'a pas manqué de chercher à réhabiliter ce drôle. Cela ne peut surprendre.

* * *

Du fond de cet abîme de tristesse[a], Beethoven entreprit de célébrer la Joie.

C'était le projet de toute sa vie. Dès 1793, il y pensait, à Bonn[86b]. Toute sa vie, il voulut chanter la Joie, et en faire le couronnement de l'une de ses grandes œuvres. Toute sa vie, il hésita à trouver la forme exacte de l'hymne, et l'œuvre où il pourrait lui donner place. Même dans sa *Neuvième Symphonie*, il était loin d'être décidé. Jusqu'au dernier instant, il fut sur le point de remettre l'*Ode à la Joie* à une dixième ou onzième symphonie. On doit bien remarquer que la *Neuvième* n'est pas intitulée, comme on dit : *Symphonie avec chœurs*, mais *Symphonie avec un chœur final sur l'Ode à la Joie*. Elle pouvait, elle a failli avoir une autre conclusion. En juillet 1823, Beethoven pensait encore à lui donner un *finale* instrumental, qu'il employa ensuite dans le quatuor op. 132. Czerny et Sonnleithner assurent même qu'après l'exécution (mai 1824), Beethoven n'avait pas abandonné cette idée[c].

Il y avait, à l'introduction du chœur dans une symphonie, de grandes difficultés techniques que nous attestent les cahiers de Beethoven et ses nombreux essais pour faire entrer les voix autrement, et à un autre moment de l'œuvre. Dans les esquisses de la deuxième mélodie de l'*adagio*[87], il a écrit : « Peut-être le chœur entrerait-il convenablement ici[d]. » Mais il ne pouvait se décider à se séparer de son fidèle orchestre. « Quand une idée me vient, disait-il, je l'entends dans un instrument, jamais dans les voix. » Aussi recule-t-il le plus possible le moment d'employer les voix ; et il va jusqu'à donner d'abord aux instruments, non seulement les récitatifs du *finale*[88], mais le thème de la Joie[e].

---

86 [1903] Lettre de Fischenich à Charlotte Schiller (janvier 1793). L'ode de Schiller avait été écrite en 1785. – Le thème actuel apparaît en 1808, dans la *Fantaisie pour piano, orchestre et chœur*, op. 80, et en 1810, dans le *Lied*, sur des paroles de Gœthe : *Kleine Blumen, kleine Blætter*. – J'ai vu dans un cahier de notes de 1812, appartenant jadis au Dr Erich Prieger, à Bonn, entre les esquisses de la *Septième Symphonie* et un projet d'*ouverture de Macbeth*, un essai d'adaptation des paroles de Schiller au thème qu'il utilisa plus tard dans l'ouverture op. 115 (*Namensfeier*). – Quelques-uns des motifs instrumentaux de la *Neuvième Symphonie* se montrent avant 1815. Enfin, le thème définitif de la Joie est noté en 1822, ainsi que tous les autres airs de la Symphonie, sauf le *trio*, qui vient peu après, puis l'*andante moderato*, et enfin l'*adagio*, qui paraît le dernier. / [1907] Sur le poème de Schiller, et sur la fausse interprétation qu'on en a voulu donner, de notre temps, en substituant au mot *Freude* (Joie) le mot *Freiheit* (Liberté), voir un article de Charles Andler dans *Pages Libres* (8 juillet 1905).

87 [1903] Bibliothèque de Berlin.

88 [1903] *Also ganz so als ständen Worte darunter.* (« Tout à fait comme s'il y avait des paroles dessous. »)

Il faut aller plus avant dans l'explication de ces retards et de ces hésitations[f] : la cause en est plus profonde. Ce malheureux homme, toujours tourmenté par le chagrin, a toujours aspiré à chanter l'excellence de la Joie ; et, d'année en année, il remettait sa tâche, sans cesse repris par le tourbillon de ses passions et par sa mélancolie. Ce n'est qu'au dernier jour qu'il y est parvenu. Mais avec quelle grandeur !

Au moment où le thème de la Joie va paraître pour la première fois, l'orchestre s'arrête brusquement ; il se fait un soudain silence : ce qui donne à l'entrée du chant un caractère mystérieux et divin. Et il en est ainsi[g] : ce thème est proprement un dieu. La Joie descend du ciel, enveloppée d'un calme surnaturel : de son souffle léger elle caresse les souffrances ; et son premier contact est si tendre[h], quand elle se glisse dans le cœur convalescent, qu'ainsi que cet ami de Beethoven, « on a envie de pleurer, en voyant ses doux yeux[i]. » Lorsque le thème passe ensuite dans les voix, c'est à la basse qu'il se présente d'abord, avec un caractère sérieux et un peu oppressé. Peu à peu[j] la Joie s'empare de l'être. C'est une conquête, une guerre contre la douleur. Voici[k] les rythmes de marche, les armées en mouvement, le chant ardent et haletant du ténor, toutes ces pages frémissantes, où l'on entend le souffle de Beethoven[l], le rythme de sa respiration et ses cris inspirés, tandis qu'il parcourait les champs, en composant son œuvre, transporté d'une fureur démoniaque, comme un vieux roi Lear au milieu de l'orage. À la joie guerrière succède l'extase religieuse ; puis une orgie sacrée, un délire d'amour. Toute une humanité tend les bras vers le ciel[m], pousse des clameurs puissantes, s'élance au-devant de la Joie[n], et l'étreint sur son cœur.

L'œuvre du Titan eut raison de la médiocrité publique. La frivolité de Vienne en fut un instant ébranlée ; elle était tout à Rossini, et aux opéras italiens. Beethoven, humilié, attristé, allait s'établir à Londres, et pensait y faire exécuter la *Neuvième Symphonie*. Une seconde fois, comme en 1809, quelques nobles amis lui portèrent une supplique, pour qu'il ne quittât point la patrie. « Nous savons, disaient-il, que vous avez écrit une nouvelle composition de musique sacrée[89], où vous avez exprimé les sentiments que vous inspire *votre foi profonde*. La *lumière surnaturelle* qui pénètre votre grande âme l'illumine. Nous savons d'autre part que la couronne de vos grandes symphonies s'est augmentée d'une fleur

---

89 [1903] La *Messe en ré*, op. 123.

immortelle… Votre absence, pendant ces dernières années, affligeait tous ceux qui avaient les yeux tournés vers vous[90]. Tous pensaient avec tristesse que l'homme de génie, placé si haut parmi les vivants, restait silencieux, tandis qu'un genre de musique étrangère cherchait à se transplanter sur notre terre, faisant tomber dans l'oubli les productions de l'art allemand… De vous seul la nation attend une nouvelle vie, de nouveaux lauriers, et un nouveau règne du vrai et du beau, en dépit de la mode du jour… Donnez-nous l'espoir de voir bientôt nos désirs satisfaits… Et puisse le printemps qui vient, refleurir doublement, grâce à vos dons, pour nous et pour le monde[91] ! » Cette généreuse adresse montre quelle était la puissance non seulement artistique, mais morale, dont Beethoven jouissait sur l'élite de l'Allemagne. Le premier mot qui s'offre à ses admirateurs pour louer son génie n'est pas celui de science, ni d'art : c'est celui de *foi*[92][o].

Beethoven fut profondément ému par ces paroles. Il resta. Le 7 mai 1824, eut lieu à Vienne la première audition de la *Messe en ré* et de la *Neuvième Symphonie*[93]. Le succès fut triomphal, et prit même un caractère presque séditieux. Quand Beethoven parut, il fut accueilli par cinq salves d'applaudissements ; la coutume, dans ce pays de l'étiquette, était de n'en faire que trois pour l'entrée de la famille impériale. La police dut mettre fin aux manifestations. La symphonie souleva un enthousiasme frénétique. Beaucoup pleuraient. Beethoven s'évanouit d'émotion après le concert ; on le porta chez Schindler ; il y resta assoupi, tout habillé, sans manger ni boire, toute la nuit et le matin suivant. Le triomphe fut passager et le profit nul[p] pour Beethoven. Le concert ne lui rapporta rien. La gêne matérielle de sa vie n'en fut point changée.

90 [1903] Beethoven, harassé par les tracas domestiques, la misère, les soucis de tout genre, n'écrivit en cinq ans, de 1816 à 1821, que trois œuvres pour piano (op. 101, 102, 106). Ses ennemis le disaient épuisé. Il se remit au travail en 1821.

91 [1903] Février 1824. Signèrent : prince C. Lichnowski, comte Maurice Lichnowski, comte Maurice de Fries, comte M. de Dietrichstein, comte F. de Palfy, comte Czernin, Ignace Edler de Mosel, Charles Czerny, abbé Stadler, A. Diabelli, Artaria et C., Steiner et C., A. Streicher, Zmeskall, Kiesewetter, etc.

92 [1907] « Mon caractère moral est reconnu publiquement, » – dit fièrement Beethoven à la municipalité de Vienne, le 1er février 1819, pour revendiquer son droit de tutelle sur son neveu. « Même des écrivains distingués comme Weissenbach, ont jugé qu'il valait la peine de lui consacrer des écrits. »

93 [NdÉ] Lors de ce concert au Kärtnertortheater, au cours duquel eut lieu la première audition de la *Neuvième Symphonie*, seuls furent donnés des extraits de la *Missa Solemnis*, qui avait été créée le 7 avril à Saint-Pétersbourg.

Il se retrouva pauvre, malade[94], solitaire, – mais vainqueur[95] : – vainqueur de la médiocrité des hommes, vainqueur de son propre destin, vainqueur de sa souffrance.

« Sacrifie, sacrifie toujours les niaiseries de la vie à ton art ! Dieu par-dessus tout[q] ! » (*O Gott über alles !*)

* * *

Il s'est donc emparé de l'objet de toute sa vie. Il a saisi la Joie. Saura-t-il rester à ce sommet de l'âme, qui domine les tempêtes ? – Certes, il dut retomber bien des jours dans les anciennes angoisses. Certes, ses derniers quatuors sont pleins d'ombres étranges. Pourtant, il semble que la victoire de la *Neuvième Symphonie* ait laissé en lui sa glorieuse marque. Les projets qu'il a pour l'avenir[96] : la *Dixième Symphonie*[97r], l'*Ouverture*

94 [1907] En août 1824, il était hanté de la crainte de mourir brusquement d'une attaque, « comme mon cher grand-père, avec qui j'ai tant de ressemblance, » écrit-il, le 16 août 1824, au docteur Bach. [NdÉ – Lettre à Johann Baptist Bach, 1er août 1824.] / Il souffrait beaucoup de l'estomac. Il fut très mal pendant l'hiver de 1824-1825. En mai 1825, il eut des crachements de sang, et des saignements de nez. Le 9 juin 1825, il écrit à son neveu : « Ma faiblesse touche souvent à l'extrême… L'homme à la faux ne tardera pas à venir. »

95 [1903] La *Neuvième Symphonie* fut exécutée pour la première fois, en Allemagne, à Francfort, le 1er avril 1825 ; à Londres, dès le 25 mars 1825 [NdÉ – *sic* pour le 21 mars 1825] ; à Paris, au Conservatoire, le 27 mars 1831. Mendelssohn, âgé de dix-sept ans, en donna une audition sur le piano, à la Jaegerhalle de Berlin, le 14 novembre 1826 [NdÉ – *sic* pour le 13 novembre 1826. La date est correcte dans les deux éditions de 1903]. Wagner, étudiant à Leipzig, la recopia tout entière de sa main ; et, dans une lettre du 6 octobre 1830 à l'éditeur Schott, il lui offre une réduction de la symphonie, pour piano à deux mains. On peut dire que la *Neuvième Symphonie* décida de la vie de Wagner.

96 [1907] « Apollon et les Muses ne voudront pas me livrer déjà à la mort ; car je leur dois encore tant ! Il faut qu'avant mon départ pour les Champs-Élysées, je laisse après moi ce que l'Esprit m'inspire et me dit d'achever. Il me semble que j'ai à peine écrit quelques notes. » (Aux frères Schott, 17 septembre 1824. – Nohl, *Neue Briefe*, CCLXXII.)

97 [1903] Beethoven écrit à Moscheles, le 18 mars 1827 : « Une Symphonie entièrement esquissée est dans mon pupitre, avec une nouvelle ouverture. » Cette esquisse n'a jamais été retrouvée. – On lit seulement dans ses notes : / « Adagio cantique. – Chant religieux pour une symphonie dans les anciens modes (*Herr Gott dich loben wir. – Halleluja*) soit d'une façon indépendante, soit comme introduction à une fugue. Cette symphonie pourrait être caractérisée par l'entrée des voix, soit dans le *finale*, soit dès l'*adagio*. Les violons de l'orchestre, etc., décuplés pour les derniers mouvements. Faire entrer les voix une à une ; ou répéter en quelque sorte l'*adagio*, dans les derniers mouvements. Pour texte de l'*adagio*, un mythe grec, [ou] un cantique ecclésiastique, dans l'*allegro*, fête à Bacchus. » (1818.) / Comme on voit, la conclusion chorale était alors réservée pour la *Dixième* et non pour la *Neuvième Symphonie*. Plus tard, il dit qu'il veut accomplir dans sa *Dixième*

sur le nom de Bach, la musique pour la *Mélusine* de Grillparzer[98], pour l'*Odysseus* de Körner[s] et le *Faust*, de Gœthe[99t], l'oratorio biblique sur *Saül et David*, montrent son esprit attiré vers la sérénité puissante des grands vieux maîtres allemands : de Bach et de Hændel, – et, plus encore, vers la lumière du midi, vers le Sud de la France, ou vers cette Italie qu'il rêvait de parcourir[100u].

Le docteur Spiller, qui le vit en 1826, dit que sa figure était devenue joyeuse et joviale[v]. La même année, quand Grillparzer lui parle pour la dernière fois, c'est Beethoven qui rend de l'énergie au poète accablé : « Ah ! dit celui-ci, si j'avais la millième partie de votre force et de votre fermeté ! » Les temps sont durs : la réaction monarchique opprime les esprits. « La censure m'a tué, gémit Grillparzer. Il faut partir pour l'Amérique du Nord, si l'on veut parler, penser librement[w]. » Mais nul pouvoir ne pouvait bâillonner la pensée de Beethoven. « Les mots sont enchaînés ; mais les sons par bonheur sont encore libres, » lui écrit le poète Kuffner[x]. Beethoven est la grande voix libre, la seule peut-être alors de la pensée allemande. Il le sentait. Souvent il parle du devoir qui lui était imposé d'agir, au moyen de son art, « pour la pauvre humanité, » pour « l'humanité à venir » (*der künftigen Menschheit*), de lui faire du bien, de lui rendre courage, de secouer son sommeil, de flageller sa lâcheté. « Notre temps, écrivait-il à son neveu, a besoin de robustes esprits pour fouailler ces misérables gueuses d'âmes humaines[y]. » Le docteur Müller dit, en 1827, que « Beethoven s'exprimait toujours librement sur le gouvernement, sur la police, sur l'aristocratie, même en public[101]. La police le savait, mais elle tolérait ses critiques et ses satires comme

Symphonie « la réconciliation du monde moderne avec le monde antique, ce que Gœthe avait tenté dans son *Second Faust*. »

98 [1903] Le sujet est la légende d'un chevalier amoureux et captif d'une fée, et qui souffre de la nostalgie de la liberté. Il y a des analogies entre le poème et celui de *Tannhaeuser*, Beethoven y travailla de 1823 à 1826. (Voir A. Ehrhard, *Franz Grillparzer*, 1900.)

99 [1903] Beethoven avait, depuis 1808, le dessein d'écrire la musique de *Faust*. (La première partie du *Faust* venait de paraître, sous le titre de Tragédie, en automne 1807 [NdÉ – *sic* pour 1808].) C'était là son projet le plus cher. (« *Was mir und der Kunst das Hœchste ist.* »)

100 [1903] « Le Sud de la France ! c'est là ! c'est là ! » (*Südliches Frankreich, dahin ! dahin !*) (carnet de la bibliothèque de Berlin). – « … Partir d'ici. À cette seule condition, tu pourras de nouveau t'élever dans les hautes régions de ton art… Une symphonie, puis partir, partir, partir… L'été, travailler pour le voyage… Parcourir l'Italie, la Sicile avec quelque autre artiste. » (*Id.*)

101 [1927] Dans ses *Cahiers de conversations*, on lit ces phrases surprenantes (1819) : « La politique européenne a pris un tel chemin qu'il est impossible maintenant de rien faire sans

des rêveries inoffensives ; et elle laissait en repos l'homme dont le génie avait un extraordinaire éclat[102z]. »

Ainsi, rien n'était capable de plier cette force indomptable. Elle semble se faire un jeu maintenant de la douleur. La musique écrite dans ces dernières années, malgré les circonstances pénibles où elle fut composée[103], a souvent un caractère tout nouveau d'ironie, de mépris héroïque et joyeux. Quatre mois avant sa mort, le dernier morceau qu'il termine, en novembre 1826, le nouveau *finale* au *quatuor* op. 130, est très gai. À la vérité cette gaîté n'est pas celle de tout le monde. Tantôt c'est le rire âpre et saccadé dont parle Moscheles ; tantôt le sourire émouvant, fait de tant de souffrances vaincues. N'importe, il est vainqueur. Il ne croit pas à la mort.

Elle venait cependant. À la fin de novembre 1826, il prit un refroidissement pleurétique ; il tomba malade à Vienne, au retour d'un voyage entrepris en hiver, pour assurer l'avenir de son neveu[104]. Ses

---

l'Argent et les Banques. » / « La noblesse, qui gouverne, n'a rien appris et rien oublié. » / « Dans cinquante ans, se formeront partout des Républiques. »

102 [1907] En 1819, il faillit être poursuivi par la police, pour avoir dit trop haut « qu'après tout, le Christ n'était qu'un Juif crucifié. » Il écrivait alors la *Messe en ré.* C'est assez dire la liberté de ses inspirations religieuses. [1913] (Voir, pour les opinions religieuses de Beethoven, Théodor von Frimmel : *Beethoven,* 3e éd. Verlag Harmonie ; et *Beethoveniana,* éd. Georg Müller, vol. II, chap. Blöchinger.) – Non moins libre en politique, [1903] Beethoven attaquait hardiment les vices de son gouvernement. Il lui reprochait, entre autres choses : l'organisation de la justice, arbitraire et servile, entravée par une longue procédure ; – les vexations policières ; – la bureaucratie baroque et inerte, qui tuait toute initiative individuelle et paralysait l'action ; – les privilèges d'une aristocratie dégénérée, tenace à s'arroger les plus hautes charges de l'État. – Ses sympathies politiques, depuis 1815, étaient pour l'Angleterre. [1927] Il lisait avidement, dit Schindler, les comptes rendus du Parlement. Il se passionnait pour l'opposition anglaise. Le directeur de musique anglais, Cipriani Potter, venant à Vienne en 1817, dit : / « Beethoven traitait le gouvernement autrichien de tous les noms injurieux possibles. Il brûlait du désir de venir à Londres, pour voir la Chambre des Communes. – "Vous, Anglais, disait-il, vous avez la tête sur les épaules." »

103 [1903] Le suicide de son neveu.

104 [1907] Voir sur *la Dernière maladie et la mort de Beethoven* un article du Dr Klotz-Forest, dans la *Chronique médicale* du 1er et du 15 avril 1906. – On a des renseignements assez précis par les *Cahiers de conversation,* où sont inscrites les questions du docteur, et par le récit du docteur lui-même (Dr Wawruch), paru, sous le titre de : *Aerztlicher Rückblick auf L. v. B. letzte Lebenstage* dans la *Wiener Zeitschrift* en 1842 (daté du 20 mai 1827). / Il y eut deux phases dans la maladie : 1° des accidents pulmonaires, qui semblèrent arrêtés après six jours. « Le septième jour, il se sentit assez bien pour se lever, marcher, lire et écrire » ; – 2° des troubles digestifs, compliqués de troubles de circulation. « Le huitième jour, je le trouvai défait, le corps tout jaune. Un violent accès de diarrhée, compliquée de

amis étaient loin. Il chargea son neveu de lui chercher un médecin. L'indifférent oublia, dit-on, la commission[aa], ne s'en souvint que deux jours après. Le médecin vint trop tard et soigna mal Beethoven. Trois mois, sa constitution athlétique lutta contre le mal. Le 3 janvier 1827, il institua son bien-aimé neveu, légataire universel. Il pensa à ses chers amis du Rhin ; il écrivit encore à Wegeler : « … Combien je voudrais te parler ! mais je suis trop faible. Je ne puis plus rien que t'embrasser dans mon cœur, toi et ta Lorchen. » La misère eût assombri ses derniers instants, sans la générosité de quelques amis anglais. Il était devenu très doux et très patient[105]. Sur son lit d'agonie, le 17 février 1827, après trois opérations, attendant la quatrième[106], il écrit avec sérénité : « Je prends patience et je pense : Tout mal amène avec lui quelque bien. »

Le bien fut la délivrance, « la fin de la comédie, » comme il dit en mourant, – disons : de la tragédie de sa vie.

Il mourut pendant un orage, – une tempête de neige[ab], – dans un éclat de tonnerre. Une main étrangère lui ferma les yeux[107] (26 mars 1827).

* * *

vomissements, avait failli le tuer dans la nuit. » À partir de ce moment, l'hydropisie se développa. / Cette rechute eut des causes morales, qui sont mal connues. « Une violente colère, une souffrance profonde, causée par l'ingratitude dont il avait souffert, et une injure imméritée, avaient occasionné cette explosion, dit le Dr Wawruch. Tremblant et frissonnant, il était courbé par la douleur qui déchirait ses entrailles. » / Résumant ces diverses observations, le Dr Klotz-Forest diagnostique, après une attaque de congestion pulmonaire, la cirrhose atrophique de Laënnec (maladie de foie), avec ascite, et œdème des membres inférieurs. Il croit que l'usage immodéré des boissons spiritueuses y contribua. C'était déjà l'avis du Dr Malfatti : « *Sedebat et bibebat.* »

105 [1907] Les Souvenirs du chanteur Ludwig Cramolini racontent une émouvante visite à Beethoven, pendant sa dernière maladie, où Beethoven se montra d'une sérénité et d'une bonté touchantes. (*Frankfurter Zeitung* du 29 septembre 1907.)

106 [1907] Les opérations eurent lieu le 20 décembre, le 8 janvier, le 2 février, et le 27 février. – Le pauvre homme, sur son lit de mort, était rongé par les punaises. (Lettre de Gerhard von Breuning.)

107 [1903] Le jeune musicien Anselm Hüttenbrenner. « Dieu soit loué ! » écrit Breuning. « Remercions-le d'avoir mis fin à ce long et douloureux martyre. » [1907] Tous les manuscrits, livres et meubles de Beethoven furent vendus aux enchères pour 1 575 florins. Le catalogue comprenait 252 numéros de manuscrits et de livres musicaux, qui ne dépassèrent pas la somme de 982 florins 37 kreutzer. Les *Cahiers de conversation* et les *Tagebücher* furent vendus 1 florin 20 kreutzer. – Parmi ses livres, Beethoven possédait : Kant, *Naturgeschichte und Theorie des Himmels* ; – Bode, *Anleitung zur Kenntnis des gestirnten Himmels* ; – Thomas von Kempis, *Nachfolge Christi*. – La censure mit la main sur : Seume, *Spaziergang nach Syrakus* ; – Kotzebue, *Ueber den Adel* ; – Fessler, *Ansichten von Religion und Kirchentum*.

Cher Beethoven ! Assez d'autres ont loué sa grandeur artistique. Mais il est bien davantage que le premier des musiciens. Il est la force la plus héroïque de l'art moderne. Il est le plus grand et le meilleur ami de ceux qui souffrent et qui luttent. Quand nous sommes attristés par les misères du monde, il est celui qui vient auprès de nous, comme il venait s'asseoir au piano d'une mère en deuil, et, sans une parole, consolait celle qui pleurait, au chant de sa plainte résignée[ac]. Et quand la fatigue nous prend de l'éternel combat inutilement livré contre la médiocrité des vices et des vertus, c'est un bien indicible de se retremper dans cet océan de volonté et de foi. Il se dégage de lui une contagion de vaillance, un bonheur de la lutte[108], l'ivresse d'une conscience qui sent en elle un Dieu. Il semble que dans sa communion de tous les instants avec la nature[109], il ait fini par s'en assimiler les énergies profondes. Grillparzer, qui admirait Beethoven avec une sorte de crainte, dit de lui : « Il alla jusqu'au point redoutable où l'art se fond avec les éléments sauvages et capricieux[ad]. » Schumann écrit de même de la *Symphonie en ut mineur* : « Si souvent qu'on l'entende, elle exerce sur nous une puissance invariable, comme ces phénomènes de la nature, qui, si fréquemment qu'ils se reproduisent, nous remplissent toujours de crainte et d'étonnement. » Et Schindler, son confident : « Il s'empara de l'esprit de la nature. » – Cela est vrai : Beethoven est une force de la nature ; et le spectacle a une grandeur homérique, de ce combat entre une puissance élémentaire et le reste de la nature[ae].

Toute sa vie est pareille à une journée d'orage. – Au commencement, un jeune matin limpide. À peine quelques souffles de langueur. Mais déjà, dans l'air immobile, une secrète menace, un lourd pressentiment. Brusquement, les grandes ombres passent, les grondements tragiques, les silences bourdonnants et redoutables, les coups de vent furieux de l'*Héroïque* et de l'*Ut mineur*. Cependant la pureté du jour n'en est pas encore atteinte. La joie reste la joie ; la tristesse garde toujours un espoir. Mais, après 1810, l'équilibre de l'âme se rompt. La lumière devient étrange. Des pensées les plus claires, on voit comme des vapeurs monter ;

108 [1903] « Je suis heureux toutes les fois que je surmonte quelque chose. » (Lettre à l'Immortelle Aimée.) – « Je voudrais vivre mille fois la vie… Je ne suis pas fait pour une vie tranquille. » (À Wegeler, 16 novembre 1801.)

109 [1903] « Beethoven m'enseigna la science de la nature, et me dirigea dans cette étude comme dans celle de la musique. Ce n'étaient pas les lois de la nature, mais sa puissance élémentaire qui l'enchantait. » (Schindler.)

elles se dissipent, elles se reforment, elles obscurcissent le cœur de leur trouble mélancolique et capricieux ; souvent l'idée musicale disparaît[af] tout entière, noyée, après avoir une ou deux fois émergé de la brume ; elle ne ressort, à la fin du morceau, que par une bourrasque. La gaîté même a pris un caractère âpre et sauvage. Une fièvre, un poison se mêle à tous les sentiments[110]. L'orage s'amasse, à mesure que le soir descend. Et voici les lourdes nuées gonflées d'éclairs, noires de nuit, grosses de tempêtes, du commencement de la *Neuvième*. – Soudain, au plus fort de l'ouragan, les ténèbres se déchirent, la nuit est chassée du ciel, et la sérénité du jour nous est rendue[ag] par un acte de volonté.

Quelle conquête vaut celle-ci, quelle bataille de Bonaparte, quel soleil d'Austerlitz atteignent à la gloire de cet effort surhumain, de cette victoire, la plus éclatante qu'ait jamais remportée l'Esprit : un malheureux, pauvre, infirme, solitaire, la douleur faite homme, à qui le monde refuse la joie, crée la Joie lui-même pour la donner au monde [ah] ! Il la forge avec sa misère, comme il l'a dit en une fière parole, où se résume sa vie, et qui est la devise de toute âme héroïque :

> « La Joie par la Souffrance. »
> *Durch Leiden Freude.*

(À la comtesse Erdödy, 10 octobre 1815[ai].)

110 [1903] « Oh ! si belle est la vie ; mais la mienne est pour toujours *empoisonnée* » (*vergiftet*). (Lettre du 2 mai 1810, à Wegeler.)

TEXTES

À Lichnowski, 21 septembre 1814[a].

Testament d'Heiligenstadt[111]

Pour mes frères
Carl et (Johann)[112] Beethoven

Ô vous, hommes, qui me regardez ou me faites passer pour haineux, fou, ou misanthrope, combien vous êtes injustes pour moi ! Vous ne savez pas la raison secrète de ce qui vous paraît ainsi ! Mon cœur et mon esprit étaient enclins, depuis l'enfance, au doux sentiment de la bonté. Même à accomplir de grandes actions, j'ai toujours été disposé. Mais songez seulement, depuis six ans, quel est mon état affreux, aggravé par des médecins sans jugement, trompé d'année en année, dans l'espérance d'une amélioration, enfin contraint à la perspective d'un *mal durable* – dont la guérison demande peut-être des années, si elle n'est pas tout à fait impossible. Né avec un tempérament ardent et actif, accessible même aux distractions de la société, je devais de bonne heure me séparer des hommes, passer ma vie solitaire. Si je voulais parfois surmonter tout cela, oh ! combien durement je me heurtais à la triste expérience renouvelée de mon infirmité ! Et pourtant, il ne m'était pas possible de dire aux hommes : « Parlez plus haut, criez ; car je suis sourd ! » Ah ! comment me serait-il possible d'aller révéler la faiblesse d'*un sens*, qui devrait être chez

111 [1903] Heiligenstadt est un faubourg de Vienne. Beethoven y était en séjour.
112 [1903] Le nom a été oublié sur le manuscrit. / *N. B.* – Les mots en italiques sont soulignés dans le texte.

moi plus parfait que chez les autres, un sens que j'ai autrefois possédé dans la plus grande perfection, dans une perfection comme certainement peu de gens de mon métier l'ont jamais eu ! – Oh ! cela, je ne le peux pas ! – Pardonnez-moi donc, si vous me voyez vivre à l'écart, quand je voudrais me mêler à votre compagnie. Mon malheur m'est doublement pénible, puisque je lui dois d'être méconnu. Il m'est interdit de trouver un délassement dans la société des hommes, dans les conversations délicates, dans les épanchements mutuels. Seul, tout à fait seul. Je ne puis me risquer dans le monde, qu'autant qu'une impérieuse nécessité l'exige. Je dois vivre comme un proscrit. Si je m'approche d'une société, je suis saisi d'une dévorante angoisse, par peur d'être exposé à ce qu'on remarque mon état.

De là ces six mois que je viens de passer à la campagne. Mon savant médecin m'engagea à ménager mon ouïe autant que possible ; il vint au-devant de mes intentions propres. Et pourtant, maintes fois ressaisi par mon penchant pour la société, je m'y suis laissé entraîner. Mais quelle humiliation, quand il y avait quelqu'un près de moi, et qu'il entendait au loin une flûte, et que *je n'entendais rien*, ou qu'*il entendait le pâtre chanter* et que je n'entendais toujours rien[113] ! De telles expériences me jetèrent bien près du désespoir : et peu s'en fallut que moi-même je ne misse fin à ma vie. – *C'est l'Art*, c'est lui seul, qui m'a retenu. Ah ! il me semblait impossible de quitter ce monde avant d'avoir accompli tout ce dont je me sentais chargé. Et ainsi je prolongeai cette misérable vie, – vraiment misérable, – un corps si irritable, que le moindre changement peut me jeter de l'état le meilleur dans le pire ! – *Patience* ! – Ainsi dit-on ; c'est elle que je dois maintenant choisir pour guide. Je l'ai. – Durable, je l'espère, doit être ma résolution de résister, jusqu'à ce qu'il plaise aux Parques inexorables de trancher le fil de ma vie. Peut-être cela ira-t-il mieux, peut-être non : je suis prêt. – À vingt-huit ans, déjà, être forcé de devenir philosophe, ce n'est pas facile ; c'est plus dur encore pour l'artiste que pour tout autre.

113 [1903 II] Je voudrais, à propos de cette douloureuse plainte, exprimer une remarque, qui, je crois, n'a jamais été faite. On sait qu'à la fin du second morceau de la *Symphonie pastorale*, l'orchestre fait entendre le chant du rossignol, du coucou, et de la caille ; et on peut dire que la Symphonie presque tout entière est tissée de chants et de murmures de la Nature. Les esthéticiens ont beaucoup disserté sur la question de savoir si l'on devait ou non approuver ces essais de musique imitative. Aucun n'a remarqué que Beethoven n'imitait rien, puisqu'il n'entendait rien : il recréait dans son esprit un monde qui était mort pour lui. C'est ce qui rend si touchante cette évocation des oiseaux. Le seul moyen qui lui restât de les entendre, était de les faire chanter en lui.

Divinité, tu pénètres d'en haut le fond de mon cœur, tu le connais, tu sais que l'amour des hommes et le désir de faire le bien y habitent ! Oh hommes, si vous lisez un jour ceci, pensez que vous avez été injustes pour moi ; et que le malheureux se console, en trouvant un malheureux comme lui, qui, malgré tous les obstacles de la nature, a cependant fait tout ce qui était en son pouvoir, pour être admis au rang des artistes et des hommes d'élite.

Vous, mes frères Carl et (Johann), aussitôt que je serai mort, et si le professeur Schmidt vit encore, priez-le en mon nom qu'il décrive ma maladie, et joignez à l'historique de ma maladie, la lettre que voici, afin qu'après ma mort, au moins autant qu'il est possible, le monde se réconcilie avec moi. – En même temps, je vous reconnais tous deux pour les héritiers de ma petite fortune – si on peut l'appeler ainsi. Partagez-la loyalement, soyez d'accord et aidez-vous l'un l'autre. Ce que vous m'avez fait de mal, vous le savez, je vous l'ai depuis longtemps pardonné. Toi, frère Carl, je te remercie tout particulièrement encore pour l'attachement que tu m'as témoigné dans ces derniers temps. Mon souhait est que vous ayez une vie plus heureuse, plus exempte de soucis que la mienne. Recommandez à vos enfants *la Vertu* : elle seule peut rendre heureux, non l'argent. Je parle par expérience. C'est elle qui m'a soutenu moi-même dans ma misère ; c'est à elle que je dois, ainsi qu'à mon art, de n'avoir pas terminé ma vie par le suicide. – Adieu, et aimez-vous ! – Je remercie tous mes amis, en particulier le *prince Lichnowski* et le *professeur Schmidt*. – Je souhaite que les instruments du prince L. puissent être conservés chez l'un de vous. Mais qu'il ne s'élève à ce sujet aucun débat entre vous. S'ils peuvent vous être bons à quelque chose de mieux, vendez-les aussitôt. Combien je serai heureux, si je puis encore vous servir dans ma tombe !

S'il en était ainsi, avec joie je vole au-devant de la mort. – Si elle vient avant que j'aie eu l'occasion de développer toutes mes facultés artistiques, malgré mon dur destin, elle vient encore trop tôt pour moi, et je souhaiterais de la retarder. – Mais même ainsi je suis content. Ne me délivre-t-elle pas d'un état de souffrance sans fin ? – Viens quand tu veux, je vais courageusement au-devant de toi. – Adieu et ne m'oubliez pas tout à fait dans la mort ; je mérite que vous pensiez à moi, car j'ai souvent pensé à vous, dans ma vie, pour vous rendre heureux. Soyez-le !

Ludwig van Beethoven.

Heiligenstadt, le 6 octobre 1802.

Pour mes frères Carl et (Johann).
À lire et à exécuter après ma mort

Heiligenstadt, le 10 octobre 1802. – Ainsi, je prends congé de toi, – et certes tristement. – Oui, la chère espérance – que j'apportai ici, d'être guéri, au moins jusqu'à un certain point, – elle doit m'abandonner tout à fait. Comme les feuilles de l'automne tombent et sont flétries, ainsi, – ainsi elle aussi s'est desséchée pour moi. À peu près comme je suis venu, – je m'en vais. – Même le haut courage – qui me soutenait souvent dans les beaux jours d'été, – il s'est évanoui. – Ô Providence, – fais-moi apparaître une fois un pur jour de *joie* ! – Il y a si longtemps que la résonance profonde de la vraie joie m'est étrangère ! – oh ! quand – oh ! quand, ô Divinité ! pourrai-je encore la sentir dans le Temple de la nature et des hommes ? – Jamais ? – Non ! – Oh ! ce serait trop cruel !

Lettres[b]

Au Pasteur Amenda, en Courlande[114c]

Mon cher, mon bon Amenda, mon ami de tout cœur, avec une émotion profonde, avec un mélange de douleur et de joie j'ai reçu et lu ta dernière lettre. À quoi puis-je comparer ta fidélité, ton attachement envers moi ! Oh ! cela est bien bon, que tu me sois toujours resté si ami. Oui, j'ai mis ton dévouement à l'épreuve, et je sais faire la distinction de toi et de tous les autres. Tu n'es pas un ami de Vienne, non, tu es un de ceux comme le sol de ma patrie a coutume d'en porter ! Combien je te souhaite souvent auprès de moi ! car ton Beethoven est profondément malheureux. Sache que la plus noble partie de moi-même, mon ouïe, s'est beaucoup affaiblie. Déjà, à l'époque où tu étais près de moi, j'en sentais les symptômes, et je les cachais ; depuis, cela a toujours été pire. Si cela pourra jamais être guéri, il faut attendre (pour le savoir) ; cela doit tenir à mon affection du ventre. Pour celle-ci, je suis presque tout à fait rétabli ; mais pour l'ouïe, se guérira-t-elle ? Naturellement, je l'espère ; mais c'est bien difficile, car de telles maladies sont les plus

114 [1903] Probablement écrit en 1801.

incurables. Comme je dois vivre tristement, éviter tout ce qui m'est cher[d], et cela parmi des hommes si misérables, si égoïstes[e] !... – Entre tous, je puis dire que l'ami le plus éprouvé est pour moi Lichnowski. Depuis l'année passée, il m'a donné 600 florins : cela, joint à la vente fructueuse de mes œuvres me met en état de vivre sans le souci du pain à gagner. Tout ce que j'écris maintenant, je puis le vendre aussitôt cinq fois, et être bien payé. – J'ai écrit pas mal de choses, ces derniers temps ; et puisque j'apprends que tu as commandé des pianos chez...[f], je puis[g] t'envoyer différentes œuvres dans l'emballage de l'un d'eux, pour que cela te coûte moins cher.

Maintenant, pour ma consolation, est venu ici un homme, avec qui je puis jouir du plaisir de la conversation et de l'amitié désintéressée : c'est un de mes amis de jeunesse[115]. Je lui ai souvent parlé de toi, et je lui ai dit que, depuis que j'ai quitté ma patrie, tu es un de ceux que mon cœur a élus. – Lui non plus n'aime pas le[116] ...[h]. Il est et reste trop faible pour l'amitié. Je le regarde, lui et...[i], comme de purs instruments, dont je joue, quand il me plaît : mais ils ne peuvent être jamais de nobles témoins de mon activité, pas plus qu'ils ne peuvent vraiment participer à ma vie ; je les taxe seulement d'après les services qu'ils me rendent. Oh ! comme je serais heureux, si j'avais tout l'usage de mon ouïe ! Je courrais alors vers toi. Mais je dois rester à l'écart de tout ; mes plus belles années s'écouleront sans que j'aie accompli tout ce que mon talent et ma force m'auraient commandé. – Triste résignation, où je dois me réfugier ! Sans doute, je me suis proposé de me mettre au-dessus de tous mes maux ; mais comment cela me sera-t-il possible ? Oui, Amenda, si dans six mois mon mal n'est pas guéri, j'exige de toi que tu laisses tout et que tu viennes auprès de moi ; alors je voyagerai (mon jeu et ma composition souffrent encore très peu de mon infirmité ; c'est seulement dans la société qu'elle est le plus sensible) ; tu seras mon compagnon : je suis convaincu que le bonheur ne me manquera pas ; avec quoi ne pourrais-je pas me mesurer maintenant ! Depuis que tu es parti, j'ai écrit de tout, jusqu'à des opéras et de la musique d'église. Oui, tu ne refuseras pas ; tu aideras ton ami à porter son mal, ses soucis. J'ai aussi beaucoup perfectionné mon jeu de pianiste, et j'espère que ce voyage pourra aussi te faire plaisir. Après, tu resteras éternellement

---

115 [1903] Stephan von Breuning.
116 [1903] Zmeskall (?). Il était secrétaire aulique à Vienne, et resta dévoué à Beethoven.

auprès de moi. – J'ai reçu exactement toutes tes lettres ; si peu que j'y aie répondu, tu m'as toujours été présent, et mon cœur bat pour toi avec la même tendresse. – Ce que je t'ai dit de mon ouïe, je te prie de le garder comme un grand secret, et de ne le confier à personne, quel qu'il soit. – Écris-moi très souvent. Tes lettres, même quand elles sont si courtes, me consolent et me font du bien. J'en attends bientôt une autre de toi, mon bien cher. – Je ne t'ai pas envoyé ton quatuor[117] parce que je l'ai tout à fait remanié, depuis que je commence à savoir écrire convenablement des quatuors : ce que tu verras, quand tu les recevras. – Maintenant, adieu, cher bon ! Si tu crois que je puisse faire pour toi quelque chose qui te soit agréable, il va de soi que tu dois le dire à ton fidèle L. v. Beethoven, qui t'aime sincèrement.

Au docteur Franz Gerhard Wegeler

Vienne, 29 juin (1801).

Mon bon cher Wegeler, combien je te remercie de ton souvenir ! Je l'ai si peu mérité, si peu cherché à le mériter ; et pourtant tu es si bon, tu ne te laisses rebuter par rien, même par mon impardonnable négligence ; tu restes toujours le fidèle, bon, loyal ami. – Que je puisse t'oublier, vous oublier, vous tous qui m'avez été si chers et si précieux, non, ne le crois pas ! Il y a des moments où je soupire après vous, où je voudrais passer quelque temps auprès de vous. – Ma patrie, la belle contrée où je vis la lumière du monde, m'est toujours aussi clairement et nettement présente que lorsque je vous ai quittés. Ce sera un des plus heureux instants de ma vie, que celui où je pourrai vous revoir et saluer notre père le Rhin. – Quand cela sera, je ne puis encore te le dire avec exactitude. – Du moins, je veux vous dire que vous me retrouverez plus grand : je ne parle pas de l'artiste, mais aussi de l'homme, qui vous semblera meilleur, plus accompli ; et si le bien-être n'a pas un peu augmenté dans notre patrie, mon art doit se consacrer à l'amélioration du sort des pauvres…

Tu veux savoir quelque chose de ma situation : eh bien, cela ne va pas trop mal. Depuis l'an passé, Lichnowski, qui (si incroyable que cela

117 [1903] Op. 18, numéro 1.

puisse te paraître, même quand je te le dis) a toujours été et est resté mon ami le plus chaud – (il y a bien eu de petites mésintelligences entre nous ; mais elles ont affermi notre amitié), – Lichnowski m'a versé une pension de 600 florins, que je dois toucher, aussi longtemps que je ne trouverai pas de position qui me convienne. Mes compositions me rapportent beaucoup, et je puis dire que j'ai plus de commandes que je n'y puis satisfaire. Pour chaque chose, j'ai six, sept éditeurs, et encore plus, si je veux m'en donner la peine. On ne discute plus avec moi : je fixe un prix, et on le paie. Tu vois comme c'est charmant. Par exemple, je vois un ami dans le besoin, et ma bourse ne me permet pas de lui venir en aide[j] : je n'ai qu'à me mettre à ma table de travail ; et, en peu de temps, je l'ai tiré d'affaire. – Je suis aussi plus économe qu'autrefois…

Malheureusement, un démon jaloux, ma mauvaise santé, est venu se jeter à la traverse. Depuis trois ans, mon ouïe est toujours devenue plus faible. Cela doit avoir été causé par mon affection du ventre, dont je souffrais déjà autrefois, comme tu sais, mais qui a beaucoup empiré ; car je suis continuellement affligé de diarrhée, et, par suite, d'une extraordinaire faiblesse. Frank voulait me tonifier avec des reconstituants, et traiter mon ouïe par l'huile d'amandes. Mais *prosit* ! Cela n'a servi à rien ; mon ouïe a toujours été plus mal, et mon ventre est resté dans le même état. Cela a duré ainsi jusqu'à l'automne dernier, où j'ai été souvent au désespoir. Un âne de médecin me conseilla des bains froids ; un autre, plus avisé, des bains tièdes du Danube : cela fit merveille ; mon ventre s'améliora, mais mon ouïe resta de même, ou devint encore plus malade. Cet hiver, mon état fut vraiment déplorable : j'avais d'effroyables coliques et je fis une rechute complète. Je restai ainsi jusqu'au mois dernier, où j'allai voir Vering ; car je pensai que mon mal réclamait plutôt un chirurgien, et, du reste, j'ai toujours eu confiance en lui. Il réussit à couper presque complètement cette violente diarrhée ; il m'ordonna des bains tièdes du Danube, dans lesquels il me faisait verser une fiole de liqueurs fortifiantes ; il ne me donna aucune médecine, sauf, depuis quatre jours environ, des pilules pour l'estomac et une sorte de thé pour les oreilles. Je m'en trouve mieux et plus fort ; il n'y a que mes oreilles qui bruissent et mugissent (*sausen und brausen*) nuit et jour. Je puis dire que je mène une vie misérable. Depuis presque deux ans, j'évite toute société, parce que je ne puis pas dire aux gens : « Je suis sourd. » Si j'avais quelque autre métier, cela serait encore possible ; mais dans le mien, c'est une situation terrible. Que diraient de cela mes ennemis, dont le nombre n'est pas petit !

Pour te donner une idée de cette étrange surdité, je te dirai qu'au théâtre je dois me mettre tout près de l'orchestre pour comprendre les acteurs. Je n'entends pas les sons élevés des instruments et des voix, si je me place un peu loin. Dans la conversation, il est surprenant qu'il y ait des gens qui ne l'aient jamais remarqué. Comme j'ai beaucoup de distractions, on met tout sur leur compte. Quand on parle doucement, j'entends à peine ; oui, j'entends bien les sons, mais pas les mots ; et d'autre part, quand on crie, cela m'est intolérable. Ce qui en adviendra, le ciel le sait. Vering dit que cela s'améliorera certainement, si cela ne guérit pas tout à fait. – Bien souvent, j'ai maudit mon existence et le Créateur[118k]. Plutarque m'a conduit à la résignation. Je veux, si toutefois cela est possible, je veux braver mon destin ; mais il y a des moments de ma vie où je suis la plus misérable créature de Dieu. – Je te supplie de ne rien dire de mon état à personne, même pas à Lorchen[119] ; je te le confie sous le sceau du secret. Il me serait agréable que tu écrives[l] à ce sujet à Vering. Si mon état doit durer, je viendrai, le printemps prochain, auprès de toi ; tu me loueras, dans quelque beau pays, une maison de campagne, et je veux me refaire paysan pour six mois. Peut-être cela me fera-t-il du bien. Résignation ! quel triste refuge ! et pourtant, c'est le seul qui me reste ! – Tu me pardonnes de t'apporter encore ce souci d'amitié au milieu de tous tes ennuis.

Steffen Breuning est maintenant ici, et nous sommes presque tous les jours ensemble. Cela me fait tant de bien d'évoquer les sentiments passés ! Il est devenu vraiment un bon et excellent jeune homme, qui sait quelque chose, et qui a (comme nous tous plus ou moins) le cœur à la bonne place…

Je veux écrire aussi à la bonne Lorchen. Jamais je n'ai oublié un seul de vous, chers bons, même si je ne vous donne aucun signe de vie ; mais écrire, tu le sais, n'a jamais été mon fort ; mes meilleurs amis sont restés des années sans recevoir une lettre de moi. Je ne vis que dans mes notes ; à peine une œuvre est terminée, qu'une autre est déjà commencée. À la façon dont je travaille maintenant, je fais souvent trois ou quatre choses

118 [1903] Nohl, dans son édition des *Lettres de Beethoven*, a supprimé les mots : *und den Schöpfer* (et le Créateur).

119 [1903] Éléonore.

à la fois. – Écris-moi plus souvent ; je veux tâcher de trouver le temps de te répondre. Salue tout le monde de ma part…

Adieu, bon, fidèle Wegeler ! Sois assuré de l'affection et de l'amitié de ton Beethoven.

À Wegeler

Vienne, 16 novembre 1801.

Mon bon Wegeler ! je te remercie pour ta nouvelle marque de sollicitude, d'autant plus que je la mérite si peu. – Tu veux savoir comment je vais, et ce dont j'ai besoin. Si peu agréable qu'il me soit de m'entretenir de ce sujet, je le fais pourtant plus volontiers avec toi.

Vering me pose toujours depuis des mois des vésicatoires sur les deux bras… Ce traitement m'est extrêmement désagréable ; sans parler des douleurs, je suis constamment privé pour un ou deux jours de l'usage de mes bras… Je dois convenir que le bruissement et le bourdonnement sont un peu plus faibles qu'autrefois, surtout à l'oreille gauche, par laquelle justement ma surdité a commencé ; mais mon ouïe ne s'est certainement améliorée en rien jusqu'à présent ; je n'ose pas décider si elle n'est pas devenue encore pire. – Mon ventre va mieux ; surtout quand j'use pendant quelques jours des bains tièdes, je me trouve assez bien, huit ou dix jours. De loin en loin, je prends quelque chose de fortifiant pour l'estomac ; je commence aussi, d'après ton conseil, des applications d'herbes sur le ventre. – Vering ne veut pas entendre parler des douches. Du reste, je ne suis pas très content de lui. Il a vraiment trop peu de soins et d'attention pour une telle maladie ; si je n'allais pas chez lui – et cela m'est très difficile, – je ne le verrais jamais. – Que penses-tu de Schmidt ? Je ne change pas volontiers ; mais il me semble que Vering est trop praticien, pour renouveler beaucoup ses idées par la lecture. – Schmidt me semble en ceci un tout autre homme, et ne serait peut-être pas aussi négligent. – On dit merveilles du galvanisme : qu'en penses-tu ? Un médecin m'a dit qu'il avait vu un enfant sourd-muet recouvrer l'ouïe, et un homme, sourd depuis sept ans, guéri également. – Justement, j'apprends que Schmidt fait des expériences là-dessus.

Je vis de nouveau un peu plus agréablement ; je me mêle davantage parmi les hommes. Tu peux à peine croire quelle vie de solitude et de tristesse j'ai menée depuis deux ans. Mon infirmité se dressait partout devant moi, comme un spectre, et je fuyais les hommes. Je devais paraître misanthrope, et je le suis pourtant si peu ! – Ce changement, une chère, charmante fille l'a accompli ; elle m'aime, et je l'aime : voici de nouveau quelques moments heureux, depuis deux ans ; et c'est la première fois que je sens que le mariage pourrait donner le bonheur. Malheureusement, elle n'est pas de ma condition ; – et maintenant, – à dire vrai, je ne pourrais pas encore me marier : il faut que je me remue bravement encore. N'était mon ouïe, j'aurais depuis longtemps parcouru la moitié du monde ; et cela, je dois le faire. – Il n'y a pas de plus grand plaisir pour moi, que d'exercer mon art, et de le montrer. – Ne crois pas que je serais heureux chez vous. Qui pourrait me rendre heureux encore ? Même votre sollicitude me serait à charge ; je lirais à chaque instant la compassion sur votre visage, et je me trouverais encore plus misérable. – Ces beaux pays de ma patrie, qu'est-ce qui m'attirait vers eux ? Rien que l'espoir d'une meilleure situation ; et j'y serais parvenu sans ce mal ! Oh ! si j'étais libre de ce mal, je voudrais embrasser le monde ! Ma jeunesse, oui, je le sens, ne fait que commencer ; n'ai-je pas toujours été souffrant ? Ma force physique croît plus que jamais, depuis quelque temps, avec ma force intellectuelle. Chaque jour, j'approche davantage du but que j'entrevois, sans pouvoir le définir. Seulement dans de telles pensées ton Beethoven peut vivre. Point de repos ! – Je n'en connais pas d'autre que le sommeil ; et je suis assez malheureux de devoir lui accorder plus de temps qu'autrefois. Que je sois seulement à moitié délivré de mon mal, et alors, – comme un homme plus maître de lui, plus mûr, je viens à vous, et je resserre nos vieux liens d'amitié.

Vous devez me voir aussi heureux qu'il m'est accordé de l'être ici-bas, – mais pas malheureux. – Non, cela je ne pourrais le supporter ! Je veux saisir le destin à la gueule. Il ne me courbera certainement pas tout à fait. – Oh ! cela est si beau de vivre la vie mille fois ! – Pour une vie tranquille, non, je le sens, je ne suis plus fait.

… Mille bonnes choses à Lorchen… – Tu m'aimes bien un peu, n'est-ce pas ? Sois sûr de mon affection et de mon amitié. Ton

Beethoven.

Lettre de Wegeler et d'Éléonore von Breuning à Beethoven[120]

Coblentz, 28 décembre 1825.

Mon cher vieux Louis,

Je ne puis laisser partir pour Vienne un des dix enfants de Ries, sans me rappeler à ton souvenir. Si, depuis vingt-huit ans que j'ai quitté Vienne, tu n'as pas reçu une longue lettre tous les deux mois, tu peux en accuser ton silence après les premières lettres que je t'ai envoyées. Cela n'est pas bien, et maintenant surtout ; car nous autres vieilles gens, nous vivons si volontiers dans le passé, et nous trouvons par-dessus tout plaisir aux images de notre jeunesse. Pour moi du moins, ta[m] connaissance et mon étroite amitié avec toi, grâce à ta bonne mère que Dieu bénisse, est un point lumineux de ma vie, vers lequel je me tourne avec plaisir… Je lève les yeux vers toi, comme vers un héros, et je suis fier de pouvoir dire : « Je n'ai pas été sans influence sur son développement ; il me confiait ses souhaits et ses rêves ; et quand, plus tard, il fut si souvent méconnu, je savais bien ce qu'il voulait. » Dieu soit loué que je puisse parler de toi avec ma femme, et maintenant avec mes enfants ! La maison de ma belle-mère était plus ta maison que ta propre maison, surtout après la mort de ta noble mère. Dis-nous seulement une fois encore : « Oui, je pense à vous, dans la joie, dans la tristesse. » L'homme, même quand il s'est élevé aussi haut que toi, n'est heureux qu'une fois dans sa vie : c'est quand il était jeune. Aux pierres de Bonn, à Kreuzberg, à Godesberg, à la Pépinière, etc., tes idées doivent maintes fois joyeusement s'attacher.

Je veux maintenant te parler de moi, de nous, pour te donner un exemple de la manière dont tu dois me répondre.

Après mon retour de Vienne, en 1796, cela alla assez mal pour moi ; pendant plusieurs années, je dus vivre seulement de mes consultations, comme médecin ; et cela dura quelques années dans cette contrée misérable, avant que j'eusse le nécessaire. Puis je devins professeur avec un traitement, et je me mariai en 1802. L'année d'après, j'eus une fille, qui vit encore et qui est tout à fait accomplie. Elle a, avec un jugement

120 [1903] Il m'a semblé qu'il n'était pas sans intérêt de donner les deux lettres suivantes, qui font connaître ces excellentes gens, les plus fidèles amis de Beethoven. Aux amis, on juge l'homme.

très droit, la sérénité de son père, et elle joue à ravir des sonates de Beethoven. Elle n'y a pas de mérite : c'est un don inné. En 1807, j'ai eu un garçon, qui étudie maintenant la médecine à Berlin. Dans quatre ans, je l'envoie à Vienne : prendras-tu soin de lui ?... J'ai fêté au mois d'août mon soixantième anniversaire de naissance, en compagnie d'une soixantaine d'amis et de connaissances, parmi lesquels les premières gens de la ville. Depuis 1807, j'habite ici, j'ai maintenant une belle maison et une bonne place. Mes supérieurs sont contents de moi, et le roi m'a donné des ordres et des médailles. Lore et moi nous allons assez bien. – Maintenant, je t'ai fait connaître entièrement notre situation. À ton tour !...

Ne voudras-tu jamais détacher tes yeux de la tour de Saint-Étienne ? Le voyage n'a-t-il pas de charme pour toi ? Ne voudras-tu jamais plus revoir le Rhin ? – De madame Lore toutes sortes de choses cordiales, ainsi que de moi.

Ton très vieux ami

Wegeler.

Coblentz, 29 décembre 1825.

Cher Beethoven, depuis si longtemps cher ! C'était mon désir que Wegeler vous écrivît de nouveau. – Maintenant que ce désir est accompli, je crois devoir ajouter encore deux mots, – non pas seulement pour me rappeler davantage à votre souvenir, mais pour renouveler la demande pressante si vous n'avez donc plus aucun désir de revoir le Rhin et votre lieu de naissance – et de faire à Wegeler et à moi la plus grande des joies. Notre Lenchen vous remercie de tant d'heures heureuses ; – elle a tant de plaisir à entendre parler de vous ; – elle sait toutes les petites aventures de notre joyeuse jeunesse à Bonn, – de la brouille et du raccommodement... Comme elle serait heureuse de vous voir ! – La petite n'a malheureusement aucun talent pour la musique ; mais elle a tant fait, avec tant d'application et de persévérance, qu'elle peut jouer vos sonates, variations, etc. ; et comme la musique reste toujours le plus grand délassement pour Weg., elle lui procure ainsi maintes heures agréables. Julius a du talent pour la musique, mais jusqu'à présent il était négligent ; – depuis six mois, il apprend le violoncelle avec plaisir et joie ; et, comme il a à Berlin un bon professeur, je crois qu'il fera encore des progrès. – Les deux enfants sont grands et ressemblent au père, – aussi pour la belle et bonne humeur que Weg., grâce à Dieu, n'a pas encore tout à fait perdue… Il a un grand plaisir à jouer les thèmes de vos variations ; les anciens ont la préférence, mais souvent il joue un des nouveaux avec une incroyable patience. – Votre *Opferlied*[121] est placé au-dessus de tout ; jamais Weg. ne va dans sa chambre sans se mettre au piano. – Ainsi, cher Beethoven, vous pouvez voir combien est toujours durable et vivant le souvenir que nous avons de vous. – Dites-nous donc une fois que cela a quelque prix pour vous, et que nous ne sommes pas tout à fait oubliés. – S'il n'était pas si difficile souvent d'accomplir nos plus chers désirs, nous aurions déjà été faire visite à mon frère, à Vienne, pour avoir le plaisir de vous voir ; – mais à un tel voyage il ne faut pas penser, maintenant que notre fils est à Berlin. – Weg. vous a dit comment cela va pour nous : – nous aurions tort de nous plaindre. – Même le temps le plus difficile a été meilleur pour nous que pour cent autres. – Le plus grand bonheur est que nous allons bien, et que nous avons de bons et braves enfants. – Oui, ils ne nous ont fait encore aucune peine, et ils sont gais, et de bons petits. – Lenchen a eu seulement un gros chagrin : – c'est quand notre pauvre Burscheid est mort ; – une perte que nous tous n'oublierons jamais. Adieu, cher Beethoven, et pensez à nous en toute loyale bonté.

Eln. Wegeler.

---

121 [NdÉ] *Opferlied* op. 121b, 1822.

Beethoven à Wegeler

Vienne, 7 décembre 1826[122n].

Mon vieux ami aimé !

Quel plaisir m'a fait ta lettre et celle de ta Lorchen, je ne puis pas l'exprimer. Certainement j'aurais dû te répondre aussitôt ; mais je suis un peu négligent, surtout pour écrire, parce que je pense que les meilleures gens me connaissent sans cela. Dans ma tête je fais souvent la réponse ; mais quand je veux la mettre par écrit, le plus souvent je jette ma plume au loin, parce que je ne suis pas en état d'écrire comme je sens. Je me souviens de toute l'affection que tu m'as toujours montrée, par exemple quand tu as fait blanchir ma chambre, et que tu m'as si agréablement surpris. Aussi de la famille Breuning. Qu'on se soit séparé les uns des autres, c'était dans le cours naturel des choses : chacun devait poursuivre le but qu'il s'était désigné, et chercher à l'atteindre ; seuls les principes éternellement inébranlables du bien nous ont retenus toujours fermement unis ensemble. Malheureusement, je ne puis pas t'écrire aujourd'hui autant que je voudrais, parce que je suis alité…

J'ai toujours la silhouette de ta Lorchen ; (je le dis) pour que tu voies comme tout ce qu'il y a eu de bon et de cher dans ma jeunesse m'est toujours précieux.

… Ma devise est toujours[o] : *Nulla dies sine linea* ; et si je laisse la muse dormir, c'est pour qu'elle se réveille plus forte ensuite. J'espère encore mettre au monde quelques grandes œuvres ; et puis, comme un vieil enfant, je terminerai ma carrière terrestre parmi les braves gens[123].

… Parmi les marques d'honneur que j'ai reçues, et qui, je le sais, te feront plaisir, je t'annonce que j'ai reçu du roi de France défunt une médaille avec l'inscription : *Donnée par le Roi à monsieur Beethoven* ; elle était accompagnée d'un écrit très obligeant du *premier gentilhomme du Roi, Duc de Châtres*[124p].

---

122 [1903] On remarquera que les amis de ce temps, même quand ils s'aimaient le mieux, étaient d'une affection moins impatiente que la nôtre. Beethoven répond à Wegeler plus de *dix mois* après sa lettre.

123 [1903] Beethoven ne se doutait pas qu'il écrivait alors sa dernière œuvre : le second *finale* de son quatuor op. 130. Il était chez son frère, à Gneixendorf, près de Krems, sur le Danube.

124 [1903] Duc de la Châtre.

Mon ami bien cher, contente-toi de ceci pour aujourd'hui. Le souvenir du passé me saisit, et ce n'est pas sans d'abondantes larmes que je t'envoie cette lettre. Ceci n'est qu'un commencement ; bientôt tu recevras une nouvelle lettre ; et plus tu m'écriras, plus tu me feras plaisir. Cela n'a pas besoin de se demander, quand on est amis comme nous le sommes. Adieu. Je te prie d'embrasser tendrement en mon nom ta chère Lorchen et tes enfants, et de penser à moi. Dieu soit avec vous tous !

Comme toujours ton fidèle vrai ami qui t'estime.

Beethoven.

À Wegeler

Vienne, 17 février 1827.

Mon vieux et digne ami !

J'ai reçu heureusement de Breuning ta seconde lettre. Je suis encore trop faible pour y répondre ; mais tu peux penser que tout ce que tu dis m'est bienvenu, et que je le désire. Pour ma convalescence, si je peux la nommer ainsi, cela va bien lentement encore ; il est à présumer qu'il faut s'attendre à une quatrième opération, bien que les médecins n'en disent rien. Je prends patience et je pense : tout mal apporte avec lui quelque bien... Combien de choses je voudrais te dire encore aujourd'hui ! Mais je suis trop faible : je ne puis plus rien que t'embrasser dans mon cœur, toi et ta Lorchen. Avec vraie amitié et attachement à toi et aux tiens,

Ton vieux fidèle ami,

Beethoven.

À Moscheles

Vienne, 14 mars 1827.

Mon cher Moscheles !

… Le 27 février, j'ai été opéré pour la quatrième fois ; et maintenant se montrent de nouveau des indices certains que je dois bientôt m'attendre à une cinquième opération. Où tout cela aboutira-t-il, et qu'arrivera-t-il de moi, si cela dure encore quelque temps ? – Vraiment c'est un dur lot que le mien. Mais je me remets en la volonté du destin, et je prie Dieu seulement qu'il veuille bien décider, dans sa divine volonté, qu'aussi longtemps que je dois souffrir la mort en vie, je sois à l'abri du besoin[125]. Cela me donnera la force de supporter mon lot, si dur et si terrible qu'il puisse être, avec résignation à la volonté du Très-Haut.

… Votre ami,

L. v. Beethoven.

125 [1903] Beethoven, près de manquer d'argent, s'était adressé à la Société philharmonique de Londres, et à Moscheles, alors en Angleterre, pour tâcher d'organiser un concert à son bénéfice. La Société eut la générosité de lui envoyer aussitôt cent livres sterling comme acompte. Il en fut ému jusqu'au fond du cœur. « C'était un spectacle déchirant, dit un ami, de le voir, au reçu de cette lettre, joignant les mains, et sanglotant de joie et de reconnaissance. » Dans l'émotion, la blessure de sa plaie se rouvrit. Il voulut encore dicter une lettre de remerciement aux « nobles Anglais, qui avaient pris part à son triste sort » ; il leur promettait une œuvre : sa Dixième Symphonie, une Ouverture, tout ce qu'ils voudraient. « Jamais encore, disait-il, je n'ai entrepris une œuvre avec autant d'amour, que je le ferai pour celle-ci. » Cette lettre est du 18 mars. Le 26 il était mort.

PENSÉES DE BEETHOVEN[a]

Sur la musique

Il n'y a pas de règle qu'on ne peut blesser à cause de Schöner. (« Plus beau[126b]. »)

* * *

La musique doit faire jaillir le feu de l'esprit des hommes[c].

* * *

La musique est une révélation plus haute que toute sagesse et toute philosophie… Qui pénètre le sens de ma musique sera libre de toute la misère où se traînent les autres hommes.

(À Bettine, 1810[d].)

* * *

Il n'y a rien de plus beau que de s'approcher de la divinité et d'en répandre les rayons sur la race humaine[e].

* * *

Pourquoi j'écris ? – Ce que j'ai dans le cœur, il faut que cela sorte ; et c'est pour cela que j'écris[f].

* * *

Croyez-vous que je pense à un sacré violon, quand l'Esprit me parle, et que j'écris ce qu'il me dicte ?

(À Schuppanzigh[g].)

126 [1907] En français dans le texte, sauf le dernier mot.

* * *

D'après ma façon habituelle de composer, même pour la musique instrumentale, j'ai toujours l'ensemble devant les yeux.

(À Treitschke[h].)

* * *

Écrire sans piano est nécessaire… Peu à peu naît la faculté de représenter exactement ce que nous désirons[i] et sentons, qui est un besoin si essentiel aux nobles êtres.

(À l'archiduc Rodolphe[j].)

* * *

Décrire appartient à la peinture. La poésie peut aussi, en cela, s'estimer heureuse, en comparaison de la musique ; son domaine n'est pas aussi limité que le mien ; mais, en revanche, le mien s'étend plus loin dans d'autres régions ; et l'on ne peut pas atteindre si facilement à mon empire.

(À Wilhelm Gerhard[k].)

* * *

La liberté et le progrès sont le but dans l'art, comme dans la vie tout entière. Si nous, modernes, ne sommes pas aussi fermes que nos aïeux[l], le raffinement de la civilisation a du moins élargi bien des choses.

(À l'archiduc Rodolphe[m].)

* * *

Je n'ai pas l'habitude de retoucher mes compositions (une fois terminées). Je ne l'ai jamais fait, pénétré de cette vérité, que tout changement partiel altère le caractère de la composition.

(À Thomson[n].)

* * *

La pure musique d'église devrait être exécutée seulement par les voix, à part le *Gloria*, ou tel autre texte de ce genre. C'est pourquoi je préfère Palestrina ; mais ce serait une absurdité de l'imiter, sans posséder son esprit et ses conceptions religieuses.

(À l'organiste Freudenberg[o].)

* * *

Quand votre élève a, au piano, le doigté convenable, la mesure juste, et qu'il joue les notes assez exactement, attachez-vous seulement au style, ne l'arrêtez pas à de petites fautes, ne les lui faites remarquer qu'à la fin du morceau. – Cette méthode forme des *musiciens*, ce qui, après tout, est un des premiers buts de l'art musical… Pour les passages (de virtuosité), faites-lui employer tour à tour tous les doigts… Sans doute, en employant moins de doigts, on obtient un jeu « perlé, » comme on dit, ou « comme une perle » ; mais on aime mieux parfois d'autres bijoux[127].

(À Czerny[p].)

* * *

Parmi les anciens maîtres, seuls Hændel l'Allemand et Sébastien Bach eurent du génie.

(À l'archiduc Rodolphe, 1819[q].)

* * *

Mon cœur bat tout entier pour le haut et grand art de Sébastien Bach, ce patriarche de l'harmonie (*dieses Urvaters der Harmonie*).

(À Hofmeister, 1801[r].)

* * *

127 [1907] « Le jeu de Beethoven, comme pianiste, n'était pas correct, et sa manière de doigter était souvent fautive ; la qualité du son était négligée. Mais qui pouvait songer à l'instrumentiste ? On était absorbé par ses pensées, comme ses mains devaient les exprimer, de quelque manière que ce fût. » (Baron de Trémont, 1809.)

En tout temps, j'ai été des plus grands admirateurs de Mozart, et je le resterai jusqu'à mon dernier souffle.

(À l'abbé Stadler, 1826[s].)

* * *

J'estime vos œuvres au-dessus de toutes les autres œuvres de théâtre. Je suis dans le ravissement, chaque fois que j'entends une nouvelle œuvre de vous, et j'y prends un intérêt plus grand qu'aux miennes propres : bref, je vous estime et je vous aime… *Vous resterez tousjours celui de mes contemporains, que je l'estime le plus. Si vous mes voulez faire un estrême plaisir, c'étoit, si Vous m'écrirez quelques lignes, ce qui me*[t] *soulagera bien. L'art unit tout le monde*, combien plus les vrais artistes ; *et peut-être Vous me dignez aussi* de me compter de ce nombre[128].

(À Cherubini, 1823[u].)

Sur la critique

En ce qui me concerne comme artiste, on n'a jamais entendu dire que j'aie fait la moindre attention à tout ce qu'on a pu écrire sur moi.

(À Schott, 1825[v].)

* * *

Je pense comme Voltaire « que quelques piqûres de mouches ne peuvent retenir un cheval vaillant dans sa course. »

(À K. August von Klein, 1826[w].)

* * *

Quant à ces imbéciles, il n'y a qu'à les laisser causer. Leur bavardage ne rendra certainement personne immortel, pas plus qu'il n'enlèvera l'immortalité à aucun de ceux à qui Apollon l'a destinée.

(À Hofmeister, 1801[x].)

---

128 [1907] Les mots soulignés, avec leur orthographe défectueuse, sont en français dans le texte. / Nous avons dit plus haut qu'à cette lettre Cherubini ne répondit jamais.

BIBLIOGRAPHIE[a]

Si l'on désire mieux connaître Beethoven[b], on pourra recourir aux ouvrages et documents principaux, dont voici une liste sommaire :

I. – POUR LES LETTRES DE BEETHOVEN

Ludwig NOHL. – *Briefe Beethovens.* 1865, Stuttgart. [1903]
Ludwig NOHL. – *Neue Briefe Beethovens.* 1867, Stuttgart. [1903]
Ludwig RITTER VON KOECHEL. – *83 Original Briefe L. v. B. an den Erzherzog Rudolph.* 1865, Vienne. [1903]
Alfred SCHOENE. – *Briefe von Beethoven an Marie Graefin Erdoedy, geb. Graefin Niszky und Mag. Brauchle.* 1866 [*sic* pour 1867], Leipzig. [1903]
Theodor VON FRIMMEL. – *Neue Beethoveniana.* 1886 [*sic* pour 1888]. [1903]
Katalog der mit der Beethoven-Feier zu Bonn, in 11. – 15. Mai 1890 verbundenen Ausstellung von Handschriften, Briefen, Bildnissen, Reliquien Ludwig van Beethovens. 1890, Bonn. [1903]
LA MARA. – *Musikerbriefe aus fünf Jahrhunderten.* 1892 [*sic* pour 1886], Leipzig. [1903]
Dr A. Christian KALISCHER. – *Neue Beethovenbriefe.* 1902, Berlin et Leipzig[c]. [1903]
Dr A. Chr. KALISCHER (continué par Théod. von Frimmel). – *Beethovens sämtliche Briefe*, Kritische Ausgabe mit Erläuterungen, 1906-1908, 5 vol. Leipzig et Berlin (en cours de publication)[d]. [1907]
Dr Fritz PRELINGER. – *Beethovens sämtliche Briefe und Aufzeichnungen.* 1907, Vienne et Leipzig, 3 vol[e]. [1907]
Un choix des lettres de Beethoven a été publié, en traduction française, avec introduction et notes de Jean CHANTAVOINE, 1904, Paris [*Correspondance de Beethoven*, traduction, introduction et notes de Jean Chantavoine, Paris, Calmann-Lévy, 1903]. [1907]
Albert LEITZMANN. – *Berichte der Zeitgenossen, Briefe und persönliche Aufzeichnungen, gesammelt und erläutert*, 1921, Insel-Verlag ; Leipzig, 2 vol. [1927]
Cette excellente collection comprend en deux volumes les lettres de Beethoven, les jugements contemporains, publiés sur lui, et les reproductions de presque tous ses portraits. [1927]

II. – POUR LA VIE DE BEETHOVEN

Gottfried FISCHER. – *Manuscrit* (intéressant surtout pour l'enfance de Beethoven. – Fischer, mort à Bonn en 1864, était propriétaire de la maison, où vécurent deux générations de la famille Beethoven. Lui et sa sœur Cæcilia connurent intimement Beethoven enfant, et notèrent leurs souvenirs, qui sont précieux, à condition qu'on en use avec quelque critique.) – Le manuscrit est à la *Beethovenhaus* de Bonn. Deiters (voir plus loin) en a publié des extraits. [1903 II]

F.-G. WEGELER und Ferdinand RIES. – *Biographische Notizen über Ludwig van Beethoven* (surtout précieux pour la première moitié de sa vie). 1838, Coblentz. Traduction française 1862 (épuisé). Réimpression par Dr Kalischer 1906[f]. [1903]

Ludwig NOHL. – *Eine stille Liebe zu Beethoven*. 1857, Berlin [*sic* pour Leipzig, 1875]. (Publication du journal de Mlle Fanny Giannatasio del Rio, qui connut et aima Beethoven, vers 1816.) [1907]

Anton SCHINDLER. – *Beethovens Biographie*, 1840. Traduction française 1846 (épuisé) (essentiel pour la seconde moitié de sa vie). 3e édition, 1860, 2 vol[g]. [1903]

Anton SCHINDLER. – *Beethoven in Paris*, 1842, Münster[h]. [1903]

Gerhard VON BREUNING. – *Aus dem Schwarzspanierhause*, 1874, nouvelle édition, Kalischer 1907[i]. (La *Schwarzspanierhaus* est la maison de Vienne où Beethoven est mort. Elle a été détruite pendant l'hiver de 1903[j].) [1903]

MOSCHELES. – *The life of Beethoven*. 2 vol., 1841, Londres. [1907]

Alexander Wheelock THAYER (traduit de l'anglais en allemand et continué par Hermann Deiters, puis par Hugo Riemann). – *Ludwig van Beethovens Leben*. 5 volumes, 1866-1917.

Commencé en 1866 ; interrompu par la mort de l'auteur, en 1897, à Trieste, où il était consul des États-Unis ; l'ouvrage s'arrêtait à l'année 1816. – Deiters le continua ; mais il mourut, à son tour, en 1907, avant d'avoir terminé. M. H. Riemann acheva l'œuvre, avec les matériaux laissés par Deiters. – C'est de beaucoup l'œuvre la plus importante sur Beethoven[k]. [1903]

Ludwig NOHL. – *Beethovens Leben*. 1864-1877. 4 volumes[l]. [1903]

Ludwig NOHL. – *Beethoven nach den Schilderungen seiner Zeitgenossen*, Stuttgart. [1907]

A.-B. MARX. – *L. van Beethovens Leben und Schaffen*, 1863, 2 volumes. 5e édition, remaniée par G. Behncke, 1902 [*sic* pour 1901], Berlin[m]. [1903]

Victor WILDER. – *Beethoven, sa vie et son œuvre*, 1883[n]. [1903]

A. EHRHARD. – *Franz Grillparzer*, 1900. [1903]

Theodor VON FRIMMEL. – *Ludwig van Beethoven* (dans la collection des *Berühmte Musiker*). 1901, Berlin[o]. [1903]

Jean CHANTAVOINE. – *Beethoven*, 1907 [p]. [1907]

Dr Alfred Chr. KALISCHER. – *Beethoven und seine Zeitgenossen. Beiträge zur Geschichte des Künstlers und Menschen.* 4 vol. 1910.

Recueil de documents sur tout le cercle d'amis et d'amies de Beethoven[q]. [1913]

Raymond VAN AERDE. – *Les ancêtres flamands de Beethoven.* 1928, Malines. – L'auteur a, le premier, retrouvé l'origine exacte des Beethoven, qui est Malines, et non pas Anvers, comme on l'avait toujours dit. [1931]

J.-G. PROD'HOMME. – *La jeunesse de Beethoven*, 1921. – Ouvrage indispensable maintenant pour la connaissance de la vie et de l'œuvre de Beethoven, jusqu'à 1800. – On devra le compléter avec les remarquables études de Georges de Saint-Foix sur les œuvres inédites et, jusqu'à présent inconnues, du jeune Beethoven (*Rivista musicale italiana*, 1920 et 1923). [1927]

J'ai fait paraître, en ces dernières années, de nouveaux livres sur Beethoven : – l'un, *Beethoven. Les Grandes Époques créatrices*, 1928, qui étudie de près le processus du génie créateur ; – l'autre, *Gœthe et Beethoven*, 1930, qui tâche de pénétrer dans l'intimité des deux grands hommes et d'expliquer les raisons de leur fatal malentendu. [1931]

III. – POUR L'ŒUVRE DE BEETHOVEN

BEETHOVEN. – *Œuvres complètes*, grande édition critique, Breitkopf und Haertel, Leipzig, 38 volumes. [1903]

G. NOTTEBOHM. – *Thematisches Verzeichniss der im Druck erschienenen Werke von Ludwig van Beethoven*, 1868, 1913[r], Leipzig. [1903]

A.-W. THAYER. – *Chronologisches Verzeichniss der Werke v. B.*, 1865, Berlin. [1907]

G. NOTTEBOHM. – *Ein Skizzenbuch von Beethoven*, 1865. [1903]

NOTTEBOHM. – *Ein Skizzenbuch von B. aus dem Jahre 1803*, 1880. [1907]

NOTTEBOHM. – *Beethovens Studien*, 1873[s]. [1903]

NOTTEBOHM. – *Beethoveniana. – Zweite Beethoveniana*, 1872-87. [1903]

George GROVE. – *Beethoven and his nine Symphonies*, 1896, Londres. [1903]

J.-G. PROD'HOMME. – *Les symphonies de Beethoven*, 1906. [1907]

Alfredo COLOMBANI. – *Le Nove Sinfonie di Beethoven*, 1897, Turin. [1903]

Ernst VON ELTERLEIN. – *B. Claviersonaten*, 5e édition, 1895. [1907]

Willibald NAGEL. – *B. und seine Klaviersonaten*, 2 vol., 1903-1905. [1907]

SHEDLOCK. – *The pianoforte sonata*, 1900, Londres. [1903]

Ch. CZERNY. – *Pianoforte-Schule* (Quatrième partie, chapitres II, III).

Theodor HELM. – *B. Streichquartette*, 1885. [1907]

H. DE CURZON. – *Les lieder et airs détachés de B.*, 1906 [*sic* pour 1905]. [1907]

Otto JAHN. – *Leonore*, Klavierauszug mit Text, nach der zweiten Bearbeitung, 1852. [1907]

Dr Erich PRIEGER. – *Fidelio*, Klavierauszug mit Text, nach der ersten Bearbeitung, 1906. [1907]

Wilhelm WEBER. – *B. Missa Solemnis*, 1897. [1907]

Prof. Dr Richard STERNFELD. – *Zur Einführung* in *L. v. B. Missa Solemnis*. [1907]

Ignaz VON SEYFRIED. – *L. v. B. Studien im Generalbass, Kontrapunkt, und in der Kompositionslehre*, 1832. [1903]

W. DE LENZ. – *Beethoven et ses trois styles*. (Analyses des sonates de piano) (épuisé) 1854. [1903]

OULIBICHEFF. – *Beethoven, ses critiques et ses glossateurs*, 1857. [1903]

WASIELEWSKI. – *Beethoven*, 2 vol. 1886 [*sic* pour 1888], Berlin[t]. [1903]

R. SCHUMANN. – *Écrits sur la musique et les musiciens*, première série, traduction H. de Curzon, 1894. [1903]

Richard WAGNER. – *Beethoven*, 1870, Leipzig[u]. [1903]

Vincent D'INDY. – *Beethoven*, 1911. [1913]

Le *Beethoven-Handbuch*, 2 vol. par Theodor FRIMMEL, qui vient de paraître (1926), est le répertoire encyclopédique le plus complet sur toutes les questions Beethoveniennes. [1927]

[v]L'œuvre musicale de *Friedrich Wilhelm Rust* (1739-1796), de Dessau, récemment retrouvée, grâce aux publications qu'un de ses petits-fils a faites de quelques-unes de ses sonates, est utile à connaître, pour qui veut étudier la formation du génie musical de Beethoven. Le plus jeune fils de Rust, Wilhelm-Carl, vécut à Vienne, de 1807 à 1827, et fut en relations avec Beethoven. Rust, Charles-Philippe-Emmanuel Bach, et les symphonistes de Mannheim ont été les vrais précurseurs de Beethoven. – Voir Hugo Riemann : *Beethoven und die Mannheimer* (*Die Musik*, 1907-8).

Il y a aussi intérêt à connaître les *lieder* de *Neefe* (1748-1799[w]), déjà tout beethovéniens, et nos musiciens de la Révolution, notamment Cherubini, dont le style, en certaines de ses compositions religieuses et dramatiques, a parfois servi de modèle à Beethoven.

IV. – PORTRAITS DE BEETHOVEN

1789. – *Silhouette de Beethoven à dix-huit ans*[x]. (Maison de Beethoven, à Bonn ; reproduit dans la biographie de Frimmel, page 16.)

1791-1792. – *Miniature de Beethoven*, par Gerhard von Kugelgen[y]. (Appartient à Georg Henschel, Londres ; reproduit dans le *Musical Times* du 15 décembre 1892, page 8.)

1801. – *Dessin de G. Stainhauser*, gravé par Johann Neidl. (Reproduit dans Félix Clément : *Les Musiciens célèbres*, 1878, page 267[z] ; – Frimmel, page 28.)

1802 [*sic* pour 1801]. – *Gravure de Scheffner*, d'après Stainhauser. (Maison de Beethoven, à Bonn ; reproduit par *die Musik* du 15 mars 1902, page 1145.)

1803[aa]. – *Miniature de Beethoven*, par Christian Hornemann. (Appartient à Mme de Breuning, à Vienne ; reproduit dans Frimmel, page 31.)

1805. – *Portrait de Beethoven*, par W.-J. Maehler. (Appartient à Robert Heimler, Vienne ; reproduit dans le *Musical Times*, page 7 ; Frimmel, page 34.)

1808. – *Dessin de L.-F. Schnorr de Carolsfeld*, lithographié par J. Bauer. (Maison de Beethoven, à Bonn[ab].)

1812. – *Masque de Beethoven*, moulé par Franz Klein[ac].

1812. – *Buste de Beethoven*, par Franz Klein, d'après le masque. (Appartient au fabricant de pianos E. Streicher, à Vienne ; reproduit dans Frimmel, page 46 ; – *Musical Times*, page 19.)

1814. – *Dessin de L. Letronne*, gravé par Blasius Hoefel. (Le plus beau portrait de Beethoven ; la maison de Beethoven, à Bonn, possède l'exemplaire qu'il offrit à Wegeler ; reproduit dans Frimmel, page 51 ; – *Musical Times*, page 21.)

1815. – *Dessin de L. Letronne*, gravé par Riedel. (Reproduit dans *die Musik*, page 1147.)

1815. – *Deuxième portrait de Beethoven*, par Maehler. (Appartient à Ign. von Gleichenstein, Fribourg-en-Brisgau. Reproduction à la maison de Beethoven, à Bonn.)

1815. – *Portrait de Beethoven*, par Christian Heckel [*sic* pour Johann Christoph Heckel (1792-1858)]. (Appartient à J.-F. Heckel, Mannheim ; reproduction à la maison de Beethoven, à Bonn.)

1818. – *Gravure d'après le dessin de Beethoven* par Aug. von Kloeber. (Reproduit dans le *Musical Times*, page 25.) – Le beau dessin original de Kloeber est passé de la collection du Dr Erich Prieger, à celle de C. F. Peters, à Leipzig[ad].

1819. – *Portrait de Beethoven*, par Ferdinand Schimon. (Maison de Beethoven, à Bonn ; reproduit dans *die Musik*, page 1149 ; – Frimmel, page 63 ; – *Musical Times*, page 29.)

1819. – *Portrait de Beethoven*, par K.-Joseph Stieler. (Appartient à Alex. Meyer Cohn, Berlin ; reproduit dans Frimmel, page 71.)

1821. – *Buste de Beethoven*, par Anton Dietrich. (Appartient à Léopold Schrœtter de Kristelli) ; reproduction dans la maison de Beethoven, à Bonn.

1823. – *Dessins-caricatures de Beethoven se promenant*, par Jos. van Boehm [Joseph Daniel Böhm]. (Reproduits dans Frimmel, page 70.)

1823. – *Portrait de Beethoven*, par Waldmueller. (Appartient à Breitkopf et Haertel, Leipzig ; reproduit dans Frimmel, page 72.)

1824-1826. – *Dessins-caricatures de Beethoven se promenant*, par J.-P. Lyser. (Originaux à la *Gesellschaft der Musikfreunde*, Vienne ; reproduits dans Frimmel, page 67 ; – *Musical Times*, page 15.)[ae]

1825-1826. – *Dessin de Beethoven*, par Stefan Decker. (Appartient à Georg Decker, Vienne ; reproductions à la maison de Beethoven, à Bonn.)

1826. – *Dessin de B.* par A. Dietrich, lithographié par Jos. Kriehuber. (Reproduit dans Frimmel, page 73.)

1826. – *Buste de Beethoven à l'antique* par Schaller. (Appartient à la Société philharmonique[af] de Londres ; copie à la maison de Beethoven, à Bonn ; reproduit dans Frimmel, page 74 et dans le *Musical Times*.)

1827. – *Esquisse de Beethoven sur son lit de mort*, par Jos. Danhauser. (Appartient à A. Artaria, Vienne ; reproduit dans l'*Allgemeine Musik-Zeitung* du 19 avril 1901.)

1827. – *Trois esquisses de Beethoven sur son lit de mort*, par Teltscher. (Appartiennent au Dr Aug. Heymann ; publiées par Frimmel ; reproduites dans le *Courrier musical* du 15 novembre 1909.)[ag]

1827. – *Masque de Beethoven mort*, moulé par Danhauser. (Maison de Beethoven, à Bonn.)[ah]

(L'ouvrage de M. Albert Leitzmann : *Ludwig van Beethoven, Berichte der Zeitgenossen*, 2 vol. 1921, – contient les reproductions des principaux portraits.)[ai]

NOTES DES ÉDITEURS

PAGES 51 À 55

a *Var.* Citation ajoutée dans la première édition Hachette de 1907.
b *Var.* Points d'exclamation ajoutés dans l'édition de 1927.
c *Var.* ms. : « souffrance divine ». Point d'exclamation ajouté dans l'édition de 1927.
d *Var.* ms. : « La nuit du monde est partout éclairée de lumières héroïques. »
e *Var.* Avant 1927 : « dans tous les pays et dans tous les siècles ».
f *Var.* Deuxième virgule fermante ajoutée dans l'édition de 1927.
g *Var.* Avant 1927 : « celui dont nous racontons ici même la vie ».
h *Var.* Avant 1927 : « Je ne reconnais pas d'autre [...] ». Lettre de Beethoven à Emilie M., 17 juillet 1812, citée à nouveau plus loin.
i *Var.* ms. : « un martyrologe ».
j Var. Avant 1927 : « ait voulu forger ».
k *Var.* ms. : « l'enclume des douleurs physiques et morales ».
l *Var.* Point d'exclamation ajouté dans l'édition de 1927.
m *Var.* ms. : « si nous sommes trop faibles, appuyons-nous sur eux, reposons notre tête [...] ».
n *Var.* ms. : « et même plus heureuse ».
o *Var.* Avant 1927 : « donnons la première place [...] ».
p Citation du « Testament d'Heiligenstadt », voir plus loin aux textes.
q *Var.* Avant 1927 : « Parvenu par des années de luttes [...] ».
r *Var.* Avant 1927 : « souffler un peu de courage [...] ».
s *Var.* ms. : « qui invoquait l'aide de Dieu ».
t Allusion à une anecdote rapportée par Moscheles qui, ayant déposé sa réduction chant-piano de *Fidelio* chez Beethoven avec ces mots : « Terminé avec l'aide de Dieu », l'aurait récupérée avec cette inscription de Beethoven « *O, Mensch hilf dir selber* » (voir Schindler, p. 253-254). Thayer émet cependant des doutes sur cette anecdote.
u *Var.* Point d'exclamation ajouté dans l'édition de 1927.
v *Var.* Date ajoutée en 1907.

PAGES 56 À 65

a *Var.* Citation ajoutée en 1907. Beethoven a noté ces vers à la suite d'une citation du *Don Carlos* de Friedrich Schiller (1787, acte II, sc. 2) le 22 mai 1793 à Vienne dans le « Stammbuch » de Theodora Johanna Vocke de Nuremberg. Rolland a pu trouver cette citation dans Prelinger, *Ludwig van Beethovens sämtliche Briefe und Aufzeichnungen*, vol. 1 (1907), p. 15.

b Pour cette note et la suivante : les témoignages de Klöber (*Allgemeine Musikalische Zeitung* de 1864) et Müller (*Briefe an deutsche Freunde von einer Reise durch Italien über Sachsen, Böhmen und Österreich, 1820 und 1821*, Altona, J. F. Hammerich, 1824) sont probablement tirés de Frimmel (1888), p. 249 et 269.

c *Var.* Avant 1907 : « un de ses petits carnets ».

d Romain Rolland utilise ici des témoignages publiés longtemps après les faits, et dont l'authenticité est parfois mise en doute. Témoignage de Moscheles : probablement d'après Moscheles (*Life of Beethoven*, Londres, Henry Colburn Publisher, 1841, p. 193). Témoignages de Ludwig Rellstab (*Aus meinem Leben* II, Berlin, J. Guttentag, 1861, 9e section, chap. 22) et de Braun von Braunthal (*Süddeutsche Zeitung*, 1840) probablement trouvés chez Ludwig Nohl (*Beethoven's Leben*, 1877). Témoignage de Julius Benedict (Max Maria von Weber, *Carl Maria von Weber. Ein Lebensbild*, Leipzig, E. Keil, 1866, 3 vol.) probablement d'après Thayer III (1879).

e *Var.* Dans la 16e édition (1931), « Anvers » remplacé par « Malines », après la lecture de Raymond van Aerde, *Les Ancêtres flamands de Beethoven*, 1928.

f Probablement d'après Wilder, p. 25 et 27.

g Pour la note : probablement d'après Wilder, p. 410, lui-même d'après Nohl, *Eine stille Liebe zu Beethoven* (1875), p. 79.

h *Var.* ms. : « incapable de diriger la maison ; il en était réduit aux expédients pour empêcher ou pour cacher les scandales de ses habitudes crapuleuses ».

i *Var.* Avant 1927 : « elle ».

j *Var.* Avant 1907 : « une amitié paisible et pure ».

k *Var.* Avant 1927 : « dignes et tendres ».

l *Var.* Avant 1927 : « la jeunesse de leur cœur ».

m Rolland corrige la date de 1800 indiquée par Nohl. La lettre est donnée aux textes.

n *Var.* Paragraphe et notes ajoutés dans l'édition de 1927. Pour cette même note, référence ajoutée à la main par Rolland dans un exemplaire de la 13e édition, de 1925 (BnF, fonds Romain Rolland, département des Manuscrits), finalement non reproduite dans la 14e édition (1927) : « Voir aussi : Jakob Venedey : *Die deutschen Republikaner unter der französischen Republik*, Leipzig, 1870 ».

o *Var.* Avant 1927, la première phrase finit ainsi : « qui semble avoir fait peu attention à lui. » ; et la note se termine par cette phrase : « Le premier lui enseigna le contrepoint et la fugue ; le second lui apprit à écrire pour la voix. »

p *Var.* Avant 1927 : « En novembre 1792, Beethoven vint se fixer à Vienne, métropole musicale de l'Allemagne. La Révolution avait éclaté ; elle commençait à submerger l'Europe. Beethoven quitta Bonn juste au moment où la guerre y entrait. Sur la route de Vienne, il traversa les armées hessoises marchant contre la France. »

q *Var.* Phrase ajoutée en 1927.

r *Var.* Avant 1927 : « Dans ces entretiens commencent à se former en lui les sentiments républicains [...] »

s Citation textuelle (sauf la ponctuation) de la traduction donnée par Wilder, p. 101.

t L'abbé Joseph Gelinek (1758-1825), pianiste et compositeur tchèque. Cette coquille est reproduite dans chaque édition dès la première de 1903. Rolland a pu trouver les souvenirs de Gelinek dans Nohl, *BL*, et de Madame von Bernhard dans Frimmel (1888), p. 202-203.

u La lettre à Ries citée en note daterait en réalité de mars 1803 (lettre n° 71 dans *Lettres de Beethoven*, Arles, Actes Sud, 2010) ou avril 1802 (lettre n° 87 dans Ludwig van Beethoven, *Briefwechsel Gesamtausgabe* I, München, G. Henle, 1996).

v En réalité quelques lignes au-dessus.

w *Var.* Note modifiée plusieurs fois :
[1903] « Dans le *Testament* de 1802, Beethoven dit qu'il y a six ans que le mal a commencé, – soit, par conséquent, en 1796. – Remarquons en passant que, dans le catalogue de ses œuvres, l'op. 1 seul (trois trios) est antérieur à 1796. L'op. 2, les trois premières sonates pour piano, paraissent en mars 1796. On peut donc dire que l'œuvre entière de Beethoven est de Beethoven sourd. – (Sur la maladie de Beethoven, voir : Nohl : *Eine stille Liebe zu Beethoven* ; C. G. Kunn : *Wiener medizinische Wochenschrift*, février-mars 1892 ; – Nagel : *Die Musik*, 15 mars 1902.) – On voit au musée Beethoven de Bonn les instruments acoustiques que fabriqua pour Beethoven, vers 1814, le mécanicien Maelzel. »
[1907] Ajout du paragraphe : « Voir sur la surdité de Beethoven un article du Dr Klotz-Forest, dans la *Chronique médicale* du 15 mai 1905. – L'auteur de l'article croit que le mal eut sa source dans une affection générale héréditaire (peut-être dans la phtisie de la mère). Il diagnostique un catarrhe des trompes d'Eustache, en 1796, qui se transforma, vers 1799, en une otite moyenne aiguë. Mal soignée, elle passa à l'état d'otite catarrhale chronique, avec toutes ses conséquences. La surdité augmenta, sans jamais devenir complète. Beethoven percevait les bruits profonds, mieux que les sons élevés. Dans ses dernières années, il se servait, dit-on, d'une baguette de bois, dont une extrémité était placée dans la boîte de son piano, et l'autre entre ses dents. Il usait de ce moyen pour entendre, quand il composait. »
[1907] Les références bibliographiques de 1903 et la phrase sur Maelzel (« On a conservé au musée [...] ») sont déplacées en fin de note, avec suppression de la référence à Nohl.
[1914] Ajout de la référence à von Frimmel.
[1927] Ajout de la référence à Jacobsohn. Dans un exemplaire annoté de la 13e édition (fonds Romain Rolland, département des Manuscrits), Rolland a écrit : « où il croit pouvoir prouver que le mal était d'origine syphilitique », et ajoute la référence suivante : « (*id. Der Tag*, 1919, Berlin, n° 276. *Medizinische Rundschau*) ».
[1931] Rédaction définitive, avec suppression du commentaire du Dr Klotz, qui passe en simple référence, déplacement de Maelzel, et ajout du paragraphe : « J'ai résumé toute la question [...] »
En réalité, les opus 1 à 4 ainsi que plusieurs autres et de nombreuses œuvres sans numéro d'opus de Beethoven ont été composés avant 1796 quoique publiés plus tardivement.

x Cette lettre, reproduite aux textes, est citée d'après Nohl qui la date, comme la suivante, de 1800. Elle daterait en réalité du 1er juillet 1801.

y *Var.* Avant 1927 : « quand elle ne l'a pas ».

z Probablement d'après Wilder, p. 213, ou Nohl, *BL* III, p. 931.

aa *Var.* Phrase modifiée en 1907. Dans les éditions de 1903, la phrase commençait ainsi : « C'est dans ces alternatives d'amour et de douleur passionnée, de confiance juvénile et de révolte orgueilleuse [...] ».

ab *Var.* Avant 1927 : « elle fit cruellement souffrir ».

ac Pour la note : probablement d'après Nohl, *BL* III, p. 370-371.

ad *Var.* Avant 1927 : « Il fut tout près alors ».
ae *Var.* Avant 1907 : « fais-moi apparaître une fois un seul pur jour de joie ! »
af Appendice au Testament d'Heiligenstadt, 10 octobre 1802.
ag *Var.* Avant 1927 : « Cela semble ».
ah Lettre à Wegeler du 16 novembre 1801, citée aux textes.
ai La miniature de Hornemann date en réalité de 1803 (voir Bibliographie, section IV « Portraits »).

PAGES 66 À 71

a *Var.* ms. : « [...] de l'État d'après une hiérarchie proportionnée. »
b Rolland paraphrase ici la traduction française de la biographie de Schindler par Albert Sowinski (*Histoire de la vie et de l'œuvre de Ludwig Van Beethoven*, Paris, Garnier frères, 1864, p. 71-72).
c Pour la note : d'après Schindler, p. 56-57, et Ries.
d *Var.* Note modifiée à plusieurs reprises :
[1910-1925] « Ou plus exactement, Thérèse Brunsvik. Beethoven avait fait la connaissance des Brunsvik à Vienne, entre 1796 et 1799. Giulietta Guicciardi était la cousine de Thérèse. Beethoven semble s'être épris aussi, pendant un temps, d'une sœur de Thérèse, Joséphine, qui épousa le comte Deym, puis en secondes noces le baron Stackelberg. – On trouvera les détails les plus vivants sur la famille Brunsvik dans un article de M. André de Hevesy : *Beethoven et l'Immortelle Bien-aimée* (*Revue de Paris*, 1er et 15 mars 1910). M. de Hevesy a utilisé, pour cette étude, les Mémoires manuscrits et les papiers de Thérèse, conservés à Mártonvásár, en Hongrie. Tout en montrant l'intimité affectueuse de Beethoven avec les Brunsvik, il remet en question son amour pour Thérèse. Mais ses arguments ne semblent pas convaincants ; et je me réserve de les discuter, quelque jour. »
[1927-1928] « On trouvera de vivants détails [...] » ; fin raccourcie en : « Mais ses arguments ne sont pas convaincants. »
[1931] Rédaction définitive (suppression de Hevesy et référence aux *Grandes Époques créatrices*).
e Mariam Tenger, *Beethoven's unsterbliche Geliebte, nach persönlichen Erinnerungen*, Bonn, Neußer, 2e éd., 1890, p. 52-56. Rolland fait allusion à cet ouvrage dès 1894 dans une leçon sur Beethoven. Il a longtemps cru aux fiançailles de Beethoven et Thérèse de Brunswick et est toujours resté persuadé qu'il exista entre eux un attachement profond.
f *Var.* Avant 1927 : « de ces jours les plus calmes de sa vie. »
g Nohl, *BL* II (1867), p. 247.
h *Var.* Avant 1910 : « avoir été jamais infidèle à son amour. »
i *Var.* Phrase modifiée au gré des lectures de Romain Rolland. Il s'agit en effet d'un sujet de controverse récurrent dans la littérature beethovénienne. Jusqu'en 1909 : « Jusqu'à son dernier jour, Beethoven aima Thérèse. "En pensant à elle, disait-il en 1816, mon cœur bat aussi fort que le jour où je la vis pour la première fois." » Remplacé en 1910 par une formulation plus prudente : « Et Beethoven disait, en 1816 : en pensant à elle [...] ». Rolland cite ici presque textuellement Wilder (p. 347) peut-être lui-même d'après Nohl, *Eine stille Liebe* (1875), p. 104.
j Probablement d'après Wilder (p. 346), lui-même d'après Nohl, *Eine stille Liebe*, p. 101.

k Anecdote empruntée au livre de Mariam Tenger (voir p. 32-34). L'ami en question serait le baron Spaun.

l *Var.* Avant 1907, la traduction était : « tu peux trouver la paix et le bonheur » (identique à Wilder, p. 312).

m Journal intime de Beethoven (1812), Manuscrit Fischhof. Rolland a pu traduire ce passage d'après Nohl, *BL* II (1867), p. 387-388 ou Thayer III (1879), p. 229.

PAGES 72 À 81

a Lettre à Nikolaus Zmeskall von Domanovecz, vers 1798.

b Lettre de Bettina von Arnim à Gœthe, 28 mai 1810 (*Gœthe's Briefwechsel mit einem Kinde* II, Berlin, Dümmler, 1835, p. 190-191), probablement citée d'après Wilder, p. 316-317.

c Pour la note : la lettre citée à Bettina est dans Nohl, où elle est datée du 10 février 1811. Elle serait la seule lettre authentique de Beethoven à Bettina. Le propos sur Gœthe est rapporté par Rochlitz en 1822 (*ré bémol* majeur et non *ré* majeur), selon Thayer II (1872), p. 78 ; Rolland emprunte vraisemblablement l'essentiel de cette note à Wilder, p. 235-237 et p. 210-211 ; le propos sur Socrate et Jésus se trouve dans un cahier de conversation de 1820 (voir Nohl, *BL* III, p. 180-181). Sur Platon, voir Schindler, p. 56.

d *Var.* Avant 1907 : « ces messieurs doivent sentir la distance qu'il y a d'eux à nous. »

e *Var.* Avant 1907 : « et je jouais des coudes ».

f *Var.* Pour la note : avant 1913, après « conquis au prix de tant de peines », la phrase se poursuivait ainsi : « et qui, contre l'opinion courante, ne lui était rien moins que naturel. Il ne l'avouait pas aux autres, ni peut-être à soi-même. » Avant de renvoyer à son propre ouvrage à partir de 1931, Romain Rolland renvoyait à Frimmel en fin de note : « (Sur les rapports de Gœthe et de Beethoven, voir divers articles de Frimmel.) » La lettre à Mendelssohn date du 25 mai 1830 (*Reisebriefe von Felix Mendelssohn Bartholdy aus dem Jahren 1830 bis 1832*, hrsg. v. P. Mendelssohn Bartholdy, Leipzig, 1861, p. 8-9). La lettre de Gœthe à Zelter, datant du 2 septembre 1812 (*Briefwechsel zwischen Gœthe und Zelter in den Jahren 1796 bis 1832*, II, hrsg. von F. W. Riemer, Berlin, 1833, p. 28), est citée dans Thayer III (1879), p. 208.

g Pour la note : les lettres de 1812 sont citées dans Grove, p. 273-274 et le propos de 1819 notamment dans Frimmel (1888), p. 180.

h *Var.* Avant 1914 : « le délicieux nectar ».

i Lettre citée de Bettina à Gœthe, 28 mai 1810.

j *Var.* Avant 1931 : « de franchise et de libre puissance ».

k *Var.* Dans les éditions de 1907 à 1928, une note était associée à cette phrase : « Bien différent de lui en ceci, Schubert avait écrit en 1807 une œuvre de circonstance, "en l'honneur de Napoléon le Grand", et en dirigera lui-même l'exécution devant l'Empereur. » Cette note erronée, dont la source n'a pu être identifiée, fut supprimée dans l'édition de 1931.

l *Var.* Note supprimée, absente du manuscrit et présente uniquement dans les *Cahiers de la quinzaine* :
[1903] C'est ce masque, que nous reproduisons, en tête de ce cahier.
[1903 II] C'est ce masque que nous avons reproduit dans les deux mille exemplaires de notre première édition et dans les quatre cents exemplaires de cette seconde édition que nous avons réservés pour nos collections complètes.

m Propos de Beethoven au violoniste Wenzel Krumpholz à propos de la victoire de Napoléon à Iéna en 1806. Anecdote rapportée dans Thayer II (1872), p. 313, et Nohl, *BL* II, p. 487.

n La lettre à Franz Brunswick est datée du 13 février 1814 et celle à Kanka (en note) daterait de l'automne 1814.

o *Var.* Avant 1927 : « la plus triste et la plus misérable ».

p *Var.* Avant 1927 : « d'esprit mondain et médiocre ».

q *Var.* Avant 1927 : « fut toujours ».

r Pour la note : citation d'après A. Ehrhard, *Franz Grillparzer : Le théâtre en Autriche*, 1900, p. 183-184.

s Voir Nohl, *Eine stille Liebe*, p. 137.

t *Var.* Avant 1913, la note se poursuivait ainsi : « Beethoven écrit à Franz Brentano, le 12 novembre 1821 (en pleine composition de la *Messe en ré*) : "Depuis l'année dernière jusqu'à maintenant, j'ai été toujours malade… Maintenant, cela va mieux, Dieu merci, et il me semble que je puis vivre de nouveau pour mon art, – ce qui à proprement parler n'est pas le cas, depuis deux ans, par manque de bonne santé, aussi bien que pour tant d'autres souffrances". »

u Probablement d'après John Russell, *A Tour in Germany, and some of the Southern Provinces of the Austrian Empire, in the years 1820, 1821, 1822*, 2e éd., Edimbourg, 1825, vol. 2, p. 275-276 ; anecdote présente chez Frimmel (1888), p. 57.

v Voir M. Tenger, p. 55.

w Charles Neate relata tardivement cette rencontre, pour Thayer, en 1861, alors qu'il était âgé de près de 80 ans. Rolland en a eu probablement connaissance chez Thayer III (1879), p. 342, chez Wasielewski, 1888 II (1888), p. 241 ou chez Grove, p. 184. Pour la note : l'anecdote des papillons est rapportée dans August Göllerich, *Beethoven*, Berlin, Bard, Marquardt, *Die Musik*, hrsg. von R. Strauss, Band I, 1903, p. 32.

x Lettre à Thérèse Malfatti, mai 1810 (lettre n° 258 dans *Lettres de Beethoven*, Arles, Actes Sud, 2010) ou vers la fin de mai 1810 (lettre n° 442 dans Ludwig van Beethoven, *Briefwechsel Gesamtausgabe* II, München, G. Henle, 1996). Probablement d'après Nohl, *BL* II, p. 83.

y Carnet d'esquisses, 1815. Probablement d'après Thayer III (1879), p. 159.

z *Var.* Avant 1907 : « La misère de sa vie y trouvait quelque répit. »

aa Traduction approximative de la lettre de Beethoven à Ferdinand Ries du 5 mars 1818.

ab Lettre à Ferdinand Ries, 20 ou 19 mars 1819 (lettre n° 939 dans *Lettres de Beethoven*, Arles, Actes Sud, 2010 ; lettre n° 1295 dans Ludwig van Beethoven, *Briefwechsel Gesamtausgabe* IV, München, G. Henle, 1996).

ac Probable extrapolation d'une anecdote citée chez Wilder, p. 355-356, et chez Nohl *BL* II, p. 559.

ad Extrait d'un cahier de conversation de 1818, d'après Wilder (p. 417) ou d'après Nohl, *BL* III (1874), p. 133-134.

ae « Gott helfe !… », Manuscrit Fischhof, 1817, peut-être d'après Nohl, *BL* III (1874) p. 109.

af *Var.* Avant 1907 : « complaisance ».

ag *Var.* Avant 1927 : « ta conduite hypocrite ».

ah *Var.* Dans la note : la dernière phrase manque dans le manuscrit. Rolland a dû avoir connaissance de cette lettre du 1er février 1819 dans l'article : « Ein ungedruckter Brief Beethovens mitgeteilt und erläutert von Dr. Alfr. Chr. Kalischer-Berlin », *Die Musik*, II/6 (1902), p. 403-411. Il cite cette lettre à deux autres reprises dès la première édition Hachette en 1907.

ai Lettre à Karl van Beethoven, peu avant le 14 septembre 1825 (lettre n° 1430 dans *Lettres de Beethoven*, Arles, Actes Sud, 2010), ou entre le 16 et le 20 août 1825 (lettre n° 2035 dans Ludwig van Beethoven, *Briefwechsel Gesamtausgabe* VI, 1996).

PAGES 82 À 90

a *Var.* Avant 1927 : « C'est du fond de cet abîme de tristesse que [...] ».
b Pour la note : la lettre de Fischenich est citée dans la réédition par Deiters de Thayer I (1901), p. 282. *Var.* Avant 1907 : « appartenant aujourd'hui au docteur Erich Prieger » ; [1907-1925] « appartenant au Dr Erich Prieger ».
c Information probablement empruntée à Grove, p. 330-331, lui-même d'après Nohl, *BL* III (1877), p. 925.
d Voir Grove, p. 364.
e *Var.* Avant 1927 : « le thème même de la Joie ».
f *Var.* Avant 1927 : « Mais il faut aller plus avant encore dans l'explication de ces hésitations et de ces retards ».
g *Var.* Avant 1927 : « Et cela est vrai ».
h *Var.* Avant 1927 : « et la première impression qu'elle fait est si tendre ».
i Probablement d'après Rellstab, 1825 (voir *supra*).
j *Var.* Avant 1927 : « Mais peu à peu ».
k *Var.* Avant 1927 : « Et voici ».
l *Var.* Avant 1927 : « croit entendre le souffle de Beethoven lui-même ».
m *Var.* Avant 1927 : « Toute une humanité frémissante tend les bras au ciel ».
n *Var.* Avant 1927 : « s'élance vers la Joie ».
o *Var.* ms. : « c'est celui de *foi*, d'intuition surnaturelle ». Pour la note : Aloys Weissenbach (1766-1821), chirurgien, écrivain et poète, auteur du texte de la cantate *Der glorreiche Augenblick* op. 136. Il a relaté ses rencontres avec Beethoven dans *Meine Reise zum Kongress. Wahrheit und Dichtung* (Vienne, 1816).
p *Var.* Avant 1927 : « et le résultat pratique en fut nul ».
q Manuscrit Fischhof, 1818. Peut-être d'après Nohl, *BL* III (1877), p. 150.
r Pour la note : probablement d'après Nohl, *BL* III, p. 959. La dernière citation provient en revanche de Wilder, p. 475.
s *Var.* : « pour l'*Odysseus* de Körner » apparaît dans l'édition de 1907.
t Pour la note : La citation sur *Faust* issue d'un cahier de conversation d'avril 1823 est citée dans Nohl, *BL* III (1877), p. 380.
u Pour la note : « Travailler, l'été, pour le voyage » (Manuscrit Fischhof, 1817). Cités dans Nohl, *BL* III (1877), p. 554 et 109.
v Il s'agirait plutôt de Samuel Heinrich Spiker (1786-1858), bibliothécaire du roi à Berlin, dont le témoignage (« Erinnerungen an Beethoven », *Berliner Nachrichten von Staats- und gelehrten Sachen*, 5 avril 1827) est relaté par Marx II, p. 475.
w Cahier de conversation, 1826. Probablement d'après Ehrhard, *Franz Grillparzer*, p. 173.
x Cahier de conversation, 1826. Peut-être d'après Nohl, *BL* III (1877), p. 610.
y Lettre à Karl van Beethoven, août 1825 (lettre n° 1423 dans *Lettres de Beethoven*, Arles, Actes Sud, 2010), peut-être entre le 4 et le 7 août 1825 (lettre n° 2026 dans Ludwig van Beethoven, *Briefwechsel Gesamtausgabe* VI, München, G. Henle, 1996).
z Témoignage cité chez Nohl (*BL* III [1877], p. 865), initialement publié en 1824 (*Briefe an deutsche Freunde*, voir *supra*).
Var. Note modifiée plusieurs fois :
[1903] « Beethoven attaquait hardiment les préjugés et les vices de son gouvernement. Il lui reprochait, entre autres choses : l'organisation de la justice, arbitraire et servile, – entravée

par une longue procédure ; – la police, qui tendait constamment à outrepasser ses attributions ; – la bureaucratie baroque et inerte, qui tuait toute initiative individuelle et paralysait l'action ; – les privilèges d'une aristocratie dégénérée, tenace à s'arroger exclusivement les plus hautes charges de l'État ; – l'impuissance du souverain à pourvoir au bien-être des citoyens. – Ses sympathies politiques semblaient être alors pour l'Angleterre. »
[1907] Ajout de la phrase « En 1819, il faillit être poursuivi par la police, pour avoir dit trop haut "qu'après tout, le Christ n'était qu'un Juif crucifié." Il écrivait alors la *Messe en ré*. C'est assez dire la liberté de ces inspirations religieuses. – Quant à ses opinions politiques, Beethoven attaquait hardiment [...] »
[1913] Ajout des références à Frimmel et *Beethoveniana* et introduction des variantes conservées jusqu'à l'édition définitive (« Non moins libre en politique, Beethoven attaquait [...] ») sauf la dernière phrase : « Ses sympathies politiques semblaient être alors pour l'Angleterre. »
[1927] Modification de la dernière phrase : Rolland se montre plus affirmatif « Ses sympathies politiques, depuis 1815, étaient pour l'Angleterre » ; et il complète la note avec les détails trouvés chez Schindler (identique à la 20e édition).

aa *Var.* Avant 1927 : « Le misérable oublia la commission ». L'anecdote, simplifiée par Rolland, provient de la biographie de Schindler.

ab *Var.* ms. : « pendant un terrible orage et des tempêtes de neige ».

ac *Var.* Avant 1907 : « [...] sans une parole, consolait sa peine au chant de sa plainte résignée ».

ad Probablement d'après Ehrhard, *Franz Grillparzer*, p. 175.

ae *Var.* Avant 1927 : « et c'est un spectacle d'une grandeur homérique, que ce combat d'une puissance élémentaire contre le reste de la nature. »

af *Var.* Avant 1927 : « semble disparaître ».

ag *Var.* Avant 1927 : « et la sérénité du jour rendue ».

ah *Var.* Point d'exclamation ajouté dans l'édition de 1927.

ai La référence manque en 1903 et 1907. De 1908 à 1911 Rolland double par erreur la référence de l'exemple musical qui suit : « (À Lichnowsky, 21 septembre 1814.) » ; de 1913 à 1925, il donne la référence correcte de la lettre (« À la comtesse Erdödy, 19 octobre 1815 ») ; à partir de 1927 cependant apparaît la coquille (probablement due à l'éditeur) « 10 octobre 1815 ».

PAGES 91 À 106

a *Var.* Citation musicale ajoutée dans l'édition de 1907.

b Ces lettres ont vraisemblablement été traduites par Rolland lui-même d'après Nohl. Il y a opéré quelques coupures, signalées par les points de suspension.

c Lettre à Karl Amenda, 1er juillet 1801.

d *Var.* Avant 1907 : « tout ce qui m'est cher et ce que j'aime ».

e Les noms manquent déjà chez Nohl. Dans la lettre originale : « des hommes aussi misérables, aussi égoïstes que Zmeskall, Schuppanzigh et leurs pareils. » [« so elenden Egoistischen Menschen wie die *Zmeskall*, *Schuppanzig etc* »].

f Le nom manque déjà chez Nohl. Dans l'autographe, seule est donnée l'initiale Z, pour Zmeskall (lettre n° 67 dans Ludwig van Beethoven, *Briefwechsel Gesamtausgabe* I, München, G. Henle, 1996). L'édition Actes Sud donne S en suggérant qu'il pourrait s'agir de Streicher, facteur de pianos (lettre n° 53 dans *Lettres de Beethoven*, Arles, Actes Sud, 2010).

g *Var.* Avant 1927 : « Je veux ».
h Dans la lettre originale : Z[meskall].
i Dans la lettre originale : S[chuppanzigh].
j *Var.* Avant 1907 : « de lui venir aussitôt en aide ».
k *Var.* Avant 1907, la note finit par : « probablement comme blasphématoires ».
l *Var.* Avant 1907 : « écrivisses ».
m *Var.* Avant 1927 : « ma ».
n *Var.* Avant 1927 : « 7 octobre 1826 ». En corrigeant la date à l'aune de nouvelles sources, Rolland modifie également la note de « *dix mois* [...] » en : « plus de *dix mois* [...] ».
o *Var.* Avant 1927 : « On dit chez moi ».
p *Var.* Avant 1913 : « Duc d'Achât (?) ». Rolland a pu corriger l'erreur après la lecture du *Beethoven* de Vincent d'Indy (1911) qui revenait sur cette erreur partagée par les différents biographes.

PAGES 107 À 110

a *Var.* Section ajoutée dans l'édition de 1907.
b Cette phrase aurait été notée par Beethoven en marge d'une esquisse. Citée par Nohl, *BL* III, p. 579 et par Chantavoine dans sa biographie de 1907, p. XVI et 65.
c Lettre de Beethoven à Bettina Brentano, août 1812, citée dans Marx II, p. 305.
d *Var.* Deuxième phrase et source ajoutée en 1913. Lettre citée de Bettina à Gœthe, 28 mai 1810, dans laquelle elle cite ces propos comme étant ceux de Beethoven.
e Lettre à l'archiduc Rodolphe, 1823 (lettre n° 1248 dans *Lettres de Beethoven*, Arles, Actes Sud, 2010), ou juillet/août 1821 (lettre n° 1438 dans *Briefwechsel Gesamtausgabe* IV, München, G. Henle, 1996).
f Témoignage de Czerny, probablement cité d'après Nohl, *Beethoven nach den Schilderungen* (1877), p. 37.
g Cité dans Marx II, p. 41.
h Lettre à Georg Friedrich Treitschke, avril 1814 (lettre n° 479 dans *Lettres de Beethoven*, Arles, Actes Sud, 2010) ou début mars 1814 (lettre n° 707 dans Ludwig van Beethoven, *Briefwechsel Gesamtausgabe* III, München, G. Henle, 1996).
i *Var.* Avant 1927 : « de se représenter ce que nous désirons ».
j Lettre à l'archiduc Rodolphe, 1er juillet 1823.
k Lettre à Wilhelm Gerhard, 15 juillet 1817.
l *Var.* Avant 1927 : « Si nous ne sommes pas aussi solides que les maîtres anciens ».
m Lettre à l'archiduc Rodolphe, 29 juillet 1819.
n Lettre à George Thomson, 19 février 1813.
o Témoignage de Karl Gottlieb Freudenberg, *Erinnerungen aus dem Leben eines alten Organisten*, Breslau, Leuckart, 1869. Cité dans Nohl, *Beethoven nach den Schilderungen*, p. 195.
p Lettre à Carl Czerny, 1816 ou 1817.
q Lettre citée *supra* à l'archiduc Rodolphe du 29 juillet 1819.
r Lettre à Franz Anton Hoffmeister, vers le 15 janvier 1801.
s Lettre à l'abbé Maximilian Stadler, 6 février 1826.
t *Var.* Avant 1927 : « *m'écrivez* », « *ce que me* ».

u Lettre à Luigi Cherubini, peu avant le 15 mars 1823.
v Lettre à Bernhard Schotts Söhne, 13 août 1825.
w Lettre à Karl August, Freiherr von Klein, 10 mai 1826. *Var.* Avant 1927 : « un cheval dans sa course ardente » ; nom du destinataire ajouté dans l'édition de 1927.
x Lettre déjà citée *supra* à Hoffmeister. *Var.* Nom du destinataire ajouté dans l'édition de 1927.

PAGES 111 À 116

a Dans cette section, la date d'ajout est indiquée par l'éditeur de ce volume à la suite de la référence bibliographique, entre crochets. Lorsque la référence a été mise à jour par Romain Rolland, les modifications sont récapitulées dans une note de fin.
b *Var.* Avant 1907 : « Si l'on désire connaître d'un peu plus près Beethoven ».
c *Var.* Avant 1907 : « Dr Christian Gottlieb Kalischer. [...] ». Dernière référence dans les éditions de 1903 pour cette section, à la suite de laquelle il est indiqué : « [La plupart sont reproduites dans la grande biographie de Thayer (voir plus loin)]. »
d *Var.* [1907-1911] « Dr A. Chr. Kalischer. – *Beethoven's Sämmtliche Briefe*, Kritische Ausgabe mit Erlaüterungen. 1906, Berlin. »
[1913-1925] « Dr A. Chr. Kalischer. – *Beethoven's Sämmtliche Briefe*, Kritische Ausgabe mit Erlaüterungen. 1906-1908, 5 vol. Leipzig et Berlin. »
e Prelinger publia deux volumes supplémentaires en 1909 et 1911.
f *Var.* Phrase ajoutée dans l'édition de 1907, avec la date de 1905 jusqu'en 1925.
g *Var.* Jusqu'en 1925, cette référence est ainsi rédigée : « Anton Schindler. – *Beethovens Biographie*, 1840. Traduction française 1866 [1865 dans 1903 I et II] (épuisé) (pour la seconde moitié de sa vie). » En réalité, l'*Histoire de la vie et de l'œuvre de Ludwig Van Beethoven*, traduction par Albert Sowinski de la biographie de Schindler, est parue à Paris en 1864.
h *Var.* Nom de la ville ajouté en 1907.
i *Var.* Mention de la nouvelle édition ajoutée en 1927.
j *Var.* Dernière phrase ajoutée dès l'édition de 1907.
k *Var.* Référence modifiée à plusieurs reprises :
[1903 I] « Alexandre W. Thayer (traduit de l'anglais en allemand, et continué par H. Deiters). – *Ludwig van Beethovens Leben.* 3 volumes. (Commencé en 1866, interrompu par la mort de Thayer, qui n'a pu mener son ouvrage que jusqu'à l'époque du Congrès de Vienne, – repris par Deiters, et non encore terminé. – C'est de beaucoup l'ouvrage le plus important sur Beethoven, au point de vue de la documentation.) »
[1903 II-1911] « Alexander Wheelock Thayer (traduit de l'anglais en allemand, et continué par Hermann Deiters). – *Ludwig van Beethovens Leben.* 3 volumes.
Commencé en 1866; interrompu par la mort de l'auteur, en 1897, à Trieste, où il était consul des États-Unis; l'ouvrage s'arrête à l'année 1816. – Deiters a entrepris de le terminer, et de compléter les livres déjà parus; mais seul, le premier volume de sa traduction a encore été publié. – C'est de beaucoup l'œuvre la plus importante sur Beethoven, au point de vue de la documentation. »
[1913-1925] « Alexandre Wheelock Thayer (traduit de l'anglais en allemand et continué par Hermann Deiters, puis par Hugo Riemann). – *Ludwig van Beethovens Leben.* 5 volumes, 1908. Commencé en 1866; interrompu par la mort de l'auteur, en 1897, à Trieste, où il était consul des États-Unis; l'ouvrage s'arrête à 1816. – Deiters entreprit de le terminer; mais

il mourut, à son tour, en 1907, avant d'avoir publié le second volume. M. H. Riemann acheva l'œuvre, avec les matériaux laissés par Deiters. – C'est de beaucoup l'œuvre la plus importante sur Beethoven. »
[1927] Rédaction définitive, avec modification de la date de la référence en : « 1866-1917 ».

l *Var.* Avant 1907 : « Ludwig Nohl. – *Beethovens Leben.* 1867-1877, 3 volumes. » Le premier volume de la biographie de Nohl a été publié à Vienne chez Markgraf en 1864, puis réédité en 1867 à Leipzig chez Günther; les deuxième et troisième volumes ont été publiés chez ce dernier éditeur en 1867 et 1877. La confusion de Rolland entre trois et quatre volumes vient peut-être du fait que le troisième volume est scindé en deux parties.

m *Var.* En 1907, ajout de « 5e édition, remaniée par G. Behncke, 1902, Berlin ».

n *Var.* Jusqu'en 1928, suivait une référence au livre de Mariam Tenger, plus ou moins développée et commentée au fil des éditions :
[1903-1928] « Mariam Tenger : *Beethovens unsterbliche Geliebte*, 1890. »
[1910-1911] « La valeur historique de ce livre a été quelquefois contestée; mais, jusqu'à présent, nous n'avons pas de raisons suffisantes pour lui refuser créance. Mariam Tenger a été la confidente des dernières années de Thérèse. Il est vraisemblable que Thérèse, alors âgée, devait involontairement idéaliser ses souvenirs; mais le fond du récit paraît exact. »
[1913-1928] « La valeur historique de ce livre a été quelquefois contestée. Mariam Tenger a été la confidente des dernières années de Thérèse. Il est vraisemblable que Thérèse, alors âgée, devait involontairement idéaliser ses souvenirs; mais le fond du récit paraît exact. »

o *Var.* Dans le manuscrit, après cette dernière référence : « (On trouvera beaucoup de renseignements curieux sur la personne de Beethoven, – reproductions de portraits, autographes, etc. dans un n° du *Musical Times* du 15 Déc. 1892, et de *die Musik* du 15 mars 1902) ».

p *Var.* Référence précédée et suivie, de 1907 à 1911, de deux références supprimées dans l'édition de 1913 :
August Goellerich – *Beethoven* (dans la collection *Die Musik* de R. Strauss), 1903.
Die Musik. – *Beethovenhefte*, Berlin.

q *Var.* Référence apparue dans l'édition 1913, où elle est plus développée :
[1913-1925] « Dr Alfred Chr.-Kalischer. – *Beethoven und seine Zeitgenossen. Beiträge zur Geschichte des Künstlers und Menschen.* 4 vol. 1910.
Recueil de documents, du plus grand intérêt, sur tout le cercle d'amis et d'amies de Beethoven. Cette mine de renseignements renouvelle en partie la psychologie de Beethoven. »
[1927-1928] Commentaire allongé : « Mais il faut apporter à la lecture des ouvrages de Kalischer (comme de ceux de Nohl) plus de sens critique que n'en montrent parfois les auteurs. »
[1931] Note raccourcie (version définitive).

r *Var.* Date ajoutée dans l'édition de 1927.

s *Var.* Date ajoutée dans l'édition de 1907.

t *Var.* Avant 1907 : « Wasielewski. – *Beethoven.* 1886. »

u Dernière référence de la section jusqu'à l'édition de 1911.

v *Var.* Le contenu de ces paragraphes varie au fil des éditions :
[1903 I et II] « L'œuvre du grand musicien *Friedrich Wilhelm Rust* (1739-1796), de Dessau, récemment découvert, grâce aux publications qu'un de ses petits-fils a faites de quelques-unes de ses sonates, est devenue indispensable à connaître, pour qui veut étudier la formation du génie musical de Beethoven. *Rust* et *Charles-Philippe-Emmanuel Bach*, comme l'a indiqué M. Vincent d'Indy, semblent avoir été les vrais précurseurs de Beethoven. – Il serait bon toutefois de faire d'abord une étude critique minutieuse des *manuscrits* de Rust, afin d'établir un texte rigoureusement exact.
Il y a aussi quelque intérêt à connaître certaines des compositions religieuses et dramatiques de *Cherubini*, dont le style a parfois servi de modèle à Beethoven. »

[1907-1909] Texte quasi identique à 1903, avec ajout de la précision : « Le plus jeune fils de Rust, Wilhelm-Carl, vécut à Vienne, de 1807 à 1827, et connut Beethoven. », et mention de Neefe ajoutée dans la dernière phrase : « Il y a aussi intérêt à connaître les *lieder* de *Neefe* (1748-1799), déjà tout beethovéniens, et certaines des compositions religieuses et dramatiques de *Cherubini*, dont le style a parfois servi de modèle à Beethoven. »
Le texte définitif (à part d'infimes variantes) apparaît dans l'édition de 1910. Rolland supprime la référence à d'Indy (« De Bach à Beethoven », *La Tribune de Saint-Gervais*, 1899) et joint avec assurance les symphonistes de Mannheim à Rust et C. P. E. Bach comme précurseurs de Beethoven en faisant référence à un article de Riemann. Sa dernière phrase est également plus précise.

w Christian Gottlob Neefe, qui fut l'un des premiers professeurs de Beethoven, à Bonn, est mort en 1798.

x Il s'agit du dessin de Johannes Straub, conservé à la Beethoven-Haus, et dont l'ombre chinoise est reproduite par Frimmel.

y Cette miniature de Gerhard von Kügelgen est à tort réputée représenter le jeune Beethoven.

z En réalité hors-texte, entre 266 et 267.

aa *Var.* Avant 1927 : « 1802 ».

ab Beethoven-Haus Bonn, B 2380.

ac *Var.* Dans les *Cahiers de la quinzaine* en 1903, Rolland insère ici un renvoi, ensuite supprimé en 1907 :
[1903] « [Voir en tête de ce cahier] »
[1903 II] « [Voir les exemplaires de notre première édition, et ceux de nos collections complètes] »

ad *Var.* Phrase absente des éditions de 1903.
[1907-1925] « Le dessin original de Kloeber est dans la collection du Dr Erich Prieger, à Bonn. »

ae *Var.* Avant 1927, référence placée avant les dessins-caricatures de 1823.

af *Var.* Avant 1907 : « philharmonische Gesellschaft ».

ag *Var.* Référence ajoutée dans l'édition de 1910. Frimmel avait publié ces dessins dans les *Blätter für Gemäldekunde* 5 (1909), Heft 3, p. 57-64. *Le Courrier musical* ne reproduit qu'une des trois esquisses.

ah *Var.* Paragraphe supprimé en 1927 :
[1903 I] « De nombreux portraits de Beethoven ont été faits depuis sa mort. L'œuvre la plus remarquable qui lui ait été consacrée est le très beau monument que Max Klinger vient d'exposer à la *Kunst Ausstellung* de Vienne. (*Oesterreich's Secession*, 1902.) »
[1903 II] Rolland remplace « très beau monument » par « beau monument », revoyant à la baisse son appréciation de l'œuvre de Klinger.
[1907-1925] « De nombreux portraits de Beethoven ont été faits depuis sa mort. L'œuvre la plus remarquable qui lui ait été consacrée est le monument de Max Klinger (Vienne, 1902). »
Paragraphe qui clôturait cette section en 1903 :
[1903] « M. Jean Chantavoine prépare, en ce moment, une thèse de doctorat sur *Beethoven*, qui renouvellera sur plusieurs points la biographie de Beethoven, d'après des documents nouveaux, recueillis dans les bibliothèques d'Allemagne. – M. Chantavoine doit publier aussi, prochainement, une traduction des *Lettres*, et un recueil de quelques morceaux inédits de Beethoven. » [NdÉ – La thèse de Chantavoine n'a jamais été soutenue.]

ai *Var.* Référence ajoutée en 1927.

HÆNDEL

Édition établie par Alain Corbellari

INTRODUCTION À *HÆNDEL*

Paru en 1910, le *Hændel* est la fois central et isolé dans l'œuvre de Romain Rolland : central parce qu'il met en scène le compositeur qu'avec Beethoven il a le plus révéré ; isolé parce que, quand bien même il s'inscrit à la fois au cœur du travail musicologique et de la propension à l'écriture biographique qui caractérisent le travail de Rolland, il n'est ni tout à fait une biographie pour le grand public ni exactement un essai de type universitaire. Plus savant que le petit *Beethoven* de 1903, il ne présente pas pour autant d'analyses musicales aussi fouillées que les volumes tardifs sur Beethoven (*Les Grandes Époques créatrices*). Par son annotation riche et précise, il se rapproche de la thèse sur *Les Origines de l'opéra* ; par la vue d'ensemble qu'il propose de la vie et de l'œuvre de Hændel, il reste un ouvrage de vulgarisation, et Rolland, dans son bref avant-propos, ne prétend d'ailleurs pas avoir voulu faire autre chose. De toutes les œuvres musicologiques de notre auteur, le *Hændel* est aussi celle qui reste la plus lue (si du moins on en croit sa réédition en 2005 chez Actes Sud), en vertu sans doute justement de cet équilibre qu'il parvient à maintenir entre l'essai érudit et la biographie populaire. Traduit dans de nombreuses langues, admiré jusque chez les musicologues anglais et allemands, il garde, dans le paysage musicologique français valeur de référence quasiment sacrée. Jean Gallois, écrivait ainsi en 1980 dans sa monographie qui lui doit tant : « Le livre de Romain Rolland [...], dépassé en maints endroits, demeure toutefois un monument de ferveur et d'intuition exemplaires que n'ont dépassé [aucun des autres livres français sur Hændel][1] ». Et à vrai dire, populaire, il serait regrettable que l'ouvrage ne le soit pas, Rolland ayant précisément insisté sur le fait que, parmi tous les grands compositeurs de l'Occident, Hændel pourrait être celui qui a le mieux mérité ce qualificatif.

Ce remarquable équilibre n'a cependant pas été obtenu sans effort : alors qu'il était devenu l'un des collaborateurs les plus réguliers des

---

1 J. Gallois, *Hændel*, Paris, Seuil, « Solfèges », 1980, p. 189.

Cahiers de la quinzaine, ce n'est pas chez Péguy que Rolland publiera le *Hændel* mais chez Alcan, éditeur universitaire certes plus approprié que le bouillant auteur de *L'Argent* à un travail qui était le fruit de deux années de cours magistraux. De ses dix ans d'enseignement à l'École pratique des hautes études et à la Sorbonne (1901-1912), Rolland a en effet tiré de nombreux articles, mais une seule monographie, et le relevé des intitulés de ses cours montre que Hændel a entièrement occupé son enseignement à l'EPHE de 1908 à 1910, tandis qu'il consacrait ses programmes de la Sorbonne à un sujet proche : l'histoire de l'opéra au XVIIIe siècle[2].

Ce que représente Hændel pour Rolland est amplement documenté par ses écrits et sa correspondance. Au sommet de son panthéon musical, il place en effet trois compositeurs : Hændel, Gluck et Beethoven[3]. Notons que cette triade ne diffère pas autant qu'on pourrait le croire de celle réunissant Bach, Mozart et Beethoven, qui vient aujourd'hui spontanément à l'esprit de quiconque pense à la « musique classique » (opinion d'ailleurs sans doute majoritaire dès la fin du XIXe siècle). Mais Romain Rolland est un musicologue militant, et il n'est pas difficile de comprendre que son palmarès est au fond une variante polémique de celui qui s'impose trop facilement au mélomane, car les deux noms qui divergent de ceux que l'on attendrait sont en fait des substituts assez transparents de ces derniers dont ils sont quasiment contemporains. Dans l'axiologie rollandienne, Mozart embarrasse en effet par sa perfection intemporelle[4], mais aussi par sa fragilité, aux antipodes de l'idéal d'artiste débordant de santé que défend Rolland[5]. Gluck lui semble à la fois mieux faire césure dans l'histoire de l'opéra et s'imposer par une nature plus

2 Voir Alain Corbellari, *Les Mots sous les Notes. Musicologie littéraire et poétique musicale dans l'œuvre de Romain Rolland*, Genève, Droz, « Histoire des idées et critique littéraire », 2010, p. 342-343.

3 « Je pourrais me faire, en un cahier, un trésor de ces amis – (chaque musicien devrait faire le sien) : – Beethoven en fournirait la majeure partie, avec un peu de Gluck et un peu de Hændel » (lettre du 23 décembre 1935 à Esther Marchand, dans *Correspondance Romain Rolland, Charles Koechlin, Esther Marchand, Henri Marchand*, éd. par G.-L. Viala et M. Lerique-Koechlin, Mérignac, Impr. du Parc, 2006, p. 309). Voir aussi *Beethoven. Les Grandes Époques créatrices. De l'Héroïque à l'Appassionata*, Paris, Le Sablier, 1928, p. 115 : « Les plus grands artistes, Hændel, Gluck et Beethoven [...] ».

4 Voir Alain Corbellari, *Les Mots sous les Notes*, *op. cit.*, p. 85-86.

5 Élément mis en lumière par Timothée Picard dans son article « La figure de Hændel dans l'imaginaire littéraire. Autour d'une étude de Romain Rolland », *Cahiers de Brèves*, n° 24 (décembre 2009), p. 18-21.

vigoureuse. Bach, de son côté, trop axé sur la spéculation mathématique et mystique, et dont la carrière est trop étroitement circonscrite dans le nord de l'Allemagne[6], lui semble manquer deux dimensions essentielles de la musique : celle qui parle à la masse, et que Hændel représente avec surabondance, et celle du cosmopolitisme européen, ici encore mieux illustré, à ses yeux, par la carrière italo-germano-anglaise de Hændel[7]. Rolland écrivait par ailleurs à une de ses correspondantes, à l'époque où il travaillait sur le *Hændel*, qu'il ne trouvait « pas J. S. Bach trop chrétien, – mais parfois trop chrétien "XVIIIe siècle", un peu fade et jésuite (style jésuite, rococo – [...] C'est tout naturel. Un grand homme est de son temps, même quand il le dépasse)[8] ». Malgré la concession finale, le jugement reste sévère, et dans cette vision d'un Bach trop grand musicien pour être honnête, on perçoit la fibre rousseauiste de Rolland, pour qui un art trop sophistiqué manque peut-être son but essentiel qui est d'aller « directement au cœur », comme Beethoven l'espérait de sa *Missa solemnis*. Rappelons que les vastes oratorios de Hændel ont été, grâce à l'enthousiasme populaire qu'ils ont suscité, les premières œuvres de la musique occidentale à ne pas connaître d'éclipse à la mort de leur auteur. Pour Rolland, ils illustrent, avec la réforme du drame lyrique gluckiste impliquant un type nouveau d'affectivité musicale, et le sens beethovénien de l'humain, transfiguré par l'adhésion du compositeur aux idéaux de la Révolution, l'un des trois moments où s'est le mieux exprimé la vocation essentiellement populaire et unificatrice de l'art musical. Le *Hændel* participe ainsi pleinement de la défense des idées forces de l'esthétique musicale rollandienne. On renverra, pour Gluck et Beethoven, aux textes les concernant dans la présente édition des œuvres complètes de Rolland, mais on ne s'étonnera pas que celui-ci soit

---

6 Timothée Picard (art. cité p. 20) cite judicieusement ce passage de *Jean-Christophe*, où le héros « avait le sentiment que le génial Cantor écrivait dans sa chambre close : cela sentait le renfermé ; il n'y avait pas dans sa musique cet air fort du dehors qui souffle chez d'autres, moins grands musiciens peut-être, mais plus grands hommes – plus hommes tels que Beethoven, ou Hændel ».

7 Que la synthèse des styles internationaux soit peut-être plus accomplie chez Bach ne semble pas pour Rolland un argument décisif en faveur de Bach, car elle peut apparaître comme plus intellectuelle que vécue.

8 Lettre du 28 mai 1906 à Esther Marchand, dans *Correspondance Romain Rolland, Charles Koechlin, Esther Marchand, Henri Marchand*, p. 35. Pour plus de précisions sur les rapports de Rolland avec Bach, voir Alain Corbellari, « Romain Rolland et Jean-Sébastien Bach », *Cahiers de Brèves*, n° 21 (juin 2008), p. 13-15.

« frappé des analogies entre telle page des oratorios de Hændel exécutés en 1744-1746 (notamment *Héraklès* et *Judas Macchabée*) et les opéras de Gluck[9] », et que le parallèle entre Hændel et Beethoven parcoure tout l'ouvrage comme un véritable fil rouge : ne retenons que la formule voyant Hændel comme « une sorte de Beethoven enchaîné[10] ». Si l'on met en système ces parallèles et les notations insistantes tendant par ailleurs à valoriser son héros au détriment de Bach (et plus discrètement de Mozart), le *Hændel* peut à bon droit être considéré comme le plus représentatif et le plus explicite des manifestes musicologiques de Romain Rolland.

Pour Mozart et Beethoven, qui étaient parmi les rares musiciens de leur temps à avoir quelques lueurs sur la musique des époques qui les avaient précédés, Hændel était déjà, avec Bach, et plutôt un petit cran au-dessus de ce dernier, l'un des pôles de la « musique ancienne » : on verra sans surprise que Rolland fait grand cas de l'opinion de Beethoven qui estimait que Hændel était « le plus grand ». La revalorisation de Bach suite à la redécouverte de la *Passion selon saint Matthieu* par Mendelssohn en 1829, va dès cette date équilibrer la balance de l'enthousiasme critique, et Camille Bellaigue témoignera encore en 1909, dans un ouvrage que Rolland s'empressera de citer, de ce que le parallèle de Bach et de Hændel était devenu un lieu commun de la critique musicale : « On peut douter, écrivait Bellaigue, si les deux géants se ressemblent ou diffèrent davantage. On les a même parfois l'un à l'autre égalé, et Mattheson proposait de ne les ranger que par ordre alphabétique. » Un peu plus loin, Bellaigue poursuit : « S'il fallait en deux mots définir et comparer le génie de Hændel et celui de Bach, on serait tenté de dire que l'un se développe davantage en étendue, l'autre plutôt en profondeur[11] ». On a vu comment Rolland rethématisait cette problématique, et il n'est sans doute pas exagéré de considérer tout le *Hændel* comme une entreprise délibérée d'affirmer la suprématie de l'auteur du *Messie* sur celui de la *Messe en si*[12].

9 *Hændel*, note n° 271, p. 212. Plus loin (note n° 445, p. 271), il compare la tempête de *Riccardo I* et celle d'*Iphigénie en Tauride*.

10 *Ibid.*, p. 239.

11 Camille Bellaigue, *Les Époques de la musique*, I, Paris, Delagrave, 1909, p. 272.

12 L'affirmation de Dominique Fernandez, selon qui « Il y a cent ans, on avait de Hændel l'image d'un type guindé, pompeux, ennuyeux à force d'emphase ; "une perruque", et même un peu mitée » (préface au *Hændel*, Arles, Actes Sud, 2005, p. 9) me semble donc exagérée, mais le mérite de Rolland ne saurait être sous-estimé.

Pour Rolland, Hændel est d'abord une force de la nature et un tempérament humain sans équivalent, opinion qui rejoint ici celle (que Rolland ne connaissait probablement pas) de Nietzsche, pour qui l'auteur d'*Israël en Égypte* était « le plus beau modèle que nous ayons d'un *homme* dans le domaine de l'art[13] ». Timothée Picard note bien que dans le Hændel « les images du métal et du fleuve impétueux reviennent d'ailleurs en permanence pour le caractériser[14] ». Dès 1890, Rolland écrivait à sa mère qu'il se « nourrissait » de Hændel comme d'un « rosbif saignant[15] ». Et alors qu'il travaille à sa biographie, il confie sa méthode de travail à Sofia Bertolini :

> je relis la Bible, à présent, tout en jouant les oratorios de Hændel, qui la mettent en musique. Voici la deuxième année que je pense à étudier Hændel. Je joue en moyenne une ou deux œuvres nouvelles de lui, par semaine. Et je n'ai pas fini. C'est tout un univers. Et dans ce monde de chefs-d'œuvre, il y a les plus belles tragédies grecques que l'on ait faites depuis Sophocle, et la plus magnifique musique de plein air, que l'on ait écrite pour tout un peuple[16].

À ce stade, ce n'est plus de l'appétit, mais de la boulimie ! Hændel, cependant, pour Rolland, reste comme on l'a vu un « Beethoven enchaîné ». Fils d'un siècle historiciste, l'auteur de *Jean-Christophe* ne saurait oublier que les moyens musicaux ont « progressé » depuis Hændel, mais cette « faiblesse » – dans un retournement où la pure beauté, dans un geste typique de la dialectique rollandienne, prend sa revanche sur les déterminations historiques – lui semble précisément faire la force du compositeur. La puissance descriptive de ce dernier est en effet d'autant plus grande que les moyens qu'il a utilisés sont modestes : « Quoique Hændel, dit-il, soit, en art, un visuel, et que sa musique ait un pouvoir descriptif et évocateur, il ne fait qu'un usage restreint du

13 Friedrich Nietzsche, *Fragments posthumes, automne 1887 – mars 1888*, cités par Georges Liébert, *Nietzsche et la musique*, Paris, Presses Universitaires de France, Quadrige, 2000, p. 24.

14 Timothée Picard, art. cité, p. 19. Sur la métaphore rollandienne du fleuve, voir Alain Corbellari, *Les Mots sous les Notes*, *op. cit.*, p. 266-271.

15 Lettre du 21 décembre 1890 à sa mère, dans *Retour au Palais Farnèse*, Choix de lettres de Romain Rolland à sa mère (1890-1891), Paris, Albin Michel, « Cahiers Romain Rolland » n° 8, 1956, p. 125.

16 Lettre du 22 novembre 1908, *Chère Sofia*, I, Choix de lettres de Romain Rolland à Sofia Bertolini Guerrieri-Gonzaga (1901-1908), Paris, Albin Michel, « Cahiers Romain Rolland » n° 10, 1959, p. 378.

coloris instrumental[17] », ce qui le distingue avantageusement, à ses yeux, de « nos musiciens d'aujourd'hui, avec leur palette surchargée[18] ». Au demeurant, cette relative modération du coloris haendélien n'empêche pas Rolland d'insister sur le goût de Hændel, grand collectionneur, pour la peinture, goût qui fait lui-même écho à la fibre picturale que Rolland a développée durant son séjour italien ; sans qu'il le dise explicitement, il fait donc peu de doute que, pour Rolland, l'italianité de Hændel s'exprime aussi dans cet amour de la peinture et est solidaire d'une vision résolument solaire du compositeur.

Par ailleurs, la simplicité des moyens corrobore la caractérisation de Hændel en musicien « populaire », incarnant par là même, presque parfaitement l'idéal d'universalisme de l'auteur du *Théâtre du peuple* :

> ce que j'entends surtout par le caractère populaire de la musique de Hændel, c'est qu'elle est vraiment conçue pour tout un peuple, et non pour une élite de dilettantes, comme l'opéra français entre Lully et Gluck. [...] Notre époque a perdu le sens de ce type d'art et d'hommes : de purs artistes qui parlent au peuple et pour le peuple, non pour eux seuls et pour quelques confrères[19].

Il est intéressant de noter que, pour datée qu'elle puisse paraître, l'axiologie historique de Rolland a reçu la caution d'un des plus grands musicologues allemands du XXe siècle : dans la préface à la traduction allemande du *Hændel*, Carl Dahlhaus félicitait Rolland de toujours tempérer la pente héroïque ou mythique de son écriture par une juste appréciation du devenir historique[20] et le lavait du soupçon d'avoir voulu moderniser à outrance la figure de Hændel, en faisant valoir que c'était la position même de Rolland au sein d'une épistémè post-romantique qui lui permettait de saisir la nouveauté du statut d'« homme public » de Hændel[21].

---

17 *Hændel*, p. 250.

18 *Ibid.*, p. 252.

19 *Ibid.*, p. 275.

20 Carl Dahlhaus, « *Vorwort* » [Introduction] à Romain Rolland, *Georg Friedrich Händel*, München, Piper, 1985, p. 12 : « *Biographik, statt in Apologie befangen zu bleiben, als authentische Geschichtsschreibung erweist und legitimiert* » (« le biographique, au lieu de rester cantonné dans l'apologie, se révèle et se légitime comme une authentique écriture de l'histoire »).

21 *Ibid.*, p. 10 : « *Und so absurd die Behauptung wäre, dass Händel von Rolland als Citoyen – als ein ins 18. Jahrhundert verschlagener Beethoven – stilisiert worden sei, so unverkennbar waren es ein fest eingewurzeltes Citoyen-Bewusstsein und die Verachtung des Bourgeoisen, die Rolland dazu befähigten, eine Existenzform, die primär eine "öffentliche", soziale war, angemessen zu begreifen*

Il faut également insister ici, d'un point de vue plus pragmatique, sur la modernité de la vision que Rolland se fait de l'interprétation de la musique baroque. Son insistance sur l'absence de surenchère de ce style musical le pousse non seulement à condamner les exécutions « ridiculement colossales[22] » des oratorios de Hændel dans l'Angleterre victorienne, mais lui permet même d'anticiper la vision allégée et souple qu'imposeront à partir des années 1970 ceux que l'on a appelés les « baroqueux ». Remarquable à cet égard paraît cette notation presque incidente sur l'« élasticité qu'il faut tâcher de rendre aux œuvres instrumentales de Hændel quand on les exécute aujourd'hui[23] ». Incontestablement, Rolland est plus proche du baroque dégraissé des interprétations musicalement informées d'aujourd'hui que de celui, empâté, de ses contemporains.

Là où Rolland est également en avance sur son temps, c'est dans sa conviction que le cœur de l'œuvre de Hændel réside moins dans ses oratorios que dans ses opéras. De fait, jusque vers 1970, c'étaient les premiers qui, avec la musique instrumentale, constituaient l'essentiel de ce que l'on jouait couramment du compositeur. À de rares exceptions près, au premier rang desquelles figurait le *Jules César* défendu dès 1922 par les plus grands interprètes[24], les opéras restaient dans les tiroirs des bibliothèques musicales. Quelle ne serait la satisfaction de Rolland de constater qu'ils sont aujourd'hui redevenus la part la plus vivante du legs haendélien !

L'amour rollandien de l'opéra baroque a cependant ses limites, et Dominique Fernandez a vivement réagi à la mécompréhension dont notre musicologue avait fait preuve face au rôle des castrats dans l'opéra baroque :

---

und darzustellen » (« Et aussi absurde que puisse être l'affirmation que Hændel aurait été stylisé par Rolland comme citoyen – comme un Beethoven projeté dans le XVIIIe siècle – il est aussi évident que c'était sa conscience fermement enracinée de citoyen et son mépris du bourgeois qui rendaient Rolland capable de comprendre et de présenter de manière adéquate une forme d'existence qui était en premier lieu "publique" et sociale »).

22 *Hændel*, p. 218.

23 *Ibid.*, p. 255. Signalons cependant qu'à cet endroit Rolland cite le musicographe et chef de chœur allemand Fritz Volbach qui préconisait déjà à la fin du XIXe siècle cette « *Leichtigkeit der Bewegung und Beweglichkeit des Ausdrucks* » (« légèreté du mouvement et souplesse de l'expression »).

24 Gustave Kobbé, ou plutôt ses continuateurs, dans le classique *Tout l'opéra*, ne citaient encore, dans l'édition de 1976, que quatre opéras de Hændel : *Jules César*, *Rodelinda*, *Alcina* et *Semele*. Et l'appréciation de Harewood subsistait toujours inchangée à cette date tardive : « ce qui nous en éloigne tient aux conventions qu'ils respectent et nous sont totalement étrangères » (édition de 1976, trad. française, Paris, Laffont « Bouquins », 1982, p. 59).

> La seule allusion de Romain Rolland à cette particularité si scandaleuse pour lui se trouve dans la note où il donne, presque en cachette tant il est gêné de la signaler, la distribution vocale de quelques-uns des opéras de Londres[25].

Affirmant que par l'usage des castrats « l'invraisemblance psychologique devient la vérité musicale[26] », Fernandez soupçonnait-il que c'est toute la vision qu'a Romain Rolland de l'art lyrique qu'il remettait en question ? Si l'opéra n'est que mensonge, il ne saurait en effet prétendre à la haute valeur morale que l'auteur du *Théâtre du peuple*, adepte de la théorie aristotélicienne de la *catharsis*, plutôt que de celle, platonicienne, de la *mimésis*, entend y voir.

Comme il le faisait déjà dans sa thèse sur *Les Origines de l'opéra*, Rolland ne manque par ailleurs pas une occasion, dans le *Hændel*, de rompre des lances en faveur de musiciens secondaires injustement tombés dans l'oubli : Provenzale, à qui il consacrait huit pages dans sa thèse, a droit à quelques remarques élogieuses, ainsi que Porpora, dont il dit que « l'histoire ne lui a pas encore rendu justice[27] ». Steffani, que l'on recommence à peine aujourd'hui à jouer, est largement évoqué sur plusieurs pages. Et les concurrents de Hændel dans le domaine de l'opéra sont également traités avec éloge. Ainsi de Hasse, dont Rolland dit que « personne n'eut jamais, à son degré, le sens de la beauté mélodique » et que « dans ses meilleures pages, il est l'égal des plus grands[28]. » Et si notre musicologue estime que Hændel ne fut surpassé par aucun Allemand « pour l'art des belles lignes mélodiques », il reconnaît toutefois que « seuls Mozart et Hasse l'égalèrent[29] ».

Certes, sur bien des compositeurs, l'information de Rolland reste loin d'égaler la nôtre. L'exemple le plus frappant est sans doute celui de Vivaldi dont il donne en note la date de naissance de 1680 (alors que nous savons aujourd'hui qu'il est né en 1678) et dont il croit utile de nous préciser, dans la note suivante, qu'il est l'auteur de quatre concertos qui « décrivent les quatre saisons », renseignement apparemment encore de son temps à la seule portée d'une rare élite d'érudits. Il y a visiblement un abîme entre la connaissance que le grand public pouvait avoir du

---

25 Dominique Fernandez, *op. cit.*, p. 14.
26 *Id.*
27 *Hændel*, p. 203.
28 *Ibid.*, note n° 235, p. 204.
29 *Ibid.*, p. 222.

Prêtre roux en 1910 et la gloire universelle qui est (re)devenue la sienne à partir des années 1950.

Il n'en reste pas moins que la plupart des portraits que dresse Rolland de bien des compositeurs contemporains de Hændel ont leur part d'ambivalence. S'il aime réhabiliter, il garde une forte propension à assumer ses jugements de valeur en revenant toujours à sa vision évolutionniste de l'art musical. On peut citer le cas de Keiser dont l'éloge est inextricablement mêlé de blâme, puisqu'il est présenté comme « un homme qui, à défaut de caractère et peut-être de science suffisante, eut certainement du génie », ainsi que comme « l'artiste-type de cette époque débordante de vie matérielle et possédée de l'amour du plaisir ». Si, comme on l'a vu, la vitalité est une vertu cardinale pour Rolland, l'excès de vie peut vite devenir un signe de décadence[30]. Notre musicographe dressera dans deux articles repris dans le *Voyage musical au pays du passé*[31], un tableau peu amène du tout-venant de la production musicale de l'époque baroque, où il ne ménagera ni ses sarcasmes ni l'expression de sa réprobation morale envers des artistes qui n'ont pas la hauteur de vue de Bach ou de Hændel.

Plus exemplaire encore est le cas de Purcell, dont Dominique Fernandez, préfaçant la réédition de 2005 du *Hændel*, stigmatisait la sévérité du jugement que Rolland portait sur lui. Il y a pourtant une indéniable tendresse dans ses remarques sur l'art purcellien, « plein de grâce et de délicatesse, bien plus aristocratique que celui de Lully : c'est du Van Dyck en musique ; tout y est d'une extrême élégance fine, aisée, un peu exsangue[32] ». Rolland va même jusqu'à dire que « l'art anglais n'a jamais rien produit de plus digne d'être égalé aux chefs-d'œuvre de l'art italien, que la scène de la mort de Didon[33] » dans *Didon et Enée*. Cependant, lorsqu'il estime que « ce charmant artiste, maladif, de

30 Même Richard Strauss, que Rolland admire généralement, se voit diagnostiquer en 1898 « une surexcitation morbide, un déséquilibre que la volonté maintient, mais qui secoue la musique et le musicien » (cité dans Alain Corbellari, *Les Mots sous les Notes*, *op. cit.*, p. 164).

31 « Le Roman Comique d'un musicien allemand », article de 1900, devenu dans *Voyage musical au pays du passé* « Le Roman Comique d'un musicien du XVIIIe siècle », et « La vie musicale en Angleterre au temps de la Restauration des Stuarts, d'après le Journal de Samuel Pepys », écrit juste avant *Hændel*, en 1909, et devenu « La vie musicale d'un amateur anglais, au temps de Charles II, d'après le Journal de Pepys ».

32 *Hændel*, p. 184.

33 *Ibid.*, note n° 164, p. 184.

tempérament débile, avait quelque chose de féminin, de frêle, de peu résistant », on retrouve la méfiance de notre exégète pour les natures manquant de vigueur et de sève. Que l'éloge rollandien de Purcell semble rapprocher celui-ci de Mozart s'avère donc plutôt un argument à charge qu'à décharge contre le compositeur anglais, sur qui le jugement de Rolland est, en fin de compte, dénué de surprise : « Presque partout, il est resté incomplet[34] ».

Comme il l'annonce dans son bref avant-propos, ainsi qu'à plusieurs autres reprises au fil de son texte, Rolland avait l'intention d'écrire un second volume sur Hændel, qui aurait en fait été plutôt focalisé sur ses contemporains, et dans lequel il aurait en particulier approfondi l'étude des liens entre l'auteur de *Jules César* et l'opéra de son temps[35]. L'article sur « Les plagiats de Hændel » était ainsi destiné, si on l'en croit, à servir de point de départ à cette étude qui aurait vraisemblablement poursuivi la réhabilitation de la création lyrique du premier XVIIIe siècle. La Grande Guerre, en détournant Rolland de la musicologie au profit de la politique, a condamné ce projet, dont le musicologue moderne ne peut qu'infiniment regretter l'avortement : la résurrection de l'opéra baroque en aurait peut-être été avancée de plusieurs décennies !

La dette des chercheurs modernes envers Rolland a néanmoins été largement reconnue, et on lui a même fait l'honneur de polémiques posthumes, comme on l'a vu avec Dominique Fernandez qui, malgré ses quelques réserves, voyait dans le *Hændel* « un modèle de portrait musical[36] ». De fait, on n'en finirait pas de retrouver l'influence plus ou moins diffuse de la vision hændelienne proposée par Rolland dans la musicographie française et même étrangère, comme le suggère le nombre de traductions faites de l'ouvrage jusqu'en Chine et au Japon.

Est-ce à dire que l'ouvrage n'a « pas pris une ride » ? En fait, le caractère exemplaire du *Hændel* réside peut-être moins dans sa réussite intrinsèque que – et c'est sur cela que nous aimerions conclure notre présentation – dans le fait qu'il est sans doute, de tous les écrits musicologiques de Rolland, celui qui permet le mieux d'observer l'ambiguïté majeure de son esthétique. Alors que, pour la musique de son temps, il

34 *Ibid.*, p. 184.

35 Dans une note de la p. 201 il annonce ainsi qu'il évoquera dans son second volume le compositeur d'opéra italien Leonardo Vinci. Plus loin (note n° 235, p. 204), il assure qu'il se « réserve d'étudier longuement, ailleurs » Hasse.

36 Dominique Fernandez, *op. cit.*, p. 9.

reste tributaire de l'ambiance post-romantique, préférant César Franck et Richard Strauss à Debussy et, plus encore, à Schönberg, Rolland accorde au baroque une légèreté qui découle logiquement de sa vision historique de l'évolution de la musique, mais le met du même coup en porte-à-faux avec son objet. En bon héritier du positivisme scientifique qui a érigé la philologie en science pilote des disciplines historiques, il se doit de retrouver la « vérité » de cette musique, et l'étude attentive des sources lui permet de documenter sans équivoque une pratique qui diverge considérablement de celle des exécutions données de son temps ; mais par ailleurs son romantisme foncier et son manque d'empathie pour les musiciens qui tenteraient, dans la musique moderne, de retrouver le sens de cet allègement (Debussy, Stravinski, le néo-classicisme, mais aussi, plus tard, le sérialisme) l'empêche de penser jusqu'au bout la libération dont l'interprétation historiquement informée de la musique baroque est porteuse, libération qui trouve des résonances extrêmement profondes dans notre monde post-industriel. Apôtre d'un théâtre affranchi des contraintes classiques, et d'une littérature qui puisse prendre en compte la libération du corps prônée par Nietzsche et Freud, Rolland reste un victorien. Le « poison idéaliste » qu'il dénonçait dans un article de jeunesse continue de couler dans ses veines, de la même manière que sa vision du communisme demeure foncièrement élitaire et anti-matérialiste. Après la Grande Guerre, son attirance pour le détachement des religions orientales ne l'empêchera pas de continuer de vénérer encore et toujours les génies luttants et souffrants qui sont l'apanage de l'Occident indélivré : le parallèle qu'il instaure, dans *Les Grandes Époques créatrices*, entre Beethoven et Vivekananda, sage hindou atypique, est à cet égard, très parlant[37]. Et son Hændel « beethovénisé » appartient entièrement à cette lignée. Si, dans le *Hændel* Rolland insiste moins que dans le petit *Beethoven* et dans le *Michel-Ange* sur les souffrances de son héros, c'est à la vertu du travail musicologique qu'il le doit. Mais s'il met une sourdine à son penchant doloriste, il ne le fait pas complètement taire, car Hændel doit rester un homme d'exception, et la doxa romantique veut qu'une part de mélancolie s'attache à tout génie. Caractéristique à cet égard est l'étonnement de Rolland sur le fait que *Le Messie*, « cette œuvre, robuste et saine entre toutes, était écrite en vingt jours, comme en se jouant, au milieu des tristesses, à deux doigts de la ruine et d'une

37 Voir Alain Corbellari, *Les Mots sous les Notes*, *op. cit.*, p. 319-321.

maladie grave, où la raison de Hændel faillit rester engloutie[38] ». Malgré tout, ce qui s'impose, jusque dans cette citation, c'est la vision de cette œuvre « robuste et saine », de cet art essentiellement heureux et énergique que Rolland exalte comme le trésor haendélien par excellence. Par-là, son essai s'avère extraordinairement tonique. Visionnaire dans sa réhabilitation d'une esthétique qui n'est pourtant pas celle dans laquelle il situe son habitus quotidien, Romain Rolland nous offre un portrait qui reste, dans le plus haut sens du terme, la plus *vivante* de ses biographies.

NOTE SUR LE TEXTE

Rolland n'a pour ainsi dire pas revu son texte entre les différentes éditions qu'il a pu contrôler. Seules, comme on le verra dans les variantes, trois notes ont été modifiées entre l'édition originale de 1910 et la deuxième, de la fin de la même année, elle-même identique à la cinquième édition, de 1924, dernière parue de son vivant et que nous suivons ici. Un exemplaire de la troisième édition (1911), conservé à la Bibliothèque nationale de France, contient deux minimes corrections manuscrites de Rolland, qui ne sont pas entérinées dans les éditions ultérieures, mais que nous citons en variantes. De 1910 à 1924, la mise en page du texte est restée rigoureusement la même, signe que l'éditeur a sans doute insisté pour que l'auteur limite au maximum ses corrections. Cette hypothèse pourrait de surcroît être corroborée par un autre indice : la note 2 de la p. 69 (pagination originale) ayant été modifiée et allongée, une phrase a en effet disparu de la note 4, vraisemblablement pour que la p. 70 puisse être recomposée à l'identique (voir les n. 157 et 159 de la p. 182 de la présente édition). Romain Rolland eût sans doute apprécié que nous rétablissions ici la phrase supprimée en note, mais, en l'absence d'une déclaration explicite de sa part, nous ne nous sommes pas permis cette

38 *Hændel*, p. 206. On comparera cependant la brève mention de cet épisode par Rolland avec le récit qu'en fait son ami Stefan Zweig dans l'une des nouvelles de ses *Grandes heures de l'humanité*, « La résurrection de Georg Friedrich Hændel » (trad. dans Stefan Zweig, *Romans nouvelles et récits*, I, Paris, Gallimard, Coll. « Bibliothèque de la Pléiade », 2013, p. 1109-1130), où l'exaltation héroïque et même christique du personnage confine au délire.

entorse aux règles de l'ecdotique moderne et ce n'est, ici encore, qu'au titre de variante que l'on retrouvera la phrase incriminée.

La quasi identité des éditions successives du livre a aussi pour conséquence que les références ne sont pas actualisées : ainsi une allusion à un livre à paraître d'André Pirro sur Buxtehude (note n° 77 p. 165) se retrouve-t-elle inchangée dans l'édition de 1924, alors que le livre annoncé avait paru en 1911 ! Nous avons bien sûr, dans ces cas-là, procédé aux actualisations nécessaires et avons aussi, là où les indications de Rolland étaient vraiment trop lacunaires, précisé ses informations. Mais nous n'avons pas voulu alourdir des notes déjà bien copieuses en complétant systématiquement les références aux ouvrages que Rolland cite dans sa bibliographie.

La graphie de certains noms propres ou de certains titres n'est pas toujours unifiée. Rolland écrit par exemple tantôt *Water Music*, *Watermusic* et même *Water Musick*. Nous avons respecté ces variations.

Nous avons par ailleurs distingué les (rares) coquilles – que nous corrigeons – de certaines erreurs factuelles dues au défaut d'information de Rolland, comme par exemple la date de naissance de Vivaldi (note n° 431 p. 256), corrigée par la musicologie ultérieure. Dans ces cas, le texte original est conservé, mais l'erreur est signalée et corrigée dans une note d'éditeur.

Les articles rédigés dans la foulée de l'écriture de la monographie ne figurent dans aucune des éditions publiées du vivant de Rolland ; la plupart de ces textes ont été ajoutés dans l'édition posthume publiée chez Albin Michel en 1951, addition légitime dans la mesure où Rolland annonçait que le plus important d'entre eux, « Les plagiats de Hændel », serait réécrit en vue du deuxième volume, qu'il n'écrivit jamais. Nous ne les reproduisons pas ici, mais on peut en trouver la référence complète dans la bibliographie en fin de volume. De même, la discographie établie par Philippe Beaussant dans l'édition de 1974, reprenant celle de 1951, a bien plus mal vieilli que l'ouvrage de Romain Rolland et il n'y avait évidemment aucun sens à la reproduire ici.

Alain Corbellari

HÆNDEL

Ce n'est pas après quelques années d'études, et en quelque deux cents pages que l'on peut donner un aperçu de l'œuvre colossal de Hændel. Pour bien parler de cette vie, il faudrait une vie ; et celle même du laborieux et enthousiaste Chrysander[1], qui lui fut consacrée, a été à peine suffisante. Nous avons fait ce que nous avons pu ; que l'on excuse nos fautes ! Ce petit livre ne prétend à rien de plus qu'à être une esquisse très sommaire de la vie et de l'esthétique de Hændel. Dans un prochain volume[2], j'étudierai plus en détail le caractère de Hændel, son œuvre, et son temps.

R. R.
Avril 1910.

---

1 [NdÉ] Friedrich Chrysander (1826-1901), pionnier de la musicologie allemande, rédacteur de l'*Allgemeine musikalische Zeitung* de 1868 à 1871 et de 1875 à 1882, fondateur en 1885, avec Philipp Spitta et Guido Adler, de la *Vierteljahrsschrift für Musikwissenschaft*. Sur sa contribution essentielle à la critique et à l'édition des œuvres de Hændel, voir les remarques de Rolland dans la bibliographie.

2 [NdÉ] Ce second volume n'a jamais été écrit : voir l'introduction.

LA VIE

La famille Hændel était silésienne[3] d'origine. Le grand-père, Valentin Hændel, était maître chaudronnier à Breslau. Le père, Georges Hændel, fut barbier-chirurgien, attaché au service des armées de Saxe, puis de Suède, puis de l'Empereur, et enfin au service particulier du duc Auguste de Saxe. Il était assez riche, et acheta à Halle, en 1665, une belle maison, qui existe encore aujourd'hui. Il se maria deux fois : en 1643, avec la veuve d'un barbier, qui avait dix ans de plus que lui : il en eut six enfants ; – en 1683, avec la fille d'un pasteur, qui avait trente ans de moins que lui : il en eut quatre enfants, dont le second fut Georges-Frédéric.

Les deux parents étaient de cette bonne souche bourgeoise du XVIIe siècle, qui fut une terre excellente pour le génie et pour la foi. Hændel le chirurgien était un homme d'une stature gigantesque, sérieux, sévère, énergique, strictement attaché au devoir, d'ailleurs bienfaisant et serviable. Son portrait montre une grande figure rasée, qui n'a point l'air de rire souvent : le port de tête est hautain, les yeux moroses ; long nez, bouche volontaire ; de grands cheveux aux boucles blanches tombent sur les épaules ; calotte noire, rabat de dentelle, robe de satin noir : l'aspect d'un parlementaire. – La mère n'était pas de moins solide trempe. De famille pastorale du côté maternel comme du côté paternel, pénétrée de l'esprit de la Bible, elle avait un calme courage, qu'elle montra quand la peste ravagea le pays. Sa sœur et son frère aîné furent emportés par le fléau. Son père fut atteint ; elle refusa de s'éloigner, et resta avec tranquillité. Elle était alors fiancée. – Les deux époux devaient transmettre à leur glorieux fils, à défaut de la beauté qu'ils n'avaient point, et dont ils ne s'inquiétaient point, leur santé physique et morale, leur stature, leur intelligence nette et pratique, leur application au travail, le métal indestructible de leur calme volonté.

3 L'arbre généalogique des Hændel a été dressé par Karl Eduard Förstemann : *Georg Friedrich Hændel's Stammbaum*, [Leipzig], Breitkopf, 1844. Le nom de Hændel était très commun à Halle, sous des formes diverses (*Hendel*, *Hendeler*, *Händeler*, *Hendtler*). À l'origine, il voulait dire : marchand. – G. F. Hændel l'écrivait, en italien *Hendel*, en anglais et en français *Handel*, en allemand *Händel*.

*
* *

Georg Friedrich Hændel naquit à Halle le lundi 23 février 1685[4]. Son père avait alors soixante-trois ans, sa mère trente-quatre[5].

La ville de Halle était dans une situation politique singulière. Elle avait appartenu à l'électeur de Saxe ; puis, les traités de Westphalie l'attribuèrent à l'électeur de Brandebourg ; mais ils en laissèrent au duc Auguste de Saxe l'usufruit, sa vie durant. Après la mort d'Auguste, en 1680, Halle passa définitivement au Brandebourg ; et le Grand Électeur vint, en 1681, s'y faire prêter hommage. Hændel naquit donc Prussien. Mais son père était serviteur du duc de Saxe, et il resta en relations avec le fils d'Auguste, Jean-Adolphe, qui avait transporté sa cour, après l'annexion prussienne, dans la ville voisine de Weissenfels. Ainsi, l'enfance de Hændel se trouva placée entre ces deux foyers intellectuels : la Saxe et la Prusse. Des deux, le plus artistique et d'ailleurs le plus voisin était la Saxe. À Weissenfels avaient émigré, avec le duc, la plupart des artistes : c'était là que le génial Heinrich Schütz était né et était mort[6] ; ce fut là que Hændel trouva son premier appui, et que sa vocation d'enfant fut reconnue.

Les précoces dispositions musicales du petit Georg Friedrich s'étaient heurtées à l'opposition formelle du père[7]. L'honnête chirurgien avait plus que de la défiance – une sorte d'aversion pour la profession d'artiste. Ce sentiment était partagé par presque tous les braves gens de l'Allemagne. Le métier de musicien était discrédité par le spectacle peu édifiant qu'avaient donné certains artistes, dans les années relâchées qui suivirent la guerre de Trente Ans[8]. D'ailleurs, la bourgeoisie allemande

4 Le mois suivant, naissait à Eisenach, le 21 mars 1685, Jean-Sébastien Bach.

5 Des quatre enfants du second mariage, le premier mourut en naissant. Georges-Frédéric eut deux sœurs, l'une de deux ans, l'autre de cinq ans plus jeunes.

6 En 1672.

7 On trouvera partout racontées les anecdotes légendaires sur le petit Hændel, sortant du lit, la nuit, pour aller en cachette jouer d'un petit clavicorde, qui se trouvait au grenier.

8 Voir la préface que le cantor à la Thomasschule de Leipzig, Tobias Michael, écrivit à la seconde partie de sa *Musikalische Seelenlust* (1637) ; et, dans la vie de Rosenmüller, le récit de la scandaleuse affaire qui, en 1655, força ce grand musicien à fuir à l'étranger. (August Horneffer : *Johann Rosenmüller*, 1898.) [NdÉ – Réédité en 2005 chez Ostinato à Salzgitter, cet ouvrage reste une référence sur Johann Rosenmüller (1617-1684), compositeur qui a connu un regain d'intérêt depuis les années 1980. La « scandaleuse affaire » est une affaire de mœurs : soupçonné d'avoir eu des relations sexuelles avec des petits chanteurs de l'église Saint Thomas, Rosenmüller fut incarcéré, mais réussit à s'enfuir.]

du XVIIe siècle n'avait pas de la musique une idée très différente de celle de notre bourgeoisie française du XIXe siècle : c'était pour elle un art d'agrément, non une profession sérieuse. Beaucoup des maîtres d'alors, Schütz, Rosenmüller, Kuhnau, furent juristes ou théologiens, avant de se consacrer à la musique ; ou même, ils continuèrent quelque temps de mener de front les deux métiers. Le père de Hændel voulait, lui aussi, que son fils fût homme de loi. Mais un voyage à Weissenfels triompha de ses résistances. Le duc entendit le petit Hændel, âgé de sept ans, qui jouait de l'orgue ; il fit appeler le père et lui recommanda de ne point contrecarrer la vocation de l'enfant. Le père, qui eût trouvé ces conseils fort mauvais, venant de tout autre, les trouva fort bons sans doute, venant d'un prince ; et, sans renoncer à l'idée que son fils fit son droit – (car il était aussi entêté que son fils devait l'être), – il consentit à lui faire apprendre la musique. De retour à Halle, il le conduisit chez le meilleur maître de la ville, l'organiste Friedrich Wilhelm Zachow[9].

*

* *

Zachow était un large esprit et un beau musicien, dont la grandeur n'a été appréciée que depuis quelques années[10]. Son influence fut capitale sur Hændel. Hændel lui-même ne le cachait point !

L'action du maître sur l'élève s'exerça de deux façons : par sa méthode d'enseignement et par sa personnalité artistique[11].

« L'homme était très fort dans son art, dit Mattheson[12] ; et il possédait autant de talent que de bienveillance… Hændel lui plut de telle

9 Telle est l'orthographe exacte du nom, qui se trouve ordinairement écrit : Zachau. – F.-W. Zachow était né en 1663, à Leipzig, d'un père Berlinois, et mourut prématurément, en 1712.

10 Depuis la publication des œuvres de Zachow, par M. Max Seiffert, dans les *Denkmäler deutscher Tonkunst*, t. XXI et XXII, 1905, Breitkopf.

11 Mattheson l'avait, aussi, nettement affirmé. Mais les historiens de nos jours, Chrysander, Volbach, Kretzschmar, Sedley, Taylor, n'ont tenu aucun compte de ces dires, qu'ils attribuaient à la générosité de Hændel ou à la malveillance de Mattheson. Il manquait à leur jugement, fort sévère pour Zachow, de connaître les œuvres de Zachow. Depuis la publication des *Denkmäler*, il est impossible à tout esprit non prévenu de ne pas reconnaître en Zachow les véritables origines du style et même, pourrait-on dire, du génie de Hændel.

12 [Johann Mattheson, *Georg Friedrich Händels*] *Lebensbeschreibung*, [*nebst einem Verzeichnisse seiner Ausübungswerke und deren Beurtheilung ; übersetzet mit einiger Einmerkungen, absonderlich*

sorte qu'il ne pensa jamais pouvoir lui témoigner assez d'amour et de bonté. Son effort tendit d'abord à lui faire connaître les fondements de l'harmonie. Puis il tourna ses pensées vers l'art de l'invention ; il lui apprit à donner aux idées musicales la forme la plus parfaite ; il affina son goût. Il possédait une remarquable collection de musique italienne et allemande. Il montra à Hændel les façons diverses d'écrire et de composer des différents peuples, en même temps que les qualités et les défauts de chaque compositeur. Et, afin que son éducation fût à la fois théorique et pratique, il lui donnait souvent des devoirs à faire (dans tel ou tel style)… »

Cette éducation, d'une largeur d'esprit vraiment européenne, ne s'enfermait donc pas dans une école musicale, mais planait au-dessus de toutes les écoles, et s'efforçait de s'assimiler leurs richesses à toutes. Qui ne voit que ce fut la pratique constante de Hændel, et l'essence de son génie, fait de cent génies divers, qu'il avait absorbés ! Un manuscrit de lui, daté de 1698, et qu'il garda toute sa vie, contenait, dit Chrysander, des *Arie, Chœurs, Capricci et Fugues* de Zachow, Alberti (Heinrich Albert), Froberger, Krieger, Kerll, Ebner, Strungk, qu'il avait copiés pendant qu'il était à l'école de Zachow. Il ne devait jamais oublier ces vieux maîtres, dont le souvenir précis se retrouve dans ses pages les plus célèbres[13]. Il lut sans doute aussi chez Zachow les premiers recueils pour clavier de Kuhnau, qui paraissaient alors[14]. Enfin, il semble que Zachow ait connu l'œuvre de Agostino Steffani[15], qui devait témoigner plus tard à Hændel une amitié paternelle ; et il suivait avec sympathie le mouvement dramatico-musical de Hambourg[16]. Ainsi, le petit Hændel avait, grâce à son maître, un vivant résumé des ressources musicales de l'Allemagne ancienne et nouvelle ; et, sous sa direction, il s'appropria les secrets de

über den hamburgischen Artikel, versehen vom Legations-Rath Mattheson… Hamburg, Auf Kosten des Übersetzers,] 1761 [p. 9].

13 On note des motifs de Kerll dans un de ses Concertos d'orgue et un *Concerto grosso*. Une *Canzone* de Kerll, ainsi qu'un *Capriccio* de Strungk, ont même été repris entièrement dans deux chœurs d'*Israël en Égypte*. (Max Seiffert : *Hændels Verhältnis zu Tonwerken ælterer deutscher Meister*, Jahrbuch Peters, 1907.)

14 Les deux parties de la *Klavier-Uebung* de Kuhnau parurent en 1689 et 1692 ; les *Frischen Klavier-Früchte* en 1696, et les *Biblischen Historien* en 1700. Voir l'édition des œuvres pour clavier de Kuhnau par Karl Päsler, dans les *Denkmäler deutscher Tonkunst*, 1901.

15 Voir Chrysander. – Nous reparlerons plus loin de l'œuvre de Steffani et de ses rapports avec Hændel.

16 Voir note 38.

la grande architecture contrapontiste du passé, comme du beau style mélodique et expressif des écoles italo-allemandes de Hanovre et de Hambourg.

Mais l'influence personnelle de l'âme et de l'art de Zachow ne fut pas moins forte sur Hændel que l'action de sa méthode d'enseignement. On est frappé de la parenté que révèlent ses œuvres[17] avec celles de Hændel : parenté de caractère et parenté de style. Il ne s'agit pas seulement de réminiscences de motifs, de dessins ou de thèmes[18]. C'est l'essence de l'art qui est la même chez tous deux. Art de lumière et de joie. Il n'a rien du recueillement pieux et replié sur soi-même, de J.-S. Bach, qui descend dans les profondeurs de sa pensée, qui aime à en suivre tous les replis, et qui, dans le silence et la solitude, converse avec son Dieu. La musique de Zachow est de la musique de grands espaces, de fresques tourbillonnantes, telles qu'on en voit dans les coupoles des dômes italiens du XVIe et du XVIIe siècles, mais avec plus de foi. Cette musique, qui pousse à l'action, veut des rythmes d'acier, sur lesquels elle s'arc-boute et rebondisse. Elle a des motifs triomphaux, des expositions d'une largeur solennelle[19], des marches victorieuses, qui vont broyant tout, ne s'arrêtant jamais, et qu'accentuent, qu'aiguillonnent des dessins joyeux et dansants[20]. Elle a des motifs pastoraux, des rêveries voluptueuses et pures[21], des danses et des chants, accompagnés de flûtes, d'un parfum hellénique[22], une virtuosité souriante, une joie qui se grise d'elle-même, des lignes tournoyantes, des arabesques de vocalises, des trilles de la

17 Le recueil des œuvres publiées comprend 12 cantates pour orchestre, *soli* et chœurs, une messe *a capella*, un trio de chambre pour flûte, basson, et *continuo*, 8 préludes, fugues, fantaisies, caprices pour clavecin ou orgue, et 44 chorals variés.

18 *Cf.* l'air du ténor : *O du werter Freudengeist* (p. 71) et l'accompagnement et *ritornello* des *violini unisoni*, dans la 4e cantate : *Ruhe, Friede. Freud und Wonne*, avec l'air de Polyphème dans l'*Acis et Galatée* de Hændel. – *Cf.* le motif de l'air de basse de la 8e cantate (p. 189) avec la pièce instrumentale bien connue, qui sert de *sinfonia* au second acte d'*Héraklès* – *Cf.* l'air du ténor avec cor, *Kommt, jauchzet* (p. 181) dans la 8e cantate : *Lobe den Herrn, meine Seele*, avec un air de soprano du *Messie*. – On trouvera aussi dans la cantate *Ruhe, Friede* (p. 83), l'esquisse du fameux chœur de l'écroulement des murs de Jéricho, dans *Josué.*

19 *Ibid.*, p. 159 et 260.

20 *Ibid.*, p. 97, l'air de basse avec quatre *clarini* et *tamburi* ; – p. 269 et suiv. le grand chœur et la marche guerrière à trois temps où l'on entend sonner déjà les accents de *Judas Macchabée.*

21 *Ibid.*, p. 122.

22 *Ibid.*, p. 113, 183.

voix qui jouent avec les arpèges et les petits flots des violons[23]. Unissez ces deux traits : l'héroïque et le pastoral, les marches guerrières et les danses jubilantes. Vous avez les tableaux hændeliens : le peuple d'Israël, et les femmes qui dansent devant l'armée victorieuse. Vous trouvez en Zachow l'ébauche des constructions monumentales de Hændel, de ses *Hallelujah*, – ces montagnes qui clament leur allégresse, – de ses *Amen* colossaux, qui couronnent ses oratorios, comme un dôme de Saint-Pierre[24].

Ajoutez le goût marqué de Zachow pour la musique instrumentale[25], qui lui fait marier avec prédilection les *soli* des voix avec ceux des instruments, et très souvent à concevoir la voix comme un instrument, qui concerte et qui joue avec les autres instruments, formant ensemble des guirlandes décoratives, harmonieusement enchevêtrées.

En résumé, un art moins intime qu'expansif, un art ensoleillé. Non sans émotion[26]. Mais avant tout, reposant, fortifiant et heureux. Une musique optimiste, comme celle de Hændel.

Certes, un Hændel en petit, avec beaucoup moins de souffle, moins de richesse d'invention, surtout moins de puissance de développement. Ce n'est pas le tout d'amorcer ces mouvements colossaux d'armées qui

---

23 *Ibid.*, p. 110, 141, 254, 263.

24 *Ibid.*, 8e cantate : *Lobe den Herrn, meine Seele*, p. 166 ; l'*Hallelujah* allemand, avec le flot de ses vocalises jubilatoires, surtout, p. 192, le grand chœur final. [NdÉ – Jean Gallois se souvenait sans doute de cette phrase lorsqu'il a fait mettre, sur la couverture de son petit *Hændel* de la collection « Solfèges » (Paris, Seuil, 1980), qui doit tant à Romain Rolland, une photo du dôme de Saint-Pierre vu de l'intérieur.]

25 Voir son joli trio pour flûte, basson et clavecin (p. 313). C'est une petite œuvre en quatre mouvements (1. *Affettuoso* ; 2. *Vivace* ; 3. *Adagio* ; 4. *Allegro*), où se mêlent excellemment la claire grâce italienne et le *Gemüt* allemand. / L'orchestre des cantates n'emploie parfois que les cordes avec l'orgue ou le clavecin. Mais en général, la palette de Zachow est assez riche, et comprend, avec les violes, *violette*, violoncelles, des harpes, des hautbois, des flûtes, des *cornes de chasse*, des bassons et *bassonetti*, et jusqu'à 4 *clarini* (trompettes aiguës) et des *tamburi*. (Cantate : *Vom Himmel kam der Engel Schar*.) Zachow s'amuse à combiner les timbres de ces instruments avec ceux de la voix, dans les airs *soli*. Tel air de ténor est accompagné du violoncelle *solo*, tel autre de deux *cornes de chasse* ; un air de basse est avec basson concertant, un autre avec 4 *clarini* et *tamburi* ; un air de soprano, avec basson et 2 *bassonetti* ; – sans parler d'airs nombreux et très soignés, avec hautbois ou flûtes. / Grâce à Zachow, Hændel se familiarisa de bonne heure avec l'orchestre. Il apprit chez lui à jouer de tous les instruments, et principalement du hautbois, pour lequel il écrivit tant de pages charmantes. Dès l'âge de dix ans, il composait des trios pour deux hautbois et basse. Un lord anglais, voyageant en Allemagne, en retrouva une petite collection de six trios *(Sammlung dreistimmiger Sonaten für zwei Oboen und Bass, sechs Stück)* datant de cette époque, (t. XXVIII de la grande édition Hændel.)

26 Voir le bel air de basse de la cantate : *Lobe den Herrn*, p. 164.

marchent et qui dansent ; il faut avoir les reins assez solides pour porter l'édifice, sans plier, jusqu'au bout. Zachow fléchit en route, il n'a pas la force vitale de Hændel. Mais en revanche, il a plus de naïveté que lui, plus de candeur tendre, un je ne sais quoi de chaste et de rougissant, une grâce évangélique[27].

C'était bien là le maître qu'il fallait à Hændel, le maître que plus d'un grand homme a eu le bonheur de trouver (c'est Giovanni Santi pour Raphaël, c'est Neefe pour Beethoven) : bon, simple, clair, un peu pâle, une lumière égale et douce, où l'adolescent rêve en paix, s'abandonnant avec confiance au guide presque fraternel, qui ne cherche pas à le dominer, qui cherche bien plutôt à nourrir de sa petite flamme un plus vaste foyer, à verser son ruisseau de musique dans le grand fleuve du génie.

*

* *

Pendant qu'il était encore à l'école de Zachow, le petit Hændel alla faire une visite à Berlin. Après avoir rendu ses devoirs à l'ancien maître, l'électeur de Saxe, il était prudent de les rendre au nouveau, l'électeur de Brandebourg. Il semble que ce voyage eut lieu vers 1696 ; l'enfant avait onze ans, et son père, malade, ne l'accompagna point.

La cour de Berlin vivait une heure brève d'éclat artistique, entre les guerres du Grand Électeur et celles du Roi-Sergent. La musique y était fort en honneur, grâce à la princesse-électrice, Sophie-Charlotte, fille de la célèbre Sophie de Hanovre. Elle avait attiré les meilleurs instrumentistes, chanteurs et compositeurs d'Italie[28]. Elle fonda l'Opéra de Berlin[29], et dirigeait elle-même les concerts de la cour. Sans doute, ce mouvement était superficiel ; il ne tenait qu'à l'impulsion donnée par la princesse ; et celle-ci avait plus d'esprit que de sérieux : l'art n'était pour elle qu'une distraction passionnée. Aussitôt après sa mort, les

---

27 Certaines phrases très simples, comme, dans la cantate pour la Visitation : *Meine Seel erhebt den Herren*, le récitatif du soprano : « *Denn er hat seine elende Magd angesehen* » (p. 112), ont une odeur exquise d'humilité virginale qui ne se retrouverait plus chez Hændel.

28 Le violoniste Torelli, Antonio Pistocchi, qui fut un des maîtres du chant italien, le père Attilio Ariosti, Giovanni Bononcini. Steffani écrivit pour la princesse des duos fameux, et Corelli lui dédia sa dernière sonate pour violon, *op.* 5.

29 La première représentation eut lieu, le 1er juin 1700, avec un ballet pastoral d'Ariosti. Leibniz assistait à la répétition générale.

fêtes musicales de Berlin devaient s'éteindre. Mais c'était beaucoup déjà d'avoir fait briller, une heure, ce foyer de bel art italien. Et ce fut ainsi que le petit Hændel se trouva, pour la première fois, en contact avec la musique du Midi[30].

L'enfant, qui se fit entendre au clavecin, devant un public de princes, eut tant de succès que l'électeur de Brandebourg voulut l'attacher à son service ; il offrit au père de Hændel d'envoyer le petit en Italie, pour achever son instruction. Le vieux refusa. Il avait l'humeur fière : il ne voulait pas, dit Mainwaring, que son fils fût lié trop tôt à un prince. D'ailleurs, il se sentait mourir, et il désirait revoir l'enfant.

Le petit Hændel revint. Trop tard. Il apprit, en chemin, que son père était mort, le 11 février 1697. – Le principal obstacle à sa vocation musicale avait disparu : mais il avait un respect si profond de la volonté paternelle qu'il s'obligea, pendant des années encore, à étudier le droit, puisque son père l'avait voulu. Après avoir achevé sans hâte ses classes au gymnase, il se fit inscrire à la Faculté de droit de l'Université de Halle, le 10 février 1702, – cinq ans après la mort du père.

La vie universitaire à Halle était d'une brutalité de mœurs révoltante. Mais on trouvait aussi là une vie intense de pensée et de foi. La Faculté de théologie était le foyer du piétisme[31]. On se livrait, parmi les étudiants, à des exercices religieux, qui menaient à l'extase. – Hændel, en indépendant qu'il fut toujours, resta à l'écart des amusements brutaux, comme des contemplations mystiques. Il était religieux, mais sans rien de sentimental. Au reste, un artiste pouvait difficilement s'entendre avec les piétistes, dont la dévotion était trop souvent oppressive pour l'art.

---

30 Tout ce qu'on a conté de sa rencontre avec Ariosti et Bononcini est d'ailleurs légendaire. M. A. Ebert a montré qu'Ariosti n'est venu à Berlin qu'en 1697, et que Bononcini, qui n'arriva en Allemagne qu'en novembre 1697, semble n'être pas venu à Berlin avant 1702. Pour que Hændel l'y eût rencontré, il faudrait qu'il y fût retourné, en 1703, en allant à Hambourg. Mais alors, il avait dix-huit ans ; et la légende de l'enfant-prodige, victorieux des deux maîtres italiens, s'évanouit. ([Alfred] Ebert : *Attilio Ariosti in Berlin*, [*ein Beitrag zur Geschichte der Musik am Hofe König Friedrichs I. von Preussen*], Leipzig, [Druck von Giesecke und Devrient], 1905.)

31 La politique intelligente des électeurs de Brandebourg attirait dans leur Université de Halle les hommes les plus indépendants de l'Allemagne, qui étaient persécutés ailleurs. Ainsi vinrent à Halle les piétistes, chassés de Leipzig. Ils rayonnèrent de là sur toute l'Allemagne, la Suisse et les Pays-Bas. ([Fritz] Volbach : *Vie de Hændel* [*Georg Friedrich Händel*, Berlin, « Harmonie », 1898] et [Lucien] Lévy-Brühl : *L'Allemagne depuis Leibniz* [NdÉ – *Essai sur le développement de la conscience nationale en Allemagne 1700-1848*, Paris, Hachette,] 1890.)

Même J.-S. Bach, piétiste de cœur, dut, par des actes publics, se déclarer contre les piétistes, qui furent, en certaines occasions, les ennemis de sa musique[32]. À plus forte raison, Hændel, qui n'avait aucun penchant au mysticisme.

La religion n'était pas son affaire, ni décidément le droit. Cependant, il avait pour maître le professeur le plus remarquable de l'Allemagne, Christian Thomasius, l'adversaire des procès de sorcellerie[33], le réformateur de l'enseignement du droit, celui qui y fit rentrer l'étude des coutumes germaniques, celui qui ne cessa de livrer bataille aux abus grossiers ou stupides des universités, à l'esprit de caste, au pédantisme, à l'ignorance, à l'hypocrisie et à la férocité juridique et religieuse. Si un tel enseignement n'a pas été de nature à retenir Hændel, ce n'était certes pas la faute du professeur : nulles leçons plus vivantes dans toute l'Allemagne d'alors, rien qui put offrir à l'esprit d'un jeune homme un champ d'activité plus féconde. Soyons sûrs qu'un Beethoven n'y fût pas demeuré insensible. Mais Hændel était pur musicien, il était la musique même ; rien ne put jamais en distraire sa pensée.

Dès cette année, où il suivait les cours de la Faculté de droit, il avait trouvé un poste d'organiste à Halle : – et cela, bien que luthérien, dans une église du culte « réformé », où l'organiste devait expressément appartenir à la religion réformée. Or, il n'avait que dix-sept ans[34]. Ce simple fait montre de quelle autorité musicale jouissait déjà dans sa ville le petit étudiant en droit[35]. Non seulement il était organiste, mais professeur au gymnase des Réformés ; il y enseignait la musique vocale, deux heures par semaine ; il prenait chez lui les mieux doués

32 Voir les belles études de M. Pirro sur J.-S. Bach. [NdÉ – on citera en particulier André Pirro, *L'orgue de Jean-Sébastien Bach*, Paris, Fischbacher, 1895 ; *Jean-Sébastien Bach*, Paris, Alcan, 1906 et *L'esthétique de Jean-Sébastien Bach*, Paris, Fischbacher, 1907.]

33 On sait que les procès de sorcellerie étaient une des manies meurtrières de l'époque. On évalue à plus de cent mille le nombre des victimes faites par les bûchers de sorcières, en un siècle. Frédéric II disait : « Si les femmes peuvent vieillir et mourir en paix en Allemagne, c'est à Thomasius qu'elles le doivent. »

34 Le contrat pour un an avec la Domkirche est du 13 mars 1702, un mois après avoir signé à la Faculté de droit.

35 Telemann, passant par Halle, en 1701, dit qu'il y fit la connaissance de Hændel, qui « y était déjà un homme important, – un personnage de marque ». (« *Dem damahls schon wichtigen Herrn Georg Friedrich Hændel* »). [NdÉ – citée dans le *Frankfurter Concert-Chronik von 1713-1780*, p. 6.] – Épithète singulière, appliquée à un enfant de seize ans ! Chrysander a raison d'insister sur la maturité précoce de Hændel. « Personne ne l'a égalé en cela, même pas J.-S. Bach, qui s'est développé plus lentement. »

de ses élèves, et formait avec eux des chœurs vocaux et instrumentaux, qui se faisaient entendre, le dimanche, dans l'une ou l'autre église de la ville. Il devait pourvoir au répertoire musical – chorals, psaumes, motets, cantates, – qui changeait chaque dimanche. Excellente école, pour apprendre à écrire vite et bien. Hændel y forma sa fécondité créatrice[36]. Des centaines de cantates qu'il composa alors, aucune n'a été conservée par lui[37] ; mais il est certain que sa mémoire en recueillit plus d'une idée, pour les reprendre dans ses compositions postérieures : car il n'a jamais rien laissé perdre ; sans cesse, au cours de sa vie, il remettait sur le métier ses inventions anciennes : ce qu'il faut attribuer, non pas à la hâte du travail, mais à l'unité de sa pensée et à son besoin de perfection.

Hændel ne renouvela pas son année d'engagement à la Domkirche de Halle, ni à l'Université. Dans son stage d'organiste, il avait pris conscience de sa force musicale. Elle ne pouvait plus se contraindre. Il lui fallait chercher un milieu plus vivant. Il quitta Halle, au printemps de 1703 ; et, guidé par son instinct et par les préférences de son maître Zachow[38], il s'en alla à Hambourg, la ville de l'opéra allemand.

*

*   *

Hambourg était la Venise de l'Allemagne. Ville libre, à l'abri des guerres, refuge des artistes et des grandes fortunes, entrepôt du commerce de l'Europe du Nord, ville cosmopolite, où l'on parlait toutes les langues, et surtout le français, elle était en relations continuelles avec l'Angleterre et avec l'Italie, particulièrement avec Venise, qui était pour elle un objet d'émulation. Ce fut par Hambourg que les idées anglaises se frayèrent

---

36 Depuis plusieurs années déjà, il composait, « comme un diable », ainsi qu'il dit lui-même.

37 On lui a attribué deux oratorios (bien douteux), une cantate : *Ach Herr mich armen Sünder*, et un *Laudate Pueri* pour soprano solo, qui seraient antérieurs à son départ pour Hambourg.

38 M. Alfred Heuss a montré, le premier, quel attrait le drame musical avait pour Zachow, qui l'introduisit même à l'église. Telle de ses cantates, la quatrième, par exemple, *Ruhe, Friede, Freud und Wonne*, fort mal jugée par Chrysander, est un fragment d'opéra fantastique, où l'on voit David tourmenté par les esprits infernaux. La déclamation est expressive, et les chœurs sont d'un grand effet dramatique. Ainsi, la carrière théâtrale de Hændel a été préparée, dès Halle : et peut-être était-ce Zachow lui-même qui l'envoyait à Hambourg. (A. Heuss : *Fr. Wilh. Zachow als dramatischer Kantaten-Komponist*, Bulletin de l'*I. M. G.*, Mai 1909.)

la voie en Allemagne. Ce fut là que parurent les premiers journaux allemands[39]. Dès l'époque de Hændel, Hambourg était, avec Leipzig, le centre intellectuel de l'Allemagne. Nulle part ailleurs en Allemagne on n'estimait autant la musique[40] ; les artistes y marchaient de pair avec les riches bourgeois. Christoph Bernhard, élève de Schütz, avait fondé là un célèbre *Collegium Musicum*, une société de musiciens ; et là s'éleva en 1677-1678 le premier théâtre d'opéra allemand, – non d'opéra princier, ouvert aux seuls invités du prince, mais d'opéra public, populaire et payant. L'exemple de l'Italie avait dû provoquer cette fondation, à l'instar de Venise.

Mais l'esprit des deux théâtres était bien différent. Tandis que Venise se complaisait à des mélodrames fantastiques, bizarrement inspirés de la mythologie ou de l'histoire antique, Hambourg gardait, malgré la grossièreté de son goût et sa licence de mœurs, un vieux fond religieux. L'opéra hambourgeois avait été inauguré, en 1678, par une *Création du Monde* de Joh. Theile, élève de Schütz ; et de 1678 à 1692, on y joua un grand nombre de drames religieux, les uns d'un caractère allégorique, les autres inspirés de la Bible ; en certains des sujets, on voit poindre déjà les oratorios de Hændel[41]. Si faibles que fussent ces pièces musicales, elles étaient sur le chemin d'un théâtre propre à l'Allemagne. Il semble que ç'ait été l'idée d'un des poètes, le pasteur Elmenhorst, qui voulait donner à l'opéra religieux la valeur d'une forme d'art classique[42]. Malheureusement, l'esprit public était en décadence ; son ressort religieux s'était fort détendu, sauf dans une minorité, où la foi avait pris un caractère agressif, comme il arrive quand elle se sent la moins forte. Il s'était formé deux factions dans le public de Hambourg : l'une, la plus nombreuse, que la religion ennuyait, et qui voulait s'amuser au théâtre ; l'autre, qui était religieuse, et qui ne voulait pas de l'opéra, sous prétexte qu'il était une œuvre de Satan, « *opera diabolica*[43] ». La lutte fut

39 En partie sous l'influence des publications anglaises, et notamment du *Spectator* d'Addison (1711). Dès 1718, parut à Hambourg l'*Homme raisonnable*. En 1724-1727, le journal *Le Patriote* de Hambourg fut fondé par une « Société patriotique ». On pensait tirer à 400 exemplaires. On souscrivit pour 5 000 dans la seule Haute-Saxe.

40 La musique profane comptait, vers 1728, 50 maîtres, 150 professeurs. En revanche, la musique religieuse était beaucoup plus pauvrement fournie que dans la plupart des grandes villes du nord de l'Allemagne.

41 *La Naissance du Christ, Michal et David, Esther.*

42 *Dramatologia antiqua-hodierna*, 1688.

43 *Theatromachia*, ou *die Werke der Finsterniss* (la Puissance des Ténèbres), de Anton Reiser, 1682.

acharnée entre les deux factions. Entre les deux, l'opéra religieux devait être fatalement écrasé. Il le fut. La dernière représentation eut lieu en 1692. Lorsque Hændel arriva, c'était bien l'*opera diabolica* qui régnait, avec ses extravagances et sa vie licencieuse.

J'ai raconté ailleurs[44] cette période du théâtre de Hambourg, dont l'âge d'or fut justement de 1692 à 1703. Il y avait à Hambourg beaucoup de conditions réunies pour faire un bon théâtre d'opéra : de l'argent, et des Mécènes disposés à le dépenser, une excellente troupe instrumentale, bien que peu nombreuse, un art de la mise en scène assez avancé, un luxe de décors et de machines, des poètes renommés, des musiciens de grande valeur, et – le plus rare – des poètes et des musiciens qui s'entendaient ensemble, « *die sich wohl verstanden* », comme dit Mattheson. Les poètes se nommaient Bressand de Wolfenbüttel, qui s'inspirait du théâtre français, et Christian Postel, que Chrysander appelle, avec beaucoup de complaisance, un Métastase allemand. Le plus faible était le chant. Pendant longtemps, l'Opéra de Hambourg n'eut pas de chanteurs de profession ; les rôles étaient tenus par des étudiants et des artisans, des cordonniers, des tailleurs, des fruitières, des filles de peu de talent et de moins de vertu ; d'ordinaire, les artisans trouvaient plus convenable de chanter eux-mêmes les rôles de femmes. Hommes ou femmes, tous étaient d'une profonde ignorance musicale. Vers 1693, l'Opéra de Hambourg fut heureusement transformé de fond en comble par le grand *kapellmeister* Sigismond Cousser, dont les réformes s'appuyaient, pour l'orchestre, sur le modèle de la France, – pour le chant, sur celui de l'Italie. La France s'incarnait pour lui, comme pour tous les musiciens étrangers, en Lully, dont Cousser avait été l'élève, pendant six ans, à Paris. L'Italie était représentée par un artiste remarquable, domicilié à Hanovre, où de 1689 à 1696 il avait fait jouer dix opéras, Agostino Steffani, de la province de Venise.

Ce double modèle de l'Italie et de la France, et l'exemple de Cousser, contribuèrent à former le meilleur musicien de l'Opéra de Hambourg, Reinhard Keiser, – un homme qui, à défaut de caractère et peut-être de science suffisante, eut certainement du génie[45].

---

44 *Histoire de l'Opéra avant Lully et Scarlatti*, 1895, p. 217-222.

45 Reinhard Keiser était né en 1674 à Teuchern, près de Weissenfels ; et il mourut en 1739 à Copenhague. Voir Hugo Leichtentritt : *R. K. in seinen Opern*, 1901, Berlin ; – Wilhelm Kleefeld : *Das Orchester der ersten deutschen Oper*, 1898, Berlin ; – F.-A. Voigt : *R. K.* (1890, dans le *Vierteljahrsschrift für Musikwissenschaft*). – *Octavia* et le *Crœsus* de Keiser ont été réédités.

Keiser avait moins de trente ans, quand arriva Hændel : mais il était en pleine gloire. *Kapellmeister* de l'Opéra de Hambourg depuis 1695, puis directeur du théâtre depuis la fin de 1702, très bien doué, mais de culture hâtive, et dissipé, voluptueux, insouciant, il était le souverain incontesté de l'opéra allemand, l'artiste-type de cette époque débordante de vie matérielle et possédée de l'amour du plaisir.

On a montré dans ses premiers opéras l'influence de Lully[46] et celle de Steffani[47]. Mais sa personnalité est facilement reconnaissable, sous ces éléments d'emprunt. Il avait un sens très fin du coloris instrumental. Bien différent en cela des Lullystes, qui étaient un peu dédaigneux du pouvoir expressif de l'orchestre et toujours disposés à le sacrifier à la primauté de la voix[48], il croyait, comme son admirateur et commentateur Mattheson, qu'on peut exprimer les sentiments, au moyen du seul orchestre[49]. – Il fut, de plus, un maître du récitatif. On a pu dire qu'il a créé le récitatif allemand. Il y attachait une importance extrême, disant « qu'une expression dans le récitatif donne souvent autant de mal à un compositeur intelligent que l'invention d'un air[50] ». Il cherchait à y noter avec exactitude l'accent, la ponctuation, le souffle vivant, mais sans rien sacrifier de la beauté musicale. Son récitatif *arioso*, intermédiaire entre le récitatif oratoire des Français et le *recitativo secco* des Italiens, fut un des modèles du récitatif de J.-S. Bach[51] ; et même après J.-S. Bach et

46 Dans les ouvertures en trois parties, avec indications françaises : *Vitement. Lentement.* Aussi dans les préludes instrumentaux, et peut-être dans les danses.

47 Surtout dans les duos, d'un caractère un peu contrapontique.

48 « Est-ce l'orchestre qui est le héros ? demande le théoricien du Lullysme, Lecerf de la Viéville. – Non, c'est le chanteur… Eh bien donc, que le chanteur me touche lui-même, et qu'il ne remette pas le soin de me toucher pour lui à l'orchestre, qui n'est là que par grâce et par accident. *Si vis me flere…* » *(Comparaison de la Musique italienne et de la Musique française,* 1705.) [NdÉ – vol. 1, « Lettre à Monsieur de La*** », p. 172.]

49 « On peut très bien représenter avec de simples instruments, dit Mattheson, la grandeur d'âme, l'amour, la jalousie, etc. et rendre toutes les inclinations du cœur par de simples accords et leur enchaînement sans paroles, – en sorte que l'auditeur puisse saisir et comprendre la marche, le sens, la pensée du discours musical, comme si c'était un véritable discours parlé. » *(Die neueste Untersuchung der Singspiele,* 1744.)

50 Préface des *Componimenti Musicali* de 1706. – Mattheson, renchérissant, disait que, « pour bien composer un seul récit, en tenant compte des sentiments et de la coupe de la phrase, comme faisait Keiser, il fallait plus d'art et d'habileté que pour composer dix airs, d'après la pratique commune ».

51 Comparer aux récitatifs des premières grandes cantates de J.-S. Bach : *Aus der Tiefe, Gottes Zeit,* qui sont de 1709 à 1712-1714, tels récitatifs de l'*Octavia* de Keiser (1702), notamment, acte II, *Hinweg, du Dornen schwangre Krone !* Inflexions mélodiques, modulations,

Hændel, Mattheson persistait à voir en Keiser le maître du genre. – Mais le don supérieur de Keiser fut son invention mélodique. En cela, il fut un des premiers artistes de l'Allemagne, un Mozart de la première moitié du XVIIIe siècle. Il avait une inspiration abondante et affectueuse. Comme disait Mattheson, « sa vraie nature était la tendresse, l'amour... Du commencement à la fin de sa carrière, il sut rendre les sentiments voluptueux avec un naturel si exquis que personne ne l'a surpassé, dans cette peinture. » Son style, mélodique, beaucoup plus avancé que celui de Hændel, non seulement à cette époque, mais à aucun moment de sa vie, est libre, dégagé de tout style contrapontique, et, par-dessus Hændel, il se rattache à Hasse, qui en était nourri, aux symphonistes de Mannheim, et à Mozart. Jamais Hændel, plus grand et plus parfait, n'a eu le naturel exquis qu'on respire dans les mélodies de Keiser, ce frais parfum de la simple fleur des champs[52]. Keiser avait le goût de la chanson populaire et des scènes agrestes[53]. Mais il savait aussi s'élever aux sommets de la tragédie classique ; et certains de ses airs de pompeuse douleur semblent écrits par Hændel[54].

Keiser était donc plein d'enseignements et de modèles pour Hændel, qui ne se fit pas faute de s'en inspirer, par la suite[55]. Mais il lui offrait aussi des exemples fâcheux. Le pire était le reniement de la langue nationale. Tant que Postel et Schott avaient été à la tête de l'Opéra de Hambourg, l'italien avait été tenu à distance[56]. Mais aussitôt que Keiser fut devenu directeur, tout changea. Dans son *Claudius* de 1703, il fit le premier essai barbare d'un mélange de textes italiens et de textes allemands. C'était pour lui pure fanfaronnade de virtuose, qui voulait montrer, comme il le laisse entendre dans sa préface, qu'il était capable

---

harmonies, coupe de phrase, cadences, tout est dans le style de J.-S. Bach, plus encore que dans celui de Hændel.

52 Voir, dans *Crœsus* (1711), l'air d'Elmira avec flûte, qui fait songer à un air analogue d'*Echo et Narcisse*, de Gluck.

53 En ce genre, une scène de *Crœsus* est un petit chef-d'œuvre, dans le style pastoral de la fin du XVIIIe siècle, et presque de Beethoven.

54 Tel le chant de Crœsus prisonnier, qui évoque certains airs du *Messie*.

55 Je n'en veux citer qu'un exemple : c'est l'air d'Octavia avec deux flûtes douces. *Wallet nicht, zu laut*, une des pages les plus poétiques de Keiser, que Hændel a reprise plusieurs fois, dans ses œuvres, et jusque dans l'*Acis et Galatée* de 1720.

56 Postel, qui usait de sept langues dans les prologues de ses *libretti*, s'opposait à ce mélange dans les œuvres poétiques : « car ce qui fait l'ornement du savant, disait-il, défigure la poésie ».

de battre les Italiens sur leur propre terrain. Il ne se demandait point si c'était au détriment de l'opéra allemand. Hændel allait, à son exemple, mêler, dans ses premiers opéras, les airs sur paroles italiennes aux airs sur paroles allemandes[57] ; puis, il n'allait plus écrire que des opéras italiens ; et dès lors, son théâtre musical fut sans racines, sans peuple. Et la sanction de cette erreur fut l'oubli par l'Allemagne de l'opéra de Keiser et même de celui de Hændel, malgré leur génie à tous deux.

*

* *

Hændel arriva à Hambourg, pendant l'été de 1703. On se le représente, à cet âge de sa vie, comme dans le portrait peint par Thornhill, qui est au Fitzwilliam Muséum de Cambridge : une figure longue, calme, un peu chevaline : des yeux larges et sérieux, le nez grand et droit, le front ample, la bouche énergique aux lèvres gonflées, les joues et le menton qui s'empâtent déjà ; très droit ; la tête sans perruque, et coiffée d'un béret à la façon de Wagner. « Il était riche de puissance et de bonne volonté[58]. »

La première connaissance qu'il fit à Hambourg fut celle de Johann Mattheson.

Mattheson, qui avait alors vingt-deux ans, – quatre ans de plus que Hændel[59], – était d'une riche famille hambourgeoise, et d'une vaste instruction. Il parlait l'anglais, l'italien et le français, avait fait son droit, appris à fond la musique, savait jouer de presque tous les instruments, écrivait des opéras dont il était à la fois le poète, le compositeur et l'acteur. Surtout, il devait être le maître théoricien et le plus vigoureux critique de la musique allemande.

Avec un amour-propre immense et beaucoup d'injustices passionnées, c'était un robuste esprit, très sain et très honnête, une sorte de Boileau ou de Lessing de la musique, un demi-siècle avant *la Dramaturgie*[60]. D'une

57 Certains opéras allemands mêlaient le *hochdeutsch*, le *plattdeutsch*, le français et l'italien.

58 Mattheson.

59 Il était né à Hambourg en 1681, et y mourut en 1764. – Voir L. Meinardus : *J. Mattheson und seine Verdienste um die deutsche Tonkunst*, 1870, et Heinrich Schmidt : *J. Mattheson, ein Förderer der deutschen Tonkunst*, 1897, Leipzig.

60 [NdÉ] La *Dramaturgie de Hambourg* (1767-1769), de Gotthold Ephraïm Lessing (1729-1781), est la charte du théâtre classique allemand.

part, il combattit la routine scolastique et la science abstraite, au nom de la nature ; et sa devise était : « La musique, c'est ce qui sonne bien » (« *Musik, müsse schön klingen* »)[61] ; il contribua à l'abandon de théories surannées (solmisation, modes ecclésiastiques) et à l'éclaircissement de notre système actuel[62]. D'autre part, il fut le champion de l'art et de l'esprit allemands. De Lessing il avait le souffle patriotique, la rude indépendance, l'impétueuse franchise, avec plus de violence brutale. Tous ses livres crient : « *Fuori Barbari*[63] *!* » Un de ses ouvrages s'intitule *le Patriote musical* (*Der musikalische Patriot*, 1728). Il fonda en 1722 le premier journal musical allemand, *Critica Musica*[64] et il mena, toute sa vie, un rude combat pour le bon sens, la bonne musique intelligente, la musique « qui parle au cœur, et, par le moyen de l'ouïe, émeut et fortifie

61 Il attaqua violemment dans le *Vollkommene Kapellmeister* (1739) les « Pythagoriciens » (dont le chef était Lor. Christophe Mizler de Leipzig) [NdÉ – Lorenz Christoph Mizler (1711-1778), médecin et compositeur, éditeur à partir de 1738 de la mensuelle *Neu eröffnete musikalische Bibliothek*], qui prétendaient asservir la musique aux mathématiques et à la raison. Avec les « Aristoxéniens » (harmonistes), il voulait arracher la musique « à l'étau de fer, aux mains de squelette de la science morte et de la scolastique ». Sa loi, c'était l'oreille. « Laisse ton art encombrant à la maison, plutôt que l'oreille souffre, en quoi que ce soit. Ce que la nature et l'expérience t'enseignent comme bon, fais-le, joue-le, chante-le ; – comme mauvais, évite-le, efface-le. » (*Das forschende Orchester).* À la scolastique il opposait la féconde et vivante science harmonique (*Harmonische Wissenschaft)* ; il demandait qu'elle fût enseignée dans les Universités, et offrait de léguer une somme pour fonder une chaire de lecteur de musique au gymnase de sa ville.

62 Surtout dans *Das neueröffnete Orchester* (1713), *Das Beschützte Orchester* (1717*), Das forschende Orchester* (1721). – On a pu dire du plus riche de ses écrits théoriques : *Der Vollkommene Kapellmeister* (1739), qu'il pourrait encore aujourd'hui servir de base à une esthétique de la musique, et que de cette œuvre procédait une bonne partie de notre musicologie. [NdÉ – ces titres peuvent se traduire par : « l'orchestre récemment fondé », « l'orchestre protégé », « l'orchestre en quête » et « le Maître de chapelle parfait » ; une réédition en fac-simile de cette dernière publication a paru chez Bärenreiter, à Kassel, en 1987.]

63 Il déconseillait aux musiciens allemands le voyage d'Italie, d'où revenaient « tant d'oies parées des plumes de paons, je veux dire avec de grandes faiblesses cachées et une insupportable présomption ». Il reprochait aux Allemands de ne pas aider davantage les musiciens nationaux, qui languissaient, écrasés. (*Vollk. Kapellm.* et *Critica Musica.)*

64 Vingt-quatre livraisons mensuelles, qui parurent, avec des interruptions, de mai 1722 à 1723 (Hambourg). On y trouve des polémiques musicales, correspondances et interviews de musiciens, analyses de livres et d'œuvres, une foule de renseignements sur le dernier opéra, sur le dernier concert, sur la vie d'un musicien, sur un nouveau clavier, sur une chanteuse, etc. On y trouve surtout de solides critiques musicales, les plus anciennes qui existent peut-être. L'analyse minutieuse de *la Passion selon saint Jean* de Hændel était encore célèbre, quand *la Passion* de Hændel était oubliée. « C'est peut-être, disait Marpurg en 1760, la première bonne critique qui ait été faite sur la musique chorale, depuis que la musique chorale existe. » [Marpurg, *Kritische Briefe über die Tonkunst.* Berlin, 1760. 4. I, 56.]

l'âme de l'homme raisonnable, avec de belles pensées et mélodies[65] ». Il avait de la musique une idée religieuse[66]. Par sa culture universelle, sa connaissance des théories artistiques du passé, sa familiarité avec les œuvres importantes de l'Italie et de la France, ses relations avec les principaux maîtres allemands, avec Keiser, Hændel et J.-S. Bach, par sa riche expérience pratique, son sens critique aiguisé, son ardent patriotisme, sa langue saine et savoureuse, il était désigné pour être le grand éducateur musical de l'Allemagne ; et il le fut. Dans la dispersion des artistes allemands d'alors, parmi les vicissitudes de leurs œuvres, auxquelles manquait l'appui d'une centralisation politique, et qui subissaient les fluctuations du goût des petites villes et des petites cours, Mattheson fut, à lui tout seul, pendant près d'un demi-siècle, la tribune de la musique allemande, le cerveau où se concentraient ses pensées, venues de tous les coins du pays, et d'où elles rayonnaient ensuite sur tout le pays. C'est ainsi que se conservèrent les idées de Keiser, qui sans lui fût tombé dans l'oubli, sans laisser aucune trace ; c'est ainsi qu'ont surnagé du naufrage, jusqu'à nous, une multitude de souvenirs inappréciables pour l'histoire musicale du XVIIIe siècle, que Mattheson recueillit et publia dans sa monumentale *Ehrenpforte*[67]. Il agit puissamment sur son temps. Ses livres faisaient loi auprès des *Kapellmeister*, *Cantores*, organistes, professeurs.

Ses critiques et ses conseils pour le style du chant, pour le jeu des acteurs, ne furent pas moins efficaces. Il avait le sens du théâtre. Il voulait la vie sur la scène, l'action ; il attachait une importance considérable à la pantomime, « qui est une musique muette[68] ». Il faisait campagne contre le jeu impassible ou inintelligent des chanteurs et des choristes allemands ; et il voulait que le compositeur pensât toujours, en écrivant, au jeu des acteurs. « La connaissance des jeux de physionomie des acteurs

---

65 *Critica Musica*, [Hambourg, 1725. « Des fragenden Componisten Erstes Verhör » II, 1–29 ; « Zweites Verhör » II, 33–56.]

66 « Quand je pense à un *Tondichter* (à un poète musical), disait-il, je pense à quelque chose de plus qu'un grand moraliste, qu'un grand penseur… Autrefois, les musiciens étaient poètes et prophètes. » – Et ailleurs : « C'est le propre de la musique d'être entre toutes les sciences une école d'honnêteté », « *eine Zuehrlehre* ». *(Vollk. Kapellm.)*

67 *Grundlagen einer Ehrenpforte, worin der tüchtigsten Kapellmeister, Komponisten, Musikgelehrten, Tonkünstler, etc. Leben, Werke, Verdienste, etc., erscheinen sollen*, [Hamburg, In Verlegung des Verfassers,] 1740.

68 *Vollkommener Kapellmeister*, [Hamburg, Christian Herold,] 1739. – Il consacre, dans cet ouvrage, une étude très importante à ce qu'il nomme l'*Hypokritik* (Pantomime).

sur la scène, dit-il, peut souvent être une source de bonnes inventions musicales[69]. » – C'était là le langage d'un vrai homme de théâtre[70]. Au reste, Mattheson était trop musicien pour asservir la musique à la parole. Il cherchait à les unir, en sauvegardant leur indépendance à toutes deux, mais en donnant le pas à l'âme sur le corps, à la mélodie sur la parole. « Les mots, écrivait-il, sont le corps du discours. Les pensées en sont l'âme. La mélodie est le soleil doré des âmes » (« *güldene Sonne dieser Seelen* »), l'atmosphère merveilleuse qui les enveloppe.

Nous en avons assez dit pour donner une idée de ce grand critique, intelligent et intrépide, qui, avec beaucoup d'erreurs, a semé beaucoup de vérités. On voit assez de quelle importance put être pour le jeune Hændel la rencontre d'un tel guide, encore qu'ils fussent trop originaux et trop orgueilleux tous deux pour que leur association pût être de longue durée.

*

* *

Mattheson fit à Hændel les honneurs de Hambourg. Il l'introduisit à l'Opéra, aux concerts ; et ce fut par lui que Hændel entra, pour la première fois, en rapports avec l'Angleterre, qui allait devenir sa seconde patrie[71]. Ils s'instruisirent mutuellement. Hændel était déjà « d'une force exceptionnelle sur l'orgue, et dans les fugues et contrepoints, surtout *ex tempore* (d'improvisation) » : il fit part de sa science à Mattheson, qui l'aida en revanche à perfectionner son style mélodique. Il était très faible mélodiste, à en croire Mattheson. « Il faisait alors des airs longs, longs, longs *(sehr lange lange Arien)*, et des cantates à n'en plus finir, qui n'avaient ni habileté ni bon goût, mais une harmonie parfaite[72]. » – Il

69 *Ibid.*

70 En théorie, sinon en pratique : car ses opéras sont médiocres. D'ailleurs il se dégoûta vite du théâtre. Des scrupules religieux lui vinrent. Il voulut d'abord épurer l'opéra, faire du théâtre quelque chose de sérieux et de sacré (« *ernsthaftes und heiliges* »), qui agit sur les masses, d'une façon instructive et moralisatrice. (*Der Musikalische Patriot*, [Hamburg,] 1728.) Puis il s'aperçut que sa conception d'un opéra moral et édifiant n'avait aucune chance de se réaliser. Alors, il s'en désintéressa, et se réjouit même, en 1750, de la ruine définitive de l'Opéra de Hambourg.

71 Mattheson, qui parlait parfaitement l'anglais, et qui devint peu après secrétaire de la légation anglaise, puis résident par intérim, présenta Hændel à l'ambassadeur d'Angleterre, John Wich, qui les chargea tous deux de l'instruction de son fils.

72 *Ehrenpforte.* – Telemann, condisciple de Hændel, dit aussi « qu'ils travaillaient constamment à la mélodie, Hændel et lui ».

est assez remarquable que la mélodie n'ait pas été une langue naturelle chez Hændel, qui nous apparaît aujourd'hui comme un génie mélodique. Mais il ne faut pas croire que les belles et simples mélodies jaillissent sans travail d'un génie. Les mélodies de Beethoven qui semblent les plus spontanées lui ont souvent coûté des années de travail intérieur où il les couvait en lui. Et si Hændel parvint à sa puissance d'expansion mélodique, ce fut après des années de sévère discipline, où il apprit, comme un apprenti ciseleur, à modeler les belles formes, et à n'y rien laisser de compliqué ni de vulgaire.

Hændel et Mattheson vécurent quelques mois d'intimité fraternelle[73] ; Hændel partageait la table de Mattheson, et ils firent ensemble, en juillet-août 1703, un voyage à Lübeck, pour entendre l'organiste Dieterich Buxtehude[74]. Buxtehude songeait à se retirer, et cherchait un successeur. Les deux jeunes gens furent émerveillés de son talent, mais ils ne briguèrent pas sa succession : car il eût fallu, pour avoir son orgue, épouser sa fille[75] ; et, dit Mattheson, « ni l'un ni l'autre n'en avait la moindre envie ». – Deux ans plus tard, ils eussent pu rencontrer sur la route de Lübeck un petit musicien, allant comme eux faire visite à Buxtehude, mais non pas en voiture comme eux, modestement à pied : J.-S. Bach[76]. – Rien ne fait mieux sentir l'importance de Buxtehude dans la musique allemande que cette attraction exercée sur les hommes qui allaient dominer tout l'art allemand du XVIIIe siècle. M. Pirro a signalé, dès longtemps, son influence sur le style d'orgue de J.-S. Bach. J'estime qu'elle n'a pas été moindre, quoique toute différente, sur le style d'oratorio de Hændel[77].

---

73 Avec une nuance protectrice de la part de Mattheson. Pendant les premiers mois, Hændel ne songea pas à s'en offenser. Le style des lettres qu'il lui adressait encore en mars 1704 était extrêmement respectueux. En fait, Mattheson était alors plus avancé que lui, et son supérieur, comme situation sociale.

74 Voir dans l'*Ehrenpforte* le récit de ce voyage et des folies que firent en chemin les deux joyeux compagnons. Buxtehude était Danois, né à Elseneur en 1637. Il s'était établi à Lübeck, où il resta, depuis l'âge de trente ans jusqu'à sa mort en 1707, organiste à la Marienkirche.

75 C'était chose habituelle que l'orgue d'une église fût cédé avec la fille, ou la veuve de l'organiste. Buxtehude lui-même, en succédant à l'organiste Tunder, avait épousé sa fille.

76 J.-S. Bach vint à Lübeck, en octobre 1702 ; et, au lieu de quatre semaines qu'il devait y rester, il y passa quatre mois ; ce qui faillit lui faire perdre son emploi à Celle.

77 Les œuvres d'orgue de Buxtehude ont été rééditées par Spitta et Max Seiffert, en deux volumes, chez Breitkopf. (Voir la courte, mais substantielle étude de M. Pirro, dans son petit livre sur l'*Orgue de J.-S. Bach*, Paris, 1895, et Max Seiffert : ***Buxtehude, Hændel,***

Buxtehude donnait, à la Marienkirche, de célèbres *Abendmusiker*, des concerts du soir, qui avaient lieu le dimanche, entre la Saint-Martin et Noël[78], sur le désir des corporations des marchands de Lübeck, très épris de musique[79]. Ses cantates, dont le nombre est considérable[80], furent composées à cette occasion. Écrivant pour un public de concert, et non pour un service religieux, il devait faire en sorte que sa musique fût accessible à tous. Hændel se trouva plus tard dans des conditions semblables ; et la même nécessité devait les conduire tous deux à une technique analogue, Buxtehude écarte de sa musique la polyphonie débordante et touffue, qui était cependant son royaume[81]. Il n'y veut rien laisser que de clair, de fort, de largement dessiné, et même de scénique. Volontairement, il s'appauvrit, mais en se concentrant ; et ce qu'il perd en abondance, il le reprend en intensité. Le caractère presque homophone de l'écriture, la netteté des beaux dessins mélodiques, d'une clarté populaire[82], l'insistance des rythmes et des phrases qui se répètent et s'enfoncent dans l'esprit, d'une façon obsédante, sont des traits essentiellement Hændeliens. Ce qui ne l'est pas moins, c'est la magnificence triomphale des ensembles, cette façon de peindre par larges touches de lumière et d'ombre[83]. C'est, au plus haut degré, comme l'art de Hændel, une musique pour tout un peuple.

Mais il se passa beaucoup de temps avant que Hændel mît à profit les exemples de Buxtehude. À son retour de Lübeck, il semblait n'y plus penser. Ils n'étaient point perdus pour lui. Rien ne fut jamais perdu pour lui.

Bach, dans le *Jahrbuch Peters*, 1902). Un choix, trop restreint, des Cantates a été publié, en un volume des *Denkmäler deutscher Tonkunst*. – M. Pirro prépare un grand ouvrage sur Buxtehude. [NdÉ – André Pirro, *Buxtehude*, Paris, Fischbacher, 1911.]

78 Surtout depuis 1693.

79 On remarquera le rôle de ces villes libres, Hambourg, Lübeck, – villes de commerçants intelligents et aventureux, – dans l'histoire de la musique allemande. Telles, pour la peinture et même pour la musique italienne, Venise et Florence.

80 Il en reste 150 manuscrites, dans les bibliothèques de Lübeck, Upsal, Berlin, Wolfenbüttel, Bruxelles.

81 Sa musique d'orgue atteste sa maîtrise en ce genre.

82 Voir l'intimité pénétrante, la suavité mélodique de la cantate : *Alles was ihr tut mit Worten oder Werken*, – et la grandeur tragique, avec des moyens si simples, de la magnifique cantate : *Gott hilf mir.*

83 On trouvera, page 167 du volume des *Denkmäler*, un *Hallelujah* de Buxtehude (pour 2 clarini (trompettes), 2 violini, 2 violes, violons, orgue, et cinq parties vocales), qui est du pur Hændel, et du plus beau.

À la fin d'août 1703, Hændel entra, comme second violon, à l'orchestre de Hambourg. Il aimait à s'amuser des gens, et il s'était fait plus ignorant qu'il n'était. « Il se présenta, dit Mattheson, comme s'il ne savait pas compter jusqu'à cinq : car il était pince-sans-rire[84]. » – Cette année-là, l'Opéra de Hambourg jouait le *Claudius* de Keiser, et la mémoire de Hændel en enregistra des phrases[85].

Quand la saison fut finie, Mattheson fit un voyage en Hollande, et Hændel profita de l'absence de son jeune mentor pour s'émanciper. Il avait fait la connaissance du poète Postel, qui, vieux, malade, et tourmenté de scrupules religieux, avait renoncé à écrire des *libretti* d'opéras et ne voulait plus composer que des œuvres pieuses. Postel fournit à Hændel le texte d'une *Passion selon saint Jean*, que Hændel mit en musique, et qui fut exécutée pendant la Semaine Sainte de 1704[86]. Mattheson, piqué de la désinvolture avec laquelle son protégé s'était passé de ses conseils, critiqua la musique, sans aménité, mais non sans justesse[87]. Malgré l'émotion concentrée de certaines pages et les chœurs dramatiques, l'œuvre était encore incertaine, et manquait de goût souvent.

À partir de ce moment, ce fut fini de la bonne harmonie qui régnait entre Hændel et Mattheson. Hændel avait conscience de son génie, et ne supportait plus le ton protecteur de Mattheson. D'autres incidents aggravèrent la mésintelligence, qui aboutit à une querelle, dont l'issue faillit être fatale[88]. À la suite d'une altercation à l'Opéra, le 5 décembre

84 Mattheson ajoute : « Je sais avec certitude que, s'il lit ces pages, il rira dans son cœur : car, extérieurement, il rit peu. »

85 Entre autres, le motif d'un air en menuet, qu'il reprit textuellement dans le menuet de son ouverture de *Samson*.

86 Dans la même semaine, Keiser et le poète Hunold donnèrent une autre *Passion* : *Der Blutige and Sterbende Jesus (Jésus sanglant et mourant)*, qui fit scandale : car ils avaient traité le sujet à la façon d'un opéra, supprimant les chorals, les chants religieux, le personnage de l'Évangéliste et son récit. Hændel et Postel, plus prudents, ne supprimèrent que les cantiques, mais conservèrent le texte de l'Évangéliste.

87 Cette critique, certainement écrite en 1704, fut reprise par Mattheson, dans son journal musical *Critica Musica*, en 1725, et encore vingt ans plus tard, dans son *Vollkommener Capellmeister*, en 1740.

88 Les deux jeunes gens étaient chargés de l'éducation du fils de l'ambassadeur d'Angleterre, Mattheson en qualité de gouverneur *(Hofmeister)*, Hændel de maître de musique. Mattheson profita de l'avantage de la situation pour infliger à Hændel une semonce humiliante. Hændel se vengea, en le rendant ridicule. On donnait la *Cleopatra* de Mattheson à l'Opéra. Mattheson dirigeait l'orchestre, au clavecin, et tenait le rôle d'Antoine. Pendant qu'il jouait son personnage, il laissait le clavecin à Hændel ; mais, comme Antoine mourait, une demi-heure avant la fin du spectacle, Mattheson se dépêchait de revenir au clavecin,

1704, ils se battirent en duel, sur la place du marché de Hambourg ; et peu s'en fallut que Hændel ne fût tué : car l'épée de Mattheson se brisa sur un large bouton de métal du justaucorps de son adversaire. Après quoi, ils s'embrassèrent ; et les deux compagnons, réconciliés par Keiser, prirent part ensemble aux répétitions de l'*Almira*, le premier opéra de Hændel[89].

La première représentation eut lieu, le 8 janvier 1705 ; et le succès fut éclatant. Un second opéra de Hændel, *Nero*[90], joué le 26 février suivant, ne réussit pas moins. À lui seul, Hændel occupa l'affiche de l'Opéra pendant toute la saison d'hiver. C'était un beau début. Trop beau. Keiser en devint jaloux.

L'Opéra de Hambourg était en train de couler. Keiser le menait gaiement à la faillite. Il vivait en grand seigneur libertin ; et tous les artistes, autour de lui, rivalisaient de folies. Seul, Hændel, retiré à l'écart, travaillait, et ne dépensait que le strict nécessaire[91]. Après le succès de ses deux opéras, il avait seulement laissé son emploi de second violon et de claveciniste à l'orchestre ; mais il donnait des leçons ; et sa réputation de compositeur s'accroissait de celle de professeur. Keiser s'inquiéta. Cette gloire naissante réveilla son amour-propre. Rien de plus sot que sa jalousie. Il était directeur de l'Opéra, il avait intérêt à donner des pièces qui réussissent et à s'attacher les auteurs heureux. Mais la jalousie ne raisonne pas. Il remit en musique l'*Almira* et le *Nero*, pour écraser

---

en costume de théâtre, pour ne rien perdre des ovations finales. Hændel, qui s'était prêté à cette petite comédie pendant les deux premières représentations, refusa, à la troisième, de céder la place à Mattheson. À la sortie, ils en vinrent aux mains. – L'histoire a été racontée, d'une façon assez embrouillée, par Mattheson, dans l'*Ehrenpforte*, et par Mainwaring, qui la tenait de Hændel.

89 *Der in Krohnen erlangte Glücks-Wechsel, oder Almira, Königin von Castilien* (Les vicissitudes de la fortune des rois, ou Almire, reine de Castille). – Le libretto avait été tiré d'une comédie de Lope de Vega par un certain Feustking, dont Chrysander a raconté la vie scandaleuse et la guerre de pamphlets orduriers avec Barthold Feind, au sujet de cette pièce. Keiser devait écrire la musique d'*Almira* ; mais, trop occupé par ses affaires et ses plaisirs, il passa le livret à Hændel. / Une fois pour toutes, je tiens à rappeler que l'exiguïté de ce volume, m'interdit l'analyse des opéras de Hændel ; je remets cette analyse détaillée à un autre livre sur *Hændel et son temps (Musiciens d'autrefois*, 2e série).

90 *Die durch Blut und Mord erlangte Liebe, oder Nero.* (L'amour obtenu par le sang et le crime, ou Néron.) Poème de Feustking. Mattheson jouait le personnage de Néron. – La partition musicale a été perdue.

91 En 1703, Hændel renvoie à sa mère la pension qu'elle lui faisait, et il y ajoute quelques présents, à Noël. En 1704, 1705, 1706, il économise 200 ducats pour son voyage en Italie.

Hændel[92]. Et, bien qu'il n'eût pas l'habitude de publier ses opéras, il se hâta d'éditer les plus beaux airs de ceux-ci[93].

Mais si vite qu'il allât, la ruine allait plus vite. Avant que parût le recueil de ses airs d'opéra, il lui fallut prendre la fuite, à la fin de 1706[94]. Hændel et lui ne devaient plus se rencontrer.

*

* *

Keiser entraînait dans sa ruine l'Opéra de Hambourg ; et Hændel n'avait plus rien à faire dans cette ville. La direction du théâtre était tombée dans les mains d'un philistin, qui, pour gagner de l'argent, joua des farces musicales. Il commanda bien à Hændel l'opéra *Florindo und Daphné* ; mais il mutila l'œuvre pour la jouer, « de peur, dit la préface du *libretto*, que la musique ne fatiguât les auditeurs » ; et, dans la crainte que le public ne trouvât le spectacle encore trop sérieux, il y mêla une farce en *plattdeutsch* : *Die lustige Hochzeit* (La noce joyeuse). On comprend que Hændel se soit désintéressé de sa pièce, ainsi défigurée, et qu'il n'ait même pas attendu la représentation pour quitter Hambourg. Vers l'automne de 1706, à ce qu'il semble, il prit le chemin de l'Italie[95].

---

92 Le nouveau *Nero* fut joué sous le titre de : *Die Römische Unruhe, oder die edelmüthige Octavia* (Les troubles de Rome, ou la magnanime Octavie). La partition a été rééditée dans les *Suppléments* à la grande édition Hændel, chez Breitkopf, par M. Max Seiffert. – L'*Almira* prit le titre : *Der Durch- lauchtige Secretarius, oder Almira, Königin in Castilien* (S. E. Monsieur le Secrétaire, ou Almire, reine de Castille). / En outre de ces deux œuvres, Keiser écrivit, en deux ans, sept opéras, et des plus beaux qu'il ait faits : preuve évidente de son génie, auquel il ne manqua guère qu'un caractère digne de lui.

93 Sous le titre : *Componimenti musicali, oder Teutsche und italiänische Arien, nebst unterschiedlichen Recitativen aus Almira und Octavia*, 1706, Hambourg.

94 Pendant deux ans, on ne sut plus ce qu'il était devenu, tant il avait pris soin de se garer de la meute de ses créanciers. Au commencement de 1709, il reparut tranquillement à Hambourg, y reprit sa situation, sa considération, sa gloire, sans que personne songeât à lui rien reprocher. Mais alors, Hændel depuis longtemps n'était plus à Hambourg.

95 Outre ses opéras et sa *Passion*, Hændel avait écrit à Hambourg un grand nombre de cantates, de *lieder*, et d'œuvres de clavier. Mainwaring assure qu'il en avait deux caisses pleines. Mattheson a douté de l'exactitude du fait ; mais l'ignorance qu'il témoigne à ce sujet ne prouve rien de plus que l'éloignement dans lequel le tenait alors Hændel : car on a retrouvé depuis, soit dans le *Klavierbuch aus der Jugendzeit* (t. XLVIII des œuvres complètes), soit dans les *Sonatas* (t. XXVII), nombre de compositions qui datent certainement de 1705 ou de 1706, à Hambourg.

Ce n'était pourtant pas qu'il fût attiré par elle. Chose curieuse, – et qui n'est pas unique dans l'histoire de l'art, – cet homme qui allait subir la fascination de l'Italie et faire triompher dans l'Europe musicale le beau style latin, avait alors des répugnances très marquées pour l'art welche. Au temps des représentations d'*Almira*, il avait fait la connaissance d'un prince italien ; Jean Gaston de Médicis, frère du grand-duc de Toscane[96], s'était étonné que Hændel ne s'intéressât point aux musiciens italiens, et lui avait prêté une collection de leurs meilleures œuvres, en lui offrant de l'emmener les entendre à Florence. Mais Hændel avait refusé, disant qu'il ne pouvait rien trouver dans ces œuvres qui méritât les éloges du prince, et qu'il fallait que les acteurs fussent des anges pour faire paraître agréables de telles médiocrités[97].

Ce dédain de l'Italie n'était point spécial à Hændel ; il caractérisait sa génération et surtout la poignée de musiciens allemands qui vivaient à Hambourg. Avant eux, après eux, la fascination de l'Italie s'imposa à l'Allemagne. De même que Hassler et Schütz, Hasse, Gluck, Mozart y firent de longs et fervents pèlerinages. Mais pas plus que J.-S. Bach, Keiser, Mattheson, Telemann n'allèrent en Italie. Les musiciens de Hambourg voulaient bien s'assimiler l'art italien, mais ils ne voulaient pas aller se mettre à l'école de l'Italie. Ils avaient l'honnête ambition de créer un art allemand, indépendant de l'étranger. Hændel partageait ces grands espoirs, suscités un instant par le théâtre de Hambourg. Mais la ruine subite de ce théâtre lui fit voir le peu de fonds qu'il fallait faire sur le goût public en Allemagne. Et, en dépit de lui-même, il tourna les yeux vers le refuge habituel des artistes allemands : cette Italie, que la veille il affectait de dédaigner. Quelle que fût la musique italienne, à tout le moins, là-bas, la musique s'épanouissait au soleil ; on ne lui chicanait pas le droit à l'existence, comme faisaient les piétistes de Hambourg ; elle soulevait dans toutes les villes, dans toutes les classes de la société,

96 Ce fut le dernier des Médicis. Il prit le pouvoir en 1723, puis, après quelques années d'éclat, il se retira dans la solitude, malade de corps et d'esprit. (Voir [Alfred von] Reumont : [*Geschichte*] *Toscana*[*'s seit dem Ende des florentinischen Freistaates*, Gotha, F. A. Perthes, 1876-1877] et [Emilio] Robiony : *Gli Ultimi dei Medici* [*e la Successione al Gran Ducato di Toscana*, Firenze, B. Seeber, 1905).] [NdÉ – Jean-Gaston de Médicis mourut en 1737 en laissant aux Habsbourg le trône de Toscane.]

97 Plus tard, Hændel disait encore que jusqu'à ce qu'il vînt en Italie, il n'avait jamais pu se figurer que la musique italienne, qui paraissait sur le papier si médiocre et si vide, put faire un tel effet sur le théâtre.

des transports d'amour. Et, autour d'elle, c'était une floraison des arts, une civilisation supérieure, une vie lumineuse et riante, dont Hændel avait eu l'avant-goût par ses entretiens avec les nobles Italiens de passage à Hambourg.

Il partit. Son départ fut si brusque que ses amis n'en surent rien. Il ne dit même pas adieu à Mattheson.

L'époque où il arriva en Italie n'était pas des plus heureuses. On était en pleine guerre de la Succession d'Espagne ; et Hændel put rencontrer à Venise, dans l'hiver de 1706, le prince Eugène avec son état-major, se reposant de la victorieuse campagne de Lombardie. Il ne s'arrêta point ; il alla droit à Florence, où il était à la fin de l'année[98]. Sans doute se souvenait-il des offres de protection, que lui avait faites le prince Gaston de Médicis. Cette protection fut-elle aussi efficace que Hændel l'espérait ? Il est permis d'en douter. À la vérité, le fils du grand-duc de Toscane, Ferdinand, était musicien ; il jouait bien du clavecin[99] ; il avait fait bâtir un théâtre d'opéra dans sa villa de Pratolino ; il choisissait les *libretti*, conseillait les compositeurs, correspondait avec Alessandro Scarlatti. Mais il n'avait pas le goût très sûr. Il trouvait le style de Scarlatti trop savant ; il le priait d'écrire une musique « plus facile et, autant que possible, plus gaie[100] ». Il n'avait pas non plus l'humeur fastueuse des Médicis, ses ancêtres. Il lésinait sur la musique. Il ne se décidait pas à nommer Scarlatti son maître de chapelle ; et aux demandes d'argent du grand artiste, alors dans la gêne, il répondait « qu'il prierait pour lui[101] ». – On peut croire qu'il ne fut pas moins économe à l'égard de Hændel. Hændel était loin d'avoir la notoriété de Scarlatti. Il semble que l'on ait peu fait attention à lui, pendant ce premier séjour. Lui-même devait être désorienté dans ce monde nouveau : il lui fallait le temps de

98 M. R.-A. Streatfeild croit même qu'il était à Florence, dès octobre 1706 : car le prince Gaston de Médicis, qui dut le présenter au grand-duc, quitta Florence en novembre 1706. Il place aussi, dès ce premier séjour à Florence, la représentation du *Rodrigo* de Hændel, sur lequel manque tout renseignement précis dans les archives des Médicis et les papiers du temps. Je suis plutôt porté à suivre l'opinion traditionnelle, d'après laquelle le *Rodrigo* date du second séjour de Hændel à Florence, quand il commençait à se faire à la langue et au style musical italiens.

99 Bartolommeo Cristofori, l'inventeur du pianoforte [NdÉ – 1655-1731], exécuta pour lui des instruments intéressants.

100 2 avril 1706.

101 23 avril 1707. Voir Edward Dent : *Alessandro Scarlatti*. [NdÉ – Publié pour la première fois à Londres chez Arnold en 1905, cet ouvrage classique a été réédité jusqu'en 1960.]

se ressaisir. Sans doute écrivit-il seulement quelques cantates, dont l'une, d'un caractère dramatique, *Lucrezia*, fut plus tard populaire en Italie et en Allemagne[102]. Le style en est encore presque tout germanique.

De Florence, il alla à Rome, pour les fêtes de Pâques, en avril 1707. Là non plus, le moment n'était pas très favorable pour lui. Le grand théâtre d'opéra, le Tor di Nona, avait été détruit comme immoral, dix ans avant, par le pape Innocent XII. Depuis 1700, les choses s'étaient un peu améliorées pour les musiciens ; mais en 1703, un terrible tremblement de terre avait désolé l'Italie et réveillé les inquiétudes religieuses[103]. Jusqu'en 1709, c'est-à-dire pendant tout le séjour de Hændel en Italie, il n'y eut pas, à Rome, de représentations d'opéra. En revanche, la musique religieuse et la musique de chambre étaient dans tout leur éclat. Hændel, pendant ces premiers mois, écouta, étudia la musique religieuse de Rome et tâcha d'en écrire de semblable. De cette époque datent ses *Psaumes latins*[104]. Il avait été aussi introduit dans les salons romains, grâce aux lettres de recommandation qu'il avait des Médicis. Il s'y rendit fameux, par son talent de virtuose plus encore que par celui de compositeur. Il resta à Rome jusqu'à l'automne de 1707[105].

Sans doute, il repassa par Florence, au mois d'octobre ; et c'est alors que paraît se placer la première représentation de *Rodrigo*. Il y avait presque un an que Hændel était en Italie. Il entreprit d'écrire un opéra en italien. Son audace fut récompensée. *Rodrigo* réussit. Hændel y gagna la faveur du grand-duc et l'amour de la première chanteuse, Vittoria Tarquini[106]. Fort de cette première victoire, il s'en alla tenter la chance à Venise.

---

102 T. LI des œuvres complètes. On a prétendu que cette *Lucrezia* avait été écrite pour une Lucrezia, chanteuse de la cour de Toscane, qui révéla la première à Hændel la beauté du chant italien, – et des Italiennes.

103 Dans toute l'Europe du commencement du XVIIIe siècle a passé comme une vague de piétisme. Les historiens n'ont guère fait attention qu'aux influences locales. C'est ainsi que l'on a attribué uniquement à l'influence de Louis XIV vieillissant et de son entourage la recrudescence du sentiment religieux en France. Mais des phénomènes analogues se produisaient dans l'Italie, dans l'Allemagne, dans l'Angleterre du même temps. Il y a de ces grands courants moraux, qui, sans que l'on puisse dire exactement pourquoi, parcourent brusquement tout le monde civilisé, comme un frisson de fièvre.

104 Un *Dixit Dominus* est daté du 4 avril 1707. Un *Laudate pueri*, du 8 juillet 1707.

105 Une lettre d'Annibale Merlini à Ferdinand de Médicis, récemment publiée par M. Streatfeild, montre que le 24 septembre 1707, « le Saxon fameux » (« *il Sassone famoso* »), comme on appelait déjà Hændel, se faisait encore entendre dans les soirées musicales de Rome.

106 C'est M. Ademollo, dans un article de la *Nuova Antologia* (16 juillet 1889), et M. Streatfeild, qui ont rétabli le véritable nom de la chanteuse de *Rodrigo*. Ainsi, a été détruite la légende

Venise était alors la métropole musicale de l'Italie. Elle était en quelque sorte la patrie de l'opéra. C'était là qu'un demi-siècle avant, s'était ouvert le premier théâtre public d'opéra[107], et depuis, quinze autres théâtres d'opéra. Là, pendant le carnaval, jouaient, chaque soir, sept théâtres d'opéra. Chaque soir, se tenait aussi une Académie de musique, c'est-à-dire une réunion musicale, et parfois deux ou trois par soir. Chaque jour, dans les églises, des solennités musicales, des concerts qui duraient plusieurs heures, avec plusieurs orchestres, plusieurs orgues, plusieurs chœurs en écho[108]. Et le samedi et le dimanche, les fameuses Vêpres des Hôpitaux, ces Conservatoires de femmes, où l'on élevait pour la musique des orphelines, des enfants trouvées, ou tout simplement les filles qui avaient de belles voix : elles donnaient des concerts d'orchestre et de chant, pour lesquels tout Venise se passionnait. Venise baignait dans la musique ; la vie entière en était tissée. C'était une volupté perpétuelle.

Quand Hændel arriva, le plus grand des musiciens italiens, Alessandro Scarlatti, venait de faire jouer au théâtre San Giovanni Grisostomo son chef-d'œuvre : *Mitridate Eupatore*, un des rares opéras italiens, dont la beauté dramatique égale la beauté musicale. Alessandro Scarlatti était-il encore à Venise, lorsque Hændel s'y trouva ? On ne sait ; mais en tout cas, ils devaient se rencontrer quelques mois plus tard, à Rome ; et il semble que dès cette époque, Hændel se soit lié d'amitié avec le fils d'Alessandro, Mimo (Domenico)[109]. Il fit aussi à Venise d'autres rencontres, qui devaient changer sa vie : le prince de Hanovre, Ernest-Auguste, et le duc de Manchester, ambassadeur extraordinaire d'Angleterre à Venise. Tous deux étaient passionnés mélomanes, et s'intéressèrent à Hændel.

romanesque, accréditée depuis Chrysander, de l'amour de Hændel pour la fameuse Vittoria Tesi. Celle-ci n'avait que sept ans en 1707, et elle ne débuta qu'en 1716. [NdÉ – On ignore les dates de naissance et de mort de Vittoria Tarquini, dite la Bombaci, qui fut active entre 1688 et 1707 ; on est par contre mieux renseigné sur Vittoria Tesi (1700-1775), qui se retira en 1750 pour se consacrer à l'enseignement et qui mourut à Vienne.]

107 [NdÉ] C'est le théâtre San Cassiano ouvert le 6 mars 1637 par une représentation de l'*Andromeda* de Francesco Manelli, sur un livret de Benedetto Ferrari.

108 Parfois à San Marco, six orchestres : deux grands dans les galeries des deux grandes orgues ; quatre moindres, distribués deux par deux, entre les bas côtés, chacun avec deux petites orgues.

109 Mainwaring a conté que Hændel arriva *incognito* à Venise, et qu'on le reconnut dans une mascarade, où il joua du clavecin. Domenico Scarlatti se serait écrié que ce ne pouvait être que « le célèbre Saxon, ou le diable ». Cette histoire, qui montre quelle était déjà la célébrité de Hændel comme virtuose, s'accorde assez bien avec le goût des mystifications, qui était dans son caractère.

Les premières invites qui lui furent faites pour venir à Hanovre et à Londres, datent sans doute de là.

Mais si le voyage de Venise ne fut pas inutile pour l'avenir de Hændel, pour le présent il lui rapporta peu de chose. Hændel ne put rien faire jouer sur l'un des sept théâtres d'opéra[110].

Il fut plus heureux à Rome, où il était de retour, au commencement de mars 1708[111]. La renommée de son *Rodrigo* l'y avait précédé. Tous les mécènes d'Italie se faisaient maintenant honneur de le recevoir. Il fut l'hôte du marquis Ruspoli, dont les jardins sur l'Esquilin servaient de lieu de réunion à l'Académie de l'Arcadie[112]. Hændel se trouva introduit parmi tout ce que l'Italie avait de plus illustre dans les lettres, dans les arts et dans l'aristocratie. L'Arcadie, qui réunissait en une confraternité spirituelle les princes et les artistes[113], comptait parmi ses membres Alessandro Scarlatti, Arcangelo Corelli, Bernardo Pasquini, et Benedetto Marcello[114]. La même société d'élite se retrouvait aux soirées du cardinal Ottoboni[115]. Tous les lundis, au palais Ottoboni, comme aux réunions de l'Arcadie, on donnait des concerts et des récitations poétiques. Le cardinal-prince, surintendant de la chapelle pontificale, avait à son service le premier orchestre d'Italie[116] et les chanteurs de la Sixtine. À l'Arcadie se faisait aussi entendre un orchestre nombreux,

110 Ce fait, qui parait établi par les recherches récentes, contredit la thèse de Chrysander, suivant laquelle l'*Agrippina* de Hændel aurait été jouée, au commencement de 1708, à Venise. Tous les documents du temps s'accordent à placer la première représentation d'*Agrippina* à la fin de 1709, ou au commencement de 1710.

111 Une cantate autographe de Hændel, qui se trouve à Londres, est datée de « Rome, 3 mars 1708 ».

112 Cette Académie avait été fondée en 1690 à Rome, pour la défense et illustration de la poésie populaire et de l'éloquence.

113 Parmi les « bergers » de l'Arcadie figurent quatre papes : Clément XI, Innocent XIII, Clément XII, Benoit XIII, presque tout le Sacré Collège, les princes de Bavière, de Pologne, de Portugal, la reine de Pologne, la grande-duchesse de Toscane et une foule de grands seigneurs et de grandes dames.

114 Scarlatti, sous le nom de Terpandro ; Corelli, sous celui de Arcimelo ; Pasquini, de Prolico ; Marcello, de Driante. Hændel ne fut pas inscrit à l'Arcadie, parce qu'il n'avait pas encore l'âge réglementaire : vingt-quatre ans.

115 Le cardinal Ottoboni était un Vénitien, neveu du pape Alexandre VIII. Bon prêtre, très bienfaisant, mécène fastueux, dont les prodigalités étaient célèbres jusqu'en Angleterre, où Dryden les glorifiait en 1691 dans le prologue de *King Arthur* de Purcell, il était grand dilettante et avait écrit lui-même un opéra : *Il Colombo overo l'India scoperta* (1691). Alessandro Scarlatti mit en musique son libretto de *Statira*, et composa pour lui sa *Rosaura* et son *Oratorio de Noël*. Il était surtout intime avec Corelli, qui habitait chez lui.

116 Corelli tenait le premier violon, et Francischiello le violoncelle.

sous la direction de Corelli, de Pasquini ou de Scarlatti. On s'y livrait à l'improvisation poétique et musicale : ce qui provoquait des joutes artistiques entre poètes et musiciens[117]. Ce fut pour les concerts du palais Ottoboni que Hændel écrivit ses deux oratorios romains : la *Resurrezione* et *Il Trionfo del Tempo e del Disinganno*[118], qui sont des opéras déguisés. On retrouve aussi le reflet de l'Arcadie dans les compositions les plus caractéristiques peut-être de cette période de la vie de Hændel : les *Cantates Italiennes*[119], dont la célébrité s'étendit au loin : car J.-S. Bach fit une copie de l'une d'elles, avant 1715[120].

Hændel passa trois ou quatre mois à Rome. Il était intime avec Corelli et avec les deux Scarlatti, surtout avec Domenico, qui faisait avec lui assaut de virtuosité[121]. Peut-être jouta-t-il aussi avec Bernardo Pasquini, qu'il dut entendre, plus d'une fois, à son orgue de Sainte-Marie Majeure. On s'intéressait à lui, dans le monde du Vatican, et on essaya de le convertir au catholicisme. Mais il refusa ; et telle était l'aimable tolérance qui régnait alors à la cour de Rome, que, pas plus que la guerre entre le Pape et l'Empereur, ce refus n'altéra les rapports d'amitié entre le jeune luthérien allemand et les cardinaux ses mécènes. Il s'était si bien attaché à Rome qu'il eut peine à en partir, quand la guerre qui s'approchait de la ville l'obligea à prendre, au mois de mai ou de juin 1708, le chemin de Naples. Une de ses cantates italiennes, intitulée *Partenza*, dit son chagrin « d'abandonner du Tibre les belles rives fleuries, les chers murs, les rochers aimés ».

---

117 À une réunion de l'Arcadie, en avril 1706, Alessandro Scarlatti se mit au clavecin, tandis que le poète Zappi improvisait un poème. À peine Zappi avait-il fini de réciter le dernier vers, que Scarlatti exécutait la musique qu'il venait d'improviser sur ces vers. – De même, chez Ottoboni, Hændel improvisa plusieurs cantates profanes, tandis que le cardinal Panfili improvisait les vers. On conte qu'un de ces poèmes faisait l'éloge dithyrambique de Hændel, et que Hændel, imperturbable, s'amusa à le mettre en musique, et sans doute à le chanter.

118 Le manuscrit de la *Resurrezione* porte cette suscription : « 11 avril 1708, *la festa di Pasque dal Mardi⁰ Ruspuli* (la fête de Pâques, chez le marquis Ruspoli). »

119 Elles tiennent quatre volumes de la grande édition Breitkopf : – deux volumes de cantates *soli* avec simple basse de clavecin, et deux volumes de cantates *con stromenti*, dont certaines sont des *Serenate* à 2 ou 3.

120 L'*Armida abbandonata*. – La copie, très soigneuse, de la main de J.-S. Bach, appartient à la maison Breitkopf.

121 On conte qu'à une soirée Ottoboni, il y eut un concours sur le clavecin et sur l'orgue entre Domenico Scarlatti et Hændel. Le combat resta indécis sur le clavecin ; mais pour l'orgue, Scarlatti fut le premier à déclarer Hændel vainqueur. Plus tard, quand il parlait de lui, il faisait le signe de croix.

Peu de temps après son arrivée à Naples, Alessandro Scarlatti revint s'y fixer, après sept ans d'absence[122]. Grâce à cette amitié et à son affiliation avec l'Arcadie, Hændel reçut le meilleur accueil de l'aristocratie napolitaine. Il resta à Naples près d'un an, de juin 1708 au printemps de 1709, jouissant d'une hospitalité princière, qui mettait à sa disposition, dit Mainwaring, palais, table et voiture. Si enivrante que dût être pour lui la douceur de la vie italienne, il ne perdit pas son temps. Non seulement, à l'exemple de son ami Corelli, il prit en Italie le goût passionné de la peinture[123], mais il s'essaya, avec un dilettantisme attentif, dans les genres les plus opposés, dont la société cosmopolite de Naples amusait sa nonchalante curiosité. L'influence espagnole et l'influence française se disputaient la ville. Hændel, aussi indifférent que Scarlatti à la victoire de l'un ou l'autre des deux peuples, s'essaya à écrire dans leur style à tous deux[124]. Il s'intéressait aussi aux chants populaires italiens, et notait les rustiques mélodies des *Pifferari* calabrais[125]. Pour les Arcadiens de Naples, il écrivait sa belle *Serenata* : *Aci, Galatea e Polifemo*[126]. Enfin, il avait le bonheur de plaire au vice-roi de Naples, le cardinal Grimani. C'était un Vénitien ; et sa famille possédait le théâtre San Giovanni Grisostomo de Venise. Grimani écrivit pour Hændel le *libretto* de l'opéra : *Agrippina*, dont Hændel composa probablement une partie de la musique à Naples[127]. Une telle collaboration l'assurait d'être joué sans peine, à Venise.

---

122 Scarlatti fut rattaché à la chapelle royale de Naples, comme premier organiste, en décembre 1708 ; puis il fut réintégré dans sa maîtrise de la chapelle royale, en janvier 1709 ; et, au cours de la même année, il fut nommé maître du Conservatoire des *Poveri di Gesù Cristo.*

123 Toute sa vie, une de ses distractions préférées, – comme de celles de Corelli et de Hasse, – fut de visiter des expositions de tableaux. Il faut noter cette intelligence visuelle chez les grands musiciens allemands et italiens de cette époque. On ne la trouverait plus chez ceux de la fin du XVIIIe siècle.

124 On a conservé de lui une *cantata spagnuola a voce sola a chitarra* (publiée dans le second volume des Cantates italiennes *con stromenti*), – et *sept chansons françaises* dans le style de Lully, avec accompagnement de la basse de clavecin. Une copie de ces chansons se trouve à la Bibliothèque du Conservatoire de Paris (fonds Schœlcher).

125 Une d'elles a fourni l'inspiration de la *Sinfonia pastorale* du *Messie.* – Hændel rapporta aussi d'Italie son goût pour la *Sicilienne*, qui faisait fureur à Naples, et qu'il employa, depuis *Agrippina*, dans presque tous ses opéras, et même dans ses oratorios.

126 L'*Aci, Galatea e Polifemo* de 1708 n'a aucun rapport avec *Acis and Galatea* de 1720. Mais, à la reprise de cette dernière œuvre, en 1732, Hændel fit un remaniement de sa Sérénade italienne, et la donna à Londres en y mêlant des chants anglais de l'autre *Acis.*

127 Voir Streatfeild : *Hændel*, p. 43.

Il quitta Naples au printemps, et repassa par Rome, où il dut rencontrer chez le cardinal Ottoboni l'évêque Agostino Steffani, qui, par un mélange singulier d'attributions, était en même temps *Kapellmeister* à la cour de Hanovre, et chargé de missions secrètes par divers princes allemands[128]. Steffani était un des plus parfaits musiciens du temps ; il se lia d'amitié avec Hændel. Peut-être firent-ils route ensemble jusqu'à Venise, où l'*Agrippina* de Hændel fut jouée, dès l'ouverture de la saison de carnaval 1709-1710, au théâtre San Giovanni Grisostomo[129].

Le succès passa tout ce qu'on pouvait attendre. Mainwaring dit « qu'on eût pris les auditeurs pour des fous. C'étaient des acclamations, des cris : *Viva il caro Sassone* ! des extravagances impossibles à raconter. La grandeur de ce style les avait frappés comme le tonnerre. » – Les Italiens avaient bien raison de se réjouir, ils avaient fait en Hændel la plus glorieuse recrue, et l'*Agrippina* était le plus mélodieux des opéras italiens. Venise faisait et défaisait la gloire. L'enthousiasme soulevé par les représentations du San Giovanni Grisostomo se propagea dans l'Europe musicale.

Hændel resta tout l'hiver à Venise. Il semblait indécis sur le chemin qu'il allait suivre. Il n'est pas impossible qu'il songeât à passer par Paris[130]. – Que de choses eussent été changées, s'il y était venu alors, et s'il avait pu s'y établir, dans l'interrègne, entre Lully et Rameau ! Il avait ce que ne possédait aucun des musiciens français : une surabondance de musique. Et il n'avait point ce qu'ils avaient : l'intelligence lucide et pénétrante de la véritable nature du drame musical et de ses destinées : – (c'était alors le temps où Lecerf de la Viéville écrivait sa *Comparaison*

128 Sur Steffani, voir p. 64 et suiv. C'est très vraisemblablement à cette rencontre avec Hændel, en 1709, à Rome, qu'il faut reporter le récit fait par Hændel d'un concert chez Ottoboni, où Steffani suppléa à l'improviste un des principaux chanteurs, avec un art sans égal. Chrysander plaçait ce récit, à l'époque du second voyage de Hændel en Italie, en 1729. Mais cela est impossible, car Steffani mourut en février 1728.

129 C'est-à-dire le 26 décembre 1709. Telle est la date que les recherches récentes de M. Ademollo et de M. Streatfeild ont rétablie, d'accord avec les indications fournies par les historiens contemporains de Hændel, – Mattheson, Marpurg, Burney, – et avec la date inscrite sur le *libretto* même. Elle contredit la thèse de Chrysander, (adoptée, à sa suite, par la plupart des musicologues de notre temps), suivant laquelle l'*Agrippina* aurait été jouée à Venise, dès le carnaval de 1708.

130 Telle serait la raison pour laquelle il s'était fait la main au style vocal français, en écrivant ses 7 *chansons françaises*, dont le manuscrit a été soigneusement revu par lui, et porte la trace de corrections au crayon.

de la musique française et de la musique italienne, dont certaines pages annoncent la réforme de Gluck). – Si Hændel était venu en France, je suis convaincu que cette réforme eût été accomplie soixante ans plus tôt, et avec une magnificence de musique que Gluck n'eut jamais. Hændel était familiarisé avec la langue française[131]. Il montra, par la suite, une attraction singulière pour les plus beaux sujets de notre tragédie française[132]. Avec sa prodigieuse souplesse et ses qualités, toutes latines, de clarté de lignes, de raison éloquente, d'amour passionné pour la forme, ce lui eût été un jeu de s'assimiler la tradition de notre art et de la reprendre, avec une vigueur irrésistible[133].

Mais à Venise, comme il hésitait encore sur ce qu'il devait faire, il rencontra des nobles hanovriens, parmi lesquels le baron Kielmannsegge, qui l'invitèrent à les suivre. Steffani lui avait offert, avec une bonne grâce charmante, son poste de *Kapellmeister* à la cour de Hanovre. Hændel alla à Hanovre.

*
* *

Ils étaient quatre frères, qui furent tour à tour ducs de Hanovre : Christian-Louis, George-Guillaume, Jean-Frédéric, et Ernest-Auguste[134]. Tous quatre étaient fascinés par la France et par l'Italie. Ils passaient la meilleure partie de leur temps hors de leurs États, de préférence à Venise. George-Guillaume épousa morganatiquement une Française, Eléonore d'Olbreuse, d'une famille noble du Poitou. Jean-Frédéric était pensionné par Louis XIV et se fit catholique ; il prenait modèle sur Versailles et fonda en 1672 l'opéra de Hanovre. Il eut d'ailleurs l'intelligence

131 C'était la langue dont il usait dans sa correspondance, même avec sa famille ; et son style, très correct, a la haute courtoisie du style Louis XIV.

132 *Esther, Athalie, Théodore vierge et martyre.*

133 Encore en 1734, Séré de Rieux écrit de Hændel : « Sa composition infiniment sage et gracieuse semble s'approcher de notre goût plus qu'aucune autre, en Europe » (p. 299 des *Enfants de Latone*, poèmes dédiés au Roi). – Hændel plaisait particulièrement aux Français, parce que son italianisme était dominé par la raison, et que les musiciens français aimaient à croire la raison toute française. / « Son caractère fort, nouveau, brillant, égal, / Du sens judicieux suit la constante trace, / Et ne s'arme jamais d'une insolente audace. » (*Ibid.*, p. 102-103.)

134 Voir le livre, abondant en documents pittoresques, de Georg Fischer, *Musik in Hannover*, 2e éd., 1903 [NdÉ – Hannover, Hahn'sche Buchhandlung. Exemplaire de R. Rolland à la BnF.]

d'appeler Leibniz dans ses États[135]. Mais il se gardait bien, pour sa part, d'y rester. Il mourut, au cours d'un voyage à Venise. Ernest-Auguste, qui lui succéda en 1680, fut le protecteur de Steffani. Il était marié à la belle et intelligente duchesse Sophie, princesse Palatine, petite-fille de Jacques Ier Stuart, tante de la Palatine de France, et sœur de la princesse Elisabeth, amie de Descartes. Elle-même était l'amie et la correspondante de Leibniz, qui l'admirait. Elle avait infiniment d'esprit, parlait sept langues, lisait beaucoup, avait un goût naturel pour les belles choses. « Personne ne possédait mieux Michel de Montaigne », dit Madame, sa nièce. Très libre de pensée[136], trop libre de langage, elle professait un matérialisme épicurien supérieurement intelligent[137]. Son mari ne la valait point ; mais il était brillant et fastueux. Ils firent de la cour de Hanovre « la plus polie et la plus distinguée de l'Allemagne[138] ». Tous deux aimaient la musique ; mais Ernest-Auguste ne semblait point se douter qu'elle existât en dehors de l'Italie ; et il aurait pu s'appeler aussi bien le duc de Venise que le duc de Hanovre : car il était constamment à Venise, et il n'en voulait plus sortir[139]. Le peuple hanovrien commençait à murmurer. Pour retenir le prince chez lui, on ne trouva d'autre moyen que de lui bâtir un magnifique Opéra, où il put donner des spectacles et des fêtes, à l'instar de Venise. L'idée était bonne. Ernest-Auguste se

135 En 1676, Leibniz avait alors trente ans. Il reçut le titre de conseiller et président de la bibliothèque du château.

136 Bien que, par les bizarreries des traités de Westphalie, cette princesse protestante se trouvât investie de l'évêché catholique d'Osnabrück.

137 Mme Arvède Barine a tracé d'elle un portrait amusant, mais un peu sévère, dans ses charmantes études sur *Madame, mère du Régent* (1909, Hachette). – Voir surtout les *Mémoires* de la duchesse Sophie, écrits par elle en français.

138 Ainsi s'exprime un voyageur français, en 1702, l'abbé Tolland. [NdÉ – En fait le théologien et homme politique irlandais, John Toland, *Relation des cours de Prusse et de Hanovre avec les caractères des principales personnes qui les composent*, La Haye, T. Johnson, 1706.]

139 Devenu duc en 1680, l'année même il part pour Venise. Il y repart à la fin de 1684, et y reste jusqu'en août 1685. Il repart, trois mois après, en décembre, et ne revient qu'en septembre 1686. Il logeait au palais Foscarini, avec sa suite nombreuse, ses ministres, ses poètes, ses musiciens, sa chapelle. Il y dépensait des sommes énormes. Il donnait des fêtes aux Vénitiens, et avait des loges, louées à l'année, dans cinq théâtres de Venise. En revanche, il vendait ses sujets, comme soldats, à Venise ; et son fils Maximilien était le général de la République. Quand le grand-maréchal de la cour de Hanovre écrivait à son prince le mécontentement du peuple, Ernest-Auguste répondait : « Je voudrais bien faire venir ici Monsieur le grand-maréchal, afin qu'il ne m'écrive plus si souvent de revenir à la maison. Monsieur le grand-maréchal n'a pas idée comme c'est amusant, ici ; s'il y était seulement une fois, il ne voudrait plus retourner en Allemagne. »

passionna pour son nouveau théâtre, qui, édifié et décoré par des Italiens, de 1687 à 1690, fut le plus beau d'Allemagne[140]. Pour ce théâtre on engagea comme *kapellmeister* Steffani[141].

Agostino Steffani est une des figures les plus curieuses du temps[142]. Né en 1653, à Castelfranco près Venise, d'une famille pauvre, enfant de chœur à S. Marco, emmené en 1667 à Munich par le comte de Tattenbach, il y avait été l'élève de Ercole Bernabei, un maître nourri de l'art romain le plus pur[143]. En même temps il recevait une éducation très complète, littéraire, scientifique et théologique, car on le destinait à la prêtrise ; et, tout en devenant abbé[144], il était nommé organiste de cour et *Musik direktor*. Depuis 1681, une suite d'opéras, joués à Munich, et surtout le *Servio Tullio* de 1685[145] avaient répandu son renom en Allemagne. Le duc de Hanovre l'attira à sa cour ; et, en 1689, le nouveau théâtre de Hanovre fut inauguré par un opéra de Steffani, dont la duchesse Sophie avait fourni, dit-on, le sujet patriotique : *Henrico Leone*[146a]. Suivirent une quinzaine d'opéras, dont la mise en scène et la musique eurent une célébrité prodigieuse en Allemagne[147b]. Cousser les introduisit à Hambourg,

---

140 Barthold Feind disait, en 1708 : « Des opéras allemands, celui de Leipzig est le plus pauvre, celui de Hambourg le plus vaste, celui de Brunswick le plus parfait, celui de Hanovre le plus beau. » – L'opéra de Hanovre, à quatre étages de loges, pouvait contenir 1 300 personnes.

141 L'orchestre était composé, en majorité, de Français, et dirigé par un Français, Jean-Baptiste Farinel, frère du gendre de Cambert [NdÉ – Michel Farinel (1649-1726)].

142 MM. A. Einstein et Ad. Sandberger rééditent, en ce moment, dans les *Denkmäler der Tonkunst in Bayern*, un choix des œuvres de Steffani. M. Arthur Neisser a consacré une petite brochure à Steffani, à propos d'un de ses opéras : *Servio Tullio* (1902, Leipzig). – Voir aussi les études de Rob. Eitner dans l'*Allg. Deutsche Biographie*, de Chrysander dans son *Hændel* t. I, et de M. Georg Fischer dans son livre cité plus haut.

143 Munich était devenu un foyer de musique italienne en Allemagne, depuis que le prince-électeur Ferdinand avait épousé, en 1652, une princesse italienne, Adélaïde de Savoie. – Voir Ludwig Schiedermair : *Die Anfänge der Münchener Oper* (*Sammelb. der I. M. G.*, 1904).

144 En 1680.

145 On trouvera la liste des opéras de Steffani, et l'analyse de *Servio Tullio*, dans la brochure de M. Arthur Neisser.

146 Cet opéra fut joué pour le cinquième centenaire du siège de Bardewick par Henri le Lion en 1189. L'électeur de Brandebourg assistait à la première représentation. – Steffani traita d'autres sujets germaniques, comme le *Tassilone* de 1709.

147 Les manuscrits de la plupart de ces opéras sont conservés dans les bibliothèques de Berlin, Munich, Londres, Vienne et Schwerin. Chrysander a donné quelques spécimens des *libretti*. La musique n'a guère été étudiée que par M. Neisser, qui a le tort de ne pas assez connaître la musique des contemporains de Steffani, et, par suite, se trompe souvent dans

comme des modèles du vrai chant italien ; et Keiser se forma en partie d'après eux, une dizaine d'années avant que Hændel se formât à son tour d'après Keiser. L'opéra n'eut pas une vie durable à Hanovre. Seul, le duc y était attaché. La duchesse Sophie avait beaucoup moins de sympathie pour ce genre d'art[148c]. Les ballets et les mascarades faisaient tort à l'opéra. Steffani était d'ailleurs occupé par des affaires plus sérieuses. Dans la Ligue d'Augsbourg, Ernest-Auguste de Hanovre avait pris parti pour l'Empereur. Pour récompenser sa fidélité, l'Empereur lui accorda la dignité de prince-électeur. Mais, dans la confusion de l'Empire, il n'était pas facile de faire régulariser la situation. Il fallut envoyer un ambassadeur extraordinaire aux grandes cours allemandes. Le choix de tous se porta sur Steffani, qui était abbé catholique et pouvait plus facilement servir d'intermédiaire entre la cour protestante de Hanovre et les cours catholiques[149]. Il s'acquitta si bien de sa mission qu'en 1697 le duc de Hanovre obtint son titre d'électeur. L'étonnant diplomate avait trouvé moyen, tout en s'acquittant de sa tâche, d'écrire des opéras. Après la mort de Ernest-Auguste, en 1698, il renonça aux opéras ; mais il continua de s'occuper de politique. Il devint, en 1703, conseiller secret de l'électeur Palatin, président du conseil religieux ; il fut anobli. En même temps, le pape Innocent XI le faisait, en 1706, évêque de Spiga[150]. L'électeur

---

ses appréciations. M. Hugo Riemann prépare la publication de deux volumes d'opéras de Steffani, dans les *Denkmäler der Tonkunst in Bayern*. [NdÉ – Leipzig, Breitkopf & Härtel, 3 vol., 1905, 1911, 1912.]

148 Leibniz non plus, bien qu'il eût quelque intuition de ce qu'aurait pu être cette forme de théâtre, « qui unit tous les moyens d'expression : la beauté des mots, des rimes, de la musique, des peintures, des gestes harmonieux » (lettre de 1681). En général, il avait, à l'égard de la musique, l'attitude de nos Encyclopédistes, au temps de Rameau. Son idéal musical était tout de simplicité mélodique. – « J'ay remarqué souvent que ce que les gens du métier estimoient le plus n'avoit rien qui touchât. La simplicité fait souvent plus d'effet que les ornemens empruntés. » (Lettre à Henfling.)

149 Les témoignages des contemporains s'accordent à le peindre comme un homme d'un physique agréable, petit, de constitution débile, que l'excès de l'étude avait fatiguée, sérieux de nature, mais toujours aimable dans ses manières, plein d'esprit et de douceur, la parole claire et calme, d'un tact exquis, d'une politesse parfaite, et dont il ne se départait jamais, homme de cour accompli, et, de plus, très instruit, s'intéressant passionnément à la philosophie, aux mathématiques. Leibniz lui apprit le droit politique allemand. – On trouvera dans le livre de Fischer : *Musik in Hannover*, la reproduction d'un portrait rarissime de Steffani, en costume épiscopal.

150 Évêque *in partibus*. Spiga est une localité des Indes espagnoles occidentales. [NdÉ – En fait, Spiga ou Chizico, est une petite ville de Turquie sur la mer de Marmara selon l'*Encyclopédie* de Diderot. Pas de localisation actuelle.]

Palatin le nomma son grand aumônier, et le chargea de la correspondance italienne et latine avec le duc de Brunswick. De novembre 1708 à avril 1709, Steffani séjourna à Rome où le pape le combla d'honneurs, le fit prélat de chambre, assistant du trône, abbé de S. Stefano in Carrara, et vicaire apostolique dans le nord de l'Allemagne, avec l'inspection sur les catholiques en Palatinat, Brunswick et Brandebourg[151]. Ce fut alors, comme on l'a vu, qu'il rencontra Hændel.

Il était nécessaire d'esquisser la vie de ce personnage extraordinaire, qui fut à la fois abbé, évêque, vicaire apostolique, conseiller intime et ambassadeur des princes, organiste, *kapellmeister*, critique musical[152], grand chanteur[153] et grand compositeur, – non seulement pour l'intérêt de sa figure, mais parce qu'il exerça une influence considérable sur Hændel, qui conserva toujours de lui un souvenir reconnaissant[154].

Le propre de l'art de Steffani, et par où il est supérieur à tous ceux de son temps, c'est la maîtrise de l'art du chant. Bien que tous les Italiens y fussent rompus, aucun n'a écrit aussi purement pour la voix[155]. Scarlatti ne se gêne pas pour forcer les limites de la voix, soit dans une intention expressive, soit dans une intention concertante. Chez Steffani, comme dit M. Hugo Goldschmidt[156], « le chanteur tient la plume ».

---

151 Il finit par démissionner de son vicariat, qui lui causait plus d'ennuis que d'agrément. Il voyagea de nouveau en Italie, en 1722. En 1724, il fut nommé président à vie de l'*Academy of ancient music*, fondée à Londres par son élève Galliard. Il dédia à l'Académie plusieurs de ses compositions : mais, depuis qu'il était évêque, il ne les signait plus ; elles paraissaient sous le nom de son secrétaire, Gregorio Piva. Il revint à Hanovre en 1723. Après avoir mené grande vie, que ses revenus ne suffisaient pas à payer, il tomba dans la gêne et dut vendre ses belles collections de peintures et de statues, parmi lesquelles il y en avait, dit-on, de Michel-Ange. Le roi d'Angleterre régla en partie ses dettes. Steffani mourut d'apoplexie, au cours d'un voyage à Francfort, le 12 février 1728. Sa volumineuse correspondance politique fut envoyée à Rome, où elle se trouve encore, à l'*Archivio della Sacra Congregazione de Propaganda Fide*. – Voir A. Einstein : *Notiz über den Nachlass Agostino Steffani's im Propaganda Archiv zu Rom. (Sammelbände der I. M. G.*, mars 1909.)

152 On connaît de lui un opuscule, en forme de lettre, intitulé : *Quanta certezza habbia du suoi Principii la Musica et in quai pregio fosse percio presso gli Antichi*, paru en 1695 à Amsterdam, puis en 1700, en traduction allemande. Il y défend la valeur de la musique, non seulement comme art, mais comme science.

153 Son chant était célèbre. Si sa voix était faible, la pureté et la finesse de son style, son expression délicate et chaste étaient incomparables, à en croire Hændel.

154 Voir Hawkins. – Ce fut surtout en 1711 que Hændel et Steffani se trouvèrent ensemble à Hanovre, pour le plus grand profit de Hændel.

155 [NdÉ – Steffani n'a eu que très récemment une revanche tardive, avec les enregistrements que lui ont consacrés Cecilia Bartoli et Diego Fasolis en 2012 chez Decca (« Le Projet Steffani »).]

156 H. Goldschmidt : *Die Lehre von der vokalen Ornamentik*, t. I, 1907, Charlottenburg.

Son œuvre est le recueil le plus parfait du chant italien de l'âge d'or, et Hændel lui dut son sens très fin du *bel canto.* À la vérité, les opéras de Steffani gagnent peu à cette virtuosité. Ils sont médiocres au point de vue dramatique, assez peu expressifs, abusent des vocalises : c'étaient essentiellement des opéras pour chanteurs[157d]. Mais ils montrent une curiosité harmonique, et une habileté contrapuntique qui s'oppose à l'écriture presque homophone de Lully[158]. – Mais le vrai titre de gloire de Steffani était dans sa musique vocale de chambre et, par-dessus tout dans ses duos[159e]. Ces duos sont de tous les caractères et de toutes les dimensions. Il en est en un seul morceau ; il en est d'autres qui ont la coupe *da capo.* Certains sont de vraies cantates, avec récitatifs, *soli* et duos. D'autres se font suite, formant des sortes de petits *Liederkreise.* Leur écriture évolue de Schütz et Bernabei à Hændel et Telemann. Mais leur construction intime est assez généralement la même : une première voix expose, seule, la première phrase, où se reflète l'émotion poétique du morceau ; la seconde voix répète le motif, à l'unisson, ou à l'octave ; avec le second motif, les voix laissent l'unisson et se livrent à des imitations en canon, librement fuguées ; puis revient la première partie, qui conclut. Quand le duo est plus développé, après un premier air en mineur, vient un second air en majeur où la virtuosité se donne carrière, puis revient le premier air en mineur. Ces œuvres sont d'une admirable beauté mélodique et d'une expression souvent profonde. Dans les sujets gais, Steffani a la grâce alerte, l'élégante fantaisie de Scarlatti. Dans la tristesse, il touche aux plus hauts modèles : à Schütz, à Provenzale[160], à J.-S. Bach ; il est un des

157 Toutefois, les travaux récents de M. Hugo Riemann ont montré qu'il y a lieu de distinguer entre les opéras de Steffani écrits pour Hanovre, où la virtuosité l'emporte, et les opéras primitivement écrits pour Munich, qui sont d'une grande beauté et offrent des modèles d'*aria da capo.*

158 En revanche, les morceaux symphoniques, et particulièrement les ouvertures, sont en style lullyste, et ont pu servir de modèles à Hændel. Le style français régnait dans l'orchestre de Hanovre. Telemann disait : « À Hanovre est le cœur de la science française. »

159 Steffani semble avoir écrit ces duos, comme maître de musique des dames de la cour ; et plusieurs furent faits pour l'électrice de Brandebourg, Sophie-Dorothée. Les poèmes étaient l'œuvre de grands seigneurs, ou d'abbés italiens. Ces duos furent regardés, dans leur temps, comme des chefs-d'œuvre ; et on en fit de nombreuses copies. On en trouvera la bibliographie dans le 1er volume des *Œuvres choisies de Steffani*, publiées chez Breitkopf par MM. A. Einstein et A. Sandberger. Le seul Conservatoire de Paris possède six volumes de *duetti* manuscrits de Steffani.

160 [NdÉ] Romain Rolland insistait déjà dans sa thèse sur les qualités de Provenzale en ne lui consacrant pas moins de huit pages (*Histoire de l'opéra en Europe avant Lully et Scarlatti*,

plus grands lyriques de la musique du XVIIe siècle[161]. Ces duos ont fixé le style et la forme du genre. Je comparerais volontiers le rôle joué par Steffani en musique à celui de Fra Bartolommeo, en peinture, – tous deux s'appliquant, avec un art parfait et un esprit très calme, à trouver les lois de la composition dans des genres limités : Fra Bartolommeo cherchant l'équilibre des groupes et l'harmonie des lignes dans des scènes à trois ou quatre personnages, rassemblés en un tableau rond ; Steffani concentrant tout l'effort de l'ingéniosité, de l'invention, de la science artistique, dans le cadre étroit du duo. Les deux artistes religieux ont un art lumineux, sûr de soi, savant avec simplicité, peu ou point passionné : leurs âmes sont nobles, pures, un peu impersonnelles. Ils étaient faits pour préparer le chemin à d'autres. Comme dit Chrysander, Hændel marche dans les traces de Steffani ; mais son pied est plus large.

*
* *

Hændel ne fit qu'un court passage à Hanovre, en 1710. À peine eut-il pris possession de son poste, qu'il demanda et obtint un congé pour aller en Angleterre, où des propositions lui étaient faites. Il traversa la Hollande, et arriva à Londres, à la fin de l'automne 1710. Il avait vingt-cinq ans.

L'ère musicale de l'Angleterre était close. Quinze ans avant, l'Angleterre avait perdu son plus grand musicien, Henry Purcell, mort prématurément, à l'âge de trente-six ans[162].

---

p. 187-195). Il allait même jusqu'à écrire : « La grâce de mélancolie qui rend Provenzale si attrayant est toujours sobre et discrète, plus que l'art même de Bach » (p. 195).

161 Voir les airs : *Lungi dall'idol, Occhi perche piangete*, et surtout *Forma un mare*, qui offre une analogie frappante avec un des plus beaux *lieder* de Philipp-Heinrich Erlebach : *Meine Seufzer* (publié par M. Max Friedländer, dans son *Histoire du Lied au XVIIIe siècle*). Il y a tout lieu de croire que Steffani a été un des modèles d'Erlebach. [NdÉ – Philipp Heinrich Erlebach (1657-1714) a été de 1679 à sa mort au service du comte Albert-Anton von Schwarzburg-Rudolstadt en Thuringe.] / On y remarquera la prédilection de Steffani (comme des grands Italiens du temps) pour le chromatique, et son goût contrapuntique. Steffani était un des artistes d'alors le plus près de l'esprit de l'ancienne musique, tout en ouvrant le chemin à la musique nouvelle ; et il est caractéristique qu'on l'ait choisi comme président de l'*Academy of ancient Music* de Londres, qui prenait pour modèle l'art de Palestrina et des madrigalistes de la fin du XVIe siècle. Je ne doute pas que Hændel n'ait beaucoup appris, en cela encore, de Steffani.

162 Henry Purcell naquit vers 1658 [NdÉ – 1659], et mourut en 1695.

Dans sa courte vie, il avait produit une œuvre considérable : opéras, cantates, musique religieuse, musique instrumentale. C'était un génie instruit, connaissant bien Lully, Carissimi, les sonates italiennes, et en même temps très anglais, ayant le don des mélodies spontanées, et ne perdant jamais contact avec l'esprit de sa race. Son art est plein de grâce et de délicatesse, bien plus aristocratique que celui de Lully : c'est du Van Dyck en musique ; tout y est d'une extrême élégance, fine, aisée, un peu exsangue. Sa distinction est naturelle, elle se retrempe toujours, comme le font volontiers les Anglais, dans la vie champêtre. Il n'y a pas d'opéras du XVIIe siècle où l'on trouve plus de fraîches mélodies, d'une inspiration ou d'un tour populaire. Ce charmant artiste, maladif, de tempérament débile, avait quelque chose de féminin, de frêle, de peu résistant. Sa langueur poétique fait son attrait et aussi sa faiblesse ; elle l'a empêché de poursuivre son progrès artistique, avec la ténacité d'un Hændel. Presque partout, il est resté incomplet, il n'a pas cherché à briser les dernières barrières qui le séparaient de la perfection ; ce sont des esquisses de génie, avec d'étranges faiblesses, beaucoup de choses bâclées, des gaucheries singulières dans la façon de traiter les instruments et la voix, des cadences maladroites, une monotonie de rythmes, un tissu harmonique grêle, surtout dans les grands morceaux, un manque de souffle, une sorte d'épuisement physique, qui l'empêche de mener jusqu'au bout de superbes idées. Mais il faut le prendre pour ce qu'il est : une des figures les plus poétiques de la musique, – souriante et un peu élégiaque, – un petit Mozart éternellement convalescent. Rien de vulgaire, ni de brutal. De jolies mélodies, sorties du cœur, où le plus pur de l'âme anglaise se mire. Des harmonies délicates, des dissonances caressantes, le goût des froissements de septièmes et de secondes, du flottement incessant du majeur au mineur, des nuances fines et changeantes, d'une lumière pâle, indécise, enveloppée, comme un soleil de printemps au travers d'un brouillard léger[163].

Il n'avait écrit qu'un véritable opéra : l'admirable *Dido and Æneas* de 1680[164]. Ses autres œuvres dramatiques, très nombreuses, étaient de la musique de scène ; et le plus beau type en est celle qu'il écrivit pour *King Arthur* de Dryden, en 1691. Cette musique est presque toute épisodique ; on pourrait l'enlever, sans que l'essentiel de l'action en

---

163 Voir le prélude, ou la « Dance » de *Dioclesian*, et l'ouverture de *Bonduca*.

164 L'art anglais n'a jamais rien produit de plus digne d'être égalé aux chefs-d'œuvre de l'art italien, que la scène de la mort de Didon.

souffrît. Le goût anglais était réfractaire aux opéras chantés d'un bout à l'autre ; et au temps de Hændel, Addison devait, dans son *Spectateur*, traduire cette répugnance de la nation.

Bien que Hændel eût une autre idée de l'opéra, et que sa personnalité différât profondément de celle de Purcell, il ne laissa point de profiter du génie de ce précurseur, comme il avait fait des autres. Arrivant en un pays étranger, dont il ne savait ni la langue, ni l'esprit, il était naturel qu'il prît le maître anglais pour guide. De là, des analogies entre eux. Les odes de Purcell semblent parfois une esquisse des cantates et des oratorios de Hændel ; on y trouve le même style architectural, les mêmes contrastes de mouvements, de timbres instrumentaux, de grands ensembles et de *soli*. Certaines danses[165], certains airs héroïques, au rythme irrésistible, aux fanfares de triomphe[166], sont déjà du Hændel. Mais ce ne sont là que des éclairs, chez Purcell. Sa personnalité, son art étaient autres. Lui aussi, comme tant de beaux musiciens d'alors, il a été se perdre en Hændel, ainsi qu'un filet d'eau dans une rivière. Mais il y avait dans cette petite source une poésie anglaise, que l'œuvre entier de Hændel n'a point, ne pouvait avoir.

Depuis la mort de Purcell, c'en était fait de la musique anglaise. Les éléments étrangers l'avaient submergée[167]. Un renouveau d'opposition puritaine, s'attaquant au théâtre anglais, avait contribué à l'abdication découragée des artistes nationaux[168]. Le dernier maître de la grande époque, John Blow, – un artiste estimable, glorieux dans son temps, et dont la personnalité un peu grise, effacée, ne manquait pas de distinction ni de sentiment expressif, – s'était retiré dans les pensées religieuses[169].

---

165 *King Arthur* : « Grand Dance », ou Chaconne finale ; – *Dioclesian* : Trio et chœur final.

166 Surtout, le fameux air de saint Georges, dans *King Arthur* : « Saint Georges, patron de notre île, soldat et saint… »

167 Non plus les Français, qui, très influents au temps des Stuarts, avaient à peu près disparu depuis la Révolution de 1688. Mais les Italiens.

168 Le célèbre pamphlet du prêtre Jeremias Collier, paru en 1688 : *Courte vue de l'immoralité et de l'indécence de la scène anglaise (A short view of the immorality and profaness of the English stage, with the sense of Antiquity)*, avait fait époque, parce qu'il exprimait, avec une ardente conviction, les sentiments cachés de la nation. Dryden, le premier, fit humblement pénitence. [NdÉ – L'évêque Jeremy Collier (1650-1726) fut un farouche opposant de la Révolution de 1688 : il résigna ses fonctions à l'avènement de Guillaume III ; le pamphlet cité par Rolland date en réalité de 1698. Le poète John Dryden (1631-1700), librettiste de Purcell, était lui aussi resté catholique en 1688 et avait de ce fait perdu sa fonction de poète-lauréat.]

169 Voir la préface de son *Amphion Britannicus*, en 1700. – Blow mourut en 1708. [NdÉ – Il était né en 1649.]

En l'absence de compositeurs anglais, les Italiens s'emparèrent de la place[170]. Un ancien musicien de la chapelle royale, Thomas Clayton, rapporta d'Italie des *libretti* d'opéras, des partitions, et des chanteurs. Il prit un vieux *libretto* de Bologne, le fit traduire en anglais par un Français, lui adapta gauchement une musique qui ne valait rien ; et tel fut, comme il dit avec fierté, « le premier drame musical qui ait été entièrement composé et exécuté en Angleterre dans le style italien » : *Arsinoé, reine de Chypre.* Cette nullité, jouée au Drury Lane, en 1705, eut un gros succès, que dépassa encore un opéra italien authentique, donné, l'année suivante, à Londres : *Camilla, regina de' Volsci*, de Marc Antonio Bononcini[171]. Vainement, Addison inquiet essaya de lutter contre l'invasion italienne, en persiflant le snobisme du public, avec une aimable ironie, et en tâchant d'opposer à l'opéra italien un opéra national anglais[172] : il fut battu, et avec lui, le théâtre anglais tout entier[173]. *Thomyris*, en 1707, inaugura les représentations mi-partie en italien et en anglais. Et, à partir d'*Almahide*, en janvier 1710, tout est en italien. Aucun musicien anglais ne tente de lutter[174].

170 Il y avait eu plusieurs essais de compagnies d'opéras italiens à Londres, sous la Restauration, en 1660, en 1674. Aucun n'avait réussi. Mais quelques Italiens s'étaient installés à Londres, et y avaient eu du succès : vers 1667, Gio.-Battista Draghi, de Ferrare ; vers 1677, le violoniste Niccolò Matteis, qui fit connaître en Angleterre les œuvres instrumentales de Vitali et de Bassani ; enfin des chanteurs italiens, Pietro Reggio de Gênes, le fameux Siface (Francesco Grossi) qui, en 1687, fit le premier sans doute entendre du Scarlatti à Londres ; Margherita de l'Espine, qui, depuis 1692, donna des concerts italiens. Mais ce fut à partir de 1702 que commença l'engouement pour l'art italien.

171 Il s'agit du frère du célèbre Bononcini (Giovanni). [NdÉ – Le frère compositeur de Giovanni Bononcini se prénommait en réalité Antonio Maria (1677-1726).]

172 Ce fut la *Rosamunde*, jouée en 1707, et qui n'eut que trois représentations. Addison, fort peu musicien, avait pris pour collaborateur l'insipide Clayton. Ses satires contre l'opéra italien parurent en mars-avril 1710, dans le *Spectator*.

173 Cette défaite fut mise en évidence, en 1708. Trois ans avant, le théâtre Haymarket avait été fondé, sous le patronage de la reine, par le poète Congreve, pour y jouer le vieux drame anglais. En 1708, le drame anglais dut vider la place. L'opéra s'y installa.

174 Seuls, deux Allemands établis en Angleterre et naturalisés Anglais, le Dr Christoph Pepusch et Nicolò Francesco Haym, glissent quelques morceaux de leur composition dans les opéras italiens de Londres. Nous les retrouverons plus tard. Pepusch, fondateur de l'*Academy of antient musick* en 1710, fut assez mal disposé pour Hændel, dont il persifla les opéras dans le fameux *Beggars Opera* de 1728. Haym, qui voulut publier en 1730 une grande *Histoire de la musique*, fut un des librettistes de Hændel. / La Bibliothèque du Conservatoire de Paris possède un recueil des airs des principaux opéras italiens, joués à Londres, de 1706 à 1710. (Londres, Walsh.)

Lorsque arriva Hændel, à la fin de 1710, l'art national était mort. Il est donc absurde de dire, comme on le fait souvent, qu'il a tué la musique anglaise. Il n'y avait plus rien à tuer. Londres n'avait pas un compositeur. En revanche, elle était riche en virtuoses excellents. Surtout elle possédait une des meilleures troupes de chanteurs italiens qu'on pût trouver en Europe. Présenté à la reine Anne, qui aimait la musique et jouait bien du clavecin, Hændel fut accueilli à bras ouverts par le directeur de l'Opéra, Aaron Hill. C'était un personnage extraordinaire, qui voyagea en Orient, écrivit une Histoire de l'Empire Ottoman, fit des tragédies, traduisit Voltaire, fonda la *Beech Oil Company*, pour extraire l'huile des glands de hêtre, se mêla de chimie, et s'occupa de la construction des vaisseaux[175]. Cet homme-orchestre bâtit, séance tenante, le plan d'un opéra, d'après *la Jérusalem délivrée*. Ce fut le *Rinaldo*, qui fut écrit, poème et musique, en quatorze jours, et joué, pour la première fois, le 24 février 1711, au Haymarket.

Le succès fut immense. Il décida de la victoire de l'opéra italien à Londres ; et quand le chanteur Nicolini, qui interprétait le rôle de Renaud, quitta l'Angleterre, il emporta la partition à Naples, où il la fit représenter en 1718, avec l'aide du jeune Leonardo Leo. Le *Rinaldo* marque un tournant de l'histoire musicale. L'opéra italien, qui a conquis l'Europe, commence à être conquis à son tour par les musiciens étrangers qu'il a formés, les italianisants d'Allemagne. Après Hændel, ce sera Hasse, et puis Gluck, et puis Mozart. Mais Hændel est le premier des conquérants[176].

*
* *

Après *Rinaldo*, et jusqu'au moment où Hændel se fixe définitivement à Londres, c'est-à-dire entre 1711 et la fin de 1716, s'étend une période indécise, où il oscille entre l'Allemagne et l'Angleterre, entre la musique religieuse et l'opéra.

---

175 Voir Mainwaring et Chrysander.

176 Quand le poète Barthold Feind donna en 1715 la traduction de *Rinaldo*, à Hambourg, il ne manqua pas de rappeler que « l'universellement célèbre M. Hændel » était appelé par les Italiens « *l'Orfeo del nostro secolo* » et « *un ingegno sublime* ». – Rare honneur, ajoute-t-il, « *car aucun Allemand n'est ainsi traité par un Italien ou un Français, ces messieurs ayant l'habitude de se moquer de nous* ».

Hændel, qui avait le titre de *Kapellmeister* de Hanovre, dut regagner son poste, en juin 1711[177]. À Hanovre, il retrouva l'évêque Steffani, et s'essaya à écrire dans son style. À son imitation, il composa une vingtaine de duos de chambre, qui n'égalent point leur modèle, et de beaux *lieder* allemands sur des poésies de Brockes[178]. Quelques-unes de ses meilleures pages instrumentales, ses premiers concertos de hautbois, ses sonates pour flûte et basse[179], semblent aussi dater de là. Les cavaliers de la cour de Hanovre étaient des flûtistes passionnés ; et l'orchestre, sous la direction de Farinel, était excellent ; surtout les hautbois étaient arrivés à un degré de virtuosité, que ceux d'aujourd'hui atteignent à peine. En revanche, l'Opéra de Hanovre était fermé ; et Hændel ne put même pas faire jouer *Rinaldo*.

Il avait goûté du théâtre, et ne se résignait pas à y renoncer. Aussi soupirait-il vers Londres. Il avait tâté le terrain en Angleterre, il l'avait jugé favorable, il était bien décidé à s'y établir. Il recevait de là des nouvelles régulières[180]. Depuis son départ, aucun opéra n'avait pu se maintenir, en dehors de *Rinaldo*. Les amateurs anglais le rappelaient. Hændel, qui brûlait de partir, demanda un nouveau congé à la cour de Hanovre. On le lui accorda, dans les termes les plus aimables, – « à condition qu'il reviendrait au bout d'un temps raisonnable[181] ».

Il retourna à Londres, vers la fin de novembre 1712, juste à temps pour surveiller la représentation d'une pastorale, *Il Pastor Fido*, œuvre hâtive, dont il reprit les plus beaux chants plus tard[182]. Vingt jours après, il avait fini d'écrire *Teseo*, « opéra tragique », en cinq actes très courts[183], plein de hâte et de génie, qui fut joué en janvier 1713.

177 Il ne se pressa point. Il s'arrêta à Düsseldorf, chez l'Électeur palatin. (A. Einstein : *Ein Beitrag zur Lebensbeschreibung Hændels*, Bulletin de l'I. M. G., avril 1907.) Puis, dans les derniers mois de l'année, il alla revoir sa famille, à Halle.

178 À vrai dire, ce sont plutôt de petites cantates que des *lieder*. La collection Schœlcher, à la Bibliothèque du Conservatoire de Paris, en possède des copies.

179 Tomes XXVII et XLVIII de la grande édition Hændel.

180 On voit, par les lettres de 1711, que Hændel s'appliquait, en Allemagne, à perfectionner sa connaissance de l'anglais.

181 La maison de Hanovre était, comme on sait, prétendante à la succession au trône d'Angleterre ; et elle devait ménager la parente à héritage, la reine Anne, à qui plaisait Hændel. [NdÉ – Rappelons que la mère de Georges Ier, Sophie de Hanovre, était la plus proche parente protestante (étant petite-fille par sa mère du roi d'Angleterre Jacques Ier) de la reine Anne.]

182 Dans une seconde version de l'œuvre, en 1734. Il y ajouta alors des chœurs.

183 C'est le seul opéra de Hændel qui soit en cinq actes. Le poème était de Haym.

Hændel cherchait à s'implanter en Angleterre. Il s'associa au loyalisme et à l'orgueil de la nation, en écrivant pour ses fêtes politiques. La conclusion de la paix d'Utrecht, glorieuse pour l'Angleterre, approchait. Hændel prépara un *Te Deum*, qui était déjà terminé en janvier 1713. Mais les lois du royaume s'opposaient à ce qu'un étranger fût chargé de composer la musique des cérémonies officielles ; seul, le Parlement pouvait autoriser une dérogation à ces usages. Hændel écrivit habilement une ode flatteuse pour l'anniversaire de naissance de la reine Anne *(Birthday Ode for Queen Anne).* L'ode fut exécutée à Saint-James, le 6 février 1713 ; et la Reine, enchantée, donna à Hændel la commande du *Te Deum* et du *Jubilate* pour la paix d'Utrecht, qui furent joués, le 7 juillet 1713, à la cérémonie solennelle de Saint-Paul, où le Parlement assistait. Ces œuvres, où Hændel s'était aidé de l'exemple de Purcell[184], furent ses premiers grands essais dans le genre monumental.

Hændel avait réussi à se faire, en dépit des usages, le compositeur officiel de la cour d'Angleterre. Mais ce n'avait pas été sans manquer gravement à ses devoirs envers ses autres maîtres, les princes de Hanovre, au service desquels il était. La situation était extrêmement tendue entre la cousine à héritage et les parents pauvres de Hanovre. La reine Anne les avait pris en grippe ; surtout, elle ne pouvait souffrir l'intelligente duchesse Sophie, elle la faisait chansonner ; et elle s'entendait secrètement avec le prétendant Stuart, qu'elle voulait reconnaître pour héritier. En restant à son service, Hændel prenait donc parti contre son souverain de Hanovre. Certains de ses historiens ont été jusqu'à prononcer le mot de trahison. C'est l'unique faute de sa vie que son hagiographe, Chrysander, n'excuse point : car elle blesse son patriotisme allemand. Mais, il faut bien le dire : de patriotisme allemand, Hændel n'en avait guère. Il avait la mentalité des grands artistes allemands de son temps, pour qui la patrie, c'était l'art et la foi. Peu lui importait l'État.

Il habitait alors chez des mécènes anglais : – pendant un an, chez un riche musicomane du Surrey, – puis, à Piccadilly, chez le comte de Burlington. Il y resta trois ans. Pope et Swift étaient familiers de la maison, que Gay a décrite. Hændel s'y faisait entendre, sur l'orgue et le clavecin, devant l'élite de la société londonienne, dont il était fort admiré, à la réserve de Pope, qui n'aimait point la musique.

184 Purcell avait écrit en 1694 un *Te Deum and Jubilate.*

Il écrivait peu[185], se laissant vivre, comme au temps de son séjour à Naples, attendant, sans se presser, qu'il se fût pénétré de l'atmosphère anglaise. Hændel était de ceux qui pouvaient faire trois opéras en deux mois, et puis ne plus rien faire pendant un an. C'est le régime du fleuve torrentueux, qui tantôt déborde et tantôt est à sec.

Il attendait aussi la suite des événements. Les héritiers de Hanovre semblaient décidément évincés. La duchesse Sophie mourut, le 7 juin 1714, de chagrin, dit Chrysander – (et, à vrai dire, aussi d'apoplexie), – convaincue que le Stuart aurait l'héritage convoité. Moins que jamais, Hændel ne soufflait mot de retourner à Hanovre. Mais le hasard déjoua tous les plans. Deux mois après la mort de la duchesse Sophie, la reine Anne mourait subitement, le 1er mai 1714. Le même jour, dans le désarroi où cet événement inattendu avait mis le parti des Stuarts, George de Hanovre était proclamé par le conseil secret. Le 20 septembre, il arriva à Londres. Le 20 octobre, il était couronné à Westminster. Et Hændel, tout déconfit, en était pour son *Ode à la reine Anne*, avec la mortification de se dire que, s'il avait attendu un an, son *Te Deum* eût servi pour l'intronisation de la nouvelle dynastie.

Il faut lui rendre cette justice qu'il ne sembla pas s'émouvoir beaucoup de ce revers de fortune. Il ne se fatigua point à implorer son pardon. Il se remit au travail, et écrivit *Amadigi*. C'était encore la meilleure façon de plaider sa cause. Le roi George Ier de Hanovre avait bien des défauts ; mais il avait une grande qualité : il aimait sincèrement la musique, et cette passion était partagée autour de lui par beaucoup de personnages plus ou moins recommandables de sa cour. La musique a été de tout temps pour l'Allemagne la fontaine où les cœurs souillés se purifient, la rédemption des petites bassesses de la vie quotidienne. Quoi que le roi George pût penser de Hændel, il ne pouvait le punir, sans se punir soi-même. Après le succès du charmant *Amadigi*, joué pour la première fois le 25 mai 1715, il n'eut pas le courage de garder rancune plus longtemps à son musicien. Ils se réconcilièrent[186]. Hændel recouvra son

---

185 Il écrivit, dit-on, pour le petit théâtre d'amateurs de Burlington, un opéra, *Silla* (1714), dont il reprit le meilleur dans *Amadigi*. – On peut aussi dater de cette époque un certain nombre des pièces pour clavier, dont le recueil parut en 1720.

186 La légende raconte que Hændel composa, en août 1715, la fameuse *Water Musick* (musique sur l'eau), pour regagner la faveur du Roi. Installé dans une barque avec un orchestre, il aurait fait exécuter son œuvre pendant une promenade de George Ier sur la Tamise ; et le Roi, enchanté, aurait rendu à Hændel son amitié. – Mais il semble bien que la

traitement de *Kapellmeister* de Hanovre, en attendant qu'il devînt maître de musique des petites princesses ; et lorsque le Roi alla à Hanovre, en juillet 1716, Hændel fut du voyage.

Ce n'est pas qu'il ait eu beaucoup d'occupation à la cour. Le Roi était pris par les affaires et par la chasse. Il ne trouvait même pas le temps de s'inquiéter de son vieux serviteur Leibniz, qui mourut à Hanovre, le 14 novembre 1716, sans que personne à la cour y prît garde. Hændel profita des loisirs qui lui étaient faits pour se retremper dans l'art allemand.

Il y avait alors en Allemagne une mode des *Passions* musicales. C'était un courant religieux et théâtral à la fois. On y pouvait démêler l'influence du piétisme et celle de l'opéra. Keiser, Telemann, Mattheson écrivaient à Hambourg des *Passions* qui faisaient grand bruit[187], sur un texte fameux du sénateur Brockes. À leur exemple, peut-être pour se mesurer avec ces hommes qui tous trois avaient été ses rivaux ou ses amis[188], Hændel reprit le même texte, et écrivit, lui aussi, en 1716, une *Passion nach Brockes.*

Water Musick soit postérieure, de deux ans, au retour en grâce de Hændel ; et la scène, placée le 22 août 1715 par Chrysander, dans son premier volume, – en octobre 1715, par Fischer *(Musik in Hannover)*, – est reportée par Chrysander, dans son troisième volume, au 17 juillet 1717, avec une citation d'un journal du temps, qui ne semble pas d'ailleurs décisive. Quoi qu'il en soit, l'œuvre est de cette époque, et la première impression en parut vers 1720.

187 Keiser, le premier, en 1712 : *Der für die Sünden der Welt gemarterte und sterbende Jesus…*, etc. (*Jésus martyrisé et mourant pour les péchés du monde*). – Puis, Telemann, en 1716, quelques mois avant l'arrivée de Hændel. Et peu après, Mattheson. – La *Passion* de Hændel fut exécutée pour la première fois, à Hambourg, pendant le carême 1717, lorsque Hændel était déjà revenu en Angleterre. Les quatre *Passions* de Keiser, Telemann, Mattheson et Hændel furent données en 1719 au Dom de Hambourg, Mattheson étant *cantor.*

188 Hændel et Mattheson échangèrent alors quelques lettres. Mattheson venait d'engager une polémique musicale avec l'organiste et théoricien Buttstedt [NdÉ – Johann Heinrich Buttstedt (1666-1727) compositeur, organiste et théoricien de la musique allemand. Dans son *Ut Mi Sol, Re Fa La, Tota Musica et Harmonia Aeterna* (1716), il accusait le progressisme musical de Mattheson de mener au chaos.] ; il éprouvait le besoin de s'appuyer sur les autorités de la musique allemande. Il leur adressa un questionnaire pour une enquête (sur les modes grecs, sur la solmisation, etc.). Hændel, pressé de questions, répondit, tardivement, en 1719 ; il donnait raison à Mattheson, moderniste déclaré, contre les partisans des modes anciens. Mattheson lui demandait aussi des détails sur sa vie, afin de les faire figurer dans un Dictionnaire biographique, qu'il projetait. Hændel se récusa, faute du recueillement nécessaire ; il promit seulement, d'une façon vague, de « repasser plus tard les Époques principales qu'il avait eues dans le cours de sa Profession ». – Mais Mattheson ne parvint jamais à en rien tirer de plus. [NdÉ – Mattheson n'écrivit pas à proprement parler de dictionnaire biographique, mais ses *Grundlage einer Ehren-Pforte* (« Fondations d'un portail d'honneur », 1740) en tiennent lieu.]

Cette œuvre puissante et disparate, où le mauvais goût et le sublime se coudoient, où la préciosité et l'emphase se mêlent à l'art le plus profond et le plus sobre, – (œuvre que J.-S. Bach connut bien et dont il s'est ressouvenu), – fut pour Hændel une expérience décisive. Il sentit, en l'écrivant, tout ce qui le séparait de l'art piétiste allemand ; et, de retour en Angleterre[189], il écrivit les *Psaumes* et *Esther*.

*

* *

Ce fut l'époque capitale de sa vie. Entre 1717 et 1720, tandis qu'il était au service du duc de Chandos[190], il prit pleine conscience de sa personnalité, et créa un style nouveau en musique et au théâtre.

Les *Anthems* (ou *Psaumes*) *Chandos*[191] sont, pour les oratorios de Hændel, ce que ses *Cantates italiennes* sont pour ses opéras : de splendides esquisses, des morceaux d'épopées. Dans ces cantates religieuses, écrites pour la chapelle du duc, Hændel donne la première place aux chœurs : ils sont la voix même de la Bible qui chante, – voix virile, héroïque, dégagée des commentaires et des effusions sentimentales dont l'avait affadie la piété allemande. C'est déjà l'esprit et le style d'*Israël en Égypte*, les grandes lignes monumentales, le souffle populaire.

---

189 À la fin de 1716. Au cours de ce voyage en Allemagne, où il avait secouru la veuve de son maître Zachow, tombée dans la misère, il ramena d'Anspach un vieil ami d'Université, Johann Christoph Schmidt, qui faisait le commerce des lainages, et qui laissa tout, fortune, femme et enfant, pour le suivre à Londres. Schmidt resta attaché toute sa vie à Hændel, s'occupant de ses affaires, recopiant ses manuscrits, ayant la garde de sa musique ; et après lui, son fils Schmidt (ou Smith) *junior* reprit la même place, avec le même dévouement. Exemple frappant de la force d'attraction que Hændel pouvait exercer.

190 Le duc de Chandos [NdÉ – James Brydges (1673-1744), 9e baron et premier duc Chandos, membre du Parlement et du Conseil privé] était un Crésus, enrichi dans sa charge de trésorier-payeur général des armées, sous la reine Anne, et dans les spéculations de la Compagnie des mers du Sud. Il s'était fait bâtir un magnifique château à Canons, à quelques milles de Londres. Il y menait le train d'un petit prince, entouré d'une garde de cent soldats suisses. L'ostentation de son faste prêtait au ridicule. Pope ne s'est pas fait faute de le railler. [NdÉ – En réalité, on a appliqué à Chandos des vers moqueurs de Pope dédiés, dans ses *Moral Essays* (1731-1735), au duc de Burlington, ce dont Pope se défendit car il était le protégé de Chandos.]

191 Les *Anthems* tiennent trois volumes de la grande édition Hændel. Le troisième est réservé à des œuvres postérieures à l'époque dont nous nous occupons ici. Les deux premiers contiennent 11 *Anthems Chandos*, dont deux en double, et un en triple version. Hændel écrivit, dans le même temps, trois *Te Deum*.

Il n'y avait qu'un pas à faire pour passer de ces épopées bibliques au drame. Hændel le fit avec *Esther*, qui, sous sa première forme, était intitulée : *Haman and Mordecai, a masque* (*Aman et Mardochée, masque*)[192]. Il est possible qu'à la première exécution, chez le duc de Chandos, le 29 août 1720, l'œuvre ait été représentée sur la scène. C'est en tout cas une des plus grandes tragédies à l'antique qui ait été écrite depuis les Grecs. – Comme si elle avait ramené l'esprit de Hændel vers l'idéal hellénique, il composa presque en même temps la tragédie pastorale *Acis and Galatea*, à laquelle il donnait aussi le nom de *masque*[193], et qui n'était pas dégagée de toute idée de théâtre en liberté. Ce petit chef-d'œuvre de poésie[194] et de musique, où se déroulent les tableaux riants et élégiaques de la belle légende sicilienne, est d'une perfection classique, que Hændel n'a jamais dépassée.

*

* *

Esther et *Acis* témoignaient du désir qu'avait Hændel de mettre au service de l'action dramatique toutes les puissances de la musique chorale et symphonique. Même dans ces deux œuvres, qui ouvraient sans qu'il s'en doutât la voie de ses futurs oratorios, ce n'était pas l'oratorio qui était son but, c'était l'opéra. Toujours il fut attiré par le théâtre ; et seule une succession de désastres, de ruines accumulées, l'en détacha plus tard, contre sa volonté. Aussi est-il naturel de le voir, au moment même où il écrivait *Esther* et *Acis*, prendre la direction musicale d'une entreprise de théâtre, où il allait brûler une partie de ses forces et de sa vie : l'*Académie d'Opéra Italien*[195].

---

192 On sait que les *Masques* étaient des compositions profanes, très à la mode en Angleterre, au temps des Stuarts ; ils étaient en partie joués et dansés comme pièces de théâtre, en partie chantés, comme morceaux de concert. – (Voir Paul Reyher : *Les Masques anglais*, Paris, 1909.) Hændel reprit son *Esther*, en 1732, et la remania. La première *Esther* est en une seule partie, qui comprend six scènes. La seconde *Esther* est en trois actes, précédés et terminés chacun par de grands chœurs à l'antique. – On a quelquefois prétendu que le poème était de Pope.

193 Lors de la reprise de l'œuvre, en 1753, on la nomma même : *English opera*.

194 Le joli poème est de Gay.

195 C'était une Société, au capital de 50.000 livres, par actions de 100 livres, souscrites pour quatorze ans, – chaque action donnant droit à une place au théâtre. À la tête, comme premier président, était le lord-chambellan, duc de Newcastle (jusqu'en 1723, où il entra

Hændel voyait, dit-on, dans l'année 1720 le terme de ses années d'apprentissage. Il y terminait surtout – (ce qu'il ne savait point) – ses années de tranquillité. Jusque-là, il avait mené la vie d'un de ces innombrables musiciens de cour, qui vivaient à l'ombre d'un prince et écrivaient pour une élite. Il n'avait eu l'occasion d'en sortir qu'avec quelques œuvres religieuses ou nationales, où il avait été la voix d'un peuple. À partir de 1720, et jusqu'à sa mort, tout son art appartient à tous. Il se met à la tête d'un théâtre, il engage le combat avec le grand public, il y dépense une vitalité prodigieuse, écrivant deux ou trois opéras par an, s'épuisant à diriger une troupe indisciplinée de virtuoses déments d'orgueil, harcelé par les cabales, traqué par la faillite, usant son génie pendant vingt ans à la tâche paradoxale de faire pousser à Londres un Opéra italien, rachitique, étiolé, qui ne pouvait vivre dans un sol et un climat qui n'étaient pas faits pour lui. Au terme de cette lutte enragée, vaincu et invincible, semant sa route de chefs-d'œuvre, il devait arriver au faîte de son art, aux grands oratorios qui immortalisent son nom.

Après un voyage en Allemagne, à Hanovre, à Halle, à Düsseldorf et à Dresde, pour recruter sa troupe de chanteurs italiens[196], Hændel inaugura, au théâtre Haymarket, l'Opéra londonien, le 27 avril 1720, avec son *Radamisto*, qui était dédié au Roi[197]. L'affluence du public fut très grande ; mais elle était due surtout à la curiosité et à l'engouement de la mode. Bientôt le snobisme des amateurs ne se contenta plus d'un Allemand italianisé pour représenter l'opéra italien ; et le comte Burlington, l'ancien patron de Hændel, alla chercher à Rome le roi de la mode italienne, Giovanni Bononcini[198].

---

au ministère et fut remplacé par le duc de Grafton). Le second président (le véritable directeur) était lord Bingley. Il était assisté d'un conseil d'administration de 24 directeurs, réélus chaque année. Le tout, sous la protection du Roi, qui payait 1.000 livres par an pour sa loge. – Le dividende, servi aux actionnaires, fut en 1724 de 7 p. 100. Mais les spéculations compromirent l'œuvre et la menèrent à la ruine. / Hændel fut chargé de la direction uniquement musicale, jusqu'en 1728, où il reprit pour son compte la direction totale de l'entreprise d'opéra.

196 Ce voyage eut lieu, de février 1719 à la fin de la même année. Tandis que Hændel était à Halle, J.-S. Bach, qui se trouvait à Cöthen, à quatre milles de Halle, en fut informé ; et il alla le voir. Mais il arriva à Halle, le jour même où Hændel venait d'en repartir. – Tel est du moins le récit de Forkel.

197 Poème de Haym. Dès 1722, l'œuvre fut jouée à Hambourg, avec traduction de Mattheson.

198 Avant lui, était déjà venu à Londres Domenico Scarlatti, dont on joua, sans succès, un opéra : *Narciso* (1720).

Bononcini était de Modène. Il avait une cinquantaine d'années[199]. Fils d'un artiste de grand mérite, Gianmaria Bononcini, que sa mort prématurée empêcha d'atteindre à la gloire[200], élevé avec une affection paternelle par un des premiers maîtres italiens de l'époque, un des rares qui eussent conservé le culte et la science du passé, Giampaolo Colonna, organiste de S. Petronio à Bologne, il avait bénéficié, de bonne heure, de hautes protections princières, voire même impériales[201]. Plus précoce encore que Hændel, il publiait ses premières œuvres à treize ans, était membre de l'Académie philharmonique de Bologne à quatorze, et maître de chapelle à quinze. Ses premières œuvres étaient instrumentales : c'était là une spécialité, qu'il avait héritée de son père[202]. Il n'arriva à l'opéra qu'après avoir essayé de tous les autres genres. Ce n'était pas chez lui une vocation naturelle ; il était, de naissance, un musicien de concert ; et il le resta, jusque dans l'opéra. Des voyages en Allemagne et en Autriche, où il fut nommé compositeur impérial en 1700, et fit jouer son *Polifemo* à Berlin, en 1703[203], établirent sa renommée en Europe. Sa musique se répandit en France, à partir de 1706, et y excita bientôt un engouement incroyable[204]. Quant à l'Italie, sa réputation y surpassait dès lors celle

199 Il était né en 1671 ou 1672 : car dans son op. 1, paru en 1684 ou 1685, il dit qu'il a un peu plus de treize ans. G. Bononcini est loin d'être bien connu. Il n'est pas de musicien célèbre, sur le compte duquel on ait commis tant d'inexactitudes. Bononcini est le nom de toute une dynastie de musiciens ; et on les a constamment confondus les uns avec les autres. Ces erreurs se retrouvent jusque dans la bibliographie critique de Eitner (où elles reposent sur une grosse étourderie de lecture), et dans les plus récents travaux des musicographes italiens, comme M. Luigi Torchi, qui, dans sa *Musica instrumentale in Italia* (1901), confond tous les Bononcini en un seul. – Plus exacte, quoique très incomplète, est la monographie de Luigi-Francesco Valdrighi : *I Bononcini da Modena* (1882). [NdÉ – On sait aujourd'hui que Giovanni Battista Bononcini est né le 18 juillet 1670 à Modène ; il était donc l'aîné de Hændel de quinze ans. Il mourra à Vienne le 9 juillet 1747.]

200 Gianmaria B. [NdÉ –1642-1678] était maître de chapelle de la cathédrale de Modène, et attaché au service du duc François II. Bon violoniste, auteur de sonates et de suites instrumentales, auxquelles M. Torchi et Ch. H. Parry attribuent une grande importance historique, il était un esprit réfléchi, et dédia en 1673 à l'empereur Léopold Ier, un traité d'harmonie et de contrepoint, intitulé *Musico prattico*, qui fut souvent réimprimé. Il mourut en 1678, âgé de moins de quarante ans.

201 Plusieurs de ses premières œuvres sont dédiées à François II de Modène, et l'op. 8, *Duetti da camera* (1691), est dédié à l'empereur Léopold Ier, qui le fit aussitôt engager dans la chapelle de la cour.

202 Il était célèbre comme violoncelliste.

203 Alfred Ebert : *Attilio Ariosti in Berlin*, 1906. Leipzig.

204 Voir Lecerf de la Viéville : *Éclaircissement sur Bononcini*, publié dans la 3e partie de la *Comparaison de la musique française avec la musique italienne* (1706).

de Scarlatti, qui semble même, d'après M. Dent, avoir subi un peu son influence. Ce furent pour lui dix à quinze ans de vogue européenne. Il était, à vrai dire, l'interprète d'une société et d'un temps.

Ce qui frappait dans sa musique, à en croire Lecerf de la Viéville, c'était l'audace des modulations, la surabondance des ornements vocaux, le dérèglement d'esprit. Son école semblait aux Lullystes celle du précieux et du contourné, contre l'école du bon sens. Elle était aussi l'école de l'harmonie, contre celle du contrepoint. Bononcini était un « verticaliste » d'alors, contre les « horizontalistes » de l'époque précédente[205]. Il était essentiellement un sensualiste en musique, et un anti-intellectualiste. De ses débuts comme compositeur de musique instrumentale, il lui resta toujours l'indifférence aux poèmes, aux sujets, à tout ce qui est extramusical. Dans la musique, il cherche avant tout les sonorités rares et moelleuses[206] ; et c'est évidemment par là qu'il plut à une époque fatiguée de l'effort d'intelligence que nécessite l'art sévèrement déduit de Scarlatti, ou l'art récitatif et expressif de Lully[207]. En lui s'incarna la réaction du bon goût mondain contre le goût savant[208]. Contre les grands airs *da capo* développés largement d'une façon plus ou moins contrapuntique, voici de tout petits airs, *da capo* toujours, mais minuscules, d'une digestion facile, qui sentent la mélodie populaire, mais soigneusement parfumée,

205 « Comme Corelli, dit Lecerf, il a peu de fugues, contre-fugues, basses contraintes, fréquentes dans les autres ouvrages italiens ; et il fait ses délices ordinaires de tous les intervalles les moins usités, les plus faux, et les plus bizarres… Des dissonances à faire frayeur… » [NdÉ – Interprétation extrêmement libre de l'ouvrage de Lecerf qui dit d'une part (p. 58 de l'éd. de 1704) que dans les œuvres de Rossi, Carissimi, Corelli et Bassani, « celles qui étoient les moins riches, si l'on peut parler ainsi, en fugues, en passages, en tenuës, &c. n'étoient pas, ce me semble, les moins vives & les moins gracieuses » et d'autre part (p. 36) cite l'abbé R[aguenet] qui crédite les musiciens italiens de faire « souvent des cadences doublées & redoublées de 7 ou 8 mesures ; des tenuës d'une longueur prodigieuse, des passages d'une étendue à confondre ceux qui les entendent la premiere fois, sur des tons à faire frayeur ».]

206 Voir les doux froissements de notes de la cantate *Dori e Aminta* : *Non amo e amar desio* (mss. à la Bibl. du Conservatoire de Paris), ou la cantate : *Care luci* (*ibid.*).

207 Ce qu'il faut en musique, dit le *London Journal* du 24 février 1722, « c'est ce qui peut faire passer l'ennui et délivrer les gens distingués du souci de penser. »

208 C'est l'éternel combat entre l'art savant et l'art pseudopopulaire. Il reprit un peu plus tard, avec Rousseau [NdÉ – Allusion à la « Querelle des Bouffons » (1752-1754) lors de laquelle Rousseau, avec *Le Devin du village*, se fit le champion de l'opéra à l'italienne contre l'opéra français]. La principale différence entre les deux phases de la lutte est qu'à l'époque qui nous occupe, le champion de l'art anti-savant était un musicien très instruit, qui ne soutenait pas cette cause par ignorance, mais par paresse et par rouerie.

mise à la mode de son élégant public[209]. Cette simplicité distinguée, cette sensibilité délicate, fade, toujours correcte dans ses audaces et froide dans sa volupté, faisaient de Bononcini un grand homme de salon, un révolutionnaire pour gens du monde. À mesure qu'il vieillit, ses traits les plus fâcheux s'accentuèrent, se pétrifièrent. Comme il arrive aux artistes qui ont trop de succès, ce succès s'empara de son art, lui imposa la répétition de certains clichés. La paresse naturelle de Bononcini ne s'y prêtait que trop. Alors, d'année en année, apparut davantage la mièvrerie de son art, et ce qu'il avait de mécanique. Cette musique, souvent belle et gracieuse, toujours harmonieuse, jamais expressive, se déroule dès lors comme une suite de motifs élégants et secs, coupés avec des ciseaux sur un même modèle, indéfiniment répétés.

Au premier moment, à Londres, on ne fut sensible qu'à son charme. Celui du musicien ajoutait à l'attrait de sa musique. Le souple Italien avait de belles manières, un ton à la fois affable et pénétré de sa valeur. Il était virtuose, comme Hændel, mais sur un instrument plus distingué que le clavecin : sur le violoncelle ; et il se faisait entendre, avec discrétion, dans les salons aristocratiques. Il fut aussitôt l'auteur à la mode ; et son *Astarto*[210], joué à la fin de 1720, effaça le souvenir du *Radamisto* de Hændel.

Hændel avait affaire à forte partie. Il n'était point commode de lutter avec Bononcini sur le terrain de l'italianisme. Cependant, il y était acculé. Le public anglais, toujours friand de combats d'ours, de coqs, et de virtuoses, s'amusa à instituer une joute entre Bononcini et Hændel. On leur donna un opéra à écrire en commun. Hændel accepta le défi, – et fut battu. Son *Muzio Scevola*[211] (mars 1721) est bien faible ; et le *Floridante*, qui suivit (9 décembre 1721), n'est pas beaucoup meilleur. Le succès de l'Italien en fut rehaussé ; et la jolie *Griselda* (février 1722) consacra la gloire de Bononcini. Il bénéficiait de l'opposition frondeuse

209 « À les regarder de près, dit M. Hugo Goldschmidt (*Die Lehre von der vokalen Ornamentik*, t. I, 1908), les chants de Bononcini sont des *Lieder*, auxquels est appliquée tant bien que mal la vieille forme de l'*aria da capo*, ou de la cavatine. » Le goût des petits airs en forme de *lied* s'était beaucoup répandu, depuis la fin du XVIIe siècle, en Allemagne et en Italie. Bononcini, qui y avait été tout naturellement entraîné par la mode et par sa facilité indolente, s'y abandonna d'autant plus, en Angleterre, que cela répondait au goût anglais.

210 L'œuvre avait été déjà donnée en Italie, vers 1714. C'est pour l'avoir entendue alors que le comte Burlington se fit le partisan de Bononcini, qu'il décida à venir en Angleterre.

211 Hændel écrivit le troisième acte, Bononcini le second. Le premier avait été donné à un certain « *signor Pippo* » (Filippo Mattei ?).

des gens de lettres anglais et de la haute aristocratie contre la cour hanovrienne et les artistes allemands.

La situation de Hændel était fort ébranlée ; mais il prit sa revanche avec son mélodieux *Ottone* (12 janvier 1723), qui fut le plus populaire de ses opéras. Victorieux dès lors[212], il alla de l'avant, sans plus s'occuper de Bononcini ; et il écrivit coup sur coup trois chefs-d'œuvre, où il inaugure un théâtre musical nouveau, aussi riche musicalement et plus dramatique que celui de Rameau, quelque dix ans plus tard : *Giulio Cesare* (20 février 1724), *Tamerlano* (31 octobre 1724) et *Rodelinda* (13 février 1725). Le dernier acte de *Tamerlano* est un exemple magnifique, et à peu près unique avant Gluck, de grand *Musikdrama*, poignant et passionné.

Le parti de Bononcini était ruiné définitivement[213]. Mais les pires difficultés commencèrent pour Hændel. L'Opéra de Londres était livré aux exigences des castrats et des *prime donne*, et aux extravagances de leurs défenseurs. En 1726, arriva la plus célèbre chanteuse italienne du temps, la fameuse Faustina[214]. À partir de ce moment, les représentations de Londres devinrent des joutes de gosier entre la Faustina et la Cuzzoni, rivalisant de vocalises parmi les clameurs de leurs partis ennemis. Hændel dut écrire son *Alessandro* (5 mai 1726), pour un duel artistique entre les deux étoiles de la troupe, qui jouaient les deux maîtresses d'Alexandre[215]. Malgré tout, son génie dramatique se faisait

212 Dans la victoire de Hændel entrait, pour une bonne part, l'engouement pour sa nouvelle interprète, Francesca Cuzzoni de Parme, grande et sauvage artiste, violente et passionnée, dont la voix de soprano excellait dans les *cantabile* pathétiques. Elle avait vingt-deux ans, et venait d'arriver à Londres, où elle débuta dans *Ottone*. On sait ses disputes avec Hændel, et comment il la mata, – en la menaçant de la jeter par la fenêtre. [NdÉ – Francesca Cuzzoni (1696-1778), dite la Parmigiana, fit ses débuts en Italie en 1716 ; elle arriva à Londres en 1722 et participa de 1726 à 1731 à toutes les créations de Hændel et de Bononcini. Elle mourut dans la misère à Bologne.] / Hændel donna encore, en mai 1723, un opéra : *Flavio*, de peu d'importance. De son côté, Bononcini fit jouer une *Erminia*, et Attilio Ariosti un *Coriolano*, dont une scène de prison arracha des larmes aux dames, et inspira de nombreuses scènes analogues, dans les opéras suivants de Hændel.

213 Bononcini donna sa dernière pièce, *Calpurnia*, le 18 avril 1724. Ariosti cessa la bataille, en 1725. En revanche, en 1725, commencèrent à être jouées à Londres les œuvres de Leonardo Vinci et de Porpora, patronnées par Hændel lui-même.

214 Faustina Bordoni était née en 1700, à Venise. Elle avait été élevée dans la société des Marcello. En 1730, elle devait épouser Hasse. Son chant était d'une agilité incroyable. Personne ne pouvait répéter le même son avec une telle rapidité, et elle savait aussi tenir un son indéfiniment. Moins concentrée et moins profonde que la Cuzzoni, elle avait un art plus frémissant et plus scintillant.

215 Deux mois avant, Hændel avait donné l'opéra *Scipione* (12 mars 1726).

jour dans quelques scènes sublimes d'*Admeto* (31 janvier 1727), dont la grandeur parut saisir le public. Mais la rivalité des cabotines, loin d'en être apaisée, redoubla de furie. Chaque parti avait à ses gages des pamphlétaires, qui lâchaient sur l'adversaire des libelles ignobles. La Cuzzoni et la Faustina en arrivèrent à un tel état de rage que, le 6 juin 1727, en scène, elles se prirent aux cheveux et se rouèrent de coups, au milieu des hurlements de la salle, présidée par la princesse de Galles[216].

Dès lors, tout alla à la débandade. Hændel essaya bien de reprendre les rênes ; mais, comme disait son ami Arbuthnot, « *le Diable était lâché* » : impossible de le remettre en cage. La partie fut perdue, malgré trois nouvelles œuvres de Hændel, où brillent des éclairs de génie : *Riccardo I* (11 nov. 1727), *Siroe* (17 février 1728), et *Tolomeo* (30 avril 1728). Une petite flèche lancée par John Gay et par Pepusch, le *Beggar's Opera* (l'opéra des gueux), acheva la défaite de l'Académie d'opéra de Londres[217]. Cette excellente opérette, en dialogue parlé et chansons populaires, était à la fois une satire sanglante de Walpole et une spirituelle parodie des ridicules de l'opéra[218]. Son immense succès prit le caractère d'une manifestation nationale. C'était une réaction du bon sens populaire contre la pompeuse niaiserie de l'opéra italien et contre le snobisme qui prétendait l'imposer aux autres nations. Voici les premières lézardes dans l'italianisme triomphant. Les nationalités se réveillent. En 1729, est jouée *la Passion selon saint Mathieu* ; quelques années plus tard, les premiers oratorios de Hændel et les premiers opéras de Rameau. En

216 Le directeur du théâtre de Drury Lane, Colley Ciber, fit jouer, le mois suivant, une farce : *The contre-temps, or The Rival Queens*, où l'on voyait les deux chanteuses qui se crêpaient le chignon, et Hændel, disant avec flegme à ceux qui voulaient les séparer : « Laissez faire. Quand elles seront fatiguées, leur fureur tombera d'elle-même ». Et, pour que la bataille fût plus vite finie, il l'activait à grands coups de timbale. / L'ami de Hændel, le docteur Arbuthnot, publia aussi, à ce sujet, un de ses meilleurs pamphlets : *Le Diable est lâché à Saint-James.* (Voir Chrysander, t. II.)

217 La dernière représentation de l'Académie d'opéra eut lieu, le 1er juin 1728, avec *Admeto.*

218 Entre autres, du *recitativo accompagnato*, de l'air *da capo*, des duos d'opéra, des scènes d'adieux, des grandes scènes de prison, des ballets absurdes. Pepusch reprend même un air de Hændel, dans une intention bouffe. Au second acte, une bande de voleurs, réunie à la taverne, défile solennellement devant ses chefs, aux sons de la marche de l'Armée des croisés, dans *Rinaldo*. – Le *Beggar's Opera*, donné pour la première fois le 29 janvier 1728, fut joué dans toute l'Angleterre, et souleva des polémiques violentes. Swift prit parti passionnément pour lui. À la suite de ce succès, parurent dans les années suivantes une quantité de *Ballad Operas* (opéras en chansons). – M. Georgy Calmus a consacré un article très complet au *Beggar's Opera*, dans les *Sammelbände der I. M. G.* (janvier-mars 1907).

1728-1729, Martin Heinrich Fuhrmann entre en campagne contre l'opéra italien, avec de fameux pamphlets. Après lui, Mattheson renverra « *les Velches, avec leurs hippogriphes, par-dessus les Alpes sauvages, se purifier dans le fourneau de l'Etna* ». Mais nulle part la réaction nationale ne fut plus populaire et plus spontanée qu'en Angleterre, dont l'humour robuste se réveillait, avec Swift et avec Pope, balayeurs des mensonges[219].

*

* *

Hændel le sentit. Depuis 1727, il cherche lentement à s'établir sur le terrain national anglais. Il s'était fait naturaliser anglais, le 13 février 1726. Il écrivit, pour le couronnement du nouveau roi George II, ses *Coronation Anthems*[220] (11 septembre 1727[221]). Il revint à ses projets d'oratorios anglais.

Mais il n'était pas encore assez sûr du terrain, ni du goût du public, pour se décider à laisser tout à fait l'opéra italien : car il voyait mieux que quiconque les ressources du genre et ce qu'il en pouvait faire. D'ailleurs, la ruine de l'Académie d'opéra de Londres n'avait aucunement atteint son prestige personnel : il était regardé, non seulement en Angleterre, mais en France, comme le plus grand maître du théâtre lyrique[222]. Ses opéras italiens de Londres se répandaient dans toute l'Europe.

> Flavius, Tamerlan, Othon, Renaud, César,
> Admete, Siroé, Rodelinde, et Richard,
> Éternels monumens dressés à sa mémoire,
> Des *Opera* Romains surpassèrent la gloire.
> Venise lui peut-elle opposer un rival[223] ?

219 Les trois premiers livres de la *Dunciade* de Pope parurent en 1728 ; *les Voyages de Gulliver*, en 1726. Swift n'y a pas oublié la folie musicale, dans sa satire du royaume de Laputa.

220 Les *Coronation Anthems* comprennent quatre hymnes, dont on ne sait pas au juste l'ordre. Hændel disposait pour leur exécution à Westminster, de 47 chanteurs et d'un orchestre assez considérable.

221 Le *Riccardo I*, joué en novembre de la même année (voir p. 199), était aussi un opéra national, dédié au roi Georges II, et célébrant, à propos de Richard Cœur de Lion, les fastes de la vieille Angleterre.

222 Voir p. 177, note 133, les jugements cités de Séré de Rieux.

223 Séré de Rieux : *les Dons des enfants de Latone ; la Musique et la Chasse du cerf*, poèmes dédiés au Roy, 1734, Paris. – p. 102-103.

On comprend donc que Hændel se soit laissé tenter par le désir de reprendre, à lui seul, sans contrôle qui gênât sa liberté, l'entreprise de l'opéra italien. À la fin de l'été de 1728, il alla chercher en Italie de nouvelles armes pour la lutte. Au cours de ce long voyage qui dura presque un an[224], il recruta des chanteurs, renouvela sa collection de *libretti* et de partitions italiennes. Surtout, il rafraîchit son italianisme aux sources de la nouvelle école d'opéra, fondée par Leonardo Vinci[225], qui réagissait contre le style de concert au théâtre, et visait à rendre à l'opéra son caractère dramatique, au risque de l'appauvrir musicalement.

Sans sacrifier la richesse de son style, Hændel ne manqua point de profiter de ces exemples, dans ses nouveaux opéras : *Lotario* (décembre 1729), *Partenope* (février 1730), *Poro* (février 1731), *Ezio* (janvier 1732), qui frappent – surtout les deux derniers – par la beauté d'écriture mélodique et l'accent dramatique de certaines pages. Le chef-d'œuvre de cette période est le *Orlando* (27 janvier 1733), dont la richesse et la perfection musicales vont de pair avec l'intelligence des caractères et la vie spirituelle ou passionnée. Si le *Tamerlano* de 1724 évoque l'idée des tragédies de Gluck, c'est aux beaux opéras de Mozart que fait penser *Orlando.*

Tout en continuant la lutte pour l'opéra italien, Hændel profitait du succès inattendu que le nationalisme anglais faisait à une reprise de son *Acis et Galatée* et de son *Esther*[226], écrits sur des paroles anglaises ; et de nouveau il tentait, d'une façon plus consciente que dix ans auparavant chez Chandos, de fonder une forme de théâtre musical plus libre et plus

---

224 Pendant ce voyage, où il séjourna assez longtemps à Venise, il apprit que sa mère avait été frappée de paralysie. Il accourut à Halle, et il put la revoir encore. Mais elle, ne le voyait plus. Depuis quelques années, elle était aveugle. Elle devait mourir, l'année suivante, le 27 décembre 1730. – Tandis que Hændel était à Halle, au chevet de sa mère, il reçut la visite de Wilhelm-Friedemann Bach, qui venait, de la part de son père, l'inviter à venir à Leipzig. On comprend qu'en de telles circonstances, Hændel ait décliné l'invitation.

225 Né en 1690 à Strongoli en Calabre, mort en 1730. Il fut maître de la chapelle royale à Naples, et le précurseur de Pergolèse et de Hasse. – Je parlerai de Vinci, dans un volume prochain.

226 *Acis et Galatée* fut repris dès 1731, puis redonné en 1732 au théâtre Haymarket, avec décors et machines, sous le titre de *English Pastoral Opéra*. La représentation avait lieu sans l'assentiment de Hændel, qui, pour répondre à la concurrence, fit jouer lui-même son œuvre, un mois plus tard. – Quant à *Esther*, un membre de l'Académie d'ancienne musique, Bernhard Gates, qui avait autrefois chanté dans la pièce chez le duc de Chandos, et qui en possédait une copie, la fit jouer à *l'Hôtellerie de la Couronne et de l'Ancre*, le 23 février 1732. À son tour, Hændel dirigea l'œuvre, le 2 mai 1732, au théâtre Haymarket, sous le titre d'« *oratorio anglais* ». Six auditions ne suffirent pas à satisfaire la curiosité du public.

riche, où le lyrisme des chœurs eût un large emploi. Pour la reprise d'*Esther*, en 1732, il introduisit dans l'œuvre de 1720 les plus beaux chœurs des *Psaumes du Couronnement*. Et l'année suivante, il écrivit *Deborah* (17 mars 1733), et *Athalia* (10 juillet 1733), où les chœurs tiennent la première place. Mais contre son attente, ces grands drames bibliques, qui auraient dû trouver dans la nation anglaise un écho enthousiaste, se heurtèrent à une violente cabale, inspirée par des raisons personnelles, où l'art n'était pour rien. On fit le vide autour de *Deborah*[227] ; et si *Athalia* réussit à Oxford[228], Hændel ne parvint à la faire jouer à Londres que deux ans plus tard.

Une fois de plus, Hændel dut revenir à l'opéra italien. – L'inimitié publique le poursuivit sur ce terrain. La famille royale de Hanovre était détestée. Elle ajoutait elle-même à son discrédit par les disputes scandaleuses qui mettaient aux prises le Roi et son fils. Le prince de Galles, par esprit de mesquine vengeance contre son père, dont il savait l'affection pour Hændel, s'amusa à ruiner celui-ci. Soutenu par l'opposition, qu'enchantait l'idée de faire échec au Roi, il fonda un Opéra rival. Et comme on ne pouvait plus opposer à Hændel Bononcini, discrédité par une affaire de plagiat qui avait eu un retentissement européen[229], on s'adressa à Porpora, pour diriger le théâtre. Alors, dit lord Hervey, « l'affaire devint aussi sérieuse que celle des Verts et des Bleus à Constantinople, sous Justinien. Un anti-Hændelien était regardé comme un anti-royaliste ; et, au Parlement, voter contre la cour était à peine plus dangereux que parler contre Hændel ».

227 À la première, « il y avait en tout, dit un pamphlet, 260 personnes, dont pas une n'avait payé la moitié du prix ; quelques-unes avaient même reçu de l'argent pour venir ». Hændel essaya de redonner l'œuvre, à des prix moitié moindres : on ne vint pas davantage. Les patriotes anglais se répétaient déjà, en exultant, que le Saxon, découragé, allait retourner dans son Allemagne.

228 *Athalia* fut écrite pour les fêtes de l'Université d'Oxford, auxquelles Hændel avait été invité. On devait lui conférer le titre de docteur de l'Université. Mais on ne sait, au juste, ce qui se passa, Hændel ayant toujours refusé, par la suite, de s'expliquer là-dessus. Ce qui est certain, c'est que Hændel ne reçut point le titre.

229 Bononcini avait été reçu à l'*Académie d'ancienne musique* de Londres ; pour payer sa réception, il offrit à l'Académie en 1728 un madrigal à cinq voix. Or, trois ans après, un membre de l'Académie trouva ce madrigal dans un livre de *Duetti, Terzetti e Madrigali* de Antonio Lotti, paru en 1705, à Venise. Bononcini persistant à se dire l'auteur de l'œuvre, on fit une longue enquête, où furent interrogés Lotti et un grand nombre de témoins. Le résultat fut écrasant pour Bononcini, qui fut abandonné de tous, et disparut de Londres, vers la fin de 1732. – Toute la correspondance relative à cette affaire fut publiée par l'Académie, en latin, italien, français et anglais, sous le litre : *Letters from the Academy of Antient Musick at London to Sig^r^ Antonio Lotti of Venice, with Answers and Testimonies*, London, 1732.

En revanche, l'immense impopularité du Roi retomba sur Hændel ; et l'aristocratie se coalisa pour le perdre.

Il accepta le défi ; et, après un troisième voyage en Italie, pendant l'été de 1733, afin de recruter de nouveaux chanteurs, il engagea bravement le combat avec Porpora, auquel vint se joindre Hasse, en 1734. C'étaient les plus grands rivaux avec qui il se fût encore mesuré. Hasse et Porpora avaient un sentiment puissant du drame ; et, surtout, ils étaient les maîtres les plus parfaits de la mélodie italienne et de l'art du beau chant[230].

Nicolò Porpora, de Naples, avait quarante-sept ans. C'était un esprit froid, mais vigoureux, intelligent, et possédant comme peu de musiciens toutes les ressources de son art, surtout possédant comme pas un – si ce n'est Hasse – toutes les ressources du chant italien. Son style est aussi beau, et il n'est pas moins large que celui de Hændel ; nul autre musicien italien de ce temps n'a sa respiration ample et tranquille[231]. Son écriture semble d'un âge postérieur à Hændel, du temps de Gluck et de Mozart. Tandis que Hændel, malgré son merveilleux sentiment de la beauté plastique, traite souvent la voix comme un instrument, et que, dans ses développements, les belles lignes italiennes soient[f] parfois alourdies par la complication germanique, la musique de Porpora garde toujours la pureté classique et la netteté un peu sèche du dessin. L'histoire ne lui a pas encore rendu justice[232]. Il était digne de se mesurer avec Hændel, et la comparaison entre l'*Arianna* de Hændel et celle de Porpora, jouées à quelques semaines d'intervalle[233], ne tourne pas à l'avantage du premier. La musique de Hændel est élégante ; mais on n'y trouve rien qui ait l'envergure de certains airs de l'*Arianna à Naxos* de Porpora. La forme de ces airs est d'une régularité trop classique peut-être ; mais un souffle puissant circule au travers de ces temples romains[234]. On dirait d'un disciple italien de Gluck : – impression curieuse, que donnent parfois certains précurseurs, tel Jacopo della Quercia, qui inspira Michel-Ange, et qui en semble issu.

230 Porpora [NdÉ – 1686-1768] fut le professeur de chant le plus fameux du XVIIIe siècle italien. Hasse fut un grand chanteur lui-même, et marié à l'une des plus célèbres chanteuses qui aient jamais existé, la Faustina.

231 Comparez le souffle menu et étriqué de Benedetto Marcello dans son *Arianna*, à l'ampleur du style de Porpora dans le même sujet.

232 Chrysander, qui le connaît mal, en parle avec un dédain absolument injustifié.

233 L'*Arianna* de Hændel, le 26 janvier 1734. L'*Arianna a Naxos* de Porpora, très peu de temps après.

234 Ainsi, l'invocation de Thésée à Neptune : *Nume che reggi'l mare*, et l'air : *Spettro d'orrore.*

Hasse était encore supérieur à Porpora par son charme mélodique, que seul Mozart égala, et par ses dons symphoniques, qui se révèlent dans son riche accompagnement instrumental, non moins mélodieux que ses chants[235].

Hændel ne tarda pas à sentir l'imprudence qu'il y avait pour lui à lutter sur le terrain italien. Sa supériorité était dans les chœurs : il chercha à les introduire dans l'opéra, d'après le modèle de la France.

La situation s'était encore assombrie pour lui, à la suite du départ de sa meilleure protectrice, la princesse Anna, sœur du prince de Galles[236]. Après avoir compromis Hændel par la passion qu'elle avait mise à le défendre, elle le laissa aux prises avec les ennemis qu'elle lui avait faits : elle quitta l'Angleterre, en avril 1734, pour suivre en Hollande son mari, le prince d'Orange[237]. Hændel se vit aussitôt abandonné par les amis de la veille. Son associé Heidegger, propriétaire du théâtre Haymarket, loua la salle à l'opéra rival, et Hændel, chassé de la maison pour laquelle il travaillait depuis quatorze ans, dut émigrer avec sa troupe chez John Rich[238], au Covent-Garden, – une sorte de *music-hall*, où l'opéra habitait en co-locataire avec toutes sortes d'autres spectacles : ballets, pantomimes, arlequinades. Dans la troupe de Rich se trouvaient des danseurs français, parmi lesquels la Sallé[239], qui venait de soulever l'enthousiasme du public anglais avec deux tragédies dansées : *Pygmalion*

---

235 Johann-Adolph Hasse était né le 23 mars 1699 à Bergedorf près Hambourg, et mourut le 16 décembre 1783, à Venise. Il vint à Londres en octobre 1734, et y donna son *Artaserse*, qui fut joué jusqu'en 1737. On joua aussi en Angleterre son *Siroe* (1736) et deux *intermezzi* comiques. – Je n'insiste pas sur lui : car sa vie et son art sortent un peu du cadre de cette étude. Malgré les efforts des ennemis de Hændel, Hasse évita toujours de se poser en rival de son grand compatriote, et leur art est resté indépendant l'un de l'autre. Je me réserve d'étudier longuement, ailleurs, l'œuvre de cet artiste admirable, pour qui la postérité a été plus injuste encore que pour Porpora : car personne n'eut jamais, à son degré, le sens de la beauté mélodique ; et, dans ses meilleures pages, il est l'égal des plus grands.

236 Elle était l'élève et l'amie de Hændel. Excellente musicienne, elle dirigeait l'orchestre, aux concerts publics qu'elle donnait, chaque soir, en Hollande.

237 Hændel composa, pour le mariage de la princesse Anna, le *Wedding Anthem* (14 mars 1734), qui est un *pasticcio* d'œuvres anciennes, surtout d'*Athalia*. Il donna aussi, pour les fêtes du mariage, la Serenata *Parnasso in festa*, et un remaniement du *Pastor fido*, avec chœurs.

238 C'était John Rich qui avait monté à son théâtre, en 1728, le *Beggars Opéra* de Gay et de Pepusch, – cette parodie des opéras de Hændel.

239 Elle était élève de Mlle Prévost, et avait débuté chez Rich, en 1725. Voir l'étude de M. Émile Dacier : *Une danseuse française à Londres, au début du* XVIII*e* *siècle.* (Bulletin français de la S. I. M., mai et juillet 1907.)

et *Bacchus et Ariadne*[240]. Hændel, qui connaissait depuis longtemps l'art français[241], vit le parti qu'il pouvait tirer de ces nouvelles recrues ; et il ouvrit la saison de 1734 au Covent-Garden, par un premier essai dans le genre de l'opéra-ballet français : *Terpsichore* (9 novembre 1734), où la Sallé jouait le rôle principal. Un mois plus tard, suivit un *pasticcio*, *Orestes*, où il faisait également place à la Sallé et à ses danses expressives. Enfin, il mêla intimement la danse et les chœurs à l'action dramatique dans deux chefs-d'œuvre de poésie et de belle construction musicale : *Ariodante* (8 janvier 1735), et surtout *Alcina* (16 avril 1735).

La malechance s'acharnait contre lui. De grossières manifestations nationalistes forcèrent la Sallé et les danseurs français à quitter Londres[242]. Hændel dut renoncer à l'opéra-ballet. À partir de ce moment, s'il continue de lutter au théâtre, c'est mû par la seule volonté orgueilleuse de ne pas se déclarer vaincu. Au début de son entreprise théâtrale, il avait un fonds d'économies s'élevant, dit-on, à dix mille livres. Elles étaient absorbées ; et déjà il était en déficit de dix mille autres livres. Ses amis ne comprenaient rien à son obstination, qui n'aboutissait qu'à le ruiner. « Mais, dit Hawkins, il était homme d'un esprit intrépide, en rien l'esclave de son intérêt ; il s'enfonça plus avant dans la lutte, plutôt que de s'incliner devant ceux qu'il regardait comme infiniment au-dessous de lui. » Il ne pouvait plus être vainqueur ; au moins voulait-il casser les reins à ses adversaires. Et il les tua ; mais peu s'en fallut qu'il ne se tuât, du même coup.

Il persista donc à écrire des opéras[243], dont la série se prolongea jusqu'en 1741, accusant d'œuvre en œuvre une tendance plus marquée

240 On remarquera que ce fut avec ces mêmes sujets de *Pygmalion* et d'*Ariadne* que J.-J. Rousseau et George Benda inaugurèrent en 1770-1775 le mélodrame ou « opéra sans chanteurs ». [NdÉ – Écrit en 1762, le *Pygmalion* de Rousseau fut créé à Lyon en 1770 sur une musique d'Horace Coignet ; l'*Ariane à Naxos*, mélodrame à deux récitants (donc « duodrame »), de Jiri Antonin Benda a été créé en 1775.]

241 On l'accusait même de le trop bien connaître. L'abbé Prévost écrivait, précisément à la même époque, dans *le Pour et le Contre*, en 1733 : « … Quelques critiques l'accusent d'avoir emprunté le fond d'une infinité de belles choses, de Lully, et surtout de nos cantates françaises, qu'il a l'adresse, disent-ils, de déguiser à l'italienne… » [NdÉ – Antoine François Prévost, *Le pour et le contre*, Paris, Didot, 1733, vol. 1, note IX, p. 207-208.]

242 La Sallé revint à Paris, où elle fit sa rentrée à l'Académie de Musique dès le mois d'août 1735, dans *les Indes galantes* de Rameau. Il est assez remarquable que telle page de cette œuvre, comme la superbe chaconne de la fin, ait un caractère si haendelien.

243 *Atalanta* (12 mai 1736), *Arminio* (12 janvier 1737), *Giustino* (16 février 1737), *Berenice* (18 mai 1737), *Faramondo* (7 janvier 1738), *Serse* (15 avril 1738), *Imeneo* (22 novembre 1740), *Deidamia* (10 janvier 1741).

vers l'opéra-comique et le style de romances[244], cher à la seconde moitié du XVIIIe siècle. – Mais on sent bien que, pour lui, depuis 1735, le vrai drame musical était l'oratorio. Il y revint victorieusement avec *la Fête d'Alexandre*, qui fut composée sur l'*Ode à sainte Cécile* de Dryden[245], et donnée pour la première fois, le 19 février 1736, au théâtre Covent Garden.

Qui croirait que cette œuvre, robuste et saine entre toutes, était écrite en vingt jours, comme en se jouant, au milieu des tristesses, à deux doigts de la ruine et d'une maladie grave, où la raison de Hændel faillit rester engloutie ?

*

* *

Depuis plusieurs années, le mal couvait en lui : les travaux et les soucis excessifs avaient rongé cette santé de fer. Il avait essayé des bains de Tunbridge, pendant l'été de 1735, et probablement aussi en 1736, mais sans succès. Il ne pouvait se reposer : son théâtre était à la veille de la faillite ; il faisait, pour le soutenir, des efforts surhumains. De janvier 1736 à avril 1737, il dirigea deux saisons d'opéra, deux saisons d'oratorio, il écrivit un oratorio, un psaume, quatre opéras[246].

Le 12 ou 13 avril 1737, la machine craqua. Il fut frappé de paralysie. Le côté droit était pris ; sa main lui refusait tout service, son intelligence même était atteinte. En son absence, son théâtre ferma ses portes, fit faillite[247]. Pendant tout l'été, Hændel resta dans un état de dépression pitoyable ; il se refusait à se soigner ; on le croyait perdu. Enfin, ses amis réussirent à l'envoyer, vers la fin d'août, aux bains d'Aix-la-Chapelle. La cure eut un effet miraculeux. En quelques jours, il fut guéri. En

---

244 Surtout dans *Serse* et *Deidamia*.

245 Dryden avait écrit cet éclatant poème, en 1697, dans une nuit d'enthousiasme. Clayton l'avait mis en musique, en 1711 ; puis, vers 1720, Benedetto Marcello écrivit une cantate, à l'antique, sur une adaptation italienne de l'ode anglaise par l'abbé Conti. Un ami de Hændel, Newburgh Hamilton, arrangea avec beaucoup de discrétion le texte de Dryden, pour l'oratorio de Hændel. Hændel avait écrit, plusieurs fois déjà, en l'honneur de sainte Cécile. On trouvera dans le vol. LII de la grande édition Breitkopf (*Cantate italiane con stromenti)* les fragments de quatre cantates à sainte Cécile, toutes écrites à Londres, – la première, dès 1713.

246 *La Fête d'Alexandre* (janvier 1786), *Atalanta* (avril), *Wedding Anthem* (avril), *Giustino* (août), *Arminio* (septembre), *Berenice* (décembre).

247 Le 1er juin 1737. Mais le 11 juin, l'opéra rival fermait aussi ses portes, ruiné. Hændel entraînait dans sa chute l'ennemi qu'il voulait tuer.

octobre, il revenait à Londres ; et aussitôt le géant ressuscité reprenait la lutte, écrivait, en trois mois, deux opéras, et le magnifique psaume funèbre (*Funeral Anthem*), pour la mort de la Reine[248].

Tristes jours. Ses créanciers le traquaient ; il était menacé de la prison. Heureusement, un mouvement de sympathie se dessina en faveur de l'artiste harcelé par le sort. Un concert à son bénéfice, auquel son orgueil se résolut à regret[249], eut, à la fin de mars 1738, un succès inespéré : il put se libérer de ses dettes les plus criantes. Le mois suivant, un témoignage d'admiration publique lui était donné. Sa statue fut élevée dans les jardins du Vauxhall[250].

Il dut, au printemps de 1738, sentir, avec les forces qui lui revenaient, la confiance en l'avenir. L'horizon s'éclairait. Il était porté par de fidèles sympathies. Il renaissait à la vie. – On allait s'en apercevoir.

Le 23 juillet, il commençait *Saul*. Le 8 août, il en avait écrit deux actes. Le 27 septembre, l'œuvre était achevée. Le 7 octobre, il commençait *Israël en Égypte*. Le 28 octobre, l'œuvre était achevée. Chemin faisant, il lançait, le 4 octobre, chez l'éditeur Walsh[251], le premier recueil de ses *Concertos pour orgue* ; et le 7, il lui livrait ses 7 *Trios, ou Sonates a deux parties avec basse, op.* 5. – Pour qui connaît ces œuvres de joie, que dominent deux colosses, – les deux oratorios de victoire, – cette poussée surhumaine fait l'effet d'une force de la nature, d'une campagne qui fleurit, en une nuit de printemps.

Saul est un grand drame épique, surabondant et fougueux, où le comique et le tragique se mêlent. *Israël* est une épopée chorale, l'essai le plus gigantesque qui ait jamais été fait d'un oratorio, non pas avec des chœurs, mais tout entier en chœurs[252]. L'audacieuse originalité de

---

248 Le 15 novembre 1737, Hændel commence *Faramondo*. Du 7 au 17 décembre, il écrit le *Funeral Anthem*. Le 24 décembre, il termine *Faramondo*. Le 25 décembre, il commence *Serse*.

249 Il disait que ces sortes de concerts étaient une façon de demander l'aumône.

250 Le Vauxhall était un beau jardin sur la Tamise, rendez-vous de la société de Londres. On y entendait, tous les soirs, sauf le dimanche, de la fin d'avril au commencement d'août, des concerts d'orchestre, de chant et d'orgue. L'entrepreneur des divertissements, Tyers, fit placer dans une niche de la grande grotte la statue de marbre blanc de Hændel par le sculpteur Roubiliac, – le même qui devait plus tard exécuter le monument de Hændel à Westminster.

251 [NdÉ] John Walsh (1665 ou 1666-1736), éditeur musical anglais établi en 1690 à proximité du Strand de Londres ; il publia Hændel dès 1711.

252 Dans la première partie d'*Israël*, on ne trouve qu'un seul air, noyé au milieu des chœurs. Dans l'ensemble, 19 chœurs contre 4 airs soli et trois duos. – Le poème de *Saul*, que Chrysander avait d'abord attribué à Jennens, semble être, comme il l'a reconnu ensuite, de Newburgh Hamilton. Quant à *Israël*, Hændel s'est passé de librettiste. Il a pris la Bible toute pure.

cette conception, son austère grandeur, échappèrent au public de son temps. L'œuvre échoua toujours, du vivant de Hændel.

Les espérances que Hændel avait fondées sur l'Angleterre ne tardèrent pas à être de nouveau ébranlées. Les temps étaient durs. Pendant l'hiver de 1739, les spectacles, les concerts même pendant quelques mois, furent suspendus, à cause de la guerre et du froid. Hændel, pour se réchauffer, écrivit en huit jours *la Petite Ode à sainte Cécile* (29 novembre 1739), en seize *l'Allegro, il Pensieroso ed il Moderato* (janvier-février 1740), en un mois les *Concerti grossi*, op. 6[253]. Mais le succès de ces œuvres charmantes, ciselées avec amour, où Hændel avait peut-être mis, plus qu'en toute autre, ses impressions personnelles, ses notations poétiques et humoristiques de la nature[254], ne suffit pas à rétablir ses affaires, une fois de plus embarrassées. Une fois de plus, comme au temps de *Deborah* et d'*Arianna*, il se heurta à une coalition des gens du monde. On ne sait en quoi il les avait blessés[255]. Mais ils étaient résolus à le détruire. On faisait le vide à ses concerts. On payait des gens pour déchirer ses affiches dans les rues. Hændel, écœuré et lassé, renonça brusquement à continuer le combat[256]. Il décida de quitter l'Angleterre, où il vivait depuis près de trente ans, et qu'il avait enrichie de sa gloire. Il annonça pour le 8 avril 1741 son dernier concert[257].

---

253 Écrits du 29 septembre au 30 octobre 1739. / Hændel fit, de plus, paraître en novembre 1740 le second recueil des *Concertos d'orgue* (six concertos). Le même mois, il ouvrait sa dernière saison d'opéra, donnait le 22 novembre *Imeneo*, qui ne fut joué que deux fois, et le 14 janvier 1741 *Deidamia*, qui ne fut jouée que trois fois.

254 Surtout dans *l'Allegro* et dans quelques *Concerti grossi*.

255 La lettre d'un anonyme, publiée dans le *London Daily Post* du 4 avril 1741, fait allusion à un fait précis, « un seul faux pas accompli, mais non prémédité ».

256 Au milieu de sa misère, il pensait aux plus misérables que lui. En avril 1738, il avait fondé, avec les autres musiciens anglais de renom, Arne, Greene, Pepusch, Carey, etc., la *Society of Musicians*, pour venir au secours des musiciens pauvres et âgés. Si gêné qu'il fût lui-même, il fut plus généreux que tous les autres. Le 20 mars 1739, il dirigea au bénéfice de la Société *la Fête d'Alexandre*, avec un nouveau concerto d'orgue. Le 28 mars 1740, il dirigea *Acis et Galatée* et la petite *Ode à sainte Cécile*. Le 14 mars 1741, dans ses plus mauvais jours, il donna le *Parnasso in festa*, spectacle de gala, très onéreux pour lui, avec cinq concerti *soli* des plus célèbres instrumentistes. Il devait léguer plus tard 1.000 livres à la Société.

257 Un maladroit ami essaya d'apitoyer la charité publique dans une lettre anonyme au *London Daily Post* (voir plus haut), qui veut excuser Hændel, et qui est bien le plus cruel affront qu'on pût lui faire, – le pavé de l'ours. On trouvera cette lettre à la fin du troisième volume de Chrysander.

*
* *

C'est un fait qu'on remarque souvent dans la vie des grands hommes, qu'au moment où tout semble perdu, où tout est au plus bas, ils sont tout près du faîte. Hændel paraissait vaincu. À cette heure même, il écrivait l'œuvre qui devait établir sa gloire dans l'univers.

Il quitta Londres[258]. Le lord-lieutenant d'Irlande l'invitait à venir diriger des concerts à Dublin. Ce fut, ainsi qu'il dit, « afin d'offrir à cette nation généreuse et polie quelque chose de nouveau », qu'il composa *le Messie*, sur un poème de son ami Jennens[259]. On avait déjà exécuté plusieurs de ses œuvres religieuses, à Dublin, dans des concerts de bienfaisance[260]. Hændel fut reçu avec enthousiasme. Une lettre qu'il écrit, le 29 décembre, à Jennens, exulte de joie. Le temps qu'il passa à Dublin fut, avec ses jeunes années en Italie, le plus heureux de sa vie. Du 23 décembre 1741 au 7 avril 1742, il donna deux séries de six concerts, et toujours avec le même succès. Enfin, le 12 avril, eut lieu à Dublin la première audition du *Messie*. Le produit du concert était affecté à des œuvres charitables, et le succès fut considérable[261].

---

258 Le 4 novembre 1741. Il avait encore eu le temps de voir, avant son départ, la réouverture de l'Opéra italien, sous la direction de Galuppi [NdÉ – Baldassare Galuppi (1706-1785), né à Burano, mort à Venise, fut l'un des compositeurs d'opéras les plus fêtés de son temps ; il collabora avec Goldoni], que soutenait la noblesse anglaise.

259 Hændel écrivit *le Messie*, du 22 août au 14 septembre 1741. – Certains historiens ont voulu lui attribuer la composition du poème. Il n'y a aucune raison pour en enlever l'honneur à Jennens, homme intelligent, auteur de l'excellent poème de *Belsazar* et qui d'ailleurs n'eût pas admis que Hændel changeât rien au texte qu'il lui donnait. Une lettre du 31 mars 1745 à un ami (citée par Schœlcher), montre qu'il trouvait la musique du *Messie* à peine digne de son poème. [NdÉ : Charles Jennens (1700-1773), propriétaire terrien et mécène, est également le librettiste de *Saül*, d'*Israël en Égypte* et de *L'Allegro, il Penseroso ed il Moderato*.]

260 La grande société musicale de Dublin, la *Philharmonic Society*, donnait uniquement des concerts de bienfaisance. Pour Hændel, on fit un arrangement spécial. Il fut convenu que Hændel réserverait seulement un concert à la charité, Hændel s'y engagea de grand cœur, en promettant « quelque chose de sa meilleure musique ». Ce « quelque chose » fut *le Messie*. – Voir sur la musique à Dublin, de 1730 à 1754, un article de W. H. Grattan Flood (I. M. G., avril-juin 1910.)

261 Mais non pas à Londres, où Hændel donna *le Messie* seulement trois fois en 1743, deux fois en 1745, et plus du tout jusqu'en 1749. La cabale des dévots essaya de l'étouffer. Il n'était point permis de mettre le titre de l'oratorio sur l'affiche. On l'appelait : *A Sacred Oratorio*. Ce ne fut qu'à partir de 1750 que la victoire du *Messie* fut décidée. Hændel lui maintint, toute sa vie, son attribution à des œuvres de charité. Il le dirigeait, une fois

Huit jours après avoir terminé *le Messie*, (c'est-à-dire avant qu'il ne fût encore arrivé en Irlande), Hændel avait commencé *Samson*, qui fut achevé en cinq semaines (fin septembre-fin octobre 1741). Cependant, il ne le donna pas à Dublin. Sans doute, ne trouva-t-il pas les interprètes qu'il voulait, pour ce drame colossal, riche en scènes chorales et en rôles difficiles[262]. Peut-être aussi, réservait-il l'œuvre pour la saison suivante à Dublin, où il pensait retourner. Mais l'invitation qu'il attendait, à Londres, n'étant pas venue, ce fut à Londres que fut donnée la première audition de *Samson*, le 18 février 1743.

À cet oratorio héroïque, bâti sur le sublime *Samson Agonistes* de Milton[263], succéda un opéra frivole, qui n'en porte pas moins le nom d'oratorio, et dont le *libretto* était emprunté à un poème de Congreve : *Semele* (3 juin-4 juillet 1743). Ce fut une distraction entre deux œuvres herculéennes. Dans le même mois où il terminait *Semele*, Hændel écrivit son monumental *Dettinger Te Deum*, pour célébrer la victoire du duc de Cumberland sur les Français[264]. *Joseph*, écrit en août-septembre de la même année, sur un poème assez touchant de James Miller, est d'une poésie mélancolique et douce, un peu pâle, sur laquelle se détache la silhouette sauvage de Siméon.

L'année 1744 fut pour Hændel une des plus glorieuses en création, des plus misérables en succès. Il écrivit presque simultanément ses deux oratorios les plus tragiques : le grand drame shakespearien de *Belsazar* (juillet-octobre 1744), dont le riche poème lui fut fourni par son ami Jennens[265], et la sublime tragédie à l'antique, *Héraklès*, « *a musical*

---

par an, au bénéfice de l'Hospice des Enfants Assistés *(Foundling Hospital)*. Même devenu aveugle, il resta fidèle à cette noble habitude ; et, pour mieux réserver le monopole de l'œuvre à l'Hôpital, il défendit qu'on en publiât rien avant sa mort. Depuis, on sait combien d'éditions du *Messie* ont paru. La collection Schœlcher, au Conservatoire de Paris, en a réuni soixante-six, publiées de 1763 à 1869.

262 Le caractère de Dalila est un des plus complexes qu'ait peints Hændel ; et les rôles de Samson et de Harapha exigent des voix exceptionnelles.

263 Le poème de Milton avait été adapté par Newburgh Hamilton.

264 La bataille de Dettingen eut lieu le 27 juin 1743. Hændel avait déjà terminé, le 17 juillet, son *Te Deum*, qui fut solennellement exécuté le 27 novembre suivant à Westminster.

265 Trop lentement au gré de Hændel, qui le composait au fur et à mesure que les actes lui étaient envoyés. On a cinq lettres de lui à Jennens, datées des 9 juin, 19 juillet, 21 août, 13 septembre, et 2 octobre 1744, où il le presse instamment de lui envoyer la suite du poème, lui exprime son admiration pour le second acte, qui lui a « procuré des moyens d'expression nouveaux et fourni l'occasion de rendre quelques idées particulières », enfin lui demande de raccourcir un peu la pièce, qui est trop longue. (Voir Schœlcher.)

drama[266] », qui marque le faîte du drame musical haendelien, et, l'on peut même dire, de tout le théâtre musical avant Gluck.

Jamais l'hostilité du public anglais ne fut plus acharnée. La même cabale haineuse, qui trois fois déjà avait tâché de le tuer, repartit en guerre contre lui. On s'entendait à Londres pour inviter les gens à des fêtes, les jours où devaient avoir lieu les exécutions d'oratorios, afin d'enlever à Hændel ses auditeurs. Bolingbroke et Smollett parlent de l'acharnement de certaines dames à ruiner Hændel. Horace Walpole dit que c'était la mode d'aller à l'opéra italien, quand Hændel dirigeait ses concerts d'oratorios. Hændel, qui à force d'énergie et de génie était sorti de sa première faillite de 1735, fut acculé de nouveau à la faillite, au commencement de 1745. Ses chagrins, ses inquiétudes, la prodigieuse dépense de forces qu'il avait faite, furent de nouveau sur le point de faire craquer son cerveau. Il tomba dans un état de prostration et dans un dérangement d'esprit, analogue à celui de 1737, et qui dura huit mois, de mars à octobre 1745[267]. Par miracle, il sortit encore du fond de cet abîme ; et des événements imprévus, où la musique n'était que l'accessoire, allaient lui rendre plus de popularité qu'il n'en avait jamais eu.

Le prétendant Charles-Édouard venait de débarquer en Écosse : le pays se souleva ; l'armée des Highlanders marcha sur Londres. La ville était dans la consternation. Un grand mouvement national secoua l'Angleterre. Hændel s'y associa. Le 14 novembre 1745, il fit chanter au Drury Lane un *Hymne pour les enrôlés volontaires*[268]. Et il écrivit deux oratorios, qui sont, pour ainsi dire, deux immenses hymnes nationaux : l'*Occasional Oratorio* (*Gelegenheits Oratorium*)[269] où Hændel appelait les Anglais à la

266 Hændel l'écrivit pendant les pauses forcées de la composition de *Belsazar*, et le fit jouer au commencement de 1745.

267 Des lettres tout récemment publiées viennent de faire connaître cette période trouble de la vie de Hændel. – (William Barclay-Squire : *Handel in 1745*, dans le *H. Riemann-Festschrift*, 1909, Leipzig).

268 *A Song Made for the Gentlemen Volunteers of the City of London.* (Deux exemplaires de ce chant figurent dans la collection Schœlcher, au Conservatoire de Paris.) / Hændel écrivit aussi, en juillet 1746, pour le retour du duc de Cumberland, un *Chant sur la victoire* (*A Song on the Victory over the Rebels by His Royal Highness the Duke of Cumberland*), qui fut exécuté au Vauxhall. (Un exemplaire de ce chant se trouve également dans la collection Schœlcher.)

269 Terminé dans les premiers jours de décembre 1745, et joué en février 1746. Le texte en est emprunté en partie aux Psaumes de Milton, en partie à la Bible. – Hændel a repris, dans la troisième partie, plusieurs des plus belles pages d'*Israël en Égypte*. On trouve dans un des airs le motif principal du *Rule Britannia*, qui venait d'être composé par Arne.

lutte contre l'invasion ; et *Judas Macchabée*[270] (9 juillet-11 août 1746), l'hymne de la Victoire, écrit après l'écrasement des rebelles à Culloden, et pour fêter le retour du vainqueur, le féroce duc de Cumberland, à qui le poème est dédié.

Ces deux oratorios patriotiques, où le cœur de Hændel battit à l'unisson de celui de l'Angleterre, et dont le second, *Judas*, est demeuré jusqu'à nos jours une œuvre populaire, grâce à son large style et au souffle qui l'anime[271], firent plus pour la fortune de Hændel que tout le reste de ses travaux. Après trente-cinq ans de luttes acharnées, il avait enfin conquis, pour toujours, la victoire. Il était devenu, par la force des choses, le musicien national de l'Angleterre.

*

* *

Délivré des soucis matériels qui avaient empoisonné sa vie[272], Hændel reprit avec plus de tranquillité le cours de ses créations ; et les années suivantes virent fleurir quelques-unes de ses œuvres les plus riantes. *Alexander Balus* (1er juin-4 juillet 1747)[273] est, comme *Semele*, un opéra de concert, finement travaillé ; et l'orchestration en est

---

270 Poème, fort médiocre, du révérend Dr Thomas Morell [NdÉ – 1703-1784], qui fut le librettiste des derniers oratorios de Hændel.

271 Il n'est pas d'oratorios de Hændel dont le style soit plus populaire, et où l'on trouve plus de grands ensembles, et de *soli* intimement unis aux chœurs. / Gluck était de passage à Londres, depuis la fin de 1745. Il avait alors trente et un ans. Il fit jouer à Londres deux opéras : *La Caduta de' Giganti* et *Artamene*. (On en trouvera quelques airs dans la collection rarissime des *Delizie dell'opere*, 11 vol., Londres, Walsh, que possède la Bibliothèque du Conservatoire de Paris.) – Ce séjour de Gluck en Angleterre n'eut aucune importance pour l'histoire de Hændel, qui se montra assez méprisant à l'égard de sa musique. Mais il n'en fut pas de même pour Gluck, qui professa, toute sa vie, le plus profond respect pour Hændel. Il le regardait comme son maître ; il s'imaginait même qu'il l'imitait. (Voir Michael Kelly : *Réminiscences*, I, 255.) Et, de fait, on sera frappé des analogies entre telles pages des oratorios de Hændel, exécutés en 1744-1746, (notamment *Héraklès* et *Judas Macchabée*), et les grands opéras de Gluck. On trouve dans les deux scènes funèbres du premier et du second actes de *Judas Macchabée* les accents pathétiques et les harmonies d'*Orphée*.

272 Depuis 1747, Hændel, renonçant au système des souscriptions, tourne le dos à sa clientèle aristocratique, qui l'avait traité si indignement, et il ouvre son théâtre à tous. Cela lui réussit. La bourgeoisie de Londres répondit à son appel. Depuis 1748, Hændel fit salle comble à presque tous ses concerts.

273 Poème emprunté au Livre des Macchabées par Thomas Morell. – Première exécution, le 23 mars 1748.

exceptionnellement riche et subtile. *Joshua* (30 juillet-18 août 1747)[274] est une réplique un peu pâlie de *Judas Macchabée*, où fleurit parmi les chœurs d'épopée une idylle d'amour. *Salomon* (juin 1748)[275] est une fête musicale, rayonnante de poésie et de joie. *Susanna* (11 juillet-24 août 1748), grave et gaie à la fois, réaliste et lyrique, est une œuvre un peu hybride, mais très originale. Enfin, dans le printemps de 1749, qui marque, semble-t-il, la fin du bonheur de Hændel, il écrivit sa brillante *Firework Music* (musique du feu d'artifice), – un modèle pour les fêtes populaires en plein air, – exécutée le 27 avril 1749, par un orchestre monstre de trompettes, cors, hautbois et bassons (sans instruments à cordes), à l'occasion du feu d'artifice tiré à Greenpark, pour la paix d'Aix-la-Chapelle[276].

Des œuvres plus graves suivent ces œuvres d'allégresse. À ce moment de sa vie, la mélancolie fait son apparition chez le robuste vieillard, comme sous le pressentiment du mal qui allait le frapper.

Le 27 mai 1749, il dirigeait au *Foundling Hospital*[277], au profit des enfants abandonnés, son bel *Anthem for the Foundling Hospital*[278], qu'inspire sa grande pitié pour les malheureux. Du 28 juin au 31 juillet, il écrivit un pur chef-d'œuvre, *Theodora*, sa tragédie musicale la plus intime, sa seule tragédie chrétienne, avec *le Messie*[279]. De la fin de cette même année, date aussi une musique de scène pour une *Alcestes* de Tobias Smollett, qui ne fut jamais jouée, et dont Hændel reprit l'essentiel pour son *Choice of Hercules (le Choix d'Hercule)*[280].

---

274 Poème de Thomas Morell. – Première exécution, le 9 mars 1748.

275 Le poème semble de Thomas Morell, bien que celui-ci n'en parle pas dans ses notes. – Première, le 17 mars 1749.

276 La *Firework Music* a été publiée dans le tome XLVII de la grande édition Hændel. – Pour l'exécution du 27 avril 1749, l'orchestre comptait cent instrumentistes. Schœlcher a publié une correspondance échangée au sujet de cette œuvre, entre lord Montagu, général en chef de l'artillerie, et Charles Frederick, contrôleur des feux, d'artifice du Roi. On *y* voit que des dissentiments assez sérieux s'élevèrent entre Hændel et lord Montagu.

277 Le *Foundling Hospital* avait été fondé en 1739 par un vieux marin, Thomas Coram, « pour l'entretien et l'éducation des enfants abandonnés ». Hændel se voua à cette œuvre, au profit de laquelle il donnait annuellement des auditions du *Messie.* En 1760, il fut élu *governor* (administrateur) de l'Hospice, après le don qu'il lui avait fait d'un orgue.

278 Tome XXXVI de la grande édition. L'*Anthem*, dont plus d'une page est reprise à l'*Ode Funèbre (Funeral Anthem)*, est terminé par l'*Hallelujah* du *Messie*, sous sa forme originale.

279 Le *libretto* est inspiré de la *Théodore vierge et martyre* de Corneille.

280 Écrit du 28 juin au 5 juillet 1750 et joué, le 1er mars 1751, à la suite de la *Fête d'Alexandre*, comme « un acte nouveau ajouté ».

Peu de temps après, il fit un dernier voyage à Halle. Il se trouvait sur le sol de l'Allemagne, au moment où J.-S. Bach y mourait, le 28 juillet 1750. Peu s'en fallut qu'il n'y mourût, dans la même semaine, d'un accident de voiture[281].

Il se rétablit vite ; et, le 21 janvier 1751, quand il commença la partition de *Jephta*, il paraissait en pleine santé, malgré ses soixante-six ans. Il écrivit le premier acte, d'un trait, en treize jours. Après onze nouveaux jours, il était arrivé à l'avant-dernière scène du second acte. Ici, il dut s'interrompre. Déjà dans les pages qui précèdent, il n'avançait plus qu'avec peine ; son écriture, si claire et si sûre au commencement, s'empâte, se brouille et tremble[282]. Il avait entamé le chœur final de l'acte II : « *Combien sombres, ô Seigneur, sont tes desseins !* » À peine a-t-il écrit le *largo* initial qu'il lui faut s'arrêter ; il marque :

« *Suis arrivé jusqu'ici, le mercredi 13 février ; empêché de continuer, à cause de la vue de mon œil gauche*[283]. »

Il s'interrompt, dix jours. Le 23 février – (c'était l'anniversaire de sa naissance), – il marque :

« *Vais un peu mieux ; repris le travail.* »

Et il écrit en musique ces paroles menaçantes :

« *Notre joie s'en va en douleur, comme le jour s'en va dans la nuit.* »

Il met péniblement cinq jours à terminer ce chœur, qui est d'ailleurs sublime. Il en reste là, quatre mois[284]. Le 18 juin, il se remet au troisième acte. Il dut encore s'arrêter, au milieu[285]. Les quatre derniers airs et le chœur final lui prirent plus de temps qu'à l'ordinaire tout un oratorio : il ne termina que le 30 août 1751. Sa vue était perdue.

*

* *

---

281 C'est une note du *General Advertiser*, à la date du 21 août 1750, qui nous apprend que Hændel s'était blessé très grièvement, entre La Haye et Amsterdam, mais qu'il était déjà hors de danger.

282 Le *fac-similé* du manuscrit autographe a été publié par Chrysander, pour le second centenaire de Hændel, en 1885.

283 Page 182 du mss.

284 Pour s'occuper, il dirigea deux exécutions du *Messie*, au profit des Enfants Assistés, le 18 avril et le 16 mai, « avec une improvisation d'orgue ». Il essaya aussi d'une cure à Cheltenham.

285 Page 244 du mss.

Après cela, tout est fini. Les yeux de Hændel se sont fermés. La lumière est éteinte. « *Total eclipse...* » Le monde s'est effacé[286].

Jamais il ne souffrit tant que dans la première année du mal, quand il n'était pas encore tout à fait aveugle. En 1752, il n'a pas la force de jouer de l'orgue, aux exécutions de ses oratorios ; et le public, ému, le voit blêmir et trembler, en entendant l'admirable plainte de son Samson aveugle. À partir de 1753, quand le mal est irréparable, Hændel reprend le dessus ; il tient l'orgue de nouveau, aux douze séances d'oratorios qu'il donne, chaque année, au carême ; et il le garde jusqu'à sa mort. Mais avec la vue, il a perdu la meilleure source de son inspiration. Cet homme qui n'était pas un intellectuel ni un mystique, cet homme qui aimait la lumière, la nature, les beaux tableaux, le spectacle des choses, – qui vivait par les yeux beaucoup plus que la plupart des musiciens allemands, – est muré dans la nuit. De 1752 à 1759, il s'engourdit dans le demi-sommeil qui précède la mort. Il écrit seulement en 1758 un duo et chœur pour *Judas Macchabée* : « *Sion now her head shall raise* » ; et revivant en pensée les jours heureux d'autrefois, il reprend une œuvre de jeunesse, le *Trionfo del Tempo*[287], dont il donne une nouvelle version, en mars 1757 : *The Triumph of Time and Truth*[288].

Le 6 avril 1759, il tenait encore l'orgue, à une exécution du *Messie.* Les forces lui manquèrent, au milieu d'un morceau. Il se remit pourtant, et improvisa, dit-on, avec sa grandeur habituelle. Rentré chez lui, il s'alita. Le 11 avril, il ajoutait un dernier codicille à son testament[289], léguant magnifiquement mille livres sterling à la *Société pour le soulagement des musiciens pauvres*, et exprimant avec tranquillité son désir d'être enterré à Westminster. Il disait :

---

286 Il subit trois fois l'opération de la cataracte, – la dernière fois, le 3 novembre 1752. Une nouvelle de journal dit, en janvier 1753 : « Hændel est tout à fait aveugle. »

287 Écrit en 1708, à Rome.

288 Hændel avait déjà redonné l'œuvre italienne, avec des arrangements et des additions, en 1737. Thomas Morell adapta le poème en anglais, et de deux actes en fit trois.

289 Ce testament était écrit depuis 1750. Hændel y rajouta des codicilles en août 1756, mars et août 1757, avril 1759. Il nommait sa nièce Johanna Friderica Flœrchen, de Gotha, née Michaelsen, sa légataire universelle. Il faisait beaucoup de dons à ses amis, entre autres à Christoph Smith, à John Rich, à Jennens, à Newburgh Hamilton, à Thomas Morell. Il n'oubliait aucun de ses nombreux domestiques. – Il laissait, à sa mort, une fortune d'environ 500.000 francs, qui avait été refaite entièrement dans ses dix dernières années. Il possédait aussi une collection de beaux instruments de musique, et une galerie de tableaux, parmi lesquels deux Rembrandt.

« Je voudrais mourir le Vendredi Saint, dans l'espoir de rejoindre mon bon Dieu, mon doux Seigneur et Sauveur, le jour de sa Résurrection. » Son vœu fut accompli. Le Samedi Saint 14 avril, à huit heures du matin, le chantre du *Messie* s'endormit dans son Dieu.

*

* *

Sa gloire grandit après sa mort. Le 20 avril, il fut enterré à Westminster, comme il l'avait souhaité[290]. Les exécutions annuelles de ses oratorios continuèrent, au carême, sous la direction de son ami Christoph Smith. Bientôt on en donna des auditions populaires. Les grandes fêtes de la *Commemoration*, célébrées à Westminster et au Panthéon, du 26 mai au 5 juin 1784, pour le centenaire de sa naissance[291], retentirent dans l'Europe entière. Des fêtes nouvelles eurent lieu à Londres en 1785, 1786, 1787, 1790, 1791. À ces dernières, auxquelles prenaient part plus de mille exécutants[292], assistait Haydn, qui pleura, en disant : « Il est notre maître à tous. »

Les exécutions anglaises avaient attiré l'attention de l'Allemagne. Deux ans après la *Commemoration*, Joh. Adam Hiller dirigeait le *Messie* à la Domkirche de Berlin, puis à Leipzig et à Breslau. Trois ans plus tard, en 1789, Mozart faisait des arrangements du *Messie*, d'*Acis et Galatée*, de l'*Ode à sainte Cécile*, et de la *Fête d'Alexandre*[293]. La première édition complète de Hændel fut commencée en 1786. Un sentiment d'émulation

290 Un monument, assez médiocre, lui fut élevé. Il était l'œuvre de Roubiliac, qui était déjà l'auteur de la statue de Hændel pour les jardins du Vauxhall.

291 Elles étaient célébrées, en réalité, un an trop tôt. – Burney consacra un livre à décrire ces fêtes.

292 Le nombre des exécutants ne cessa point de grandir depuis les fêtes de 1784, où ils étaient 530 ou 540, jusqu'aux fameux festivals du Crystal Palace de Sydenham, où ils furent 1.635 en 1854. 2.500 en 1857, et 4.000 en 1859. – Rappelons que, du vivant de Hændel, *le Messie* était exécuté par 33 instrumentistes et 23 chanteurs. – On fabriqua, pour ces exécutions gigantesques, des instruments monstres : un double basson (déjà construit en 1727), une contrebasse exceptionnelle, des trompettes-basses, des timbales accordées une octave au-dessous, etc.

293 Ces arrangements, exécutés pour le baron van Swieten, sont loin d'être irréprochables, et montrent que Mozart, en dépit des assertions de Rochlitz, n'avait pas le sens intime de l'art de Hændel. Cependant, il écrivit une « ouverture dans le style de Hændel » [NdÉ – Premier mouvement de la *Suite pour piano dans le style de Hændel*, K 399, 1782], et se souvint certainement de lui quand il composa son *Requiem*.

passionnée poussait l'Allemagne, à la suite des festivals anglais, à restaurer le chant choral et à fonder des *Singakademien*, pour le culte de ses gloires nationales[294]. L'audition des oratorios de Hændel engagea Haydn à écrire *la Création*. Beethoven, à la fin de sa vie, disait de Hændel : « *Das ist das Wahre* » (voici la vérité)[295]. Les poètes ne subissaient pas moins son prestige. Gœthe l'admirait, et Herder lui consacra un chapitre de son *Adrastea* de 1802. Les guerres d'indépendance donnèrent un regain de faveur aux oratorios de liberté, à *Judas Macchabée*.

Avec le romantisme, se perdit le sens du génie de Hændel. Berlioz, qui, s'il l'avait bien connu, eût trouvé en lui un modèle du grand art populaire qu'il rêvait, ne le comprit jamais. De tous les musiciens d'alors, ceux qui furent le plus près de l'esprit de Hændel ont été Schumann et Liszt[296]. Mais ils étaient exceptionnels par leur lucidité d'intelligence et leur généreuse sympathie. On peut dire que l'art de

---

294 La première fut la *Singakademie* de Berlin, fondée en 1790 par Fasch. [NdÉ : Johann Friedrich Fasch (1688-1758), compositeur violoniste et organiste allemand.]

295 Dans l'*Harmonicon* de janvier 1824, on trouve ce jugement de Beethoven (cité par Percy Robinson) : « Hændel est le plus grand compositeur qui ait jamais vécu. Je voudrais m'agenouiller sur sa tombe. » Et dans une lettre de Beethoven à une dame anglaise (publiée dans l'*Harmonicon* de déc. 1825) : « J'adore Hændel. » [NdÉ – On lit en effet dans un article intitulé « A Day with Beethoven. Extract of a Letter from Vienna to a Friend in London » de la revue *Harmonicon* de janvier 1824, p. 10-11, ces mots attribués à Beethoven « *Handel is the greatest composer that ever lived* », et quelques lignes plus loin : « *I would uncover my head, and kneel down on his tomb* » (p. 11). Dans l'*Harmonicon* de décembre 1825, l'article « A Visit to Beethoven » (p. 222-223) rapporte à propos de Hændel « *that he himself also* loved *him* » (p. 223).] – On sait qu'après la Neuvième Symphonie, il avait le projet d'écrire de grands oratorios, à la façon de Hændel.

296 Schumann écrivait à Pohl, en 1855, qu'*Israël* était son « idéal d'une œuvre chorale » ; et, voulant écrire un *Luther*, il définissait ainsi cette musique, dont il trouvait l'idéal réalisé par Hændel : « Un oratorio populaire, que paysans et bourgeois puissent comprendre… Une œuvre d'inspiration simple, dont l'effet dépende uniquement de la mélodie et du rythme, sans artifice contrapuntal. » / Liszt, à propos du Psaume *Zadock le Prêtre*, s'extasiait devant « le génie de Hændel, grand comme le monde » ; et il apercevait très justement en l'auteur de l'*Allegro* et d'*Israël*, un précurseur de la musique descriptive. [NdÉ – Voir Franz Liszt, lettre à Moritz Hauptmann, Weimar, 28 septembre 1855, dans La Mara (pseudonyme de Marie Lipsius) (éd.), *Franz Liszt's Briefe, gesammelt und herausgegeben von La Mara*, Erster Band, *Von Paris bis Rom*, Leipzig, Breitkopf & Härtel, 1893, lettre n° 144, p. 209 : « *Mit aufrichtigem, verbindlichsten Dank für Ihren freundlichen Brief übersende ich Ihnen mit derselben Post den Band der Händel'schen Werke, welcher die Anthems enthält. Das zweite davon 'Zadok the Priest and Nathan the prophet anointed Solomon King', ist ein herrlicher Strahl des Händel'schen Genius, und man könnte mit Recht auf den ersten Vers dieses Anthem das bekannte Wort anwenden* 'c'est grand comme le monde'. *Die Cantate 'l'Allegro, il Pensieroso' etc. gewährt mir weniger Entzücken, jedoch hat sie mich sehr interessiert als ein wesentlicher Beitrag der* nachahmenden *Musik* ».]

Hændel, dénaturé par les éditions et les exécutions mensongères, – aussi bien par celles d'Allemagne que par celles, ridiculement colossales, d'Angleterre, – se serait tout à fait perdu, sans la fondation, en 1856, de la *Hændel Gesellschaft*, qui se donna pour objet de publier une édition exacte et complète du maître. Gervinus en était le promoteur, et Friedrich Chrysander accomplit, à lui seul, la tâche. Il ne s'en tint pas à la publication critique des œuvres. Son ardent apostolat travailla à les ressusciter, par des exécutions vivantes[297]. Il était secondé par les Sociétés chorales de l'Allemagne du Nord, surtout par la *Berliner Sing Akademie*, qui de 1830 à 1860 ne cessa d'exécuter tous les oratorios de Hændel. Au contraire, l'Autriche resta longtemps en retard. En 1873, Brahms dirigeait la première exécution de *Saul*, à Vienne. Mais le réveil véritable de l'art de Hændel en Allemagne ne date que d'une dizaine d'années. On sentait sa grandeur ; on ne se doutait point de sa vie. Ce fut surtout, à ce qu'il semble, depuis le premier *Hændel Fest* de Mayence, en 1895, où furent joués *Héraklès* et *Deborah*, que son génie dramatique s'imposa, d'une façon foudroyante.

À nous maintenant de faire pénétrer en France le sens vivant de ce grand art tragique et lumineux, comme celui des Grecs[298].

---

297 Voir, sur l'œuvre de Chrysander, un article de Emil Krause, dans les *Monatshefte für Musikwissenschaft*, 1904. [NdÉ – Emil Krause, « Chrysander's Gesamt-Ausgabe der Werke Händel's », *Monatshefte für Musikgeschichte*, XXXVI, 1904, p. 33-56.]

298 Une *Société G.-F. Hændel* vient de se fonder à Paris, en 1909, sous la direction de deux chefs pleins d'ardeur et d'intelligence, MM. E. Borrel et F. Raugel. Elle a beaucoup fait déjà pour réveiller chez nous l'amour de Hændel, en donnant de grandes œuvres restées jusqu'ici inconnues en France, comme *Héraklès*, le *Foundling Anthem*, ou des exécutions modèles du *Messie*, au Trocadéro.

L'ESTHÉTIQUE ET L'ŒUVRE

Il n'est pas de grand musicien qu'il soit aussi impossible que Hændel d'enfermer dans une définition, ou même dans plusieurs. Bien que de très bonne heure – (beaucoup plus tôt que J.-S. Bach), – il soit arrivé à la maîtrise de son style, il ne s'est jamais fixé dans une forme d'art. Il est même difficile de saisir en lui une évolution consciente et raisonnée. Son génie n'est pas de ceux qui suivent un seul chemin, et montent droit devant eux, jusqu'à ce qu'ils soient au but. De but, il n'en a pas d'autre que de faire bien tout ce qu'il fait : tous les chemins lui sont bons, – installé, dès ses premiers pas, à la croisée des routes, d'où il domine le pays et rayonne de tous côtés, sans faire son siège nulle part. Il n'est pas de ceux qui imposent à la vie et à l'art une volonté idéaliste, soit violente, soit patiente, – de ceux qui inscrivent dans le livre de la vie la formule de leur vie. Il est le génie qui boit la vie universelle, et s'assimile à elle. Sa volonté artistique est nettement objective. Elle s'adapte aux mille spectacles des choses passagères, à la nation, au temps où il vit, à la mode même; elle s'accommode des influences, au besoin des obstacles; elle épouse les autres styles et les autres pensées. Mais telle est la puissance d'assimilation et l'équilibre souverain de cette nature, que jamais on ne la sent submergée par la masse des éléments étrangers : tout est aussitôt absorbé, dirigé, classé. Cette âme immense est comme une mer, dont tous les fleuves de l'univers ne sauraient apaiser la soif ni troubler la sérénité.

Les génies allemands ont eu souvent ce pouvoir d'absorber les pensées et les formes étrangères[299] ; mais il est excessivement rare de trouver parmi eux ce grand objectivisme, cette impersonnalité supérieure qui est, pour ainsi dire, la marque de Hændel. Leur lyrisme sentimental est mieux fait pour chanter l'univers de leur pensée que pour peindre l'univers des formes et des rythmes vivants. Tout autre est Hændel, et beaucoup plus près que quiconque en Allemagne du génie méditerranéen, de ce génie homérique, dont Gœthe eut la soudaine révélation dès son

299 Lessing, dans la préface de ses *Beiträge zur Historie und Aufnahme des Theaters* (1760), donne pour caractéristique principale de l'Allemand, « qu'il apprécie ce qu'il y a de bon, partout où il le trouve, et qu'il en fait son profit ».

arrivée à Naples[300], – ce grand œil ouvert sur l'univers, et où l'univers se peint, comme un visage qui se reflète en une eau calme et claire. Il dut beaucoup de cet objectivisme à l'Italie, où il passa plusieurs années, et dont le charme ne s'effaça jamais de sa pensée.

Et il le dut aussi à la virile Angleterre, qui garde sur ses émotions une maîtrise hautaine et méprise les effusions sentimentales et bavardes où se complaisent souvent la dévotion et l'art allemands. Mais il en avait tous les germes en lui : car on les sent poindre déjà dans ses premières œuvres, à Hambourg. Dès son enfance, à Halle, Zachow lui avait enseigné, non pas un style, mais tous les styles des différents peuples, – l'exerçant non seulement à comprendre l'esprit de chaque grand compositeur, mais à se l'assimiler, en écrivant dans sa manière. Cette éducation, essentiellement cosmopolite, fut complétée par ses trois voyages en Italie, et son séjour d'un demi-siècle en Angleterre ; partout, il ne cessait, suivant les leçons reçues à Halle, de s'approprier le meilleur des artistes et de leurs œuvres. S'il n'alla point en France – (ce qui n'est pas prouvé), – il ne la connaissait pas moins ; il était curieux de s'en approprier la langue et le style musical : nous en avons des preuves dans ses manuscrits[301], comme dans les accusations même portées contre lui par certains critiques français[302]. Partout où il passait, il se faisait un trésor de souvenirs musicaux, achetant, amassant des œuvres étrangères, les copiant, ou plutôt (car il n'avait point la patience appliquée de J.-S. Bach, qui transcrivait scrupuleusement de sa main des partitions entières d'organistes français ou de violonistes italiens), relevant, en esquisses hâtives et souvent inexactes, les expressions, les idées qui le frappaient, au cours de ses lectures. Cette vaste collection de pensées européennes, dont il ne nous reste plus que quelques débris, au Fitzwilliam Museum de Cambridge, était le réservoir où s'alimentait son génie créateur. Profondément Allemand de race et de caractère, il était devenu en art un *Weltbürger*, comme son compatriote Leibniz qu'il connut à Hanovre, un Européen, avec prédominance de la culture latine. Les grands Allemands de la fin du siècle, les Gœthe et les Herder, ne furent pas plus libres et plus

300 Voir le *Voyage en Italie*, 18 mai 1787, lettre à Herder.

301 Chansons françaises. (Manuscrits au Fitzwilliam Museum de Cambridge ; copies dans la collection Schœlcher, à la Bibl. du Conservatoire de Paris.)

302 Voir l'abbé Prévost : *le Pour et le Contre*, 1733. [NdÉ – Voir p. 205 note 241.]

universels que ne le fut, en musique, ce Saxon, pénétré de toutes les pensées artistiques d'Occident.

Il ne puisait pas seulement à la source de musique savante et raffinée, à la musique des musiciens ; il allait boire aussi aux ruisseaux de musique populaire, aux plus simples, aux plus rustiques[303]. Il les aimait. On trouve, notés dans ses manuscrits, des cris des rues de Londres ; et il disait à une amie qu'il leur devait les inspirations de plusieurs de ses meilleurs chants[304]. Certains de ses oratorios, comme l'*Allegro e Penseroso*, sont tissés de ses souvenirs de promenades dans la campagne anglaise. Et qui ne se souvient des *Pifferari* du *Messie*, du carillon flamand de *Saul*, des joyeux chants populaires italiens d'*Héraklès* et d'*Alexander Balus* ?

Hændel n'était pas un artiste renfermé en lui-même ; il regardait, il écoutait, il observait ; la vue fut pour lui une source d'inspiration, à peine moins importante que l'ouïe. Je ne connais pas de grand musicien allemand qui ait été, autant que lui, un « visuel » ; comme Hasse et comme Corelli, il avait la passion des beaux tableaux ; il ne sortait guère de chez lui que pour se rendre au théâtre, ou à des ventes de tableaux ; il était connaisseur, et s'était fait une collection où l'on trouva, à sa mort, des Rembrandt[305]. On a remarqué que sa cécité, qui aurait surexcité la création d'un pur « auditif », concentré dans ses rêves sonores, le paralysa tout aussitôt, en tarissant la source principale de son renouvellement.

Ainsi, gonflé de toute la sève musicale de l'Europe de son temps, imprégné de la musique des musiciens et de la musique plus riche qui

---

303 Ce ne sont pas là des traits qui lui soient spéciaux. Le double courant encyclopédique et savant, d'une part, populaire ou pseudo-populaire, de l'autre, se retrouve à un degré beaucoup plus fort encore, à Londres, parmi les musiciens du temps de Hændel. Dans le cercle de l'*Academy of antient musick* régnait une manie d'éclectisme archaïque, dont un des plus beaux exemples fut le compositeur Roseingrave, qui était atteint de folie palestrinienne : tous les meubles et les murs de sa chambre à coucher étaient couverts de portées de musique, extraites des œuvres de Palestrina. – En même temps, se faisait sentir dans toute l'Europe une réaction du goût populaire contre le goût savant : c'était la mode des petits *lieder* à la Bononcini, ou à la Keiser. – Hændel ne versa dans aucune exagération ; mais il prit aux deux courants ce qu'ils avaient de vivifiant.

304 Lettre de lady Luxborough au poète Shenston, en 1748, – citée par Chrysander.

305 La passion du collectionneur augmenta avec l'âge et avec la fortune. Une lettre de 1750 nous le montre achetant de beaux tableaux, dont un grand Rembrandt. [NdÉ – Le Wikipedia anglais comprend une page sur « George Frideric Handel's art collection », listant 67 tableaux, comprenant entre autres trois Poussin, deux Watteau, deux Mompert, un Salomon Ruysdaël, un Teniers et une « Tête » anonyme « *in the style of Rembrandt* ».] C'était un an avant que la cécité vînt le frapper.

flotte dans la nature, qui est partout diffuse dans l'ombre et la lumière, – ce chant des sources, des forêts, des oiseaux, dont ses œuvres sont pleines, et qui lui a inspiré tant de pages pittoresques, d'une couleur à demi-romantique[306], – il écrivait comme on parle, il composait comme on respire. Il ne jetait point d'esquisses sur le papier, pour préparer son œuvre définitive. Il écrivait d'un jet comme s'il improvisait. Et en vérité, il semble avoir été le plus grand improvisateur qui fût jamais. Improvisateur sur l'orgue, aux offices de l'après-midi à Saint-Paul, ou quand il jouait des *Capricci*, pendant les entr'actes de ses oratorios, à Covent-Garden, – improvisateur sur le clavier, à l'orchestre de l'Opéra de Hambourg et de Londres, « quand il accompagnait les chanteurs d'une façon merveilleuse, en s'adaptant à leur tempérament et à leur virtuosité, sans avoir de notes écrites », il stupéfiait les connaisseurs de son temps ; et Mattheson, peu suspect d'indulgence, proclamait qu'« il n'eut jamais son égal en cela ». On a pu dire avec vérité « qu'il improvisait, à chaque minute de sa vie ». Il écrivait sa musique avec une telle impétuosité de passion et une telle plénitude d'idées qu'il était constamment devancé par sa pensée, et, pour la suivre, devait la noter d'une façon abrégée[307].

Mais – ce qui semble presque contradictoire – il avait en même temps un sens exquis de la forme. Nul Allemand ne le surpassa pour l'art des belles lignes mélodiques ; seuls, Mozart et Hasse l'égalèrent. C'est à cet amour de la perfection qu'il faut attribuer ce fait que, malgré son exubérance d'invention, il a repris maintes fois les mêmes phrases, – des plus célèbres et de celles qui lui étaient le plus chères, – à chaque fois y introduisant un changement imperceptible, un léger coup de crayon, qui les rendait plus parfaites. L'examen de ces sortes d'eaux-fortes musicales, dans leurs états successifs, est des plus instructifs pour un

306 Depuis les « *Hauts tilleuls* » d'*Almira* jusqu'au chœur de la nuit, de *Salomon*.

307 L'étude du manuscrit de *Jephté* (publié en *fac-simile* par Chrysander), permet de saisir sur le vif le travail de composition de Hændel. Sur les mêmes pages, on lit des indications diverses, de la main de Hændel. À la fin du premier acte, par exemple, il marque : « *geendiget* (fini), le 2 février ». Puis, sur la même page, on lit : « *Völlig* (complet), le 13 août 1751 ». Il y avait donc deux travaux différents : un travail d'invention et un travail d'achèvement. Il est aisé de les distinguer ici, par suite de la maladie qui a changé l'écriture de Hændel, à partir du 13 février 1751. Grâce à cette circonstance, on remarque que, pour les chœurs, il écrivait au commencement les motifs en entier dans toutes les parties ; puis, il laissait en route tomber une partie, puis l'autre ; il finissait, dans sa hâte, par ne plus garder qu'une seule voix, ou même il terminait avec la basse seule.

musicien épris de la beauté plastique[308]. Il montre aussi comment certaines mélodies, une fois écrites, continuent de sommeiller en Hændel pendant des années, jusqu'à ce qu'il en ait pénétré le sens intime ; appliquées d'abord, suivant les hasards de l'inspiration, à telle ou telle situation qui leur convient médiocrement, elles sont pour ainsi dire en quête d'un corps où s'incarner, elles cherchent la situation vraie, le sentiment dont elles sont l'expression latente ; et une fois qu'elles l'ont trouvé, elles s'épanouissent à l'aise[309].

Hændel n'opère pas autrement avec les compositions étrangères qu'il utilise dans les siennes. Si l'on avait la place d'étudier ici ce que les lecteurs superficiels appellent ses plagiats, – et particulièrement, en prenant pour exemple *Israël en Égypte*, où ces emprunts s'étalent le plus hardiment, – on verrait avec quel génie de visionnaire Hændel a évoqué du fond de ces phrases musicales leur âme secrète, que les premiers créateurs n'avaient pas même pressentie. Il fallait son œil – ou son oreille – pour découvrir dans la *Sérénade* de Stradella les cataclysmes de la Bible. Chacun lit et entend une œuvre d'art, comme il est, et non pas comme elle est ; et il peut arriver que ce ne soit pas le créateur qui en ait l'idée la plus riche. L'exemple de Hændel est là pour le prouver. Non seulement il créait sa musique, mais bien souvent, *il créait celle des autres*. Stradella et Erba n'étaient pour lui (si humiliante que soit la comparaison) que ce qu'étaient pour Léonard les flammes du foyer et les crevasses des murs, où il voyait des figures vivantes. Hændel entendait passer des ouragans dans les grattements de guitare de Stradella[310].

Ce caractère évocateur du génie de Hændel ne doit jamais être oublié. Qui se satisfait d'entendre cette musique sans *voir* ce qu'elle exprime, – qui la juge comme un art purement formel, – qui ne sent point son pouvoir expressif et suggestif, parfois jusqu'à l'hallucination,

---

308 Voir comment la mélodie : *Dolce amor che mi consola* de *Rodrigo* devient la mélodie : *Ingannata una sol volta* d'*Agrippina*, – ou comment la mélodie : *L'alma mia* d'*Agrippina* est reprise dans la *Resurrezione, Rinaldo* et *Joshua*.

309 Ainsi, la Danse des Asiatiques, dans l'*Almira*, devient le célèbre *Lascia ch'io pianga* de *Rinaldo* ; – ou une mélodie joyeuse et commune du *Pastor fido* se transfigure en la touchante phrase de la *Trauer Ode* : « *Wessen Ohr sie hörte.* »

310 Il faudrait pouvoir examiner ici, en détail, comment, par exemple, deux interludes instrumentaux, très peu caractéristiques, de la *Serenata a 3 con stromenti* de Stradella, ont pu devenir les formidables chœurs de la grêle et de la nuée des mouches, dans *Israël*. J'ai tâché de faire cette étude dans un article paru dans la revue *S. I. M.* en mai et juillet 1910, sous le titre : *Les plagiats de Hændel*.

ne la comprendra jamais. C'est une musique qui peint : des émotions, des âmes, des situations, voire les époques et les lieux qui sont le cadre des émotions, et qui les teintent de leur couleur poétique et morale. En un mot, c'est un art essentiellement pittoresque et dramatique.

Il n'y a guère que vingt à trente ans que l'on en a retrouvé la clef, en Allemagne, grâce aux *Hændel Musikfeste*. Comme le disait M. A. Neuss, à propos d'une récente exécution de *Samson* à Leipzig, « aucun maître, autant que Hændel, n'a besoin, pour être bien compris, d'être exécuté et bien exécuté. On peut étudier J.-S. Bach chez soi, et en avoir une jouissance plus grande qu'à un bon concert. Qui n'a jamais entendu bien exécuter Hændel peut difficilement se douter de ce qu'il est. » Or, les bonnes exécutions de Hændel sont excessivement rares. Le sens intime de ses œuvres a été faussé, dans le siècle qui a suivi sa mort, par l'interprétation anglaise, fortifiée en Allemagne par celle de Mendelssohn et de son école innombrable. Par une exclusion et un mépris systématiques de tous les opéras de Hændel, par une élimination de presque tous les oratorios dramatiques (les plus puissants et les plus neufs), par un choix étroit se restreignant de plus en plus à quatre ou cinq oratorios, et, dans ces oratorios, donnant une suprématie exagérée au *Messie*, – par l'interprétation enfin de ces quelques œuvres et notamment de ce *Messie*, exécutés d'une façon pompeuse et guindée avec un orchestre et des chœurs trop nombreux et mal équilibrés, avec des chanteurs corrects et pieux, mais sans aucune passion et sans aucune intimité, – il s'était établi cette légende que Hændel était un musicien d'église à la Louis XIV, tout en décor, avec de pompeuses colonnades, des statues nobles et froides, des peintures à la Lebrun. Rien de surprenant à ce que de cet œuvre réduit à une poignée d'œuvres exécutées suivant de tels principes, il se dégageât un ennui monumental, pareil à celui que nous inspirent les Alexandre à perruque et les Christ bien pensants de Lebrun.

Il faut en revenir : Hændel n'a jamais été un musicien d'église ; et il n'a presque jamais écrit pour l'église. À part ses *Psaumes* et ses *Te Deum*, composés pour des chapelles seigneuriales ou pour des occasions exceptionnelles, il n'a écrit que de la musique instrumentale pour des concerts ou des fêtes en plein air, des opéras, et ce qu'on nomme des « oratorios », qui tous furent écrits pour le théâtre. Les premiers qu'il composa furent réellement joués : *Acis et Galatée*, en mai 1732, au théâtre Haymarket, avec machines, décors et costumes, sous le titre de *English Pastoral Opera*, – *Esther*, en février 1732, à l'*Académie d'ancienne musique*, à la façon d'une tragédie antique, le chœur étant placé entre la scène et l'orchestre. Et, par la suite, si Hændel s'abstint résolument de la représentation théâtrale[311] – qui seule mettrait en pleine valeur certaines scènes, comme l'orgie et la vision de *Belsazar*, expressément conçues pour le jeu des acteurs, – en revanche, il s'obstina toujours, contre toute opposition, à faire jouer ses oratorios au théâtre, et non pas à l'église. Cependant, il n'eût pas manqué d'églises, au moins chez les dissidents, pour y donner ses œuvres ; et, en ne le faisant point, il déchaînait contre lui l'opinion des gens religieux qui trouvaient sacrilège de porter des sujets pieux sur la scène[312]. Mais il tenait à affirmer qu'il n'écrivait point là des compositions d'église, mais des œuvres de théâtre, – de théâtre en liberté[313].

Ce caractère, nettement dramatique, de l'œuvre de Hændel a été bien compris par les historiens allemands qui l'ont étudié, dans ces dernières années. Chrysander le compare à Shakespeare[314]. M. Kretzschmar l'appelle un réformateur du drame musical. M. Volbach et M. A. Heuss voient en lui un musicien dramatique, et réclament pour l'exécution de ses oratorios des chanteurs dramatiques. M. Richard Strauss, dans son introduction au *Traité d'orchestration* de Berlioz, oppose au grand courant polyphonique et symphonique, issu de J.-S. Bach, le courant homophone et dramatique, qui est issu de Hændel. Nous espérons que les lecteurs de ce petit livre y auront trouvé, à presque toutes les pages, la confirmation de ces idées.

*
* *

311 Il y a tout lieu de croire que ce ne fut pas de son plein gré. En 1732, quand la princesse Anna souhaitait de faire représenter *Esther* à l'Opéra, l'archevêque Dr Gibson s'y opposa ; et ce fut faute de mieux qu'on donna l'œuvre en concert.

312 Une lettre anonyme, publiée dans le *London Daily Post*, en avril 1739, à propos d'*Israël en Égypte*, défend Hændel contre l'opposition bigote, qui était alors très violente. L'écrivain proteste « que la représentation à laquelle on assiste est la plus noble façon d'honorer Dieu… Ce n'est pas la maison qui sanctifie la prière, c'est la prière qui sanctifie la maison. »

313 N'a-t-il pas intitulé lui-même *Joseph*, « *a sacred Drama* », et *Hercules*, « *a musical Drama* » ?

314 À la fin de son second volume de *la Vie de Hændel*.

Il nous reste, après avoir tâché d'indiquer les caractères généraux de l'art de Hændel, à esquisser l'esthétique des différents genres qu'il a traités.

À vrai dire, il est difficile de parler de l'*opéra* ou de l'*oratorio* de Hændel. Il faut dire : *des* opéras ou *des* oratorios : car on ne saurait les ramener à un type unique ; et nous vérifions ici ce que nous disions, au commencement de ce chapitre, de la magnifique indifférence de Hændel à choisir entre les formes d'art et les directions diverses de la musique de son temps.

Toutes les tendances de l'Europe d'alors se reflètent dans ses opéras : le modèle de Keiser, dans les œuvres du début, – le modèle vénitien dans son *Agrippina*, – le modèle de Scarlatti et de Steffani dans les premiers opéras de Londres, où s'introduisent bientôt des influences anglaises, dans la rythmique surtout ; – puis c'est Bononcini, avec qui il rivalise ; – puis, de grands essais de génie pour créer un drame musical nouveau : le *Giulio Cesare*, le *Tamerlano*, le *Orlando* ; – ensuite, les charmants opéras-ballets, inspirés de la France : *Ariodante*, *Alcina* ; – après, ces opéras où point l'opéra-comique et le style allégé de la seconde moitié du siècle : *Serse*, *Deidamia*, Hændel eût continué qu'il eût vraisemblablement essayé d'autres genres encore, sans faire choix, comme Gluck, d'un seul pour s'en emparer.

Sans doute – et c'est là le plus grand défaut de son théâtre, – il était contraint par les conventions de l'opéra italien d'alors et par la composition de sa troupe de chanteurs, à se passer des chœurs, et à écrire des opéras pour *soli*, dont les principaux rôles étaient faits pour la *primadomia* et pour le *contralto*[315]. Mais toutes les fois qu'il l'a pu, il a écrit des opéras avec chœurs, comme *Ariodante*, *Alcina* ; et il n'a pas tenu qu'à lui qu'il ne rendît au ténor et à la basse leur place dans le

315 Voici la distribution vocale de quelques-uns de ses opéras de Londres : *Radamisto* (1720) : 4 soprani (dont 3 rôles d'hommes), 1 alto, 1 ténor et 1 basse ; / *Floridante* (1722) : 2 soprani, 2 contralti, 2 basses ; / *Giulio Cesare* (1724) : 2 soprani, 2 alti, 1 contralto (rôle de César), 2 basses ; / *Tamerlano* (1724) : 2 soprani, 1 contralto (rôle d'homme), 1 alto (Tamerlan), 1 ténor, 1 basse ; / *Admeto* (1727) : 2 soprani, 2 alti, 1 contralto (Admète), 2 basses ; / *Orlando* (1732) : 2 soprani, 1 alto (Médor), 1 contralto (Orlando), 1 basse ; / *Deidamia* (1741) : 3 soprani (dont le rôle d'Achille), 1 contralto (Ulysse), 2 basses. / Même dans les oratorios, on trouve telle œuvre, comme *Joseph* (1744), qui est écrite pour 2 soprani, 2 alti, 1 contralto (Joseph), 2 ténors et 2 basses. / Ainsi, sans parler de l'invraisemblance choquante des rôles ainsi « travestis », l'équilibre des voix tendait toujours à tomber à l'aigu ou au grave.

concert des voix[316]. S'il ne lui était pas possible de rompre l'uniformité des *soli* vocaux par l'adjonction des chœurs, du moins il vivifiait ces *soli* par l'abondance et la variété de l'accompagnement instrumental. Tel de ses airs les plus célèbres, comme la scène du jardin dans *Rinaldo* : *Angelletti che cantate*, n'est en vérité qu'une peinture d'orchestre : la voix s'y mêle seulement comme un instrument[317]. Et avec quel art Hændel sait toujours dessiner ses mélodies, en dégager les belles lignes, tirer tout le parti possible des timbres purs de chaque instrument et de la voix, isolés, – puis réunis, – et aussi des silences !

Pour la coupe de ses airs, elle est beaucoup plus variée qu'on ne le croit d'ordinaire. Si la forme *da capo* abonde dans son œuvre[318], il s'en faut qu'elle soit seule pratiquée. Dès *Almira*, Hændel emploie, avec bonheur, la forme des petits *lieder* strophiques, dont Keiser avait donné des modèles ; et jamais il ne renoncera à l'usage de ces courtes mélodies, simples et touchantes, presque nues, où parle l'âme toute pure : il semble même y revenir avec prédilection dans ses opéras de la fin : *Atalanta*, *Giustino*, *Serse*, *Deidamia*[319]. Il donne aussi à Hasse et à Graun des modèles de ces cavatines, (airs en deux parties[320]), qu'ils devaient plus tard mettre en honneur. Nous trouvons également chez lui des airs dramatiques sans seconde partie, ni reprise[321].

---

316 En 1729, il alla chercher en Italie un ténor héroïque, Pio Fabri ; malheureusement, il ne put le garder que deux ans. – *Acis et Galatée* (1720) est écrit pour 2 ténors, 1 soprano et 1 basse. – Le rôle le plus tragique de *Tamerlano* (1724), Bajazet, est écrit pour le ténor Borosini. – *Rodelinda*, *Scipione*, *Alessandro* contiennent des rôles de ténor. – D'autre part, Hændel ne s'est pas contenté d'avoir dans son théâtre les basses les plus célèbres du siècle, les fameux Boschi et Montagnana [NdÉ : Les dates de naissance et de mort de ces deux chanteurs sont inconnues : Giuseppe Maria Boschi fut actif entre 1698 et 1744, Antonio Montagnana entre 1730 et 1750], pour qui il écrivit d'admirables rôles, comme le Zoroastre d'*Orlando* et le Polyphème d'*Acis et Galatée* ; mais il chercha à ce que, dans un même opéra, plusieurs rôles importants fussent tenus par les basses. Dans sa première version d'*Athalia* (1733), il avait écrit un duo de basses pour Joad et Mathan. Mais la défection de Montagnana l'obligea à renoncer à cette idée, qu'il ne put réaliser que dans *Israël en Égypte*.

317 Voir aussi *Giulio Cesare*, *Atalanta*, ou *Orlando*.

318 Surtout dans certains opéras de concert, comme *Alcina* (1735), et aussi dans la dernière œuvre de Hændel, qui sent l'engourdissement final : *Triumph of Time*.

319 Voire dans ses oratorios, où il ne craint pas, au besoin, d'enchâsser de petites chansons populaires, comme celle de la suivante de *Susanna* (1749).

320 Ainsi, l'air de Médée au commencement du second acte de *Teseo* : *Dolce riposo*. – Voir aussi *Ariodante* et *Herakles*.

321 Tel, l'air du début de *Radamisto* : *Sommi Dei*. – Je mentionnerai aussi les airs écrits sur des accompagnements de basse obstinée, sans *da capo*, dont le plus beau type est le *Spirto amato* de Cléofide, dans *Poro*.

Même dans le *da capo*, que de variétés de formes ! Non seulement Hændel y use de tous les styles, tantôt faisant concerter la voix avec les instruments dans des airs de brillante et libre virtuosité[322], tantôt s'appliquant avec prédilection à de beaux et sévères tissus contrapuntiques, comme le *Cara Sposa* de *Rinaldo*, ou le *Ombra cara* de *Radamisto* ; mais il cherche des combinaisons nouvelles dans la forme ancienne. Il est un des premiers à adopter les petites ariettes *da capo*, qui semblent avoir été mises à la mode, au commencement du XVIIIe siècle, par Bononcini, et dont *Agrippina* et *Ottone* fournissent de jolis exemples[323]. À la seconde partie de l'air, il donne un caractère et des mouvements différents de la première partie[324]. Même dans chaque partie, plusieurs mouvements se mêlent[325]. Parfois, la seconde partie est un récitatif[326] ; ou bien elle est extrêmement réduite[327]. Quand Hændel pourra disposer des chœurs, dans ses oratorios, c'est aux chœurs qu'il confiera souvent la reprise *da capo*[328]. Il ira plus loin : dans *Samson*, après que Micha a chanté, au second acte, les deux premières parties de l'air : *O Komm, du Gott*, le chœur reprend la seconde partie, tandis que Micha revient à la première. Il essaie enfin de partager le *da capo* entre deux personnages. Ainsi, au second acte de *Saul*, l'air de Jonathan : *O frevle an dem Jüngling mehr*, est suivi d'un air admirable de Saül, puis reprend textuellement.

Mais le plus beau titre de gloire de Hændel dans le *solo* vocal est la scène récitative.

---

322 Par exemple, l'air : *Per dar pregio*, dans *Rodrigo*. Le hautbois joue un grand rôle dans ces joutes musicales. Tel air de *Teseo* est comme un petit concerto pour hautbois.

323 Elles sont extrêmement courtes. Certaines sont des chansons populaires. Quelques-unes, dans *Agrippina*, ont juste une phrase. – Plusieurs de ces ariettes *da capo*, dans *Teseo*, dans *Ottone*, font penser à celles de l'*Iphigénie en Aulide* de Gluck.

324 Dans *Rinaldo*, air : *Ah crudel il pianto mio*, la première partie est un *largo* douloureux, la seconde un *presto* furieux. Le plus magnifique exemple de cette liberté est l'air de Timothée, au début du second acte de *la Fête d'Alexandre*. Les deux parties de l'air ne diffèrent pas seulement par les mouvements, mais par la couleur instrumentale, par le caractère harmonique, par l'essence même de la pensée : ce sont deux poèmes différents qui s'enchaînent, mais dont chacun est complet, en soi.

325 Exemples : *Teseo*, air de Médée : *Moriro, ma vendicata* ; *Amadigi*, air : *T'amai quant'il mio cor.*

326 *Riccardo I*, air : *Morte, vieni.*

327 Dans des airs *da capo* d'*Ariodante*, la seconde partie se restreint à cinq mesures, voire à trois.

328 *Allegro e Penseroso*, premier air de la troisième partie, *Come, with native* : après la seconde partie, vient un récitatif, puis le chœur chante le *da capo*. – Dans *la Fête d'Alexandre*, air : *He sung Darius*, après la seconde partie, vient un récitatif, puis le *da capo* avec chœur, mais tout à fait librement ; à vrai dire, le *da capo* n'est que dans l'accompagnement instrumental.

C'était de Keiser qu'il avait appris l'art de ces émouvants récitatifs *ariosi* avec orchestre, dont il fait emploi déjà dans *Almira*, et dont J.-S. Bach devait reprendre, après lui, le style. Il ne cessa jamais d'en user dans ses opéras de Londres ; et il leur donna une ampleur superbe. Ce ne sont plus seulement des récitatifs isolés, ou des préambules à un grand air[329] ; le récit de César, au troisième acte de *Giulio Cesare* : *Dall' ondoso periglio*, est un large tableau musical, qui embrasse en son cadre un prélude symphonique, un récitatif, les deux premières parties d'un air sur l'accompagnement de la symphonie du début, un second récitatif, puis le *da capo*. La scène de la mort de Bajazet, au dernier acte de *Tamerlano*, est faite d'une série de récitatifs avec orchestre et d'airs, fondus ensemble, et passant par toutes les nuances de la passion, formant d'un bout à l'autre une même coulée de vie. La scène de l'agonie d'Admète, au début de l'opéra du même nom, égale en profondeur d'émotion et en liberté dramatique les plus belles scènes récitatives de Gluck. La scène de la folie, dans *Orlando*[330], et celle du désespoir de Déjanire, au troisième acte d'*Héraklès*, les dépasse en réalisme audacieux et en passion frénétique. Dans la première, le burlesque et le tragique se mêlent avec un art shakespearien. La seconde est un fleuve sauvage de fureur et de douleur qui se rue. Ni l'une ni l'autre de ces deux scènes n'a rien d'analogue dans tout le théâtre musical du XVIIIe siècle. Et *Teseo*, *Rodelinda*, *Alessandro*, *Alcina*, *Semele*, *Joseph*, *Alexander Balus*, *Jephté*, offrent des scènes récitatives ou des combinaisons, en une même scène, de récitatifs, d'airs très libres, et d'interludes instrumentaux, à peine moins originales. – Notons enfin une sorte de pressentiment du *leit-motiv*, et de son emploi psychologique, dans *Belsazar*, où certaines phrases instrumentales et récitatives semblent rattachées au caractère de Nitocris[331].

---

329 Hændel a cherché une langue musicale passant, par degrés insensibles, du *recitativo secco*, presque parlé, au *recitativo accompagnato*, puis à l'air. Dans *Scipione* (1726), des phrases de récitatif accompagné encadrent comme des rimes des fragments de récitatifs parlés. (Voir p. 23 de la grande édition, air : *Oh sventurati*.) L'air final du premier acte est un compromis entre la parole et le chant. Le récitatif accompagné aboutit naturellement à l'air.

330 Dans la suite de récitatifs et d'airs de toute sorte qui se succèdent ou se mêlent, avec une étonnante liberté, reflétant tour à tour, ou même à la fois, les idées contradictoires qui se heurtent dans le cerveau de Roland, Hændel ne craint pas d'employer des rythmes inusités, comme le 5/8, qui donne l'impression de la folie du héros.

331 Il faudrait aussi étudier à part les airs bouffes. On a dénié à Hændel le don du comique. C'est le connaître mal. Il était plein d'humour, et l'a souvent exprimé dans ses œuvres. Dans son premier opéra, *Almira*, le rôle de Tabarco est dans le style comique de Keiser et de Telemann. C'est à la même manière que se rattachent certains traits un peu caricaturesques

*

* *

L'étude des airs et des récitatifs de Hændel soulève un assez gros problème d'interprétation artistique : celui de l'ornementation vocale.

On sait que les chanteurs de Hændel ornaient ses mélodies de fioritures, de figures mélismatiques, ou de cadences, parfois considérables, qui ont disparu, pour la plupart. Chrysander, en rééditant Hændel, se trouvait dans l'alternative ou de les supprimer (ce qui faussait la physionomie historique du texte), ou de les récrire lui-même. Ce fut à ce dernier parti qu'il s'arrêta, en s'entourant de toutes les garanties possibles d'exactitude, ou tout au moins de vraisemblance. Mais ses reconstitutions trouvèrent peu de partisans ; et il s'est élevé, à ce sujet, une polémique récente entre les musicologues allemands[332]. Ce débat, dans l'examen duquel la brièveté de ce volume ne nous permet point d'entrer, autorise, semble-t-il, les conclusions suivantes : 1° Les ornements vocaux n'étaient pas improvisés et laissés à la fantaisie du chanteur, comme on l'a souvent prétendu ; mais ils étaient marqués avec précision sur le rôle des chanteurs et sur la partition du claveciniste accompagnateur[333] ; – 2° ils n'étaient pas le simple caprice d'une virtuosité vide,

du rôle de saint Pierre dans la *Passion de Brockes*. Le Polyphème d'*Acis et Galatée* a une ampleur superbe de bouffonnerie sauvage. Mais dès *Agrippina*, Hændel a pris à l'Italie sa fine ironie ; et le style léger, aux gestes menus, aux rythmes saccadés, de Vinci et de Pergolesi avant la lettre, apparaît chez lui dès *Teseo* (1713). *Radamisto*, *Rodelinda*, *Alessandro*, *Tolomeo*, *Partenope*, *Orlando*, *Atalanta* en offrent de nombreux exemples. La scène d'Alexandre et de Roxane endormie, ou qui fait semblant de l'être, est une petite scène de comédie musicale. *Serse* et *Deidamia* sont des tragi-comédies, dont l'action et le style mènent à l'opéra-comique. – Mais le génie comique aura une bien autre envergure dans les oratorios, où Hændel dessinera non seulement des types complexes ou colossaux, comme Dalila et Harapha dans *Samson*, ou comme les deux vieillards dans *Susanna*, mais où son rire olympien débordera dans les chœurs de l'*Allegro*, secouant de sa joie irrésistible la salle entière.

332 Voir surtout Hugo Goldschmidt : *Die Lehre von der vokalen Ornamentik*, t. I, 1907 ; – Max Seiffert : *Die Verzierung der Sologesänge in Hændels Messias* (*Sammelbände der I. M. G.*, juillet-septembre 1907, et *Bulletin mensuel de l'I. M. G.*, février 1908) ; – Rudolf Wustmann : *Zwei Messias-probleme* (*Bulletin mensuel de l'I. M. G.*, janvier-février 1908).

333 M. Seiffert a signalé toute une série de copies des opéras et oratorios de Hændel, appartenant à la collection Lennard, du Fitzwilliam Museum, à Cambridge. On y trouve, au crayon, l'indication des ornements et vocalises exécutés par les chanteurs. Suivant M. Seiffert, ces notations étaient de Christoph Schmidt, l'ami et le *factotum* de Hændel. Suivant M. Goldschmidt, elles sont de la fin du XVIIIe siècle. En tout cas, elles attestent une tradition vocale, qui a grand chance de nous conserver la physionomie des exécutions musicales au temps de Hændel.

mais le fruit d'une virtuosité réfléchie, et soumise au style général du morceau ; ils servaient à accentuer plus profondément l'expression des lignes mélodiques principales[334].

Maintenant, y a-t-il avantage à restaurer ces ornements ? Notre goût a changé, depuis lors ; et une piété trop étroite risque de nuire aux grandes œuvres du passé, en s'attachant servilement à tels détails de leur costume qui sont devenus désuets et surannés. Vaut-il mieux imposer au public d'aujourd'hui les œuvres d'autrefois avec toutes leurs rides, accentuées par la lumière des siècles, – ou les adapter sobrement à la façon de sentir actuelle, afin qu'elles continuent d'exercer sur nous leur action bienfaisante ? Les deux thèses ont été soutenues[335]. Pour moi, je crois que la première s'impose pour les publications de textes, la seconde pour les exécutions musicales. L'esprit doit chercher à connaître exactement quel a été le passé. Mais quand cela est fait, la vie peut et doit revendiquer ses droits ; qu'il lui soit permis de rejeter des modes usées, et de ne conserver des génies que ce qu'ils ont de toujours vivant.

*

*   *

Les morceaux vocaux d'ensemble tenaient une place des plus restreintes dans l'opéra italien ; et Hændel a moins innové sur ce terrain que sur celui du *solo* vocal. Cependant, on trouve chez lui quelques essais curieux. Ses duos sont le plus souvent écrits dans le style d'imitation, grave et un peu triste, de la vieille école italienne, de Provenzale et de Steffani[336], ou dans le style lullyste, où les deux voix cheminent ensemble, note contre note, avec raideur[337]. Mais *Atalanta* et *Poro* présentent aussi des duos, d'une liberté d'allure et d'une finesse rares. Et dans le duo du troisième acte d'*Orlando*, Hændel a tâché de marquer les caractères différents d'Angélique qui pleure et de Roland furieux. – De même, à

334 Ceci est surtout vrai pour les oratorios. Pour les opéras, l'ornementation était beaucoup plus touffue et plus indifférente à l'expression.

335 La première, par M. Seiffert ; la seconde, par M. Goldschmidt.

336 *Teseo*, duo : *Addio, mio caro bene* ; – *Esther*, duo d'Esther et de Ahasverus : *Wer ruft zum Leben.*

337 *Arminio* (1737), duo du troisième acte. – Il est à remarquer qu'*Arminio* débute aussi par un duo, ce qui est exceptionnel. / D'autres duos sont en siciliennes, comme celui de *Giulio Cesare*, ou en style populaire anglais, à la *hornpipe*, comme celui de Teofane et d'Othon dans *Ottone* : *A' teneri affetti.*

côté de trios, écrits en style savant d'imitation, comme celui d'*Alcina* (au troisième acte), le trio d'*Acis et Galatée* dégage bien du couple des amants la colossale figure de Polyphème, le trio de *Tamerlano* oppose Tamerlan exaspéré à Bajazet et à Asteria, qui le provoquent, et le trio du Jugement de *Salomon* dessine les trois individualités diverses, la force calme de Salomon, les criailleries agressives de la mauvaise mère, et les supplications douloureuses de la bonne mère. Le trio de *Susanna* n'est pas moins libre, mais dans le style comique : l'un des deux vieillards madrigalise, l'autre menace ; l'ensemble forme une petite scène très vivante, que Mozart n'eût pas désavouée[338]. – Les quatuors sont rares. Il y en a deux petits dans le *Trionfo del Tempo*, écrit à Rome. Dans *Radamisto*, Hændel a fait un essai de quatuor dramatique, mais assez maladroit, et répété *da capo*[339]. Le plus émouvant de ses quatuors est celui du second acte de *Jephté*. – C'est aussi dans *Jephté*, au troisième acte, que se trouve l'unique quintette qu'il ait écrit, à notre connaissance.

Les chœurs sont réduits, dans l'opéra italien du XVIIIe siècle[340], à un état rudimentaire : ils ne consistent guère qu'en l'union des voix des solistes, à la fin de la pièce, ou en quelques acclamations banales et bruyantes, au cours de l'action. Hændel en a pourtant écrit de fort beaux dans *Alcina* ; ceux de *Giulio Cesare*, d'*Ariodante*, d'*Atalanta*, font aussi exception parmi les opéras du temps. Même dans les chœurs finaux, Hændel s'est arrangé de façon à sortir de la banalité courante : celui de *Tamerlano* est écrit dans la teinte mélancolique du drame. Celui d'*Orlando* tâche de conserver aux caractères individuels leur personnalité. Celui de *Giulio Cesare* enchâsse un duo. Il y a aussi des chœurs populaires, de matelots dans *Giustino*, de chasseurs dans *Deidamia*, où le chœur reprend en refrain l'air entonné par le solo. Il en est de même dans *Alessandro*, où le chœur des soldats reprend l'hymne d'Alexandre sur la brèche.

Enfin, Hændel a tâché plusieurs fois de bâtir des architectures musicales, s'élevant par étages successifs des *soli* aux morceaux d'ensemble et aux chœurs. À la fin de l'acte I d'*Ariodante*, un duo en gavotte est

338 On trouve aussi de beaux trios, d'un style sobre et viril, dans la *Passion de Brockes* (Trio des âmes croyantes : *O Donnerwort !)* et, dans les *Anthems Chandos*.

339 Voir aussi le quatuor du premier acte de *Semele*.

340 À l'exception des opéras italiens joués à Vienne, où se maintint, grâce à Fux [NdÉ : Le compositeur Johann Joseph Fux (1660-1741) reste célèbre pour son traité de contrepoint *Gradus ad Parnassum*.], la tradition de la polyphonie vocale, dont Hasse et surtout Jommelli surent faire ensuite un bel usage.

repris en chœur, puis dansé sans chant, puis chanté et dansé. La fin de l'acte III du même opéra présente une succession de cortèges, de danses et de chœurs. Les dernières scènes d'*Alessandro* sont construites en vrai finale d'opéra : deux duos, un trio, et un chœur qui s'enchaînent.

Mais c'est dans ses oratorios que Hændel devait essayer plus largement ces combinaisons d'ensembles vocaux, et surtout cette fusion ou ces oppositions puissantes des *soli* et des chœurs, groupés en un même tableau.

On voit la variété des formes et des styles employés. Hændel était trop universel et trop objectif pour croire qu'une seule espèce d'art était la vraie. Il croyait seulement qu'il y avait deux sortes de musique : la bonne et la mauvaise. Hors cela, tous les genres se valaient. Aussi, a-t-il laissé des chefs-d'œuvre dans tous les genres. Mais il n'a ouvert aucune voie nouvelle à l'opéra, bien qu'il se soit avancé fort loin dans presque toutes. Constamment, il essaie, il invente, et toujours avec une sûreté singulière ; il semble qu'il ait la conscience la plus nette de son invention. Et cependant, presque aucune de ses conquêtes artistiques ne reste acquise pour lui. Il a beau faire un emploi magistral du récitatif à la Gluck, ou de l'*arioso* à la Mozart, écrire des actes de *Tamerlano*, qui sont du drame le plus serré et le plus frémissant, à la manière d'*Iphigénie en Tauride*, des scènes débordantes de musique passionnée, comme telles pages d'*Admeto* et de *Orlando*, où le comique et le tragique se mêlent, à la manière de *Don Giovanni* ; il a beau essayer ici de rythmes nouveaux[341], là de formes nouvelles : duo ou quatuor dramatiques, symphonie descriptive ouvrant un opéra[342], orchestration raffinée[343], chœurs et danses[344] : jamais il ne s'y tient ; dans l'opéra suivant, nous le trouvons revenu aux formes ordinaires de l'opéra italien ou allemand de son temps.

*

* *

Encore pourrait-on dire que dans ses opéras, s'il variait toujours, c'est qu'il lui fallait s'adapter au goût toujours changeant du public de théâtre et aux chanteurs dont il disposait. Mais quand il laisse

341 Le 5/8 dans *Orlando*, le 9/8 dans *Berenice*.

342 L'introduction de *Riccardo I* représente un vaisseau qui aborde, par une mer agitée.

343 *Giulio Cesare* : scène du Parnasse.

344 *Ariodante*, *Alcina*.

l'opéra pour l'oratorio, il ne varie pas moins. C'est un essai perpétuel de formes nouvelles dans le vaste cadre de ce théâtre en liberté, de ce drame-concert ; et un rythme instinctif dans sa création fait qu'au lieu que les œuvres se succèdent par groupes de compositions analogues ou parentes, chaque œuvre appelle à sa suite une œuvre d'un sentiment et d'un style différents, presque opposés. Dans chacune, Hændel s'est soulagé momentanément d'une partie de ses passions ; et quand cela est fait, il se retrouve en présence de ses autres passions, qui se sont emmagasinées tandis qu'il dépensait les premières. Il se fait ainsi un balancement perpétuel, qui est comme la pulsation même de la vie. – Après le réaliste *Saul*, vient l'épopée impersonnelle d'*Israël*. Après ce colossal monument choral, paraissent deux petits tableaux de genre : l'*Ode à sainte Cécile* et l'*Allegro e Penseroso*. Après l'herculéen *Samson*, tragi-comédie héroïque et populaire, fleurit la charmante *Semele*, opéra romantique et galant.

Mais si variés que soient ces oratorios, ils ont un caractère commun : bien plus encore que les opéras, ils sont des drames musicaux. Ce n'est pas dans une pensée religieuse que Hændel a fait choix, pour une partie d'entre eux, de sujets bibliques, mais, ainsi que l'a bien vu M. Kretzschmar, parce que les histoires des héros bibliques étaient entrées dans le sang du peuple, à qui il voulait parler ; elles étaient connues de tous, au lieu que les fables antiques et romantiques ne pouvaient intéresser qu'une société de dilettantes raffinés et corrompus. Sans doute, ces oratorios, n'étant pas faits pour être représentés, ne cherchent pas l'effet scénique, à part de rares exceptions, comme la scène de l'orgie de *Belsazar*, où l'on sent que Hændel a été entraîné par la vision directe de l'action théâtrale. Mais les passions et les âmes sont représentées d'une façon dramatique. Hændel est un grand peintre de caractères ; et la Dalila de *Samson*, la Nitocris de *Belsazar*, la Cléopâtre d'*Alexander Balus*, la bonne mère dans *Salomon*, la Déjanire d'*Héraklès*, Théodora enfin, attestent la souplesse et la profondeur de son génie psychologique. Si dans le cours de l'action et dans la peinture des sentiments moyens, il s'abandonne volontiers au flot de la pure musique, dans les moments de crise passionnée il est l'égal des plus grands maîtres du drame musical. Faut-il rappeler les terribles scènes du troisième acte d'*Héraklès*, les scènes finales d'*Alexander Balus*, la vision de *Belsazar*, la scène de Junon et la mort de *Semele*, la reconnaissance de Joseph et de ses frères, l'écroulement du temple dans *Samson*, le second acte de *Jephté*, les scènes de la prison dans *Theodora*, ou le premier acte de *Saul*, – et dominant le tout, certains chœurs d'*Israël*, d'*Esther*, de *Josué*, et des Psaumes Chandos, qui semblent des tempêtes de passion, des cataclysmes de la nature soulevée et domptée ?

C'est par ces chœurs que l'oratorio se distingue essentiellement de l'opéra. Il est, en premier lieu, une tragédie chorale. Ces chœurs, qui sont à peu près éliminés de l'opéra italien, depuis le temps des Barberini, tiennent une place importante dans l'opéra français ; mais leur rôle s'y limite à celui de comparses, ou reste décoratif. Dans l'oratorio de Hændel, ils sont l'âme de l'œuvre. Tantôt ils jouent le rôle du chœur antique, qui dégage la pensée du drame, la fatalité cachée qui mène les héros, comme dans *Saul*, *Héraklès*, *Alexander Balus*, *Susanna*. Tantôt ils font jaillir du choc des passions un puissant cri de foi, et couronnent le drame humain d'une auréole surnaturelle, comme dans *Theodora* et *Jephté*. Tantôt enfin, ils incarnent les acteurs mêmes du drame, le peuple, ou les peuples ennemis, et le Dieu qui les conduit. Il est remarquable que, dès son premier oratorio, *Esther*, Hændel ait eu cette idée de génie. Dans les chœurs d'*Esther* est superbement esquissé le drame d'un peuple opprimé et de son Dieu qui accourt à son appel. Dans *Debora* et dans *Athalia*, deux peuples sont en présence. Dans *Belsazar*, il y en a trois. Mais le chef-d'œuvre du genre est *Israël en Égypte*, la plus grande épopée chorale qui existe, tout entière remplie par Jehovah et son peuple.

Ces chœurs sont de styles très divers. Les uns en style d'église et un peu archaïques[345]. D'autres tendent à l'opéra, voire à l'opéra bouffe[346]. Certains[347] exhalent le parfum des madrigaux de la fin du XVIe siècle, dont l'*Académie d'ancienne musique* de Londres cherchait à remettre l'art en honneur. Contre l'idée courante, Hændel a maintes fois employé la forme du choral, simple ou varié[348]. Surtout, il use d'une façon merveilleuse des doubles fugues chorales[349], et il les manie avec une impétuosité de génie, qui saisissait d'admiration les juges les plus difficiles de son temps, comme Mattheson. Son instinct de grand constructeur

345 Voir *Israël*, *passim*.
346 *Belsazar*, *Susanna*, *l'Allegro*, *Samson*.
347 *Saul*, *Theodora*, *Athalia*.
348 *Passion nach Brockes*, *Anthems Chandos*, *Funeral Anthem*, *Foundling Anthem*.
349 *Anthems*, *Jubilate*, *Israël*.

aimait à faire alterner les chants homophones et les chants fugués[350], les puissantes colonnes chorales harmoniques et les masses mouvantes contrapuntiques, aux stratifications superposées ; ou bien il encadrait des chœurs dramatiques dans d'imposantes architectures d'un caractère décoratif et impersonnel. Ses chœurs sont tantôt des scènes de tragédie[351] ou de comédie, voire de vaudeville[352], tantôt des tableaux de genre[353]. Hændel y sait admirablement tirer parti des motifs populaires[354], ou de la danse mêlée au chant[355].

Mais ce qui lui appartient en propre, – non qu'il l'ait inventé, mais par le génial emploi qu'il en a fait, – c'est une architecture de *soli* et de chœurs alternants et mêlés. Purcell et les Français avaient pu lui en donner l'idée. Il en fit l'essai dans ses premières œuvres religieuses, surtout à partir de sa *Birthday Ode for Queen Anne* (1713), où presque chaque air *solo* est repris par les chœurs qui le suivent[356]. Il avait la passion de la lumière et se plaisait à introduire, au milieu des masses chorales, des chants *soli* qui les aéraient[357]. Son génie dramatique savait, à l'occasion, tirer de cette combinaison des effets foudroyants. Ainsi dans la *Passion nach Brockes* (1716), où le dialogue de la fille de Sion et du chœur : *Eilt, ihr angefochten Seelen*, avec ses questions, ses réponses, ses interjections eschyléennes, a servi de modèle à J.-S. Bach pour la *Passion selon saint Mathieu.* À la fin d'*Israël en Égypte*, au faîte de montagnes chorales, par un contraste saisissant, la voix d'une femme, seule, sans accompagnement, s'élève, et son hymne alterne avec les chœurs qui le répètent. Il en est de même, à la fin de la *Petite Ode à sainte Cécile.* Dans l'*Occasional Oratorio*, un duo de soprano et d'alto alterne avec les chœurs. Mais c'est *Judas Macchabée* qui réalise le mieux la fusion des *soli* avec les chœurs. Dans cette épopée victorieuse d'un peuple envahi qui se soulève et balaye l'oppresseur, les individualités se distinguent à peine de l'âme héroïque de la nation, et les chefs du peuple ne sont que des choryphées,

350 *Israël, le Messie, Belsazar, Anthems Chandos.*
351 *Samson, Saul, Israël.*
352 *Allegro, Susanna, Belsazar, Alexander Balus.*
353 *Salomon, Allegro.*
354 *Herakles, Saul, Semele, Alexander Balus, Salomon.*
355 J'ai noté plus haut les chœurs dansés de *Giulio Cesare, Orlando, Ariodante, Alcina.* Il y a aussi de vraies danses chantées dans *Héraklès, Belsazar, Salomon, Saul* (scène du carillon), *Joshua* (danse sacrée du second acte, sur un dessin de basse obstinée).
356 Id. *Athalia, la Fête d'Alexandre, Allegro, Samson* (rôle de Micha).
357 *Jubilate, Funeral Anthem.*

dont les chants mettent en branle ces énormes ensembles, qui montent par progressions pesantes et irrésistibles, comme les marches géantes d'un escalier triomphal.

Il arrive enfin que l'orchestre vienne ajouter au dialogue des *soli* et des chœurs un troisième élément de psychologie dramatique, parfois en opposition apparente avec les deux premiers. Ainsi, au second acte de *Judas Macchabée*, l'orchestre qui sonne l'emportement de la bataille fait contraste avec les chœurs, presque funèbres, qui lui sont superposés : *Wär's zum Fall, wie schön, o Freiheit*; ou, pour mieux dire, il les complète, il achève le tableau. Auprès de la mort, la gloire.

L'oratorio étant un « théâtre en liberté », il fallait que la musique fût à elle-même son décor. Aussi la partie pittoresque et descriptive est-elle fort développée ; et c'est par là surtout que le génie de Hændel frappa son public anglais. M. Camille Saint-Saëns a écrit, dans une lettre intéressante à M. C. Bellaigue[358] :

« Je suis arrivé à cette conviction que c'est par le côté pittoresque et descriptif, alors tout à fait nouveau et inattendu, que Hændel a conquis l'étonnante faveur dont il a joui. Cette façon magistrale d'écrire les chœurs, de traiter la fugue, d'autres l'avaient comme lui. Ce qu'il a apporté, c'est la couleur, l'élément moderne, que nous ne savons plus voir en lui… Il ne saurait être question d'exotisme. Mais regardez *la Fête d'Alexandre*, *Israël en Égypte*, surtout *Allegro e Penseroso*, et tâchez d'oublier tout ce qu'on a fait depuis. Vous trouverez à chaque pas la recherche du pittoresque, de l'effet imitatif. Elle est réelle et très intense pour le milieu où elle s'est produite, et où elle semble avoir été inconnue auparavant. »

Peut-être M. Saint-Saëns fait-il trop bon marché de « cette façon magistrale d'écrire les chœurs », qui n'était pas si commune en Angleterre, même chez Purcell. Peut-être fait-il aussi trop bon marché de l'apport très réel des Français, en matière de musique pittoresque et descriptive, et de l'influence qu'ils purent avoir sur Hændel[359]. Enfin, il ne faudrait pas se représenter ces tendances descriptives de Hændel comme exceptionnelles à son époque. Un grand souffle de nature passait sur la

358 Citée par M. Bellaigue dans *les Époques de la Musique*, t. I, 1909. [NdÉ – Lettre personnelle de Saint-Saëns, citée par Camille Bellaigue, *Les Époques de la musique*, I, Paris, Delagrave, 1909, p. 275.]

359 Au temps de Lully et de son école, les Français étaient les maîtres de la peinture musicale, en particulier pour les tempêtes. Addison s'en égayait, et les parodies du Théâtre de la Foire s'amusent souvent à reproduire en caricatures les orages de l'Opéra.

musique allemande, et la poussait vers la *Tonmalerei* (la peinture par les sons) ; Telemann était, plus encore que Hændel, un peintre en musique, et, plus que lui, célèbre pour l'effet de ses peintures. Mais l'Angleterre du XVIIIe siècle était restée conservatrice en musique et attachée au culte des maîtres du passé ; l'art de Hændel devait donc y frapper plus qu'ailleurs par « la couleur » et « l'effet imitatif ». Je ne dirai pas, comme M. Saint-Saëns, qu'« il ne saurait être question à son sujet d'exotisme ». Cet exotisme, Hændel semble l'avoir cherché plus d'une fois, notamment dans l'orchestration de certaines scènes des deux Cléopâtres de *Giulio Cesare* et d'*Alexander Balus*. Mais ce qui est constant chez lui, c'est la *Tonmalerei*, la peinture de paysages en musique et d'impressions de la nature. Peinture très stylisée, et, comme dit Beethoven, « plutôt une expression de sensations qu'une peinture[360] », – évocation poétique des tempêtes de grêle, de la mer tranquille ou soulevée, des grandes ombres de la nuit, du crépuscule qui tombe dans la campagne anglaise, des parcs au clair de lune, de l'aube printanière et du réveil des oiseaux. *Acis et Galatée*, *Israël en Égypte*, *l'Allegro*, *le Messie*, *Sémélé*, *Joseph*, *Salomon*, *Susanna*, offrent une riche galerie de tableaux de la nature qui dénotent à la fois chez Hændel des dons de peintre flamand et de poète romantique. Ce romantisme frappa fortement, brutalement, de son temps ; il lui attira des admirations et des critiques violentes. Une lettre de 1751 le dépeint comme un Berlioz ou un Wagner, soulevant les tempêtes de l'orchestre et des chœurs.

« Il aurait pu faire plaisir aux gens à leur façon propre, dit l'auteur anonyme de cette lettre ; mais son mauvais génie ne le voulut pas souffrir. Il imagina une nouvelle sorte de musique grandiose ; et, pour rendre le fracas plus fort, il la fit exécuter par un si grand nombre de voix et d'instruments qu'on n'avait jamais rien entendu de tel, avant, sur le théâtre. Il pensait ainsi rivaliser, non seulement avec le dieu des musiciens, mais encore avec les autres dieux, comme Éole, Neptune et Jupiter : car tantôt j'attendais que la maison fût renversée par sa tempête, tantôt que la mer engloutît les banquettes. Mais plus insupportable que tout était son tonnerre. Jamais le terrible grondement ne sortira de ma tête[361]... »

---

360 [NdÉ – Ludwig van Beethoven, épigraphe de la *Symphonie Pastorale* (1808).]

361 Extrait d'une brochure, parue en 1751, à Londres, sur *l'Art de composer de la musique d'après une façon tout à fait nouvelle, adaptée même aux capacités les plus faibles.* / Déjà, Pope en 1742 comparait Hændel à Briarée. [NdÉ – Alexander Pope, *La Nouvelle Dunciade* (1743 et non 1742 comme l'écrit Rolland), livre 4, vers 65-67 : « *Strong in new Arms, lo ! Giant Handel*

Ainsi Gœthe, irrité et saisi, disait, après avoir entendu le premier morceau de la *Symphonie en ut mineur* de Beethoven : « C'est insensé ! On dirait que la maison va s'écrouler[362] ! »

Ce n'est pas au hasard que je rapproche les noms de Hændel et de Beethoven. Hændel est une sorte de Beethoven enchaîné. Il a l'air impassible, comme les grands artistes italiens qui l'entourent : les Porpora, les Hasse ; et pourtant entre eux et lui, il y a un monde[363]. Sous l'idéal classique, dont il se revêtait, brûlait un génie romantique, précurseur de l'époque du *Sturm und Drang* ; et parfois ce démon caché faisait irruption, par brusques emportements, – peut-être malgré lui.

*

* *

La musique instrumentale de Hændel mérite que nous nous y arrêtions avec quelque insistance : car elle a été presque toujours mal jugée par les historiens, et mal comprise par les artistes, qui n'en voient pour la plupart que la forme vide.

---

stands, / Like bold Briareus, with a hundred hands ; / To stir, to rouze, to shake the Soul he comes ».] Dès l'époque de *Rinaldo* (1711), Addison reprochait à Hændel de se délecter dans le bruit. [NdÉ – Joseph Addison écrivait dans le *Spectator* du 6 mars 1711 : « *He afterwards proceeds to call Minheer Hendel, the Orpheus of our Age, and to acquaint us, in the same Sublimity of Stile, that he Composed this Opera in a Fortnight. Such are the Wits, to whose Tastes we so ambitiously conform our selves. The Truth of it is, the finest Writers among the Modern Italians express themselves in such a florid form of Words, and such tedious Circumlocutions, as are used by none but Pedants in our own Country ; and at the same time, fill their Writings with such poor Imaginations and Conceits, as our Youths are ashamed of, before they have been Two Years at the University. Some may be apt to think that it is the difference of Genius which produces this difference in the Works of the two Nations ; but to show there is nothing in this, if we look into the Writings of the old Italians, such as Cicero and Virgil, we shall find that the English Writers, in their way of thinking and expressing themselves, resemble those Authors much more than the modern Italians pretend to do. And as for the Poet himself from whom the Dreams of this Opera are taken, I must entirely agree with Monsieur Boileau, that one Verse in Virgil is worth all the Clincant or Tinsel of Tasso* ».]

362 [NdÉ – L'anecdote est rapportée, dans une lettre à sa famille de 1830, par le jeune Mendelssohn (il avait alors 21 ans), qui avait joué au piano devant Gœthe une transcription de la 5e *Symphonie* de Beethoven.]

363 « … Vous refusez de vous soumettre aux règles, lui dit Hurlothrumbo-Johnson dans un pamphlet fameux du Dr Arbuthnot, vous refusez de laisser serrer votre génie par elles… O toi, Goth et Vandale !… Nous pourrions aussi bien apporter des rossignols et des oiseaux des Canaries derrière la scène, et leur faire exécuter les sauvages opéras de la nature, que d'accorder que vous êtes un compositeur. Un charpentier avec sa règle et son équerre ira plus loin en composition que toi, toi, *irrégularité parfaite* ! [»] – (*Harmonie en Révolte : une lettre à Frederic Handel, esquire,… par Hurlothrumbo-Johnson*, février 1734.)

Son premier caractère, c'est d'être une improvisation perpétuelle. Si elle a été publiée, ç'a été dans beaucoup de cas malgré Hændel ou à son insu[364]. Elle n'était pas faite pour être lue et jugée froidement, mais pour être servie toute bouillante au public. C'étaient de libres esquisses, dont la forme n'était jamais complètement arrêtée, mais restait toujours mouvante et vivante, se modifiant au concert suivant les deux sensibilités mises en présence : celle de l'artiste et celle du public[365]. Il faudrait donc tâcher de leur conserver, dans une certaine mesure, ce caractère d'improvisations vivantes. Or, ce qu'on nous offre, au contraire, ce sont des pétrifications. On ne peut même pas dire qu'elles soient une caricature de l'œuvre de Hændel : elles en sont la négation. Quand vous auriez étudié avec un soin minutieux chaque détail de l'ouvrage, obtenu de votre orchestre une précision d'ensemble, une justesse, un fini irréprochables, vous n'aurez rien fait, tant que vous n'aurez pas fait surgir de l'œuvre la figure du génial improvisateur.

De plus, il en est de cette musique instrumentale comme de la musique vocale de Hændel : presque toujours, elle est une expression, intime ou pittoresque. Pour Hændel, comme pour son ami Geminiani, « *le but de la musique instrumentale n'était pas seulement de réjouir l'oreille, mais d'exprimer des sentiments, des émotions, et de peindre des passions*[366] ». Elle ne réfléchit pas seulement le monde intérieur, elle est aussi tournée vers le spectacle des choses[367]. Elle est une poésie précise ; et si l'on parvenait à démêler les notations qui en ont fourni les éléments inspirateurs,

364 Tantôt Hændel fut forcé de publier ses œuvres, parce qu'on en avait fait des publications frauduleuses et fautives. (Ainsi, pour le premier recueil des *Suites de pièces pour le clavecin*, publiées en 1720, ou pour le premier recueil des *Concertos d'orgue*, publiés en 1738). – Tantôt ces publications ont été faites purement et simplement, en dehors de Hændel, par des éditeurs qui les avaient volées. (Ainsi, pour le second recueil des *Suites de pièces pour le clavecin*, que Walsh râfla, et publia en 1733, sans que Hændel ait pu même en corriger les fautes.) – Il est assez remarquable que, malgré le très grand succès qui accueillit en Europe son premier recueil pour le clavecin, Hændel ne chercha pas à en publier d'autres.

365 Tous les contemporains sont d'accord pour célébrer le génie de Hændel à s'adapter, d'instinct, dans ses improvisations, à l'âme de ses auditeurs. Comme les très grands virtuoses, il se sentait aussitôt en communion d'esprit avec son public ; et, pour ainsi dire, ils collaboraient ensemble.

366 Préface de Geminiani à son *École de violon*, ou *The Art of Playing on the Violon. Containing All the Rules necessary to attain to a Perfection on that Instrument, with great variety of Compositions, which will also be very useful to those who study the violoncello, harpsichord*, etc. Composed by F. Geminiani opéra IX. London, MDCCLI.

367 Geminiani lui-même avait entrepris de représenter en musique les tableaux de Raphaël et les poésies du Tasse.

on retrouverait dans telle de ces œuvres instrumentales, le souvenir de journées, de paysages, de scènes vues ou vécues par Hændel. Il en est qui sont visiblement inspirées de la nature[368]. D'autres ont une parenté avec des œuvres vocales et dramatiques. Plusieurs des fugues héroïques du quatrième recueil des *Clavierstücke*, parues en 1735, ont été reprises par Hændel et revêtues de paroles qui en précisent l'âme cachée, dans son *Israël en Égypte*. Le premier allegro du quatrième concerto d'orgue (du premier recueil, paru en 1738), est devenu presque aussitôt un des plus jolis chœurs d'*Alcina*. Le deuxième et monumental *Concerto a due cori*, en *fa* majeur[369], est une réincarnation des plus magnifiques pages d'*Esther*. C'était une chose évidente pour le public du temps que ces œuvres instrumentales avaient un sens expressif, et que, comme l'écrivait Geminiani, « *toute bonne musique devait être l'imitation d'un beau discours* ». Si bien que l'éditeur Walsh fit six volumes des airs favoris d'opéras et d'oratorios de Hændel, arrangés en *Sonates* pour flûte, violon et harpsicorde, et que Hændel lui-même, ou son élève W. Babell, arrangèrent excellemment pour *cembalo* des suites d'airs d'opéras, en les réunissant par des préludes, interludes, ou variations. – Il ne faut jamais perdre de vue cette parenté intime des œuvres instrumentales de Hændel avec le reste de sa musique. Elle doit attirer notre attention sur le contenu expressif de ces œuvres.

*

*   *

La musique instrumentale de Hændel se divise en trois catégories : 1° musique pour clavier (clavecin et orgue) ; 2° musique de chambre (sonates et trios) ; 3° musique pour orchestre.

Les compositions pour clavier sont, de tout ce que Hændel a écrit, les œuvres le plus populaires et celles qui ont eu le plus d'éditions en Europe. Bien qu'elles comprennent trois recueils, il n'en est qu'un, – le premier, – qui donne la mesure exacte de Hændel : car c'est le seul dont il ait lui-même préparé et surveillé l'édition. Les autres, plus ou moins frauduleusement publiés, le trahissent.

---

368 Ainsi, l'allegro du premier concerto d'orgue (du second recueil, publié en 1740), avec son charmant dialogue du rossignol et du coucou, – ou le premier morceau du second concerto d'orgue (du même recueil), – ou plusieurs *Concerti grossi*. (Voir plus loin.)

369 Vol. XLVII de la grande édition.

Ce premier recueil, paru en novembre 1720, sous le titre français : *Suites de pièces pour le clavecin composées par G.-F. H.* permet d'apprécier deux des traits les plus frappants de Hændel : sa précoce maturité, qui ne se développe plus guère au cours des années, – et le caractère d'universalité européenne qui distingue son art, même à une époque où les grands artistes étaient moins nationalisés qu'aujourd'hui. Pour le premier trait, on remarquera, en effet, que ces pièces de clavecin, publiées en 1720, étaient écrites depuis longtemps déjà, certaines avant 1700. On en retrouve une partie dans le *Jugendbuch* de la collection Lennard[370]. D'autres viennent d'*Almira* (1705). Naturellement, Hændel a élargi, affiné, et surtout groupé autrement les morceaux dans son édition de 1720 ; l'intérêt du *Jugendbuch* est justement de nous montrer les premières esquisses des œuvres, et comment Hændel les a perfectionnées. À côté de ces pages plus anciennes, il en est d'autres plus récentes, composées soit en Italie, soit en Angleterre[371]. On peut suivre, au travers, la trace des influences les plus diverses. MM. Seiffert et Fleischer en ont noté quelques-unes[372] : influences allemandes, françaises, italiennes[373]. En Angleterre même,

---

370 C'est un manuscrit de 21 pages, dont l'écriture semble d'environ 1710, mais qui est certainement une copie d'œuvres plus anciennes. Chrysander l'a publié dans le t. XLVIII de sa grande édition. Il est probable que Hændel avait donné à un ami anglais un choix de ses compositions de première jeunesse. Elles se répandirent de main en main et furent même publiées frauduleusement, comme le dit la préface de Hændel à l'édition de 1720 : « *J'ai été amené à publier quelques-uns des morceaux suivants, parce qu'il en circule subrepticement à l'étranger des exemplaires fautifs.* » – De ce nombre sont par exemple la troisième Suite, la sarabande de la septième Suite, etc.

371 On a dit que Hændel avait écrit ces dernières pour la princesse Anna, dont il fut le maître de clavecin [NdÉ : Anne de Hanovre (1709-1759), fille de George II, épouse (1734) de Guillaume IV d'Orange-Nassau, régente des Pays-Bas de 1751 à 1759] ; mais Chrysander a fait observer que la princesse n'avait alors que onze ans. Il est probable que ces œuvres furent écrites pour le duc de Chandos ou pour Burlington. – C'est dans le second recueil des pièces de clavier que l'on trouvera plutôt des morceaux faciles, écrits pour les princesses.

372 Dans leur réédition de la *Geschichte der Klaviermusik* de Weitzmann (1899), dont le chapitre consacré à Hændel est le plus substantiel qui ait été écrit sur sa musique de clavier.

373 Influences de Krieger et de Kuhnau, surtout au temps de Halle. (Voir t. XLVIII, p. 146, 149). Influences françaises, au temps de Hambourg (p. 166, 170). Influences de Pasquini (p. 162) et de Scarlatti (p. 148, 152), au temps du voyage en Italie. L'influence de Kuhnau est très sensible. Hændel a eu, toute sa vie, la mémoire meublée de cette musique, et en particulier du *Klavier-Uebung* de 1689-1692 et des *Frischen Klavier-Früchte* de 1696, qui étaient alors très célèbres, et partout répandus par de nombreuses éditions. Même limpidité du style, même sobriété nette des lignes. Les sarabandes surtout sont déjà toutes haendeliennes, chez Kuhnau. De même, certains préludes, certaines gigues, et les airs, un peu populaires.

ce sont tantôt les éléments italiens, tantôt les allemands qui prédominent[374]. L'ordre des danses varie avec chaque suite ; et aussi, le point central, le noyau de l'œuvre. Les morceaux d'introduction sont tantôt des préludes, tantôt des fugues, des ouvertures, etc. Les danses et les airs sont tantôt apparentés entre eux, tantôt indépendants. Et pourtant, l'impression dominante de cette œuvre si variée, c'est l'unité souveraine. La personnalité de Hændel tient assemblés et fondus les éléments les plus divers : « polyphonie et plénitude d'harmonie allemande, homophonie italienne et technique de Scarlatti, rythmique et ornementation française[375]. » Par là, l'œuvre s'imposa à son époque. Avant elle, il y avait eu des recueils pour clavier plus originaux peut-être ; mais leur inspiration était presque toujours circonscrite par les limites de leur art national, Hændel fut le premier des grands classiques allemands du XVIIIe siècle, qui firent pour la musique ce que nos écrivains et nos penseurs français du XVIIe et du XVIIIe siècles ont fait pour la littérature : il a écrit pour tous, et son premier recueil fut, dès le jour de sa publication, ce qu'il est resté, depuis : une œuvre classique européenne.

Les recueils suivants sont moins intéressants, pour les raisons qu'on a dites. Le second recueil, publié en 1733 par Walsh, à l'insu de Hændel, et d'une façon très fautive, présente de petites suites qui se trouvent dans le *Jugendbuch*, ou qui remontent au temps de Hambourg et de Halle[376]. Il y manque l'encadrement, où Hændel les eût certainement enchâssées : les préludes et les fugues.

---

374 Pour l'influence allemande, voir les Suites 1, 4, 5, 8 (quatre morceaux de danse, précédés d'une introduction). Pour l'italienne, voir les Suites 2, 3, 6, 7 (dont la forme se rattache à la *Sonata da camera*).

375 M. Seiffert ajoute qu'aucun de ces éléments ne prédomine. Je serais plutôt de l'avis de Chrysander, qui remarque dans ce style de trois nations mêlées une tendance prédominante au style italien, comme chez J.-S. Bach au style français.

376 On y trouve des cycles de variations sur des menuets, sur des gavottes, surtout sur des chaconnes, et beaucoup de formes italiennes. La gigue de la sixième Suite (en *sol mineur*) vient d'un air d'*Almira* (1705). – On notera aussi la huitième Suite, en *sol majeur*, qui est en style français, – (surtout la gavotte en rondeau, avec cinq variations). / Il faut joindre à ce second recueil, le troisième, comprenant des œuvres d'époques très différentes : *Fantasia*, *Capriccio*, *Preludio e Allegro*, *Sonata*, publiées à Amsterdam en 1732, et datant de sa jeunesse (la seconde Suite s'inspire d'une allemande de Mattheson) ; – *Lessons composed for the Princess Louisa* (alors âgée de douze à treize ans), vers 1736 ; – *Capriccio en sol mineur*, qui est du même temps ; – et *Sonate en ut majeur*, vers 1750. / Enfin, ajoutez à ces recueils diverses œuvres pour clavier publiées dans le t. XLVIII de la grande édition, sous le titre : *Klaviermusik und Cembalo Bearbeitungen*. On y remarque un choix des meilleurs arrangements de symphonies et d'airs d'opéras de Hændel par Babell (vers 1713 ou 1714).

Cet encadrement était tout prêt ; et Hændel, frustré par son éditeur, dut se résigner à lui faire publier ensuite, comme appendice au précédent ouvrage, *Six Fugues or Voluntarys for the organ or harpsicord*, 1735, op. 3. Ces fugues dataient du temps où Hændel était à Canons, avant 1720 ; la seconde, en *sol majeur*, était même des premiers temps de son séjour en Angleterre. Elles avaient été tout de suite célèbres, et s'étaient répandues en manuscrit, jusqu'en Allemagne[377]. Hændel s'était formé dans la fugue, d'après Kuhnau et surtout d'après Johann Krieger[378] ; comme eux, il donne à ses fugues un caractère essentiellement mélodique : elles sont si bien faites pour être chantées que deux d'entre elles, comme nous l'avons dit, ont servi à deux chœurs de la première partie d'*Israël*[379]. Mais les compositions de Hændel possèdent une bien autre vie que celles de ses précurseurs allemands ; elles ont une intrépidité d'allure, une fougue, une flamme qui n'appartiennent qu'à lui. Elles vivent. « *Toutes les notes parlent* », disait Mattheson. Ces fugues ont le caractère de géniales improvisations ; et en vérité, elles étaient des improvisations. Hændel les nomme : *Voluntarys*, caprices volontaires et savants. Il fait un fréquent usage des doubles fugues, mais avec une désinvolture magistrale. « *Un tel art réjouit l'auditeur et tient chaud au compositeur et à l'exécutant* », disait encore Mattheson, qui, après avoir entendu J.-S. Bach, trouvait Hændel le plus grand dans la composition de la double fugue et dans l'improvisation.

Cette habitude – on pourrait dire : ce besoin – d'improviser fut la source de ses grands *Concertos d'orgue*. Hændel dirigeait, au clavecin, suivant la mode du temps, ses opéras et ses oratorios ; il accompagnait les chanteurs avec un art merveilleux, se pliant à leur fantaisie, et, quand le chant se taisait, se livrant à la sienne[380g]. De ces interludes sur

377 Mattheson, en 1722, cite la fugue 4 en *mi mineur*, comme toute récente.

378 Hændel le dit lui-même à son ami Bernard Granville, en lui donnant l'ouvrage de Krieger : *Anmuthige Clavier Uebung*, paru en 1699.

379 La fugue en *sol mineur* a formé le chœur : *Er schlug alle Erstgeburt Ægyptens*, et la fugue en *la mineur*, le chœur : *Mit Ekel erfüllte der Trank*. Une autre (la quatrième) avait servi pour l'ouverture de la *Passion de Brockes*.

380 Les indications : *ad libitum*, ou *cembalo*, qu'on trouve de temps en temps dans ses partitions, marquent la place réservée à l'improvisation. / Malgré la force corporelle de Hændel, son jeu était extrêmement doux et égal. Burney dit que « *quand il jouait, ses doigts étaient si recourbés et collés ensemble qu'on ne pouvait remarquer aucun mouvement de la main, et même à peine des doigts.* » M. Seiffert croit que « *sa technique, qui réalise les desiderata de Rameau, nécessitait certainement l'emploi systématique du pouce, au sens moderne* »,

le clavecin dans les opéras, il passa aux fantaisies ou caprices sur l'orgue, dans les entr'actes des oratorios ; et le succès fut si grand que dès lors il n'abandonna jamais cette coutume. On peut dire que le public qui venait aux auditions des oratorios était beaucoup plus attiré par les improvisations de Hændel sur l'orgue que par les oratorios mêmes. Deux recueils de concertos d'orgue furent publiés, du vivant de Hændel, en 1738 et en 1740 : le troisième, peu après sa mort, en 1760[381].

Il importe, pour les juger, de se rappeler leur destination de théâtre. Il serait absurde d'attendre de ces œuvres le style sévère, rigoureux et serré de J.-S. Bach. Ce sont de brillants divertissements, dont la facilité un peu vide, mais lumineuse et fastueuse, garde le caractère d'improvisations oratoires, visant à l'effet immédiat sur une grande foule. « *Hændel débutait d'ordinaire,* dit Hawkins, *par un libre prélude long et solennel, dont l'harmonie était d'un tissu épais, et aussi pleine que possible ; l'ensemble, parfaitement compréhensible, gardait toujours l'aspect d'une grande simplicité. Puis venait le concerto, qu'il exécutait avec un esprit, une sûreté, un feu, que personne n'a jamais pu égaler. Son étonnante puissance sur l'instrument, la grandeur et la dignité de son style, la plénitude d'harmonie de l'orchestre, contrastant avec les éloquents soli de l'orgue, prolongeant les cadences, et maintenant l'oreille dans une agréable attente, avaient un effet merveilleux… À l'instant où Hændel se disposait à toucher l'orgue, le silence se faisait, si profond que l'on retenait son souffle et que la vie semblait suspendue.* »

Même au plus fort de la cabale s'acharnant contre Hændel, le *Grubstreet Journal* publiait une poésie enthousiaste sur les concerts d'orgue de Hændel[382] :

---

et qu'« *on peut chercher un rapport entre l'arrivée de Hændel en Angleterre, et le doigté italien, qui bientôt s'établit partout* ».

381 Un quatrième fut publié par Arnold en 1797 ; mais une partie des œuvres qu'il contient ne sont pas originales. – Hændel ne fut pour rien dans la publication du second recueil. / Le t. XXVIII de la grande édition comprend les 6 concertos du premier recueil, op. 4 (1738) et les 6 du troisième recueil, op. 7 (1760). – Le t. XLVIII comprend les concertos du second recueil (1740), un essai de concerto pour deux orgues avec orchestre, et deux concertos du quatrième recueil (1797). / Beaucoup de concertos sont datés. La plupart ont été écrits entre 1735 et 1751 ; et plusieurs, pour des occasions spéciales : le sixième du premier recueil pour un entr'acte de *la Fête d'Alexandre* ; le quatrième du premier recueil, peu avant *Alcina* ; le troisième du troisième recueil pour le Foundling Hospital. Le concerto en *si bémol* (n° 3) était, dans la pensée du public anglais, associé à *Esther* : car le menuet était appelé *menuet d'Esther.*

382 Le 8 mai 1735. C'était l'année même où Hændel écrivait et exécutait les premiers concertos du premier recueil.

« *O vents, doucement, doucement agitez vos ailes d'or dans les branches ! Que tout soit silencieux, faites taire même le chuchotement du zéphyr. Sources de la vie, suspendez votre cours… Écoutez, écoutez Hændel l'incomparable qui joue !… Oh ! voyez, quand lui, le puissant homme, fait retentir les forces de l'orgue… La joie rassemble ses cohortes, la rancune est apaisée… Sa main, comme celle du Créateur, conduit son œuvre auguste, avec ordre et grandeur et raison… Silence, bousilleurs dans l'art ! Il ne sert à rien, ici, d'avoir la faveur des lords. Ici Hændel est roi.* »

Il faut donc voir dans ces concertos d'orgue, au sens propre, de magnifiques « *concerts* » pour de grands publics populaires[383]. Grandes ombres, grandes lumières, forts et joyeux contrastes, tout est conçu en vue de l'effet monumental. L'orchestre comprend d'ordinaire deux hautbois, deux violons, viole, et basses (violoncelles, bassons et cembalo), parfois deux flûtes, des contrebasses, une harpe[384]. Les concertos sont en trois ou quatre mouvements, qui s'enchaînent d'habitude, deux par deux. En général, ils débutent par un *Pomposo* ou un *Staccato*, dans le style de l'ouverture française[385] ; souvent, un *allegro* du même style y fait suite. Pour finir, un *allegro moderato*, ou un *andante* assez animé, quelquefois des danses. L'*adagio* du milieu manque souvent, et est laissé à l'improvisation de l'orgue. La forme a quelque parenté avec celle de la sonate en trois mouvements : *allegro*, *adagio*, *allegro*, précédée d'une introduction-ouverture. Les premiers morceaux des deux premiers concertos publiés dans le tome XLVIII de la grande édition (second recueil) sont dans un style pittoresque et descriptif. Le long concerto en *fa majeur*, du même recueil, a des allures de musique de fête, presque de musique de plein air. Enfin, il faut noter le bel essai, malheureusement non poursuivi, de concerto pour deux orgues[386], – et celui plus étonnant encore d'un concerto

383 Hawkins dit encore : « *Dans ce temps où la musique était moins répandue qu'aujourd'hui, nombre de personnes avouaient naïvement qu'elles n'y connaissaient rien ; elles disaient : "Je n'ai pas l'oreille faite pour la musique." Or, ces gens non seulement étaient plongés dans le silence et l'enchantement par le jeu de Hændel ; mais ils étaient d'habitude les plus bruyants à l'applaudir.* »

384 Dans le dixième concerto, il y a deux violoncelles et deux bassons. De même, dans le concerto pour deux orgues. Dans le long concerto en *fa majeur* (t. XLVIII), on trouve deux cors.

385 Parfois le nom s'y trouve marqué : ainsi pour le huitième concerto du t. XXVIII, et pour le concerto en *fa majeur* du t. XLVIII.

386 Tome XLVIII, p. 51.

pour orgue, terminé par un chœur[387], – ouvrant ainsi la voie au Beethoven de la *Neuvième Symphonie*, et à ses épigones : Berlioz, Liszt et Mahler.

*

* *

La musique de chambre de Hændel fait preuve de la même maturité précoce que sa musique de clavier.

Six sonates en trios pour deux hautbois et harpsicorde[388] semblent dater d'environ 1696, quand il avait onze ans, et qu'il était encore à Halle, où il écrivait « *comme un diable*, disait-il, *surtout pour le hautbois, son instrument préféré* ». – Elles sont en quatre mouvements : *adagio, allegro, adagio, allegro.* Les morceaux lents sont souvent très courts, et le second d'entre eux sert parfois de simple transition.

Une *Sonata* pour *viola da gamba et cembalo concertato* en *ut majeur*[389], est probablement de 1705, quand Hændel se trouvait à Hambourg. Elle est unique de son espèce dans l'œuvre de Hændel, qui s'y montre un précurseur de J.-S. Bach. La sonate est en trio. Outre la basse, le clavier joue encore une seconde partie obligée. Comme le note M. Seiffert, « dix ans avant que Bach travaillât à des sonates avec accompagnement de *cembalo* obligé, Hændel avait donc eu déjà la claire conscience de cette nécessité ».

Trois sonates pour flûte et basse[390], d'une grâce élégiaque, remontent peut-être au temps de Halle, et d'après Chrysander semblent s'être répandues vers 1710 à Hanovre.

Mais les principales œuvres de musique instrumentale de chambre, écrites par Hændel, ont été publiées à Londres, entre 1732 et 1740 ; et elles comprennent trois recueils[391] :

387 C'est M. Streatfeild qui a, je crois, signalé le premier un manuscrit autographe du quatrième concerto pour orgue, auquel est rattaché un chœur *Hallelujah* bâti sur un thème du concerto. Ce manuscrit, qui se trouve au British Museum, date de 1735 et semble avoir été employé pour la reprise, en 1737, du *Trionfo del Tempo*, auquel le concerto servait de conclusion.

388 *6 Sonatas or Trios for two Hoboys with a thorough bass for the Harpsicord*, – publiées dans le t. XXVII.

389 Tome XLVIII, p. 112.

390 Tome XLVIII, p. 130.

391 Tome XXVII.

1. *15 Sonatas or Solos for a german Flute, hoboy, or Violin, with a thorough bass for the Harpsicord or Bass Violin*, op. 1.
2. *9 Sonatas or Trios for two violins, flutes, or hoboys, with a thorough bass for the Harpsicord or Violoncello*, op. 2.
3. *7 Sonatas or Trios for two violins or german flutes, with a thorough bass for the Harpsicord or Violoncello*, op. 5.

Le premier recueil contient des pièces assez anciennes, dont certaines datent du temps où Hændel était chez Burlington et Chandos ; d'autres ont pu être destinées au prince de Galles, dont le professeur de violon était un ami de Hændel, John Dubourg, et datent des environs de 1730.

Le second recueil parut d'abord à Amsterdam, puis à Londres, chez Walsh, avec un titre français[392], en 1733.

Le troisième recueil fut composé en 1738, et parut au commencement de 1739[393].

Le premier trait à noter, c'est, en général, l'indétermination des instruments pour lesquels cette musique est écrite. Suivant l'esthétique un peu abstraite du temps, le compositeur laissait les exécutants en décider. Cependant, il n'y a point de doute que, dans la conception première de Hændel, certains de ces morceaux n'aient été faits pour flûte, d'autres pour violon, et d'autres pour hautbois.

Dans le recueil op. 1 de Sonates *soli* (pour flûte, ou hautbois, ou violon) avec basse (harpsicorde ou violoncelle), la coupe la plus générale est en quatre mouvements[394] : *adagio*, *allegro*, *adagio*, *allegro*. Les morceaux lents sont très courts. Plusieurs sont inspirés des airs des cantates italiennes et des opéras. Quelques-uns des morceaux sont apparentés entre eux[395]. L'harmonie est souvent maigre, et a besoin d'être complétée.

D'une valeur beaucoup plus grande sont le deuxième et le troisième recueils, qui comprennent des trios, ou sonates à deux parties (pour 2 violons, ou 2 hautbois, ou 2 flûtes traversières) avec basse (harpsicorde ou

392 *VII Sonates à 2 violons, 2 hautbois, ou 2 flûtes traversières et basse continue, composées par G. F. Handel. Second ouvrage.*

393 Plus tard, Walsh fit arranger les airs favoris des opéras et oratorios de Hændel en « Sonates » pour flûte, violon, harpsicorde. 6 vol.

394 Dans onze sonates sur seize. Une sonate (la 3e) est en 3 mouvements. Trois sont en 5 mouvements (la 1re, la 5e et la 7e). Une est en 7 mouvements (la 9e).

395 Dans la sonate Ia, le presto final en quatre temps reprend le thème de l'andante en 3/4, qui forme le second morceau. Dans la sonate II, le presto final en quatre temps est bâti sur le thème de l'andante en 3/4, un peu modifié.

violoncelle). Toutes les sonates du second recueil, à une exception près[396], sont en quatre mouvements : deux lents et deux rapides alternativement, comme dans l'op. 1. Tantôt elles s'inspirent d'airs d'opéras ou d'oratorios, tantôt elles en ont fourni l'esquisse. Le largo élégiaque qui ouvre la première sonate se retrouve dans *Alessandro* ; l'allegro qui termine la troisième, forme un des mouvements de l'ouverture d'*Athalia* ; le larghetto de la quatrième a servi de second mouvement à l'ouverture d'*Esther*. D'autres morceaux ont été repris à des œuvres de clavier, ou à d'autres œuvres instrumentales. Les plus beaux de ces trios sont le premier et le neuvième, d'une poésie pénétrante. Dans le second morceau du neuvième trio, Hændel a utilisé, avec bonheur, un thème populaire anglais.

Les sept trios du troisième recueil offrent beaucoup plus de variété dans la coupe et le nombre[397] des morceaux. Les danses y tiennent une grande place[398]. Ce sont de véritables Suites. Elles ont été composées dans les années où Hændel était tenté par la forme de l'opéra-ballet. La musette et l'allegro de la deuxième sonate viennent d'*Ariodante*. D'autres morceaux graves ou pompeux sont empruntés à des oratorios : les deux allegros qui ouvrent la quatrième sonate sont détachés de l'ouverture d'*Athalia*. En revanche, Hændel reprendra dans le morceau final de *Belsazar* le bel andante qui ouvre la première sonate.

Qui jugera ces œuvres en historien, et d'un point de vue intellectuel, trouvera, comme Chrysander, que Hændel n'a pas inventé ici de formes nouvelles, et que plutôt, en avançant en âge, il revient vers la forme de la suite qui est déjà du passé, au lieu de continuer sa route vers la sonate à venir. Mais qui les jugera en artiste, pour leur charme personnel, verra en elles quelques-unes des créations les plus pures de Hændel, et de celles qui sont restées le plus jeunes : leurs belles lignes italiennes, leur sensibilité délicate, leur simplicité aristocratique, sont rafraîchissantes pour l'esprit et le cœur ; notre époque, fatiguée par l'art post-beethovenien ou post-wagnérien, peut y trouver, comme dans la musique de chambre de Mozart, un refuge poétique où guérir son agitation stérile et puiser de nouveau le calme et la santé.

---

396 La 5e sonate, qui est en 3 mouvements : *larghetto*, *allegro* 3/8, *adagio*, *allegro* C, *allegro* 12/8.

397 De 5 à 7 morceaux.

398 Une gavotte termine le premier, le second et le troisième trios. Un menuet termine le quatrième, le sixième et le septième. Une bourrée termine le cinquième. On trouve en outre, deux musettes et une marche dans le second trio ; une sarabande, une allemande et un rondeau dans le troisième ; une passacaille et une gigue dans le quatrième.

*

* *

La musique d'orchestre de Hændel comprend les 12 *Concerti grossi* (1740), les 6 *Concertos de hautbois* (1734), les *Sinfonie* de ses opéras et oratorios, et sa musique de plein air : *Water Music* (1715 ou 1717), *Firework Music* (1749) et *Concerti a due cori*.

Quoique Hændel soit, en art, un visuel, et que sa musique ait un pouvoir descriptif et évocateur, il ne fait qu'un usage restreint du coloris instrumental[399]. Cependant il montre, à l'occasion, une curiosité raffinée dans l'emploi des timbres. Les deux oratorios écrits à Rome, quand il se trouvait dans la société du cardinal Ottoboni et de ses grands virtuoses, *le Trionfo del Tempo* et *la Resurrezione* de 1708 sont d'une couleur fine et variée[400]. À Londres, il fut un des premiers à introduire les cors dans l'orchestre de l'Opéra[401]. Le premier, comme le dit M. Volbach, il dégage la personnalité expressive du violoncelle[402]. De l'alto, il sait tirer de curieux effets de demi-teintes indécises et troubles[403]. Il donne aux bassons un caractère lugubre

399 C'était l'esthétique de l'époque. Ainsi que le dit M. Mennicke, « la neutralité du coloris orchestral caractérise le temps de Bach-Hændel. L'instrumentation correspond à la registration de l'orgue ». [NdÉ – Voir note 417, p. 253]. L'orchestre symphonique est essentiellement constitué par les cordes. Les vents servent surtout en *ripieno*. Quand on use des bois *obligés*, c'est pour toute la durée d'un morceau, et non pour ajouter une touche de couleur çà et là.

400 On trouve au milieu du *Trionfo del Tempo* une *Sonata* instrumentale pour 2 hautbois, 2 violons, viole [NdÉ – Comprendre, comme dans les notes suivantes, chaque fois que ce mot est précédé de la mention des violons et suivi de celle des violoncelles, « alto » (italien et anglais : *viola*)], violoncelle, contrebasse et orgue. Dans l'air de la Madeleine de la *Resurrezione*, Hændel emploie 2 flûtes, 2 violons en sourdine, viola da gamba, et violoncelle ; le violoncelle fait au début un point d'orgue de 39 mesures, puis s'unit au clavecin ; au milieu de l'air, la viola da gamba et les flûtes concertent seules.

401 Dans *Radamisto* (1720), air de Tiridate ; *Alzo al volo*, et chœur final. – Dans *Giulio Cesare*, 4 cors. / On a prétendu que Hændel fut un des premiers à faire usage des clarinettes dans l'orchestre ; cela me paraît bien douteux. On s'appuie sur une copie de *Tamerlano* par Schmidt, où on lit : *clar. e clarini* (au lieu de *cornetti*, dans le manuscrit autographe). Mais il est à croire que, de même que pour les « *clarinettes* » employées par Rameau dans *Acanthe et Céphise*, il s'agissait de trompettes aiguës. – M. Streatfeild mentionne aussi un concerto pour deux « clarinettes » et *corno di caccia*, dont le manuscrit se trouve au Fitzwilliam Museum de Cambridge.

402 *Alcina*, *Semele*, l'*Allegro*, la *Fête d'Alexandre*, la petite *Ode à sainte Cécile*, etc. En général, il donne au violoncelle un caractère de désir amoureux, ou de consolation élégiaque.

403 Ainsi, dans la fameuse scène qui ouvre le second acte de *la Fête d'Alexandre*, seconde partie de l'air, en *sol mineur*, évoquant la troupe des morts qui errent, la nuit, sans tombeau. Pas de violons, ni de cuivres : 3 bassons, 2 violes, violoncelle, contrebasses et orgue.

et fantastique[404]. Il essaie d'instruments nouveaux : soit plus petits[405], soit plus grands[406]. Il emploie le tambour *solo*, d'une façon dramatique, pour le serment de Jupiter dans *Semele*. En certains cas, il demande aux timbres instrumentaux des effets, non seulement d'expression dramatique, mais d'exotisme et de couleur locale. Ainsi, dans les deux scènes des deux Cléopâtres, de *Giulio Cesare* (1724) et de *Alexander Balus* (1748)[407].

Mais quelque grand peintre que soit Hændel, ce n'est pas tant par l'éclat, la variété et la nouveauté du coloris, que par la beauté du dessin et les effets d'ombres et de lumières. Avec une palette volontairement restreinte, et en se satisfaisant de la grisaille des cordes, il arrive à produire des effets saisissants et nuancés. M. Volbach a montré[408] qu'il a moins recours à des instruments divers qu'à la division d'une même famille d'instruments en plusieurs groupes. Dans le morceau d'introduction de la seconde *Esther* (1732), les violons sont divisés en cinq groupes[409] ; dans *la Resurrezione* (1708), en quatre[410]. Les altos sont parfois divisés en deux, le deuxième étant renforcé

404 Dans *Saul*, scène chez la sorcière, apparition de l'ombre de Samuel.

405 Les *violette marine* (petites violes très douces), dans *Orlando* (1733).

406 Les instruments monstrueux, essayés pour les exécutions colossales à Westminster. Le double basson de Stainsby, construit en 1727, pour les fêtes du couronnement. – Hændel emprunte au grand maître de l'artillerie les plus grosses timbales conservées à la Tour pour *Saul* et pour le *Dettinger Te Deum*. – Bien plus, comme Berlioz, il ne craint pas de faire usage, dans l'orchestre, des armes à feu. Mrs Elisabeth Carter écrit : « Hændel a littéralement introduit des armes à feu dans *Judas Macchabée* ; et elles font bon effet. » *(Carter Correspondence*, p. 134) [NdÉ – Elizabeth Carter (1717-1806), poétesse anglaise, traductrice d'Épictète, épistolière. Pour la citation exacte, voir *A series of letters between Mrs Elizabeth Carter and Miss Catherine Talbot from the Year 1741 to 1770*, […] ed. Montagu Revington, London, F. C. and J. Rivington, 1809, vol. 1, p. 203, lettre de Miss Talbot à E. Carter, London, April 18 1747]. Et Sheridan, dans une esquisse comique (*Jupiter*), représente un auteur qui ordonne de tirer un coup de pistolet derrière la scène, en disant : « Ceci, je l'emprunte à Hændel » [NdÉ – Richard Brinsley Sheridan (1751-1816), auteur dramatique et poète irlandais. L'anecdote est contée dans Thomas Moore, *Memoirs of the life of the Right Honorable Richard Brindsley Sheridan*, London, 1825. Le nom de Hændel a disparu dans la traduction française, Paris, A. Bertrand, 1825.]

407 Pour la scène de l'apparition de Cléopâtre sur le Parnasse, au début de l'acte II de *Giulio Cesare*, Hændel a deux orchestres, l'un sur la scène : hautbois, 2 violons, viole, harpe, viola da gamba, théorbe, bassons, violoncelles ; l'autre dans la salle. – Le premier air de la Cléopâtre d'*Alexander Balus* est accompagné par 2 flûtes, 2 violons, viole, 2 violoncelles, harpe, mandoline, contrebasses, bassons et orgue.

408 Fritz Volbach : *Die Praxis der Hændel-Aufführung*, 1899.

409 Plus deux parties de flûtes, deux de hautbois, deux de bassons, violes, violoncelles et contrebasse, *cembalo*, théorbe et harpe, orgue : en tout, quinze parties d'orchestre, pour accompagner la seule voix d'Esther.

410 Pour le chant de l'ange.

par le troisième violon ou les violoncelles[411]. Et en revanche, Hændel, quand il le juge préférable, réduit ses forces instrumentales, supprime l'alto et le second violon, que remplace le clavecin. Tout son art de l'orchestre est dans le juste instinct d'équilibre et d'économie qui sait, avec des moyens très réduits, en ménageant certaines couleurs, obtenir des impressions aussi puissantes, quand ces couleurs apparaissent, que nos musiciens d'aujourd'hui, avec leur palette surchargée[412]. Rien n'est donc plus important, si l'on veut rendre exactement cette musique, que de ne point changer l'équilibre des proportions de l'orchestre, sous prétexte de l'enrichir et de le moderniser. Le pire défaut serait de lui enlever, par une surcharge inutile de couleurs, sa souplesse de nuances qui est son charme principal.

On s'imagine trop volontiers que la nuance est un privilège de l'art musical moderne, et que l'orchestre de Hændel ne connaissait que de grands effets d'opposition théâtrale entre la force et la douceur. Il n'en est rien. L'échelle des nuances de Hændel est extrêmement variée. On trouve chez lui le *pianissimo*, le *piano*, le *mezzo piano*, le *mezzo forte*, *un poco più F.*, *un poco F.*, *forte*, *fortissimo*. On ne voit pas marqués le *crescendo* et le *decrescendo* d'orchestre, qui n'apparaissent guère, expressément notés, qu'à partir de Jommelli[413], et de l'école de Mannheim. Mais il n'y a pas de doute que la pratique n'ait précédé depuis longtemps la notation[414]. Le président de Brosses écrivait en 1739, à Rome : « *Les voix, ainsi que les violons, emploient ce clair-obscur, ce renflement insensible du son, qui augmente de force de note en note jusqu'au plus haut degré, puis revient à une nuance extrêmement douce et attendrissante.* » Et les exemples abondent, chez Hændel, de vastes *crescendi* ou *diminuendi*, sans que cette expression se trouve marquée sur les partitions[415].

411 Dans *Saul*, « *viola II per duoi violoncelli ripieni.* » – Voir Volbach, *ibid.*

412 Étudier, à ce point de vue, la progression des moyens instrumentaux, si simples, de *la Fête d'Alexandre*, où sont employés d'abord 2 hautbois avec les cordes, puis apparaissent successivement 2 bassons (air n° 6), 2 cors (air n° 9), 2 trompettes et timbales (2e partie), et, pour finir, avec l'apparition éthérée de sainte Cécile, 2 flûtes.

413 Le Dr Hermann Abert a trouvé la première indication : *crescendo il forte* dans l'*Artaserse* de Jommelli, joué en 1749, à Rome. – Au XVIIIe siècle, l'abbé Vogler et Schubart avaient déjà attribué l'invention du *crescendo* à Jommelli.

414 Voir Lucien Kamiénski : *Mannheim und Italien* (*Sammelbände der I. M. G.*, janvier-mars 1909).

415 M. Volbach note, dans l'ouverture de *Die Wahl des Herakles*, 2e morceau : *piano*, *mezzo forte*, un *poco più forte*, *forte*, *mezzo piano*, *piano*, le tout en quatorze mesures. – Dans le chœur d'*Acis et Galatée* : « *Klag' und Wehgeschrei* », on lit : *forte*, *piano*, *pp*. – L'introduction de

Un autre genre de *crescendo* et *diminuendo* sur une même note était très employé, au temps de Hændel ; et son ami Geminiani contribua à le mettre à la mode. M. Volbach, et, après lui, M. Hugo Riemann[416] ont montré que Geminiani emploie, dans les rééditions de ses premières sonates de violon, en 1739, et dans son école de violon, en 1751, les deux signes suivants : *Swelling the sound* (enfler le son) [/].

Diminishing (falling) the sound (diminuer le son) [\][h].

Comme l'explique Geminiani, « *le son doit commencer doucement et s'enfler, d'une façon égale, jusqu'à moitié, puis de là décroître jusqu'à la fin. Le jeu de l'archet doit couler sans interruption.* »

Il arrive même que, par un raffinement d'expression, qui deviendra un maniérisme de l'école de Mannheim, mais qui sera aussi la source des puissants contrastes beethoveniens, le *swelling* s'arrête court et fasse place à un *piano* subit, comme dans l'exemple suivant des sonates en trio de Geminiani :

Il est plus que probable que les virtuoses de l'orchestre de Hændel employaient aussi ces moyens d'expression[417], – sans que je croie pourtant que Hændel en ait usé aussi abondamment que Geminiani, ou que les symphonistes de Mannheim, dont le goût lui eût paru sans doute un peu mièvre et forcé. Mais ce qui est certain, c'est que pour lui, comme pour Geminiani, comme pour tous les grands artistes de son temps, surtout pour les Italiens et italianisants, la musique était un discours,

---

Zadock le Prêtre présente un *crescendo* colossal ; le morceau d'introduction du chœur final de *Debora*, un grand *diminuendo*.

416 H. Riemann : *Zur Herkunft der dynamischen Schnellzeichen* (*I. M. G.*, février 1909).

417 Carl Mennicke remarque justement le même signe du *decrescendo* (>) sur une note longue, dans l'ouverture d'*Acante et Céphise*, de Rameau, en 1751. [NdÉ – Carl Mennicke (1880-1917), *Hasse und die Brüder Graun als Symphoniker*, Leipzig, Breitkopf & Härtel, 1906, p. 278-279.]

et devait présenter des inflexions aussi libres et aussi variées que la parole même[418].

Comment cette souplesse d'élocution pouvait-elle être réalisée par l'orchestre ? – Il faut, pour le comprendre, se représenter la disposition d'un orchestre d'alors. Il n'était pas, comme aujourd'hui, centralisé dans la main d'un seul chef. Ainsi que le dit M. Seiffert[419], au temps de Hændel, c'était le principe de la décentralisation qui régnait. Les chœurs avaient leurs chefs, qui s'entendaient avec l'orgue, dont ils pouvaient suivre les signes, et qui soutenait les voix. L'orchestre était divisé en trois, à l'italienne : 1° le *Concertino*, comprenant un premier et un second violons et un violoncelle *soli* ; 2° le *Concerto grosso*, comprenant le chœur des instruments ; 3° les *Ripienistes*, fortifiant le *grosso*[420].

Un tableau, qui est au British Museum, et qui représente, dit-on, Hændel au milieu de ses musiciens[421], nous montre le compositeur assis au clavecin (un *cembalo* à deux claviers, dont le couvercle est enlevé). Il est encadré par le violoncelliste, placé à côté de lui à droite, deux violons et deux flûtes qui se tiennent devant lui, sous son regard. Les chanteurs solistes sont aussi auprès de lui, à sa gauche, debout près du clavecin. Le reste des instrumentistes est derrière lui : il ne les voit pas. Ainsi, ses ordres et ses clins d'œil gouvernaient le *Concertino*, qui transmettait à son tour la volonté du chef au *Concerto grosso*, et celui-ci

---

418 Geminiani dit du *forte* et du *piano* : « *Ils sont absolument nécessaires pour rendre l'expression de la mélodie : car toute bonne musique devant être l'imitation d'un beau discours, ces deux ornements ont pour but de produire l'effet de la voix qui s'enfle et qui retombe en parlant.* » / Telemann écrit : « *Le chant est le fondement de la musique, en toutes choses. Qui joue des instruments doit être tout à fait au courant du chant.* » / Et M. Volbach montre que ces principes régnaient alors en Allemagne, chez des musiciens de tout ordre, entre autres le trompettiste Altenburg, dont l'école de trompette avait pour base ce principe que l'exécution instrumentale doit être pareille à la parole chantée.

419 Max Seiffert : *Die Verzierung der Sologesänge in Hændels Messias.* (*Sammelbände der I. M. G.*, juillet-septembre 1907.)

420 M. Fritz Volbach compte, pour le *Concerto grosso*, 8 premiers violons, 8 seconds, 6 altos, 4 à 6 violoncelles, 4 contrebasses, – et pour les *Ripienistes*, 6 premiers violons, 6 seconds, 4 altos, 3 à 4 violoncelles, 3 contrebasses. / Ces chiffres sont notablement supérieurs à ceux des exécutions ordinaires de Hændel. Les comptes d'une exécution du *Messie* au Foundling Hospital, le 3 mai 1759, peu après la mort de Hændel, donnent seulement 56 exécutants, dont 33 instrumentistes et 23 chanteurs. Les instrumentistes se divisent en 12 violons, 3 altos, 3 violoncelles, 2 contrebasses, 4 hautbois, 4 bassons, 2 trompettes, 2 cors, et des timbales. (Voir *Musical Times*, mai 1902.)

421 Ce tableau est reproduit dans l'article cité de M. Seiffert. (*Sammelbände der I. M. G.*, juillet-septembre 1907, p. 688.)

aux *Ripienistes.* Au lieu de la discipline quasi militaire des orchestres modernes manœuvrant sous le bâton de mesure du chef, les divers rouages de l'orchestre haendelien se gouvernaient les uns les autres, avec élasticité ; et la rythmique incisive du petit *cembalo* mettait en branle la masse entière. Un tel système évitait la raideur mécanique de nos exécutions ; le danger eût été plutôt un certain flottement, sans la volonté puissante et contagieuse du chef, quand ce chef se nommait Hændel, et sans la sympathie de pensée qui s'établissait entre lui et ses intelligents sous-chefs du *Concertino* et du *Grosso.*

C'est cette élasticité qu'il faut tâcher de rendre aux œuvres instrumentales de Hændel, quand on les exécute aujourd'hui[422].

*

* *

Et en premier lieu, à ses *Concerti grossi*[423]. Nulles œuvres de lui, qui soient plus célèbres et moins comprises. Hændel y attachait un prix particulier : car il les publia lui-même, par souscription, – moyen qui était usuel, à son époque, mais auquel il ne recourut que d'une façon exceptionnelle.

On sait que le genre du *Concerto grosso,* qui consiste essentiellement en un dialogue entre un groupe de solistes (le *Concertino*) et le chœur des instruments (*Concerto grosso*), auxquels se joint le *cembalo*[424], fut sinon inventé, du moins porté à sa perfection et rendu classique par Corelli[425].

422 « *Leichtigkeit der Bewegung und Beweglichkeit des Ausdrucks* », comme dit M. Volbach, (souplesse du mouvement et fluidité d'expression) : ce sont deux qualités essentielles, que réclame l'exécution des œuvres de Hændel.

423 *12 Grands Concertos* pour instruments à cordes et clavier (t. XXX de la grande édition), écrits du 29 septembre au 20 octobre 1739, entre la petite *Ode à sainte Cécile* et l'*Allegro e Penseroso.* Ils parurent en avril 1740. – Un autre recueil, dont nous parlerons plus loin, est connu sous le nom de *Concertos de hautbois,* et comprend 6 *Concerti grossi* (t. XXI de la grande édition). – M. Max Seiffert a publié une bonne édition pratique des *Concertos* (Breitkopf).

424 Le *concertino* consiste en un trio de 2 violons et basse *soli,* avec *cembalo* obligé. Les Allemands introduisirent les bois dans le *concertino,* accouplant ainsi avec un violon, un hautbois ou un basson. Les Italiens restèrent fidèles, en général, au groupement des seuls instruments à cordes.

425 Les *Concerti grossi,* op. 6, de Corelli, parus en 1712, représentent l'expérience de toute sa vie. Dès 1682, George Muffat [NdÉ – Georges Muffat, dit Georg Muffat (1653-1704), compositeur allemand d'origine savoyarde], passant à Rome, apprenait à y connaître le

Les œuvres et les disciples de Corelli l'avaient propagé en Europe. Geminiani l'introduisit en Angleterre[426]. Et sans doute Hændel n'a-t-il pas été sans profiter de l'exemple de Geminiani, qui était son ami[427]. Mais il est beaucoup plus naturel de penser qu'il prit le *Concerto grosso* à sa source, à Rome, auprès de Corelli, pendant son séjour de 1708. Plusieurs de ses Concertos de l'op. 3[428] datent de 1710, 1716, 1722. Il en est même qui semblent remonter jusqu'au temps de son apprentissage à Hambourg : auquel cas il aurait pu avoir déjà connaissance de la manière de Corelli, grâce à la propagande de George Muffat, qui répandit de très bonne heure ce style en Allemagne[429]. Depuis Corelli, Locatelli[430], et surtout Vivaldi[431], avaient singulièrement transformé le *Concerto grosso*, en lui donnant volontiers un caractère de musique à programme[432], et en l'acheminant résolument vers la forme de la sonate en trois parties. Mais bien qu'on jouât du Vivaldi à Londres, dès 1723, et que ses œuvres qui soulevèrent un enthousiasme général fussent certainement connues de Hændel, c'est toujours à Corelli qu'il se rattache

genre des *Concerti grossi* par Corelli, qui déjà en écrivait pour des masses instrumentales considérables. Burney parle d'un concert de 150 instruments à cordes, dirigés par Corelli chez Christine de Suède, en 1680. – (Voir l'excellent petit livre de M. Arnold Schering : *Geschichte des Instrumentalkonzerts*, 1905, Breitkopf.) [NdÉ – Arnold Schering (1877-1941) fut l'un des premiers musicologues à s'intéresser à Vivaldi. L'ouvrage que cite Rolland, et dont le titre exact est *Geschichte des Instrumental-(Violin-)Konzertes bis A. Vivaldi*, est sa thèse de doctorat.]

426 Geminiani fit paraître trois recueils de Concertos : op. 2 (1732), op. 3 (1735), op. 7 (1748).

427 M. Schering a montré la parenté qui existe entre un thème de Geminiani et le *Concerto grosso* n° 4 de Hændel.

428 Tome XXI de la grande édition.

429 Dès 1682, Muffat publie à Salzbourg son *Armonico tributo*, sonates de chambre, où il mêle la façon du trio lullyste à la manière du *Concertino* italien. Et en 1701, à Passau, il publie des *Concerti grossi* à l'italienne, d'après l'exemple de Corelli.

430 *Concerti grossi*, Amsterdam, 1721.

431 Antonio Vivaldi, de Venise (1680 [NdÉ – 1678]-1743), maître de chapelle à l'Ospedale della Pietà de Venise depuis 1714, commença à être connu en Allemagne entre 1710 et 1720. Les arrangements que J.-S. Bach fit de ses *Concerti grossi* datent du temps où il était à Weimar, c'est-à-dire entre 1708 et 1714.

432 Locatelli et Vivaldi subissaient l'influence de l'opéra italien. Vivaldi écrivit lui-même 38 opéras. Un des *Concerti* de Locatelli (*op.* 7, 1741) se nomme *Il pianto d'Arianna*. [NdÉ – Pietro Antonio Locatelli (1695-1764), Concerto à 4 en mi bémol majeur, op. 7, n° 6.] Dans le *Cimento dell'Armonia* de Vivaldi, quatre concertos décrivent les quatre Saisons, un cinquième peint *La Tempestà*, un sixième *Il Piacere*. Dans *l'op.* 10 de Vivaldi, un concerto représente *la Notte*, un autre *il Cardellino* (le chardonneret). Et M. Schering note l'influence de Vivaldi en Allemagne sur Graupner [NdÉ – Christoph Graupner (1683-1760), compositeur et claveciniste saxon] de Darmstadt, et sur Jos.-Gregorius Werner [NdÉ – Gregor Joseph Werner (1693-1766), compositeur autrichien], en Bohême.

de préférence ; et même il est, à certains égards, plus conservateur que lui. La forme de ses *Concerti*, dont le nombre des mouvements varie de quatre à six, oscille entre la suite, la sonate, voire même la *Sinfonia* (ouverture). C'est ce dont le blâmeront les théoriciens. Et c'est ce dont je le louerai. Car il n'a pas cherché à imposer un cadre uniforme à sa pensée ; mais il a laissé celle-ci se façonner le cadre dont elle avait besoin ; et ce cadre varie, comme elle, suivant les passions et les jours.

La spontanéité de cette pensée, qui nous est déjà révélée par l'extrême rapidité avec laquelle ces *Concerti* ont été composés, – chacun en un seul jour, d'un seul trait, et plusieurs par semaine[433], – fait le charme de ces œuvres. Ce sont, suivant le mot de M. Kretzschmar, de grands *Stimmungsbilder* (des peintures d'impressions), traduits en une forme précise et souple, où le moindre changement d'émotion peut se faire sentir.

Certes, elles ne sont pas toutes d'égale valeur ; le fait même qu'elles sont sorties de l'inspiration d'un moment est cause de leur extrême inégalité. Il faut bien reconnaître que le 7e *Concerto* par exemple (en *si bémol majeur*), et les trois derniers, sont d'un intérêt médiocre[434]. Ce ne sont pas d'ailleurs ceux qu'on joue le moins. Mais si l'on veut être juste, il faut aller droit aux chefs-d'œuvre, et avant tout, au second *Concerto* en *fa majeur*, que je nommerai le Concerto Beethovenien : car on y trouve un peu de l'âme du maître de Bonn. Pour M. Kretzschmar, l'ensemble évoque une belle journée d'automne, – le matin, où le soleil lutte encore contre quelques nuages, – l'après-midi, la joyeuse promenade, le repos dans la forêt, – enfin le retour heureux et attendri. Il est difficile, en effet, de ne pas avoir, en l'écoutant, des impressions de nature. Le premier *andante larghetto*, qui fait songer par moments à la *Symphonie Pastorale*, est la rêverie d'un beau jour ; l'âme se laisse bercer par les murmures

433 Voici quelques dates : 29 septembre 1739, Concerto I en *sol majeur* ; – 4 octobre, Concerto II en *fa majeur* ; – 6 octobre, Concerto III en *mi mineur* ; – 8 octobre, Concerto IV en *la mineur* ; – 12 octobre, Concerto VII en *si b majeur* ; – 15 octobre, Concerto VI en *sol mineur* ; – 18 octobre, Concerto VIII en *ut mineur* ; – 20 octobre, Concerto XII en *si mineur* ; – 22 octobre, Concerto X en *ré mineur* ; – 30 octobre, Concerto XI en *la majeur* (t. XXX de la grande édition).

434 On y sent des influences françaises, particulièrement dans le dixième Concerto en *ré mineur*, qui a une *Ouverture* (grave à 4 temps, et fugué à 6/8), et dont l'ensemble garde un caractère abstrait et saccadé. Le dernier des six morceaux, un *allegro moderato* à variations, assez joli, semble un air pour boîte à musique.

des choses, s'engourdit, et s'endort. La tonalité flotte de *fa majeur* à *si bémol majeur* et à *sol mineur*. Pour bien rendre ce morceau, il faut prendre tout son temps, ralentir souvent, suivre sans hâte la rêverie en son mol abandon.

L'*allegro* en *ré mineur* qui suit, est un jeu allègre et fin, un dialogue bondissant entre les deux violons *soli* du *Concertino*, puis entre le *Concertino* et le *Grosso*. Là encore, certains passages des basses, robustes et rustiques, rappellent la *Pastorale*.

Le troisième morceau, un *largo* en *si bémol majeur*, est une des pages instrumentales où Hændel a mis le plus de lui-même. Après sept mesures de *largo*, dans lesquelles le *Concertino* alterne rêveusement avec le *tutti*,

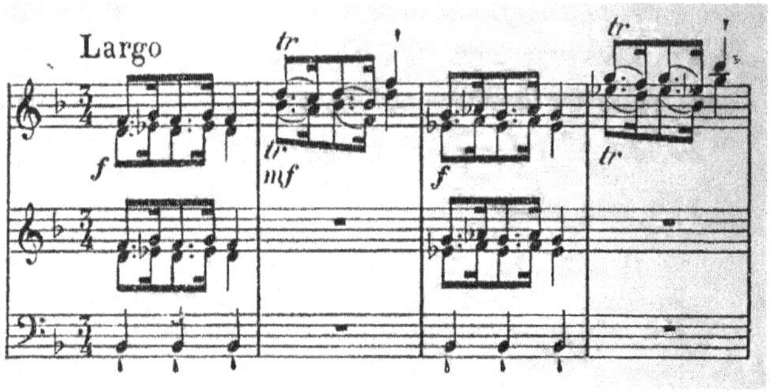

deux mesures *adagio*, langoureusement élargies, font tomber cette rêverie dans une sorte d'extase.

Puis, un *larghetto andante e piano* égrène un chant mélancolique et tendre.

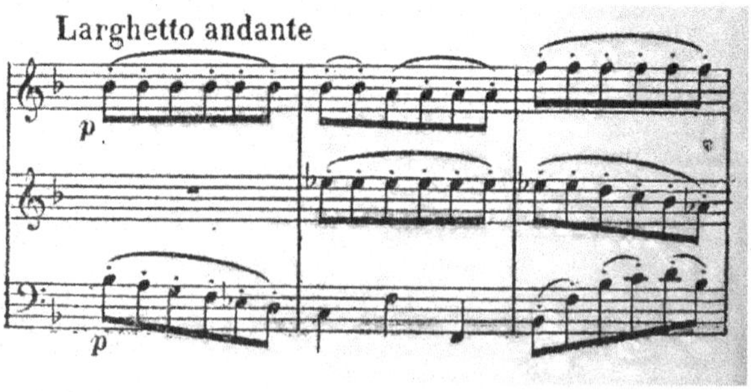

Et le *largo* reprend. Il y a dans ce petit poème une mélancolie qui semble faire revivre des souvenirs personnels. – L'*allegro ma non troppo* qui termine, est au contraire d'une bonhomie joviale, toute beethovenienne encore ; il semble être chanté, comme en marchant, sur un rythme *pizzicato* en 3/4 très marqué.

Au milieu de cette marche, s'élève une phrase des deux violons du *Concertino* qui est comme un hymne de gratitude pieuse et tendre.

Le quatrième Concerto en *la mineur* n'est pas beaucoup moins intime, avec son *larghetto affettuoso*, qui doit être joué avec des *rubato*, des *rallentando*, des demi-pauses, – son *allegro* fugué, qui tranche et écrase tout sous sa marche puissante, – et, après un *largo* d'une gravité archaïque, l'*allegro* 3/4 qui termine, véritable dernier morceau de sonate beethovenienne, romantique, capricieux, emporté, et de plus en plus vers la fin qu'il faut jouer dans un mouvement très libre, *accelerando*, presque *prestissimo*, enivré[435].

435 Voyez encore le troisième Concerto en *mi mineur*, si vivant, avec son *larghetto* 3/2 mélancolique et serein, son andante 12/8 fugué, au thème compliqué, au dessin tourmenté, qui donne l'impression du labyrinthe de l'âme capricieuse et sombre, son *allegro* à quatre temps, d'un humour un peu bouffon, sa pittoresque *Polonaise* sur une pédale bourdonnante, et son *allegro ma non troppo* final en 6/8, dont le rythme et les modulations imprévues font penser à certaines danses des derniers quatuors de Beethoven. / Le cinquième Concerto en *ré majeur* peut être appelé le Concerto de sainte Cécile : car trois des six morceaux (les deux premiers et le beau menuet final) se retrouvent dans l'ouverture de la petite *Ode à sainte Cécile*.

Mais on doit lire surtout le sixième Concerto en *sol mineur*, le plus célèbre de tous, à cause de sa magnifique musette. Il débute par un beau *larghetto*, plein de cette mélancolie, qui est un des sentiments dominants de Hændel, et des moins remarqués : Mélancolie, au sens de la *Malinconia* de Dürer ou de Beethoven, – moins trouble, mais aussi profonde. Nous l'avons déjà rencontrée dans le second, dans le troisième, dans le quatrième Concerto. Ici, elle s'exprime en un monologue élégiaque, que coupent des points d'orgue,

puis en des dialogues du *Concertino* et du *tutti*, se répondant comme des groupes de chœurs antiques. L'*Allegro ma non troppo*, fugué, qui suit, sur un thème chromatique et tourmenté, est dans la même couleur sombre ; mais la marche volontaire de la fugue discipline les ombres fantasques.

Et c'est alors ce *larghetto* 3/4 en *mi bémol majeur*, que Hændel appelait *Musette*, et qui est une des plus lumineuses visions de bonheur pastoral[436]. Toute une journée aux épisodes poétiques et capricieux se déroule sans hâte sur le beau refrain bourdonnant :

Tantôt le mouvement se ralentit, s'endort presque ; tantôt il devient pressant ; et c'est un fort et joyeux rythme, – la marche en dansant de robustes jeunes hommes au beau corps.

436 M. Arnold Schering croit que l'idée de cette musette a été donnée à Hændel par une ritournelle de la *S. Elena al Calvario* de Leonardo Leo.

Au milieu de cette peinture, s'introduit un épisode en *ut mineur*, agreste et bondissant.

Puis le large motif du début reprend, avec son refrain de joie sereine, sourire de la nature[437].

De telles œuvres sont bien des peintures en musique. Pour les comprendre, il ne suffit pas de bonnes oreilles, il faut des yeux pour voir, et un cœur pour sentir[438].

437 Les deux derniers *allegri* finissent un peu brusquement l'œuvre. L'ordre des morceaux étonne souvent chez Hændel. C'est qu'il suit son caprice du moment.

438 Nous ne pouvons insister ici sur l'analyse des autres recueils de Concertos d'orchestre. Je me contente de les énumérer : / Les 6 *Concerti grossi con due violini e violoncello di concertino obligati e due altri violini viola e basso di concerto grosso, op.* 3, connus sous le nom de *Concertos*

*

* *

Les *Sinfonie* (ouvertures) d'opéras et d'oratorios de Hændel sont extrêmement variées, bien que la forme lullyste y prédomine[439]. Cette forme consiste, comme on sait, en un premier mouvement lent, grave, pompeux, suivi d'un second mouvement rapide, saccadé, et d'ordinaire fugué, avec retour du premier mouvement grave pour finir. Elle apparaît dès l'*Almira* de 1705 ; et Hændel, qui l'emploie, avec quelques variantes, dans ses plus célèbres œuvres de la maturité, comme *le Messie* et *Judas Macchabée*, y a encore recours dans son dernier ouvrage, le *Triumph of Time* de 1757. Mais il ne s'astreint pas à cette forme unique. La *Sinfonia* de *Rodrigo* (1707) ajoute à l'ouverture lullyste un *Balletto* à l'italienne, véritable Suite de danses : gigue, sarabande, « *matelot* », menuet, bourrée, menuet, grande passacaille. L'ouverture du *Trionfo del Tempo* de 1708 est un brillant concert où le *Concertino* et le *Grosso* dialoguent de la façon la plus vive et la plus gracieuse. L'ouverture du *Pastor fido* (1712) est une Suite en huit parties. Celle de *Teseo* (1713) comprend deux *largos* suivis chacun d'un badinage en style d'imitation. Celle de la *Passion nach Brockes* (1716) consiste en un seul allegro fugué[440], qui s'enchaîne au premier chœur par l'intermédiaire d'un solo déclamé du hautbois[441]. L'ouverture d'*Acis et*

---

de hautbois, bien que le hautbois n'y joue pas un rôle prépondérant, ont paru en 1734, et semblent avoir été exécutés d'abord aux noces du prince d'Orange avec la princesse Anna, en 1733. Mais, comme nous l'avons dit, leur composition est antérieure : car non seulement on trouve dans le troisième et le cinquième des répliques de fugues des *Clavierstücke*, mais le quatrième servit en 1716 de deuxième ouverture à *Amadigi*, et le premier morceau du cinquième fut joué, en 1722, dans l'opéra *Ottone*. La forme de ces Concertos, encore moins fixe que celle des *Concerti grossi* précédents, oscille de deux à cinq morceaux; et leur orchestration comprend, avec les cordes, 2 hautbois auxquels viennent s'ajouter parfois 2 flûtes, 2 bassons, l'orgue et le clavecin. Ce n'est que par exception que le hautbois a rôle de soliste; le plus souvent, il ne sert qu'à renforcer les violons. / À ce recueil, il faut ajouter un certain nombre d'autres concertos d'orchestre, parus à des époques différentes, et réunis dans le même volume des œuvres complètes (t. XXI) : – avant tout, le célèbre concerto de *la Fête d'Alexandre*, écrit en janvier 1736, dont le style participe à la carrure massive de l'oratorio, – et quatre petits concertos, dont deux ont cet intérêt d'être des œuvres de jeunesse, – de 1703 à 1710, suivant Chrysander.

439 Ces ouvertures de Hændel étaient si goûtées que l'éditeur Walsh en fit un recueil pour clavier (65 ouvertures). – On trouvera un beau spécimen de ces transcriptions dans le tome XLVIII de la grande édition.

440 Les deux autres mouvements sont rudimentaires.

441 Ce moyen est souvent employé par Hændel, pour servir de transition entre l'orchestre et le chant.

Galatée (1720) est aussi en un seul morceau. L'ouverture de *Giulio Cesare* (1724) s'enchaîne au premier chœur, qui en forme le troisième morceau, le menuet. L'ouverture d'*Atalanta* (1736), d'une allégresse admirable, semble une suite instrumentale de fête, comme la *Fireworkmusic*, dont je parlerai plus loin. L'ouverture de *Saul* (1738) est un vrai concerto pour orgue et orchestre ; et la forme sonate s'annonce dans le premier mouvement. – Il y a donc effort très marqué chez Hændel, surtout dans sa jeunesse, pour varier, d'une œuvre à l'autre, les formes de l'ouverture.

Même lorsqu'il emploie le type de l'ouverture lullyste – (et il semble s'y décider de plus en plus, dans sa maturité), – il la transforme par l'esprit. Il ne lui laisse pas son caractère purement décoratif ; il y introduit des intentions expressives et dramatiques[442]. Si l'on ne peut dire que la splendide ouverture d'*Agrippina* (1709) soit déjà une ouverture à programme, combien elle est dramatique ! Le second morceau bouillonne de vie ; ce n'est plus un divertissement érudit, un jeu étranger à l'action ; il a un caractère tragique, et la réponse de la fugue est apparentée au motif sévère et un peu inquiet du premier morceau. Pour la conclusion, le mouvement lent est ramené par un solo de hautbois qui déclame d'une façon pathétique, comme certains récitatifs de J.-S. Bach.

1.

442 Scheibe [NdÉ – Johann Adolf Scheibe (1708-1776), compositeur, critique et théoricien de la musique germano-danois, traducteur en allemand et biographe de l'écrivain norvégien Holberg] qui fut, avec Mattheson, le plus grand esthéticien musical de l'Allemagne, pour l'époque de Hændel, dit que l'ouverture doit, dans ses deux premiers morceaux, « marquer le caractère principal de la pièce », et, dans le troisième morceau, préparer la première scène de la pièce. (*Krit. Musikus*, 1745.) – Scheibe lui-même composait, dès 1738, des *Sinfonie*, « qui exprimaient, en quelque sorte, le contenu des pièces » (*Polyeuctes*, *Mithridates*).

On a voulu voir dans les trois morceaux[443] de l'ouverture d'*Esther* (1720) tout un programme, que Chrysander détaille ainsi : 1° la méchanceté de Haman ; 2° les plaintes d'Israël ; 3° la délivrance. Je me contenterai de dire que l'ensemble de la *Sinfonia* est dans la couleur et l'esprit de la tragédie. – Mais il n'est plus possible de douter, pour l'ouverture de *Debora*, ou pour celle de *Belsazar*, que Hændel n'ait voulu y traduire un programme. Car sur les quatre morceaux de l'ouverture de *Debora*, le second est repris plus loin comme chœur des Israélites, le quatrième comme chœur des prêtres de Baal. Ainsi, dès les premières pages, est nettement posée dans l'ouverture la dualité des peuples, dont l'antagonisme fait le sujet du drame[444]. Il semble bien aussi que l'ouverture de *Belsazar* veuille peindre l'orgie de la fête de Sesach et l'apparition de la main divine qui écrit les mots de feu. En tout cas, les intentions dramatiques sont évidentes : à trois reprises, le flot désordonné de l'orchestre est coupé par des accords piqués, *piano* ; et dans le silence soudain s'élèvent trois mesures graves et *piano*, comme un chant religieux[445].

443 *Andante*, *larghetto*, *allegro* fugué.

444 Seulement, tandis qu'un compositeur moderne n'eût pas manqué d'exposer son programme d'une façon organique, en présentant tour à tour les deux thèmes rivaux, puis en les mettant aux prises, et enfin terminant par le triomphe du thème d'Israël, Hændel se contente d'exposer les deux thèmes, sans chercher à établir entre eux une progression. S'il termine l'ouverture par le thème de Baal, c'est que c'est un mouvement de gigue, et qu'une gigue est bien à sa place, pour finir ; au lieu que le chant d'Israël étant un choral adagio est mieux placé comme second morceau. Ce sont des raisons architecturales qui le guident, plutôt que des raisons dramatiques. Il en est de même pour presque tous les symphonistes du XVIIIe siècle. De la même façon. Beethoven encore, dans son *Héroïque*, fera mourir et enterrer son héros, au second morceau, et puis chantera ses jeux et ses triomphes, dans le troisième et le quatrième morceaux.

445 Parmi les autres ouvertures, qui ont le caractère d'introductions à l'œuvre, je citerai l'ouverture d'*Athalia*, qui est en harmonie parfaite avec la tragédie, – celle d'*Acis et*

Galatée, qui est une symphonie pastorale, évoquant la vie païenne de la nature, – celle de l'*Occasional Oratorio*, ouverture guerrière, avec deux marches, des appels de trompettes, une prière de détresse. – Il y a aussi l'ébauche d'un programme dans l'ouverture de *Judas Macchabée*, dont le premier morceau se rapporte à la scène funèbre qui ouvre le premier acte, et dont le second morceau fugué est apparenté à un des chœurs belliqueux du premier acte. / À l'ouverture de *Riccardo I* (1727), en deux morceaux, s'enchaîne une tempête en musique, peinte d'une façon puissante et romantique, qui ouvre le premier acte, à la façon de la tempête d'*Iphigénie en Tauride*, et sur les derniers grondements de laquelle commence un dialogue entre les héros. / Enfin, on trouve quelquefois, dans l'intérieur des pièces, d'autres *Sinfonie* qui ont un caractère dramatique. La plus frappante est celle qui ouvre le troisième acte d'*Héraklès*. Elle dépeint tour à tour la fureur d'Hercule et la grandeur triste du Destin qui s'appesantit sur l'âme.

*

* *

Enfin, il est une dernière catégorie d'œuvres instrumentales, auxquelles il ne semble pas que les historiens prêtent assez d'attention, et où Hændel se montre pourtant un précurseur et un modèle : c'est la musique de plein air.

Elle tenait une grande place dans la vie anglaise. Aux portes de Londres, abondaient les jardins, où, comme disait déjà Pepys, les concerts de voix et d'instruments se mariaient au concert des oiseaux. À Vauxhall, au Sud de Lambeth Palace, sur la Tamise, – à Ranelagh, près de Chelsea, à deux milles de la ville, – à Marybone (ou Mary-le-Bone) Garden, on donnait des concerts ; et Hændel y fut toujours goûté. Dès 1738, le propriétaire de Vauxhall, Jonathan Tyers, faisait élever dans ses jardins la statue de Hændel ; et, à peine parus, les *Concerti grossi* furent des morceaux préférés, aux concerts de Marybone, de Vauxhall et de Ranelagh. Burney les y entendit souvent jouer par de nombreux orchestres. Hændel écrivait des morceaux spécialement destinés à ces concerts dans les jardins. Il y attachait peu d'importance, en général : c'étaient de petites *Sinfonie* ou des danses sans prétention, comme la *Hornpipe, composed for the concert at Vauxhall, 1740*[446]. Une anecdote, rapportée par Pohl et par Chrysander, montre Hændel plaisantant lui-même sur cette musique qui ne lui avait pas coûté grand'peine.

Mais il composa, dans ce genre, des œuvres de plus vaste envergure : dès 1715 ou 1717, la fameuse *Water Music*, écrite pour une promenade du Roi sur la Tamise[447], – et la *Firework Music*, faite pour illustrer, si

446 Tome XLVIII des œuvres complètes.

447 Voir plus haut, p. 190. – L'œuvre fut de bonne heure célèbre. Une première impression, très incorrecte et incomplète, parut vers 1720, à Londres, chez Walsh. On en lit aussi des réductions pour harpsicorde, avec variations par Geminiani. – La *Watermusic*, comme la *Firework Music*, est publiée dans le tome XLVII de la grande édition.

l'on peut dire, le feu d'artifice tiré à Green Park, le 27 avril 1749, en l'honneur de la paix d'Aix-la-Chapelle[448].

La *Water Music* est une grande sérénade en forme de Suite, comprenant plus de vingt morceaux. Elle débute par une ouverture pompeuse d'opéra ; puis commencent des dialogues en échos des cors et des trompettes, ou des cuivres et du reste de l'orchestre, qui font comme deux orchestres qui se répondent. Viennent ensuite des chants insouciants et confortables, des danses, une bourrée, une *Hornpipe*, des menuets, des airs populaires, qui alternent et contrastent avec les fanfares joyeuses et puissantes. L'orchestre est à peu près le même que celui d'une *Sinfonia* habituelle, à part l'importance considérable qu'y prennent les cuivres ; on trouve encore dans cette œuvre quelques morceaux écrits en style *da camera* ou en style de théâtre.

Avec la *Firework Music*, le caractère de musique de plein air s'affirme nettement, tant par le style large des morceaux que par l'instrumentation qui ne comprend que des instruments à vent[449]. La composition se divise en deux parties : une ouverture, qui devait être jouée avant le grand feu d'artifice, et une suite de petits morceaux qui étaient joués

448 On peut rattacher à ces musiques monumentales les *Sinfonie diverse* (p. 140-143 du vol. XLVIII) et le *Concerto en fa majeur*, en forme d'ouverture et de suite (p. 68-100, *ibid.*) – mais surtout les *3 Concerti für grosses Orchester* et les *2 Concerti a due cori* du vol. XLVII (*Instrumentalmusik für grosses Orchester*). – Les *Concerti für grosses Orchester* ont été, pour ainsi dire, les cahiers d'esquisses de la *Water Music* et de la *Firework Music*. Le premier Concerto date d'environ 1715, et a fourni deux mouvements à la *Water Music* : il est écrit pour 2 cors, 2 hautbois, basson, deux violons, violes, basses. Le second Concerto, en *fa majeur* (pour 4 cors, 2 hautbois, bassons, 2 violons, viole, violoncelle, contrebasses et orgue), et le troisième Concerto en *ré majeur* (pour 2 trompettes, 4 cors, timbales, 2 hautbois, bassons, 2 violons, violes, violoncelle, orgue), contiennent déjà presque toute la *Firework Music*, avec un orchestre moins important, mais avec l'orgue en plus. / Les deux *Concerti a due cori* sont faits avec de grands chœurs d'oratorios, transcrits pour double orchestre (dix parties d'orchestre pour le premier groupe, douze pour le second, 4 cors, 8 hautbois, bassons, etc.). Ainsi, l'apparition de Dieu dans *Esther* : « *Jehovah, crown'd* », et le chœur qui s'enchaîne : « *He comes* ». Il y a là des dialogues colossaux entre les deux orchestres.

449 Le manuscrit autographe, publié dans le tome XLVII de la grande édition, comprend : 2 parties de trompettes, à 3 trompettes par partie : soit 6 trompettes ; 3 *prinzipali* (trompettes profondes) ; 3 timbales ; 3 parties de cors, à 3 par partie : soit 9 cors ; 3 parties de hautbois, à 12 pour la première partie, 8 pour la deuxième, 4 pour la troisième : soit 24 hautbois ; 2 parties de bassons, à 8 pour la première et 4 pour la seconde : soit 12 bassons. Au total : 70 instruments à vent. – Il y en eut 100, pour l'exécution du 27 avril 1749. / Plus tard, Hændel reprit l'œuvre pour des concerts, en y ajoutant un orchestre à cordes.

pendant la fête, et qui correspondaient à certains jeux d'artifice allégoriques. L'ouverture est une sorte de marche pompeuse, en *ré majeur*, qui n'est pas sans analogies avec l'ouverture du *Ritterballet* de Beethoven, et qui, comme elle, est joyeuse, chevaleresque et sonne bien. Les petits morceaux comprennent une bourrée, un *largo alla Siciliana*, intitulé *la Paix*[450], d'une belle grâce héroïque, qui se berce et s'endort ; un allegro très gai, intitulé la *Réjouissance* ; et deux menuets, pour finir. – C'est là une œuvre curieuse à étudier pour nos organisateurs de fêtes populaires et de spectacles en plein air[451]. Si l'on remarque qu'après 1740, Hændel n'a guère écrit, en fait de musique instrumentale, que la *Firework Music* et les deux *Concerti* monumentaux *a due cori*, on aura le sentiment que la dernière évolution de sa pensée et de son style instrumental l'amenait à une musique conçue par grandes masses, pour de vastes espaces et de vastes publics.

Il y avait toujours eu en lui une veine populaire. Je rappelais tout à l'heure les inspirations populaires dont sa mémoire était remplie, et qui vivifient ses oratorios. Son art, qui se renouvelait perpétuellement à ces sources rustiques, eut, de son temps, une popularité étonnante ; certains airs d'*Ottone*, de *Scipione*, d'*Arianna*, de *Berenice*, et de tels autres opéras, étaient répandus et vulgarisés non seulement dans tout le pays anglais[452], mais à l'étranger, et même en France, si réfractaire aux influences du dehors[453].

---

450 Écrit pour 9 cors en 3 parties, 24 hautbois en 2 parties et 12 bassons.

451 Il ne serait pas difficile d'y joindre d'autres œuvres analogues de Hændel et de Beethoven. Car il existe déjà un beau répertoire de musique classique populaire, pour des fêtes en plein air. Mais jusqu'ici, personne n'y a pris garde.

452 L'air de la gavotte de l'ouverture d'*Ottone* fut joué dans toute l'Angleterre et sur tous les instruments, « depuis l'orgue jusqu'à la boëte au sel des bateleurs ». On le retrouve encore, à la fin du XVIIIe siècle, comme air d'une chanson-vaudeville française. (Voir l'*Anthologie françoise ou Chansons choisies*, éditées par Monnet, en 1765, t. I, p. 286). – La marche de *Scipione*, comme celle de *Rinaldo*, servit pendant un demi-siècle pour la parade de la garde royale. Les menuets des ouvertures d'*Arianna* et de *Berenice* restèrent longtemps populaires. On voit dans les romans anglais du temps, et notamment dans le *Tom Jones* de Fielding [NdÉ – écrit de 1746 à 1748, édité en 1749 à Londres par Andrew Millar], à quel point la musique de Hændel était répandue dans les campagnes anglaises, jusque chez des hobereaux aussi fermés à toute compréhension artistique que le légendaire squire Western.

453 M. Paul-Marie Masson [NdÉ – Paul-Marie Masson (1882-1954), musicologue et compositeur français, auteur d'une thèse sur *L'opéra de Rameau* (1930)] m'a signalé, dès la date de 1716, dans un *Recueil d'airs sérieux et à boire* (Bibl. Nat. Vm^7 549) une *Aria del Signor Inden* (sic), « air ajouté au ballet de l'*Europe Galante* ». – Les *Meslanges de musique latine,*

Mais ce n'est pas seulement de cette popularité un peu banale que je veux parler, quoiqu'elle ne soit pas à négliger : – car il n'y a qu'un sot orgueil et un cœur rétréci qui dénient toute valeur d'art à l'art qui plaît aux humbles ; – ce que j'entends surtout par le caractère populaire de la musique de Hændel, c'est qu'elle est vraiment conçue pour tout un peuple, et non pour une élite de dilettantes, comme l'opéra français entre Lully et Gluck. Sans jamais se départir d'une forme souverainement belle, qui ne fait nulle concession à la foule, elle traduit, en un langage immédiatement accessible à tous, des sentiments que tous peuvent partager.

Ce génial improvisateur, astreint pendant toute une vie, – un demi-siècle de création, – à parler du haut de la scène à de grands publics mêlés, dont il fallait être sur-le-champ compris, était comme ces orateurs antiques, qui avaient le culte de la forme et l'instinct de l'effet immédiat et vivant. Notre époque a perdu le sens de ce type d'art et d'hommes : de purs artistes qui parlent au peuple et pour le peuple, non pour eux seuls et pour quelques confrères. Aujourd'hui, les purs artistes s'enferment chez eux ; et ceux qui parlent au peuple sont le plus souvent des bateleurs. La libre Angleterre du XVIIIe siècle était, dans une certaine mesure, parente de la République romaine ; et l'éloquence d'un Hændel n'est pas sans rapports avec celle des orateurs épiques, qui faisaient retentir de leurs périodes savantes et passionnées le Forum où s'écrasait la plèbe flâneuse et frémissante. Cette éloquence sut même, à l'occasion, se mêler à l'âme de la nation, comme aux jours de l'invasion jacobite, où *Judas Macchabée* incarna la patrie. Dès les premières exécutions d'*Israël*, certains des auditeurs

---

françoise et italienne, de Ballard, en 1728, contiennent, parmi les airs italiens, 2 *Arie del signor Endel* (p. 61). – Tous les airs de la *Chasse du cerf* de Séré de Rieux, en 1734, sont des airs de Hændel adaptés à des paroles françaises. – Un article de Michel Brenet : *La librairie musicale en France de* 1653 *à* 1790, *d'après les registres de privilèges* (*Sammelbände* de l'*I. M. G.* 1907) signale une série d'éditions françaises de Hændel aux dates de 1736, 1739, 1749, 1751, 1765. En 1736 et en 1743, on donna au Concert Spirituel quelques-uns de ses airs et de ses *Concerti grossi*. (Brenet : *Les Concerts en France sous l'ancien régime*, 1900.) Une quantité de ses airs furent arrangés pour flûte, par Blavet [NdÉ – Michel Blavet, compositeur français (1700-1768) qui fut l'un des plus grands flûtistes de son temps], dans ses trois *Recueils de pièces, petits airs, brunettes, menuets, etc., accomodés pour les flûtes traversières, violons, etc.*, parus entre 1740 et 1750. – Hændel était assez populaire à Paris pour qu'on y vendît son portrait, en 1739. (Voir une annonce de marchand publiée par le *Mercure de France*, juin 1739, t. II, p. 1384.)

avaient célébré la vertu héroïque de cette musique, qui peut soulever des peuples et mener les armées à la victoire.

Par cette puissance d'action populaire, comme par tant d'autres aspects de son génie, Hændel est de la robuste lignée de Cavalli et de Gluck. Mais il les dépasse. Seul, Beethoven a marché dans ses larges traces, et poursuivi la route qu'il avait ouverte.

CATALOGUE DES ŒUVRES DE HÆNDEL

Nos DE LA GRANDE ÉDITION DES ŒUVRES DE HÆNDEL publiée par la *Deutsche Händel-Gesellschaft* (Breitkopf et Hærtel, Leipzig).		LISTE DES ŒUVRES DANS L'ORDRE CHRONOLOGIQUE		DATES ET LIEU D'EXÉCUTION	

I. — OPERAS

13e année,	t. 55.	1.	*Almira.*	Hambourg, 1705.	
13e —	t. 56.	2.	*Rodrigo.*	Florence, 1707.	
14e —	t. 57.	3.	*Agrippina.*	Venise, 1709-10.	
14e —	t. 58.	4.	*Rinaldo.*	Londres, 1711.	
16e —	t. 59.	5.	*Pastor fido*, 1re version.	—	1712.
14e —	t. 60.	6.	*Teseo.*	—	—
15e —	t. 61.	7.	*Silla.*	—	1714.
14e —	t. 62.	8.	*Amadigi.*	—	1715.
15e —	t. 63.	9.	*Radamisto.*	—	1720.
14e —	t. 64.	10.	*Muzio Scevola.*	—	1721.
16e —	t. 65.	11.	*Floridante.*	—	—
21e —	t. 66.	12.	*Ottone.*	—	1723.
15e —	t. 67.	13.	*Flavio.*	—	—
15e —	t. 68.	14.	*Giulio Cesare.*	—	1724.
16e —	t. 69.	15.	*Tamerlano.*	—	—
16e —	t. 70.	16.	*Rodelinda.*	—	1725.
17e —	t. 71.	17.	*Scipione.*	—	1726.
17e —	t. 72.	18.	*Alessandro.*	—	—
17e —	t. 73.	19.	*Admeto.*	—	1727.
17e —	t. 74.	20.	*Riccardo I.*	—	—
18e —	t. 75.	21.	*Siroe.*	—	1728.
18e —	t. 76.	22.	*Tolomeo.*	—	—
19e —	t. 77.	23.	*Lotario.*	—	1729.
19e —	t. 78.	24.	*Partenope.*	—	1730.
20e —	t. 79.	25.	*Poro.*	—	1731.
20e —	t. 80.	26.	*Ezio.*	—	1732.
20e —	t. 81.	27.	*Sosarme.*	—	—
21e —	t. 82.	28.	*Orlando.*	—	1733.
21e —	t. 83.	29.	*Arianna.*	—	1734.

29e —	t. 84.	30.	*Pastor fido*, 2e version.	—	—
21e —	t. 85.	31.	*Ariodante.*	—	1735.
9e —	t. 86.	32.	*Alcina.*	—	—
22e —	t. 87.	33.	*Atalanta.*	—	1736.
22e —	t. 89.	34.	*Arminio.*	—	1737.
23e —	t. 88.	35.	*Giustino.*	—	—
23e —	t. 90.	36.	*Berenice.*	—	—
24e —	t. 91.	37.	*Faramondo.*	—	1738.
24e —	t. 92.	38.	*Serse.*	—	—
25e —	t. 93.	39.	*Imeneo.*	—	1740.
25e —	t. 94.	40.	*Deidamia.*	—	1741.

II. — ORATORIOS

3e année,	t. 9.	1. *Passion nach Johannes.*	Hambourg,	1704.
18e —	t. 39.	2. *Resurrezione.*	Rome,	1708.
8e —	t. 24.	3. *Trionfo del Tempo e del Disinganno.*	—	—
30e —	t. 53.	4. *Aci, Galatea e Polifemo.*	Naples,	1709.
5e —	t. 15.	5. *Passion nach Brockes.*	Hanovre,	1716.
22e —	t. 40.	6. *Esther* (1re version).	Londres,	1720.
1re —	t. 3.	7. *Acis and Galatea.*	—	—
22e —	t. 41.	8. *Esther* (2e version).	—	1732.
10e —	t. 29.	9. *Deborah.*	—	1733.
2e —	t. 5.	10. *Athalia.*	Oxford,	1733.
4e —	t. 12.	11. *Alexanderfest.*	Londres,	1736.
5e —	t. 13.	12. *Saul.*	—	1738-9.
6e —	t. 16.	13. *Israël in Egypten.*	—	
8e —	t. 23.	14. *Cæcilienode.*	—	1739.
2e —	t. 6.	15. *Allegro, Penseroso e Moderato.*	Londres,	1740.
31e —	t. 45.	16. *Messiah*[454].	Dublin,	1742.
4e —	t. 10.	17. *Samson.*	Londres,	1743.
3e —	t. 7.	18. *Semele.*	—	—
23e —	t. 42.	19. *Joseph.*	—	—
7e —	t. 19.	20. *Belsazar.*	—	1744.
2e —	t. 4.	21. *Herakles.*	—	—
24e —	t. 43.	22. *Occasional Oratorio.*	—	1746.
8e —	t. 22.	23. *Judas Maccabäus.*	—	1746.

454 Le *fac-simile* du manuscrit autographe du *Messie* a été publié dans la 29e et 30e année de la grande édition Hændel.

11e —	t. 33.	24. *Alexander Balus.*	—	1747.
6e —	t. 17.	25. *Joshua.*	—	—
9e —	t. 26.	26. *Salomo.*	—	1748.
1re —	t. 1.	27. *Susanna.*	—	—
3e —	t. 8.	28. *Theodora.*	—	1749.
27e —	t. 46b	29. *Alcestes.*	—	—
6e —	t. 18.	30. *Choice of Hercules.*	—	1750.
26e —	t. 44.	31. *Jephtha*[455].	—	1751.
6e —	t. 20.	32. *Triumph of Time and Truth.*	—	1757.

III. — MUSIQUE RELIGIEUSE

13e —	t. 38.	1. *Lateinische Kirchenmusik.*	Rome,	1707.
27e —	t. 46a	2. *Birthday Ode for queen Anne*	Londres,	1713.
10e —	t. 31.	3. *Utrechter Te Deum and Jubilate*	—	—
11e et 12e —	t. 34-36.	4. *Anthems (Psaumes)*, 3 vol.	Londres,	1717-1749.
5e —	t. 14.	5. *Coronation Anthems.*	—	1727.
4e —	t. 11.	6. *Funeral Anthem*	—	1737.
8e —	t. 25.	7. *Dettinger Te Deum.*	—	1743.
13e —	t. 38.	8. *3 Te Deum (in D, B, A dur).*		

IV. — MUSIQUE VOCALE DE CHAMBRE

27e année, t. 50-51.	1. *Cantates italiennes (soli con basso)*, 2 vol.	Rome,	1708-9.
27e année, t. 52a-52b.	2. *Cantates italiennes (con stromenti)*, 2 vol.	—	—
20e année, t. 32.	3. *22 Duos italiens et 2 Trios.*	Hanovre,	1711.

V. — MUSIQUE INSTRUMENTALE

1re et 30e années,	t. 2 et t. 48	1. *Compositions pour clavier*, 2 vol.
9e et 30e années,	t. 28 et t. 48	2. *Concertos d'orgue*, 2 vol.
19e année	t. 27	3. *Musique de chambre (37 sonates et trios pour violons, flûtes ou hautbois, avec basse).*
10e —	t. 30	4. *12 Concerti grossi.* Londres, 1739.
7e —	t. 21	5. *Concerti pour orchestre.*
26e —	t. 47	6. *Compositions pour grand orchestre. (Watermusic, Firework Music, Doppelkonzerte, etc).*

455 Le *fac-simile* de la partition autographe de *Jephtha* a été publié dans la 25e année de la grande édition Hændel.

La collection Schœlcher à la Bibliothèque du Conservatoire de Paris contient un certain nombre de copies de Hændel (faites d'après les manuscrits originaux du Fitzwilliam Museum à Cambridge), ou d'éditions anciennes d'œuvres de Hændel, non encore publiées par la *Hændel Gesellschaft.*

Entre autres :

1. *Airs françois de G. F. Hendel*, 1707-8.
2. *German Cantatas.*
3. Esquisses et fragments d'airs et de chœurs, dont quelques-uns semblent appartenir à des opéras inachevés.
4. Collection de romances, ballades, hymnes patriotiques, publiés en feuilles détachées, du vivant de Hændel.

Sans parler d'une très riche collection d'éditions anciennes des opéras, des *libretti* des opéras et des oratorios, et de *Varietes on Handel*, comprenant un nombre considérable de brochures, pamphlets, poésies, articles de journaux, écrits du XVIIIe siècle, relatifs à Hændel. Enfin, des éditions originales d'œuvres de Stradella, Urio, Keiser, Bononcini, Arne, Pepusch, Carey, etc., et autres compositeurs anglais, allemands ou italiens, qui furent les modèles ou les rivaux de Hændel.

La *Deutsche Hændel Gesellschaft* a publié, en *Suppléments* à la grande édition des œuvres de Hændel, plusieurs volumes des œuvres d'auteurs italiens ou allemands, que Hændel a utilisées dans ses compositions, – à savoir :

1. *Magnificat* dit de Erba.
2. *Te Deum* dit de Urio.
3. *Serenata* de Stradella.
4. *Duetti* de Clari.
5. *Componimenti Musicali* de G. Muffat.
6. *Octavia* de Reinhard Keiser.

BIBLIOGRAPHIE

Friedrich CHRYSANDER. *G.-F. Händel*, 3 vol., 1858-1867, Leipzig.
(Le nom de Chrysander doit être attaché à celui de Hændel : car sa vie lui a été tout entière vouée. C'est lui qui fonda en 1856, avec Gervinus, la *Deutsche Hændelgesellschaft*, et qui réalisa presque toute l'édition complète des œuvres de Hændel en 100 volumes, à lui tout seul. Sa biographie de *Hændel* est un monument de science et d'amour, comparable au *J.-S. Bach* de Philipp Spitta et au *Mozart* de Otto Jahn. Malheureusement, l'œuvre est restée inachevée ; elle s'arrête à l'année 1740. M. Max Seiffert doit la terminer[456].)

SCHŒLCHER. *The life of Handel*, 1857.
(Les travaux de Schœlcher, antérieurs à ceux de Chrysander, valent par les documents réunis, plus que par la mise en œuvre. Comme on l'a vu, la précieuse collection de ces documents a été léguée au Conservatoire de Paris.)

Hermann KRETZSCHMAR. *Georg-Friedrich Hændel* (publié dans la *Sammlung musikalischer Vorträge* de Paul Graf Waldersee.) [NdÉ – Leipzig, Breitkopf und Härtel, 1884.]

Fritz VOLBACH. *Georg-Friedrich Hændel.* (Collection : *Harmonie*, 1898, Berlin.)
(Ces deux derniers ouvrages sont d'excellents petits résumés de la vie et de l'œuvre de Hændel.)

J.-A. FULLER MAITLAND. *The Age of Bach and Handel* (4e vol. de *The Oxford History of Music*), 1902, Oxford.

R.-A. STREATFEILD. *Handel*, 1909, Londres.
(Ce livre est un des premiers, en Angleterre, qui dégage la figure de Hændel de la fausse conception moralisante et édifiante sous laquelle l'auteur du *Messie* était écrasé. Il montre la richesse et la liberté de l'œuvre de Hændel, et rectifie sur certains points les grandes biographies allemandes.)

ADEMOLLO. *G.-F. Hændel in Italia.* [NdÉ – Alessandro Ademollo, « Hændel in Italia ». *Gazetta musicale di Milano*, 1889, p. 258-289.]

Sedley TAYLOR. *The Indebtedness of Hændel to works by other composers*, 1906, Cambridge.

P. ROBINSON. *Handel and his Orbit*, 1908, Londres.
(Ces deux derniers volumes sont consacrés à la question des plagiats chez Hændel.)

F. VOLBACH. *Die Praxis der Hændel-Aufführung*, 1899[i], thèse de doctorat.

456 Max Seiffert n'en a malheureusement rien fait.

(Sur l'orchestre de Hændel.)
Hugo GOLDSCHMIDT. *Die Lehre von der vokalen Ornamentik*, 1907.
(Sur l'exécution vocale des œuvres de Hændel, et en particulier sur la question des ornements vocaux. – Cette question a fait l'objet de nombreuses discussions, dans les bulletins de l'*Internationale Musikgesellschaft*, surtout avec M. Seiffert.)
WEITZMANN. *Geschichte der Klaviermusik*, t. I, 1899 (continué et complété par MM. Seiffert et Fleischer).
(Pour les œuvres de clavier de Hændel.)
Ernest DAVID. *Hændel*, 1884.
Camille BELLAIGUE. *Les Époques de la Musique*, t. I, 1909.

Pour les lecteurs désireux de remonter aux sources de la biographie de Hændel, les ouvrages les plus intéressants écrits par des contemporains de Hændel, sont :

Johann MATTHESON. *Hændel* (dans l'*Ehrenpforte*, 1740).
MAINWARING. *Memoirs of the life of the late G.-F. Handel*, 1760. (Traduit en allemand, avec des notes, par Mattheson, 1761, – en français par Arnaud et Suard, en 1778.)
BURNEY. *Commemoration of Handel*, 1785.
HAWKINS. *General History of Music*, 1788.
W. COXE. *Anecdotes of G.-F. Handel and Smith*, 1799.

NOTES DE L'ÉDITEUR

a Toutes les éditions portent en note la date de 1089, coquille que nous avons corrigée.

b Dans l'éd. de 1910 la note se termine ainsi : « …Vienne et Schwerin. Il est incroyable qu'aucun n'ait été encore publié, malgré leur importance dans l'histoire de l'opéra allemand. Chrysander a donné quelques spécimens des *libretti*. La musique n'a guère été étudiée que par M. Neisser, qui a le tort de ne pas assez connaître la musique des contemporains de Steffani, et, par suite, se trompe souvent dans ses appréciations sur lui. »

c Dans l'exemplaire de 1911 conservé à la BnF, Rolland a corrigé la note de la manière suivante : « Leibniz n'en avait pas plus, malgré quelque… » La correction n'a pas été retenue dans les éditions suivantes.

d Dans l'éd. de 1910, la note a cette teneur : « On y faisait une grande consommation de chanteurs. Le seul *Servio Tullio* en employait vingt-cinq, dont dix soprani. (Neisser, *op. cit.*) »

e Dans l'éd. de 1910, il y a une phrase de plus (dont la suppression est sans doute due à la nécessité de compenser l'allongement, sur la même page, de la note citée dans la variante précédente) dans la note qui se lit donc ainsi : … « Sophie-Dorothée. Les poèmes étaient l'œuvre de grands seigneurs, ou d'abbés italiens. Ces duos… »

f Dans l'exemplaire de 1911 conservé à la BnF, Rolland a corrigé « soient » en « sont ». La correction n'a pas été retenue dans les éditions suivantes.

g Toutes les éditions du texte portent dans la note la coquille : « … qu'en trouve de temps en temps… »

h Dans l'éd. de 1910, les deux signes entre crochets sont inversés.

i Toutes les éditions portent la date erronée de 1889.

BIBLIOGRAPHIES

BIBLIOGRAPHIE INDICATIVE AUTOUR DE LA *VIE DE BEETHOVEN*

AUDÉON, Hervé (dir.), *Romain Rolland musicologue*, Dijon, Éditions universitaires de Dijon, 2017.

BAUER, Elisabeth Eleonore, *Wie Beethoven auf den Sockel kam : die Entstehung eines musikalischen Mythos*, Stuttgart, Weimar, Verlag J.-B. Metzler, 1992.

BEETHOVEN, Ludwig van, *Briefwechsel Gesamtausgabe*, hrsg. von Sieghard Brandenburg, München, G. Henle, 1996, 7 vol.

BEETHOVEN, Ludwig van, *Cahiers de conversation* [extraits], traduits par J.-G. Prod'homme, Paris, Buchet-Chastel, 2015.

BRENNER, Daniel, *Anton Schindler und sein Einfluss auf die Beethoven-Biographik*, Bonn, Verl. Beethoven-Haus, 2013.

BRISSON, Élisabeth, *Guide de la musique de Beethoven*, Paris, Fayard, 2005.

BUCH, Esteban, *La Neuvième de Beethoven, une histoire politique*, Paris, N. R. F., Gallimard, 1999.

CLIVE, Peter, *Beethoven and His World : a Biographical Dictionary*, Oxford, Oxford University Press, 2006.

COOPER, Barry (dir.), *Dictionnaire Beethoven*, trad. par Dennis Collins (trad. de *The Beethoven Compendium*, London, Thames and Hudson, 1991), Paris, J.-C. Lattès, 1991.

DUCHATELET, Bernard, *Romain Rolland et Beethoven : l'ultime sonate*, Étude rollandienne n° 19, Association Romain Rolland, 2007.

DUCHATELET, Bernard, *Romain Rolland tel qu'en lui-même*, Paris, Albin Michel, 2002.

GABORIAUD, Marie, *Une vie de gloire et de souffrance : le mythe de Beethoven sous la Troisième République*, Paris, Classiques Garnier, 2017.

KOPITZ, Klaus Martin, et CADENBACH, Rainer (dir.), *Beethoven aus der Sicht seiner Zeitgenossen : in Tagebüchern, Briefen, Gedichten und Erinnerungen*, München, G. Henle, 2009, 2 vol.

KRAUS, Beate Angelika, *Beethoven-Rezeption in Frankreich : von ihren Anfängen bis zum Untergang des Second Empire*, Bonn, Beethoven-Haus, 2001.

Les Lettres de Beethoven. L'intégrale de la correspondance 1787-1827, Arles, Actes Sud, 2010.

Ludwig van Beethovens Konversationshefte, Leipzig, Deutscher Verlag für Musik, 1968-2001, 11 vol.

LOESH, Heinz von, et RAAB, Claus (dir.), *Das Beethoven-Lexikon*, Laaber, Laaber-Verlag, 2008.

PISTONE, Danièle, « Du biographique à la musique. Réflexions et perspectives », id., *Prospectives musicologiques*, Paris, L'Harmattan, 2019, p. 17-45.

PISTONE, Danièle, « Romain Rolland et la musicologie de son temps », *Cahiers de Brèves* n° 29, juin 2012, p. 27-30.

SCHRADE, Leo, *Beethoven in France, the Growth of an Idea*, New Heaven, Yale University Press, 1942.

SOLOMON, Maynard, *Beethoven*, trad. de l'anglais par Hans Hildenbrand, avec la collaboration de Jean Nithart, Paris, Fayard, 2003.

WAGNER, Richard, *Beethoven*, analysé et traduit par Théodore de Wyzewa, [*Revue wagnérienne*, mai-août 1885], Paris, Stalker éd., 2006.

TRADUCTIONS DE LA *VIE DE BEETHOVEN* (1907-1950)

La *Vie de Beethoven* a été diffusée dans la plupart des pays du monde. Elle a même rencontré un immense succès dans certains pays, soit en tant qu'ouvrage indépendant soit réunie en volume avec d'autres œuvres de Rolland (voire d'autres auteurs), le plus souvent en triptyque avec *Vie de Michel-Ange* et *Vie de Tolstoï* (*Vies des hommes illustres*). La première traduction, anglaise, parue à Londres en 1907, est dite « autorisée », comme plusieurs des premières traductions européennes, ce qui est loin d'être toujours le cas par la suite. Les éditions étrangères indiquent d'ailleurs rarement sur quelle édition française la traduction a été réalisée ; celle-ci s'effectue même parfois à partir d'une traduction antérieure dans une autre langue.

Devant le nombre considérable de traductions, et la difficulté que représente leur inventaire, nous en proposons ci-dessous une liste que nous espérons la plus exhaustive et correcte possible. Elle se limite cependant aux traductions publiées du vivant de Romain Rolland et dans les années qui suivent immédiatement sa mort (jusqu'en 1950), car ces années-là ont vu la publication de nombreuses premières traductions importantes, notamment en Argentine, Israël, Norvège, Roumanie et Slovénie. Soulignons comme particulièrement significatives celles qui ont été faites dans la langue de peuples « martyrs » : yiddish, polonais, serbe et, plus récemment, kurde (sorani) et tibétain[1]. Alors qu'il n'existe dans beaucoup de pays qu'une seule traduction dans la langue nationale (Allemagne et pays d'Europe du nord), il n'est pas rare de trouver plusieurs traductions successives ou concurrentes dans une même langue – sans parler des multiples traductions chinoises et japonaises. Nous avons relevé au moins six traductions en russe, quatre en italien, trois en turc et en grec. Certaines éditions présentent des particularités intéressantes : préfaces ou notes supplémentaires, illustrations, sous-titres imagés, comme « vie sublime et orageuse » (en italien), « la voix du silence » (en turc)[2], etc. Les multiples rééditions, dont certaines traductions ont fait l'objet, attestent du succès toujours vif de l'ouvrage aujourd'hui, notamment en Asie (Chine, Japon, Corée).

Anglais

Beethoven, trad. Fred Rothwell, Londres, Henry J. Drane, [1907].
Beethoven, trad. Bertha Constance Hull, with a brief analysis of the sonatas, the symphonies, and the quartets by Arthur Eaglefield Hull [...] with 24 musical illustrations and 4 plates and an introduction by Edward Carpenter, Londres, Kegan Paul, Trench, Trubner and Co. ; New York, Henry Holt and Co., 1917.

Allemand

Ludwig van Beethoven, trad. Lisbeth Langnese-Hug, Zurich, Max Rascher, 1918 ; nouvelle éd. Zurich, Leipzig, Rotapfel-Verlag, 1926.

Bulgare

Zhivotŭt na Betkhovena, trad. Nikola Abadzhiev, Sofia, G. Yurukov, 1918.

Catalan

Vida de Beethoven : publicada amb motiu de la commemoració del centenari de la seva mort, trad. Ignasi Folch i Torres, Barcelone, Associació d'Amics de la Música, 1927.

---

1 *Jîyanî Bethovên*, trad. du persan par Naser Razzazi, Stockholm, Sara, 1989 ; *Mi sna grags can gyi mdzad rnam : The Biography of Celebrity* (avec *Vie de Michel-Ange* et *Vie de Tolstoï*), trad. Jo skyabs rdo rje, Lan-krovu, Kan-suvu mi-rigs dpe-skrun-khang, 2018.

2 *Beethoven'ın Hayatı. Sessizliğin Sesi*, trad. Alper Turan, Istanbul, Fabula Kitap, 2015.

Chinois

Bei duo wen zhuan, trad. Yang Hui (d'après la version anglaise traduite par B. Constance Hull), Shanghaï, Bei xin shu ju, 1927.
Bei duo wen zhuan, trad. Chen Zhanyuan, Guilin, Ming ri she, 1944.
Bei duo fen zhuan, trad. Fu Lei, Shangaï, Luo tuo shu dian, 1946.

Croate

Beethoven, trad. Zlatko Milković, Zagreb, Be-l-ka, 1940.

Danois

Beethoven, trad. Signe Lehmann, Copenhague, Pio, 1915.

Espagnol

Vidas de hombres ilustres. I, Vida de Beethoven, trad. Juan Ramón Jiménez, Madrid, Publicaciones de la Residencia de Estudiantes, 1915 ; autre éd. : Buenos Aires, Losada, 1945.
Vidas ejemplares : Beethoven, Miguel Ángel, Tolstoi, avec une note préliminaire de Jose Vasconcelos, Mexico, Universidad nacionál de México, 1923 ; autre éd. : México, Editorial Nueva España, 1944.
Vida de Beethoven, trad. Irene Polo, Buenos Aires, Libreria Hachette, 1941.

Estonien

Beethoveni elu, trad. Johannes Semper, Tartus, Eesti Kirjanduse Seltsi Kirjastus, 1931.

Finnois

Beethoven, trad. Leevi Madetoja (d'après la 6e éd. française), Porvoo, W. Söderström, 1918.

Grec

O βίος του Μπετόβεν, trad. N. D. Níramos, Athènes, Agon, 1927.
O βίος του Μπετόβεν, trad. Násos E. Detzṓrtzīs, Athènes, Íkaros, 1944.

Hébreu

Beethoven, trad. Leah Weitz-Kohn, Tel Aviv, Masada, 1945.

Hongrois

Beethoven élete, trad. Mikes Lajos, Budapest, Athenaeum, [1911].
Beethoven élete, trad. Cserna Andor, Budapest, Rózsavölgyi, 1920.

Islandais

Ævisaga Beethovens, trad. Símon Jóh. Ágústsson, Reykjavik, Menningar- og fræðslusamband alþýðu, 1940.

Italien

Beethoven, prima traduzione italiana con introduzione e note di Giusto Zampieri, Milan, R. Caddeo, 1921.
Beethoven : vita sublime e tempestosa, trad. Enrica Cavallo, Milan, Poligono, 1949.
Vita di Beethoven, trad. Giulio Confalonieri, Milan, Rizzoli, 1949.

Japonais

Bētōfen narabini Mirē (*Beethoven et Millet*), trad. Kazuo Katō, Tokyo, Rakuyodo, 1915 (d'après la traduction anglaise de Fred Rothwell).
Bētōven (*Beethoven*), trad. Sōta Kimura, dans *Roman Roran zenshū* (*Œuvres complètes de Romain Rolland*), vol. 3, Tokyo, Ningen sha Shuppanbu, ca 1920.
Bētōven, trad. Hiroatsu Takada, Tokyo, Sōbunkaku, 1926.
Bētōven no shōgai (*Vie de Beethoven*), trad. Toshihiko Katayama, Tokyo, Iwanami shoten, 1938.
Bētōben no shōgai, trad. Nrio Ide, Tokyo, Kasumigaseki shobō, 1946.

Letton

Bēthovens, trad. Zenta Mauriņa, Riga, Grāmatu Draugs, [1932].

Lituanien

Beethoveno gyvenimas, trad. Viktoras Kamantauskas, Kaunas, Vairas, 1927.

Néerlandais

Het leven van Beethoven, trad. Jacob de Jong, Amsterdam, Maatschappij voor goede en goedkope lectuur, [1914] ; 4e éd., révisée d'après l'édition française de 1927 par Marcel Boereboom, Amsterdam, Wereldbibliotheek, 1948.

Norvégien

Beethoven, trad. Kitty Brogger, Oslo, Nasjonalforlaget, 1946.

Polonais

Beethoven, trad. Marja Jackowska, Kijów, Varsovie, Cracovie, Leon Idzikowski, 1914.
Beethoven, trad. Marja Zabojecka, Varsovie, Cracovie, J. Mortkowicz, [1921].

Roumain

Viaţą lui Beethoven, trad. Adolf Edmund George de Herz, Bucarest, Editura de Stat, 1946.

Russe

Žizn' Bethovena, trad. [et préface] S. Tarasova (d'après la 3e éd. française), Saint-Pétersbourg, M. I. Semenov, 1912.
Geroičeskie žizni (Vies héroïques) : Betchoven, Mikelandželo, Tolstoj, trad. sous la dir. d'A. A. Smirnov et B. M. Eichenbaum, dans *Sobranie Sočinenij (Œuvres complètes)* de Romain Rolland, sous la dir. de P. S. Kogan et S. F. Oldenburg, Leningrad, Vremja, t. 14, 1933.
Žizn' Bethovena, trad. S. A. Semenovsky, Moscou, Muzgiz, 1937.

Serbe

Betovenov život, trad. Ozren S. Obradović, Beograd, Osvit, [1922 ?].
Betovenov život, Vienne, Edition Slave, 1923.
Život Betovenov, préface et trad. Božidar Kovačević, Belgrade, S. B. Cvijanović, 1923.

Slovaque

Beethoven, trad. Ivan Ballo, [s. l.], Slovenských pohl'adov, 1927 ; autre éd. : Martin, Matica slovenská, 1927.

Slovène

Beethovnovo življenje, trad. Vladimir Koch, Ljubljana, Slovenski knjižni zavod, 1950.

Suédois

Beethoven, Stockholm, P. A. Norstedt, 1916.

Tchèque

Život Beethovenův, trad. Marie Kalašová, Prague, B. Kočí, 1919.

Turc

Bethofen, trad. İffet Koniçe, Istanbul, Matbaa-i Âmire, 1923.
Beethoven'in hayatı, trad. Fethi Yücel, Ankara, Akay Kitabevi, 1944.

Yiddish

Bethoven, trad. Yankev-Kopl Dua et Samuel Wulman, Varsovie, Sz. Goldfarb, 1924 ; autres éd. : Varsovie, Grošn-Bibliotek, 1935 ; Varsovie, M. Rais, 1946.

BIBLIOGRAPHIE INDICATIVE AUTOUR DE *HÆNDEL*

TEXTES DE ROMAIN ROLLAND

Monographie

La Vie de Hændel, Paris, Alcan, 1910, 1910, 1911, 1920, 1924 ; Paris, Albin Michel, 1951, 1974 ; Arles, Actes Sud, « Classica », 2005.

Traductions

Allemand

Das Leben G. F. Händels, trad. de Lisbeth Langnese-Hug, Rotapfel-Verlag, 1925 ; rééd. avec une préface de Carl Dahlhaus.

Anglais

Handel, trad. de Eaglefield Hull, London, K. Paul, Trench, Trubner & Co., Ltd., 1916 ; rééd. New York, AMS Press, 1971 ; Abingdon, Oxon ; New York, Routledge, 2016.
avec le *Beethoven* :
Beethoven and Handel, Waverley Book Co., [s. l. n. d.].

Chinois

trad. de Yan Wenwei (严文蔚), 1954, New music publishing house (新音乐出版社), 1979, People's music publishing house (人民音乐出版社).
trad. de RU Zheng, LI Hong (汝峥，李红), 2000, Anhui literature and art publishing house (安徽文艺出版社).
trad. de Zhang Guanyao (张冠尧), 2019, People's literature publishing house (人民文学出版社).

Espagnol

trad. d'Alberto Puccio, Buenos Aires, 1944.

Hongrois

trad. de Benedek Marcell, Gondolat kiadó, 2e éd., 1959, 3e éd., 1967.

Japonais

trad. de Hiroatsu Takata, Tokyo, Shogakukan, 1927.
trad. de Murata Takeo, Tokyo, Kodansha, 1946.

Lituanien

Hendelis, trad. de Vytautas Kauneckas, Vaga, 1983.

Roumain

Călătorie in ța,ra muzicii, trad. de Silvian Iosifescu, Ed. de Stat, 1947.

Russe

G. Gendel, Gosudarstvennoe muzykal'noe izd-vo, 1934.

AUTRES ARTICLES SUR HÆNDEL

– « *Héraklès* de Hændel à la Société G. F. Hændel », *Bulletin de la Société Internationale de Musique* (ancien *Mercure musical*), 4, 1908, p. 613-616.
– « Notice pour la Société Hændel », *Bulletin de la Société Internationale de Musique*, V, 1909, p. 73-74 et 184-186.
– « Une Audition du *Messie* de Hændel par la Société Hændel », Études par Romain Rolland. Programme, Paris, Imprimerie Rasquin, Société Hændel, 20 mai 1910.
– « Les Plagiats de Hændel », *Bulletin de la Société Internationale de Musique*, 6, mai-juin 1910, p. 283-297 et 419-443.
– « *Le Messie* de Hændel au Trocadéro », *Bulletin de la Société Internationale de Musique*, 6, 1910, p. 191-193.
– « *L'Ode à Sainte Cécile* », *id.*, 20 décembre 1910.
– « *La Fête d'Alexandre* », programme de concert de la Société Hændel, 14 mars 1911.
– « *Saül* », *id.*, 2 juin 1911.
– *Le Messie* de G. F. Hændel, Paris, Société coopérative des compositeurs de musique, 1912.
– « *Judas Macchabée* », *id.*, 8 mai 1912.
– « *Héraklès* », *id.*, 7 mars 1913.

FONDS MANUSCRITS

Notes de cours du Fonds Romain Rolland de la Bibliothèque nationale de France :

Carton 4 :	1907-1908 :	*Hændel et son temps*
Carton 5 :	1908-1909 :	*Hændel et son temps*
		Études (inédites) sur Graun et Hasse
Carton 6 :	1909-1910 :	*Hændel et son temps*

LITTÉRATURE SECONDAIRE

CORBELLARI, Alain, « Romain Rolland et Jean-Sébastien Bach », *Cahiers de Brèves*, n° 21 (juin 2008), p. 13-15.

CORBELLARI, Alain, *Les Mots sous les Notes. Musicologie littéraire et poétique musicale dans l'œuvre de Romain Rolland*, Genève : Droz, « Histoire des idées et critique littéraire » (462), 2010.

DAHLHAUS, Carl, « Vorwort » [Introduction] à Romain Rolland, *Georg Friedrich Händel*, München, Piper, 1985, p. 7-14.

DUCHATELET, Bernard (éd.), *Romain Rolland et la musique*, Dijon : Éditions Universitaires, « Écriture », 2013.

FERNANDEZ, Dominique, « Un modèle de portrait musical », préface à la réédition du *Hændel* de Romain Rolland, Arles, Actes Sud, coll. « Classica », 2005, p. 9-15.

FÄHNRICH, Hermann, « Romain Rolland als Musikwissenschaftler », *Die Musikforschung*, 9, 1956, p. 34-45.

LABIE, Jean-François, *George Frederic Hændel*, Paris, R. Laffont, 1980.

PARKER Mary Ann, *G. F. Handel. A Guide to Research*, London, Routledge, 2e éd., 2005.

PICARD, Timothée, « La figure de Hændel dans l'imaginaire littéraire. Autour d'une étude de Romain Rolland. Conférence du 22 août 2009 à Vezelay », *Cahiers de Brèves*, n° 24 (décembre 2009), p. 18-21.

AUTRES INSTRUMENTS DE TRAVAIL

- *Hallische Händel-Ausgabe*, éd. par la Georg-Friedrich-Händel-Gesellschaft e. V., Internationale Vereinigung depuis 1955.
- Catalogue thématique : *Handel Handbuch*, éd. par Walter Eisen & Margaret Eisen : vol. 1-3 Thematisches-systematisches Verzeichnis, éd par Bernd Baselt.
- Périodiques :
    - *Händel-Jahrbuch* (64 vol.) ;
    - *The Handel Institute Newsletter* (28 vol.) ;
    - *Göttinger Händel-Beiträge* (19 vol.).

- Site : GFHandel.org
- Enfin, R. Rolland mentionne fréquemment comme source la Bibliothèque du Conservatoire. Il a utilisé la collection d'Hændeliana de Victor Schoelcher (1804-1893). Au cours de son exil en Angleterre, Schoelcher avait rassemblé de très importants matériaux (éditions musicales, livrets, manuscrits, programmes etc.) pour sa biographie de Hændel (Londres, 1857) dont la

traduction française ne fut jamais intégralement publiée. Il avait dressé un catalogue de l'œuvre de Hændel resté manuscrit. Cette collection est cataloguée dans le catalogue général de la BnF (1491 entrées) ; plusieurs dizaines de titres sont accessibles en ligne sur Gallica.

INDEX DES NOMS

INDEX DES ŒUVRES LITTÉRAIRES

INDEX DES ŒUVRES MUSICALES

TABLE DES MATIÈRES

HÆNDEL

IMPRIM'VERT®

Achevé d'imprimer par Corlet Numéric,
Z.A. Charles Tellier, Condé-en-Normandie (Calvados), en mai 2021
N° d'impression : 171836 - dépôt légal : mai 2021
Imprimé en France